Gerhard Brunn

Die Europäische Einigung
von 1945 bis heute

Philipp Reclam jun. Stuttgart

Universal-Bibliothek Nr. 17038
Alle Rechte vorbehalten
© 2002 Philipp Reclam jun. GmbH & Co., Stuttgart
Gesamtherstellung: Reclam, Ditzingen. Printed in Germany 2002
RECLAM und UNIVERSAL-BIBLIOTHEK sind eingetragene Marken
der Philipp Reclam jun. GmbH & Co., Stuttgart
ISBN 3-15-017038-9

www.reclam.de

Brunn
Die Europäische Einigung
von 1945 bis heute

Inhalt

Prolog

Der 19. September 1946 war ein Festtag für die Stadt Zürich. Zum Ende seines dreiwöchigen Schreib- und Malurlaubs am Genfer See hatte sich der britische Kriegspremier und nunmehrige Oppositionsführer im Unterhaus, Winston Churchill, zu einer »Rede an die akademische Jugend« in der Universität angesagt (Dok. 3). Die Stadt wimmelte von Menschen. Die Schulkinder hatten frei und um die Mittagszeit viele Angestellte vor Innenstadtgeschäften ebenso. Manche Geschäftsinhaber hatten ihren Angestellten sogar Lunchpakete mitgegeben. Churchills Fahrt durch die Innenstadt glich einem Triumphzug und zeugte von dem Ansehen, das er bei ungezählten Menschen genoss, für die er in den düsteren Tagen des Krieges Hoffnungsträger gewesen war. Mehrere Reihen tief standen die Menschen an den Straßen, jubelten, schwenkten Fähnchen und überschütteten sein offenes Auto mit Blumen.

Auf dem Podium der Universitätsaula hatten sich die Fahnenträger der studentischen Vereinigungen in vollem Wichs aufgereiht. Der studentische Gesangsverein sang »Burschen heraus«, und der Rektor hielt seine Begrüßungsansprache. Erstaunliches bekamen anschließend die rund 150 Gäste in der Aula zu hören, unter denen die »akademische Jugend« in der Minderzahl war, da sich Dozenten beider Züricher Hochschulen und Honoratioren vorgedrängt hatten. Aber die Ausgeschlossenen konnten die Rede über Lautsprecher im Auditorium Maximum und im Radio verfolgen, da sie der Sender Beromünster direkt in das In- und Ausland übertrug. Erst sprach Churchill über »Europas Tragödie« und die seiner Bewohner, »die ungeheure Masse zitternder menschlicher Wesen, die gequält, hungrig, abgehärmt und verzweifelt auf die Ruinen ihrer Städte und Behausungen starrt und die düsteren Horizonte angestrengt nach dem Auftauchen einer neuen Gefahr, Tyrannei oder neuen Schreckens absucht«.

Das bedrückende Szenario bildete den Hintergrund der beiden zentralen Botschaften von Churchills Rede, die sie zur Sensation machten und in die Geschichtsbücher brachten:

1. Die »Europäische (Völker-)Familie« müsse neu geschaffen, eine »Art Vereinigte Staaten von Europa« errichtet werden. Eine derartige Föderation könnte »den verwirrten Völkern dieses unruhigen und mächtigen Kontinents ein erweitertes Heimatgefühl und ein gemeinsames Bürgerrecht« geben.
2. Der erste Schritt zu einer Neuschöpfung der »Europäischen Familie« müsse »eine Partnerschaft zwischen Frankreich und Deutschland« sein.

Dies »vorzügliche (sovereign) Heilmittel«, so meinte Churchill, könne die immer noch mögliche Rückkehr des »finsteren Mittelalters mit seiner Grausamkeit und seinem Elend« verhindern, in wenigen Jahren den größten Teil des Kontinents frei und glücklich machen und »Hunderte von Millionen sich abmühender Menschen in die Lage versetzen, jene einfachen Freuden und Hoffnungen wiederzuerhalten, die das Leben lebenswert machen«. Zwar müssten die Schuldigen für die Verheerung Europas und die in der Menschheitsgeschichte beispiellosen Verbrechen und Massenmorde bestraft werden, nach der Bestrafung aber müsse es einen »segensreichen Akt des Vergessens« geben. Nur so könne Europa vor »endlosem Elend und schließlich vor seinem Untergang bewahrt werden«.

»Let Europe arise!«, rief er am Schluss seinen Zuhörern zu, von denen manche noch nach Jahren die Erinnerung an ein erhebendes, aber auch verwirrendes Ereignis mit sich trugen: »Die Erzfeinde Frankreich und Deutschland sollten versöhnt den Grundstock für eine europäische Union bilden. Hatte ich richtig verstanden? Kein Gedanke der Rache?« So klang bei einer Zeitzeugin die Überraschung noch nach vierzig Jahren nach, während ein anderer ehemaliger Teilnehmer nüchterner zurückblickte: »Eine zukünftige enge Partnerschaft zwischen Frankreich und Deutschland als Kern eines neuen Europa« – »Die meisten der Anwesenden (ich selber mit dabei) nahmen es als einen der typischen Churchillschen Höhenflüge mit geringem Realitätsbezug.« (*Neue Züricher Zeitung*, 18. September 1996, B 5, B 9.)

In der Tat schien Churchills kühne Vision unzeitgemäß zu sein und fand im besten Fall eine freundlich zurückhaltende Aufnahme. Im patriotisch bewegten Frankreich reagierten das offizielle Paris und die Presse empört auf den Vorschlag einer Vereinigung (union) Europas unter der »Schirmherrschaft«, wie *Le Monde* (19. September 1946) schrieb, Frankreichs und Deutschlands. Der Friede in Europa hänge nach dem Ende der Kampfhandlungen nicht mehr von den französisch-deutschen Beziehungen ab, sondern von der Beendigung der Rivalität zwischen der UdSSR auf der einen Seite und den Vereinigten Staaten und England auf der anderen Seite. Und im Bericht und Kommentar der *Illustrated London News* (5. Oktober 1946, S. 370) hieß es: Habe Churchill das Wort von den Vereinigten Staaten von Europa mit der Absicht gebraucht, seine Zuhörer sollten sich eine Föderation nach dem Muster der Vereinigten Staaten von Nordamerika denken, so sei eine solche offensichtlich eine Unmöglichkeit, ein Ziel, das wünschbar oder nicht, auf jeden Fall aber in einem Jahrhundert nicht erreichbar sei.

Zwei Jahre darauf schien das eben noch Unmögliche doch erreichbar zu werden, und beinahe triumphierend schrieb Randolph S. Churchill, in Zürich sei sein Vater mit dem Thema des Vereinigten Europa der öffentlichen Meinung wieder einmal ein gutes Stück voraus gewesen, aber nun [1948] hätten sich alle nichtkommunistischen Parteien in Westeuropa und den USA sein Anliegen zu eigen gemacht (*Collected Works*, S. XIII). Wiederum drei Jahre später schufen sechs Staaten mit der Europäischen Gemeinschaft für Kohle und Stahl (EGKS) so etwas wie eine europäische Kernfamilie, die sich entgegengesetzt zu heutigen Familientrends nach und nach zu einer Großfamilie erweiterte und zugleich ihre inneren Bindungen festigte. Mit dieser europäischen Großfamilie, seit dem Vertrag von Maastricht »Europäische Union« (EU) genannt, ist nach einem Prozess von mehr als fünfzig Jahren Dauer ein gemeinsamer Politik-, Wirtschafts- und Rechtsraum Europa entstanden, in dem supranationale oder gemeinschaftliche europäische Institutionen (Europäischer Rat, Ministerrat, Parlament, Kommission, Gerichtshof) für alle Mitgliedsstaaten verbindlich über eine immer größere Zahl politischer, wirtschaftlicher und gesellschaftlicher Angelegenheiten entscheiden. Die einstige Utopie eines Europa, in dem sich die Menschen, von Grenzen kaum behindert, frei bewegen und betätigen können, ist zu Beginn des einundzwanzigsten Jahrhunderts Realität, ja sogar Alltag geworden.

Zweifellos kann man die Europäische Union »eine ›Art‹ Vereinigter Staaten von Europa« nennen, auch wenn sie sich mit dem Prinzip der Teilintegration deutlich von herkömmlichen Föderationen unterscheidet. Noch ist es den Politologen nicht gelungen, das Neuartige der europäischen Rechtskonstruktion in einem Begriff zu fassen, nicht zuletzt, weil diese Europäische Union ja noch nicht ist, sondern immer noch wird.

Mit diesem werdenden »Europa« aber verbinden die Unionsbürger kaum noch Hoffnungen auf eine neue schönere Welt, sondern vielmehr alltägliche Ärgernisse, und »Europa« hat eine schlechte Presse. Zeitungen und Fernsehen zeichnen ein eher hässliches Bild der EU, werfen ihr Unfähigkeit im Konfliktmanagement sowie bürgerferne Regelwut vor und unterstellen ihr die Tendenz, die Selbstbestimmung der Mitgliedsstaaten in der Regelung ihrer Angelegenheiten und Wahrung ihrer Eigenarten zu gefährden. Nur noch eine kleine Minderheit der Deutschen ist für einen gemeinsamen europäischen Staat, die »Vereinigten Staaten von Europa«. Zwei Drittel befürworten eine Rückverlagerung von Entscheidungsbefugnissen zu den Mitgliedsstaaten der Union.

Trotz des europäischen Missbehagens zweifeln die europäischen Akteure nicht an der historischen Notwendigkeit der Einigung. Eine zumindest in programmatischen Reden allgemein geteilte Begründung kann man in den Erinnerungen Hans-Dietrich Genschers nachlesen: »Die Gründergeneration der Europäischen Gemeinschaft wollte [...] auf die Irrwege der europäischen Geschichte, auf jahrhundertelange Bruderkriege und vor allem auf zwei Weltkriege dieses Jahrhunderts reagieren. Die Völker des Kontinents sollten ihre Kräfte nie wieder gegeneinander richten, sondern sie zusammenführen zu einer neuen Kultur des Zusammenlebens. Und diese Idee besteht fort, ja, angesichts der Tendenzen zur Renationalisierung der Politik ist sie notwendiger denn je. Die Möglichkeit eines neuen Nationalismus ist die wesentliche Gefahr, mit der sich Europa nach der großen Wende konfrontiert sieht.« (Genscher, S. 394)

Der Zustand Europas und des Projekts der Europäischen Einigung am Beginn des 21. Jahrhunderts sind angemessen nur vor dem Hintergrund der historischen Entwicklung seit 1945 zu verstehen. Dieser Entwicklung widmet sich die folgende Darstellung. Sie handelt von dem »Projekt Europa«, von den damit verbundenen wirtschaftlichen und politischen Interessen und Zielsetzungen der Teilnehmerländer und ihrer Zusammenführung im Einigungsprozess. Beabsichtigt ist eine chronologische politische Entwicklungsgeschichte der heutigen Europäischen Union, der Haupt- und Nebenwege und Sackgassen der Integration, der Entstehung und Aufeinanderfolge der europäischen Organisationen, ihres schrittweisen Ausbaus und ihrer Anreicherung mit einer immer größeren Aufgabenfülle und immer mehr Politikbereichen. Es versteht sich von selbst, dass die Darstellung im vorgegebenen Rahmen nur die großen Linien nachzeichnen kann, manche Aspekte nur am Rande berührt und andere überhaupt nicht behandelt. Dies betrifft u. a. die Gemeinschaft(en) als Akteur sowohl in Bezug auf die Innenpolitik(en) der europäischen Organisationen, die Agrar- oder Strukturpolitik u. a. m., als auch in Bezug auf die Außenpolitik(en), die Europäisch Politische Zusammenarbeit etwa im KSZE-Prozess oder in der Jugoslawienkrise.

Die bisherige Geschichtsschreibung zur Europäischen Integration ist von unterschiedlichen Schulen geleistet worden. Bis zur Mitte der achtziger Jahre hat die idealistische Sichtweise von der Wirksamkeit eines »grand design« die Darstellungen bestimmt, und noch heute zeugen gängige Buchtitel wie *Europa machen*, *Der Aufbau Europas* oder *Geschichte einer großen Idee* von der ungebrochenen Vorstellung, dass der Integrationsprozess von der Vision missionarischer aufgeklärter Eliten gesteuert worden sei. Sie hätten die Lehren aus den mörderischen Kriegen, der wahnwitzigen Übersteigerung des Nationalismus, der Selbstzerstörung Europas und seinem drohenden Absturz in die Bedeutungslosigkeit gezogen und sich an den Aufbau eines Vereinigten Europas begeben. Das ferne Ziel eines europäischen Bundesstaats vor Augen, aber bei einzelnen Schritten und Teilergebnissen pragmatisch zu Kompromissen bereit, hätten sie sich mit Leidenschaft und Geduld auf direktem Weg oder auch auf Umwegen kontinuierlich darum bemüht, Stück für Stück ein wirtschaftlich und politisch geeintes, supranationales Europa, eine politische Union Europas, im Idealfall einen Europäischen Bundesstaat zu schaffen.

»Realistische« Historiker stellten diese Sichtweise nach

der Öffnung der Archive in Frage. Die »realistische« Geschichtsschreibung sieht in der Europäischen Integration lediglich ein neuartiges Instrument im Dienst einer ganz traditionellen nationalen Außenpolitik der beteiligten Staaten, ein Instrument, mit dem die Regierungen im Interesse ihres Machterhalts zu Hause, auf europäischer Ebene die Durchsetzung »nationaler«, vorwiegend von der Wirtschaft vorgebrachter Interessen aushandeln. Die politische Geschichtsschreibung sieht hinter der Integration u. a. das Interesse der kleinen Staaten, über europäische Institutionen die Mitsprache in internationalen Angelegenheiten zu steigern, und das Interesse der größeren Staaten, mit der Unterstützung der Partnerländer in der internationalen Politik mit größerem Gewicht auftreten zu können und schwindende oder verlorene Bedeutung zurückzugewinnen. Beispielsweise habe, so lautet eine der neueren Interpretationen, die europäische Politik der Bundesrepublik Deutschland ab den siebziger Jahren in erster Linie dem egoistischen Ziel gedient, zu einer großen Macht aufzusteigen.

Die Quellen sind so eindeutig, dass es töricht wäre zu leugnen, dass massive, von welchem Akteur auch immer formulierte, »nationale« Interessen in jeder Phase des Integrationsprozesses und bei jedem einzelnen Schritt eine erhebliche Bedeutung gehabt haben. Weil es den Partnern immer wieder gelang, im Zeichen des »Projekts Europa« ihre Interessen zusammenzuführen und weitgehend zufrieden zu stellen, kam die von Robert Schuman in seiner Botschaft vom Mai 1950 angesprochene »Solidarität der Tat« zustande, die sich freilich vorwiegend technokratisch und bürgerfern realisierte. Die Solidarität der Tat ermöglichte das Bauwerk der Europäischen Gemeinschaften. Die »schnöden« Interessen wurden einerseits mit der »Idee Europa« immer wieder aufs Neue ideell überhöht und legitimiert, andererseits war die Realität der Idee unabdingbar als gemeinsamer Fluchtpunkt der Einzelinteressen. Mit der »Idee Europa« verbanden sich Vorstellungen von einem gemeinsamen Schicksal, von gemeinsamen Werten und Traditionen, und das erleichterte es, die Interessen als komplementäre und miteinander zu vermittelnde Interessen wahrzunehmen.

»Europa« nur aus der Interessenperspektive zu sehen hieße, an der Oberfläche zu bleiben, die im Integrationsprozess bearbeiteten Probleme nicht als Indikatoren oder Teilmanifestationen für tiefer liegende Langzeitphänomene zu begreifen und die Tiefenstruktur oder, um ein Interpretationsmodell Braudels aufzugreifen, im kurzfristigen Integrationsgeschehen die »longue durée«, das lange Welle der historischen Veränderung, nicht wahrzunehmen. Hier kommen wir wieder auf die idealistische Geschichtsschreibung zurück. Sie hat die langfristige Unterhöhlung der Funktionsfähigkeit des kleinteiligen europäischen Staatensystems als Ganzes und die zunehmende Unfähigkeit jeden Staates, seine wichtigsten Staatszwecke – Sicherheit und Frieden, Schutz vor Agressoren, wirtschaftliches und soziales Wohlergehen – zu erfüllen, richtig diagnostiziert. Nur hat sie den Fehler begangen, diese langfristigen Veränderungen, deren einzelne Elemente im zeitgenössischen Diskurs auch regelmäßig angesprochen wurden, als unmittelbar handlungsleitende Motive der »Gründungsväter« zu verstehen.

Das organisierende Prinzip, die Leitthese der Darstellung, ist, dass dem Integrationsprozess langfristige historische Trends zugrunde liegen, dass er aber durch kollektive strategische Entscheidungen in Gang gesetzt und in seinen aufeinander folgenden Phasen vorangetrieben worden ist. Die Wahl der Akteure, Europäische Gemeinschaften aufzubauen, bezog sich auf die »Idee Europa«, aber eine klare Vorstellung vom konkreten Ziel des Einigungsprozesses gab es trotz der in der Öffentlichkeit häufiger verwendeten Begriffe »Europäische Föderation«, »Europäischer Bundesstaat« oder gar »Vereinigte Staaten von

Europa« ebenso wenig wie eine zielbestimmte Aufeinanderfolge der Etappen. Die einzelnen Schritte erfolgten stets als Reaktion auf den Druck internationaler politischer Konstellationen und nationaler Interessen. Sie wurden mit Hilfe von Strategien (Kooperation, Deregulierung und Supranationalität) umgesetzt und mündeten in eine Dynamik des Auf- und Ausbaus von Institutionen und der Übertragung bisheriger nationaler Zuständigkeiten auf diese.

Internationale Konstellationen, welche die einzelnen Schritte bestimmten, waren u. a. der Kalte Krieg, der 1947/48 zu den ersten europäischen Institutionen führte, oder 1950 der Koreakrieg, der auf amerikanischen Druck den Anlass gab, Deutschland in einen gemeinschaftlichen institutionellen europäischen Rahmen einzufügen. Die wirtschaftliche desintegrierende Krisensituation der siebziger und frühen achtziger Jahre nach dem Zusammenbruch des internationalen Währungssystems von Bretton Woods, nach der Ölkrise und dem Paradigmenwechsel vom Interventionsstaat zum Neoliberalismus drängte die Gemeinschaft ebenso dazu, die Mechanismen der Zusammenarbeit zu verstärken, wie die Furcht, technologisch hinter die USA und den neuen Wirtschaftsriesen Japan zurückzufallen. Der Zusammenbruch des Ostblocks und die deutsche Einigung nach 1989 gaben einen neuen Impuls zur Verfestigung und Vertiefung.

Die nationalen Interessen geboten es 1947, zusammenzuarbeiten, um in den Genuss der Marshallplangelder zu gelangen. Die Montanunion diente Frankreich dazu, die Bundesrepublik Deutschland, speziell deren Schwerindustrie, zu kontrollieren, und der Bundesrepublik diente sie als Einlasskarte in die westeuropäische Staatengemeinschaft. Die Römischen Verträge von 1957 sollten den weiteren wirtschaftlichen Aufschwung sichern, Deutschland als wirtschaftliche Macht einhegen und sein ökonomisches Potential für die Partnerländer nutzbar machen. Die Er-

weiterungen der siebziger und achtziger Jahre waren eine
Antwort auf Englands Furcht, wirtschaftlich und politisch
international ins Abseits zu geraten, und das Bestreben der
südeuropäischen Staaten, ihre gerade gewonnenen Demokratien abzustützen. Die Wirtschafts- und Währungsunion
sollte der Sicherung der Wettbewerbsfähigkeit der Mitgliedsstaaten in einer globalisierten Wirtschaft dienen und
außerdem die Hegemonie der DM verhindern.

Idealtypisch gesehen, bedeutet »europäische Integration« die immer engere wirtschaftliche, politische und
rechtliche Verbindung der Mitgliedsstaaten und die immer
größere Freizügigkeit im Gemeinschaftsgebiet. Im Wesentlichen hat man dies mit drei Strategien verfolgt: 1. der
wirtschaftlichen und politischen Deregulierung; 2. der engen zwischenstaatlichen Zusammenarbeit; 3. der Übertragung nationaler Kompetenzen auf supranationale Gemeinschaftsorgane.

Die Deregulierung, auch »negative Integration« genannt, meint den ersatzlosen Abbau zwischenstaatlicher
Hemmnisse für den freien zwischenstaatlichen Verkehr
von Menschen, Gütern, Kapital und Dienstleistungen und
von politischen Kompetenzen ganz allgemein, ohne dass
supranationale oder gemeinschaftliche Kompetenzen an
ihre Stelle treten. Das ist im Kern die Strategie des Gemeinsamen Marktes.

Zwischenstaatliche Zusammenarbeit heißt in der europäischen Terminologie »Intergouvernementalismus« und
bedeutet die formell vereinbarte, regelhafte gemeinschaftliche Behandlung politischer Angelegenheiten, sei es durch
Information, Beratung, Abstimmung über Ziele und Mittel, Angleichung von Regeln und Normen bis hin zur Beschlussfassung über gemeinsame politische Aktionen. Für
diese Strategie stehen der Europäische Rat bzw. die Treffen
der europäischen Staats- und Regierungschefs.

Im Falle der Supranationalität wird die Politik nicht
mehr von den Nationalstaaten in nationalstaatlicher Ver-

antwortung entschieden und ausgeführt, sondern von »europäischen«, von Gemeinschaftsorganen. Die vorerst letzte Errungenschaft dieser Strategie sind die Gemeinschaftswährung, der Euro, und die Europäische Zentralbank (EZB).

Die Strategien und die dahinter stehenden Konzepte sind nicht säuberlich voneinander zu trennen, sie durchdringen sich vielfach, aber sie stehen doch für unterschiedliche Optionen der »richtigen Integrationsmethode«, und sie stehen seit Beginn des Integrationsprozesses in ständiger Konkurrenz zueinander.

Europavorstellungen und Einigungspläne
bis zum Ende des Zweiten Weltkriegs

Europa, was ist das?

Die Frage nach dem, was »Europa« real ist und was sich die Menschen unter »Europa« vorstellen (Europäische Identität), ist in intellektuellen Zirkeln ein heiß diskutiertes Thema. In der folgenden Darstellung werden unter »Europa« rein pragmatisch jene westlichen Staatengemeinschaften verstanden, die auf Europa Bezug nehmen, also der Europarat bzw. die Europäischen Gemeinschaften in ihren Metamorphosen bis zur heutigen Europäischen Union. Das ist ein nicht sehr eleganter Ausweg aus dem Dilemma, dass sich aus der schier endlosen Zahl von Büchern zum Thema »Europa« für keine historische Epoche eine eindeutige Bestimmung des Begriffs, des Inhalts und der Gestalt gewinnen lässt, sondern nur die Erkenntnis einer verwirrenden, spannungsgeladenen räumlichen, ethnischen, kulturellen und politischen Vielfalt. Der Europa genannte geographische Raum präsentiert sich im Laufe der Jahrhunderte mit fließenden geographischen, kulturellen und politischen Grenzen und dient seit dem Mittelalter als »Container« für eine Vielzahl von fluktuierenden kulturellen und staatlichen Einheiten, die eifersüchtig um ihre Selbstbestimmung, Unabhängigkeit und Freiheit bemüht sind, sich unablässig in Kriege um Macht, Herrschaft, Unabhängigkeit, Religion und anderes mehr verwickelt haben. Es ist deshalb verständlich, dass viele Historiker oder Philosophen »Europa« weniger als materielle Einheit, sondern als kollektive Imagination, als geistiges Konstrukt begreifen, etwas, das gedacht wird.

Seit der Frühen Neuzeit ist es in Kultur und Wissenschaft gängig, Europa trotz seiner heillosen politischen Zerstückelung und zerstörenden »Bruderkriege« als eine vielfach vernetzte, von anderen Kontinenten deutlich unterschiedene kulturelle und geistige Einheit zu denken. Das legten auch »Realitäten«, wie die Heiratspolitik des europäischen Hochadels, die adelige Kavalierstour, die Mobilität und enge (briefliche) Kommunikation der Gelehrten und Künstler oder die großräumige Wanderschaft von Handwerksgesellen nahe. Die »Idee Europa« inspirierte vom Mittelalter bis zur Neuzeit zahlreiche politische Einigungsprojekte. Sie zielten darauf, die Einheit der Christenheit herzustellen, den Hegemoniegelüsten einzelner Monarchen oder Staaten mit ihrem allumfassenden Machtanspruch entgegenzutreten oder ein Regelwerk der friedlichen zwischenstaatlichen Zusammenarbeit zu schaffen, um so der Geißel der nicht enden wollenden Kriege zwischen den Staaten und Völkern Einhalt zu gebieten. Einige Entwürfe, wie der des Herzogs von Sully (1560–1641), des Finanzministers des französischen Königs Heinrichs IV., oder der Immanuel Kants (1724–1804), wirkten noch bei denen nach, die sich nach 1945 in der Europäischen Einigungsbewegung zusammenfanden. Doch diente im konservativen Lager, mit fatalen Anklängen an den NS-Karlskult, auch das erstmals durch die deutsche Romantik idealisierte Reich Karls des Großen als Vorbild für ein vereinigtes christliches Europa, das keine europäischen Bürgerkriege mehr kenne und im Frieden mit sich selbst in der Lage sei, Widerstand gegen Bedrohungen von außen zu leisten und seinen Platz in der Weltpolitik neben den Supermächten zu behaupten.

Alle Einigungsprojekte blieben intellektuelle Luftgebilde. In der realen Politik spielten sie keine Rolle. Im Gegenteil, im 19. Jahrhundert setzte sich in der staatlichen

Organisation Europas das Prinzip des Nationalstaats und das Dogma der nationalen Souveränität durch. Jede staatlich verfasste Nation beanspruchte das Recht, ihre inneren Angelegenheiten in völliger Unabhängigkeit von äußeren Einwirkungen zu gestalten und eine auf den Eigennutz, die »nationalen Interessen« ausgerichtete Außenpolitik zu betreiben. Konflikte wurden bewusst in Kauf genommen, und notfalls galt ein Krieg nach dem berühmten Diktum Clausewitz' als legitime Fortsetzung der nationalen Außenpolitik mit anderen Mitteln.

Erst nach den schrecklichen Erfahrungen des Ersten Weltkriegs fand die Idee einer europäischen Einigung einen größeren öffentlichen Widerhall; und erstmals wurden Vereinigungen mit dem Ziel gegründet, in der Öffentlichkeit und Politik für die Idee zu werben, obwohl zur gleichen Zeit der Nationalismus als politische Macht noch an Stärke gewann. Die mit dem Versailler Vertrag ausgehandelte Friedensordnung machte die Idee der nationalen Selbstbestimmung zum leitenden Prinzip der europäischen Neuordnung und stärkte die Widerstände gegen eine zwischenstaatliche Zusammenarbeit. Auch der Völkerbund, der ausdrücklich als eine kollektive Instanz zur Wahrung des Friedens und zum gemeinsamen Einschreiten gegen Friedensbrecher gegründet worden war, konnte die Widerstände nicht aufheben. Mit dem Auseinanderfallen der Vielvölkerstaaten Mittel- und Osteuropas war der Kontinent noch fragmentierter geworden und die Neugründung so vieler Nationalstaaten hatte frische nationalistische Energien freigesetzt. Das erklärte Ziel der deutschen Politik, die Friedensordnung von 1919 zu revidieren, brachte ein weiteres Element der Instabilität in den nationalistisch zerstückelten Kontinent. Die auf den Völkerbund gesetzten Hoffnungen als einer Institution der friedlichen Interessenvermittlung schwanden schnell dahin, weil die neuen Staaten so wenig wie die alten bereit waren, irgendeine Verringerung ihrer politischen oder wirtschaftlichen Souveränität hinzunehmen, und sogar neue nationalistische und ethnische Ansprüche gegen Nachbarn auf die Tagesordnung ihrer Politik setzten.

»Paneuropa« – Die zwanziger Jahre

Dennoch fand die Forderung nach einer Einigung des Kontinents einen Widerhall wie nie zuvor. In der Zeit von 1925 bis 1934 erschienen zu dem Thema beinahe 600 Bücher und Zeitschriftenartikel. Mehr als zehn Vereinigungen warben für einen engeren Zusammenschluss der Staaten Europas, doch hat einzig die »Paneuropa-Union« eine dauerhafte Erinnerung hinterlassen. Sie wurde im Jahre 1923 von dem österreichischen Grafen Richard Coudenhove-Kalergi gegründet. Coudenhove-Kalergi und die Mitglieder der nationalen Sektionen warben mit Vortragsveranstaltungen, Kundgebungen, Kongressen und publizistischen Mitteln unermüdlich für einen europäischen Staatenbund. Ihre zentralen Begründungen für eine Einigung des Kontinents behielten auch für die Europabewegung nach dem Zweiten Weltkrieg ihre Gültigkeit. Erstens könnten nur so die zerstörerischen »Erbfeindschaften« der Länder Europas gebrochen und ein neuer verheerender Weltkrieg verhindert werden. Zweitens könne in einer Zeit weltumspannender Technik und des Aufstiegs der politischen und wirtschaftlichen Supermächte USA und Sowjetunion daneben nur ein vereinigter Kontinent Europa seinen Bürgern Frieden, Freiheit und Wohlstand sichern. Drittens sei nur ein vereinigter Kontinent in der Lage, sich gegenüber der »kommunistischen Bedrohung« zu behaupten (Dok. 1).

Die Paneuropa-Union konnte prominente Mitglieder und Förderer aus Politik, Wirtschaft und Kultur gewinnen, aber es gelang ihr nicht, wie Coudenhove-Kalergi eingestehen musste, Einfluss auf die Politik der Regierungen zu gewinnen. Carl von Ossietzki erklärte in der *Weltbühne* das Scheitern mit der unzeitgemäßen Elitenstrategie Coudenhoves, mit seinem »Kinderglauben«, einer Idee auch in der Zeit der Massen, ausschließlich mit einer verhältnismäßig kleinen Schar einflussreicher Leute zum Sieg verhelfen zu können (zit. nach: *Die Zeit*, 13. Januar 2000, S. 82). Ein Jahr später, im September 1929, aber schien es, als sei der Paneuropa-Union der Durchbruch gelungen, als ihr Ehrenpräsident, der französische Außenminister Aristide Briand, eine Völkerbund-Versammlung in Genf nutzte, um eine »Art föderativer Verbindung« der europäischen Staaten vorzuschlagen (Dok. 2). Briand bewegte nicht allein der Glaube an die Notwendigkeit einer Gemeinschaft Europas, sondern auch das handfeste nationale französische Interesse an einer Einhegung Deutschlands. Ihn trieb die Sorge um, Deutschland könne mit seiner erstarkten Wirtschaftskraft die Fesseln der in Versailles festgelegten europäischen Ordnung sprengen und als aggressive unberechenbare Macht einen neuen Krieg heraufbeschwören. Dies sollte durch eine institutionalisierte, an Regeln gebundene Zusammenarbeit der europäischen Staaten verhindert werden. Der deutsche Außenminister, Julius Curtius, und die hohen Beamten im Berliner Außenministerium vermuteten solche Absichten und bereiteten dem Plan, der im Jahre 1930 noch präzisiert worden war, mit einer diplomatisch verklausulierten Absage ein Ende. Jedoch nicht nur die deutsche Reichsregierung lehnte ihn ab, auch die übrigen europäischen Staaten waren nicht bereit, darüber ernsthaft zu diskutieren. Dies wäre vielleicht in der Zeit der kurzen Entspannung unmittelbar nach den Locarno-Verträgen von 1925 noch möglich gewesen, aber nach dem Beginn der Weltwirtschaftskrise 1929/30 war der Spielraum für eine kollektive europäische Verständigungspolitik nicht mehr vorhanden.

Stärker als in der Politik war die Bereitschaft zu konkreter europäischer Zusammenarbeit bzw. zu regionalen Zusammenschlüssen in der Wirtschaft vorhanden, um auf diese Weise die Probleme der gestörten internationalen Wirtschaftsbeziehungen zu lösen. Die Erkenntnis, dass die Wirtschaft die Ländergrenzen sprenge und auf neue Formen der internationalen Zusammenarbeit angewiesen sei, durchzog die gesamte Integrationsliteratur. In dieser wurden schon alle Theorien und Konzeptionen zu den unterschiedlichen Formen wirtschaftlicher Integration, zu Zoll-, Wirtschafts- und Währungsunionen erörtert, die nach 1945 die Diskussionen bestimmen sollten.

Aber es gab auch einige konkrete Anläufe. Unter anderem versuchten im Jahre 1921 und erneut 1931 die Nachfolgestaaten der Habsburgermonarchie eine Zollunion zu gründen, ebenso 1930 die skandinavischen Staaten und die Beneluxländer. In Paris entstand 1925 ein Europäischer Zollverein mit nationalen Komitees. Er setzte sich anfangs für die Schaffung eines gemeinsamen europäischen Marktes, dann aber primär für regionale Zollunionen ein. Emile Mayrisch, der Direktor des luxemburgischen Stahlkonzern Arbed, organisierte im Rahmen des »Deutsch-französischen Studienkomitees« zahlreiche Gesprächsrunden mit dem Thema, die europäische Wirtschaft durch geregelte Formen der Kooperation aus ihrem Tief herauszuführen. Auf deutscher Seite wurde er intensiv von dem Unternehmer Robert Bosch unterstützt, und beide sind sichtbare Beispiele für ein auf Europa orientiertes gesellschaftliches Milieu, das nach dem Krieg für die Schaffung der europäischen Institutionen bedeutsam werden sollte.

Mayrisch stand auch als treibende Kraft hinter der »Internationalen Rohstahlgemeinschaft« (IRG) des Jahres 1926. Die IRG war eine grenzüberschreitende private Kartellvereinbarung zur Regelung der Produktionsanteile in der europäischen Stahlindustrie zwischen Luxemburg, Frankreich, Deutschland und Belgien. Obwohl mit der

IRG lediglich eine Aufteilung der Marktanteile und keine gemeinsame Verwaltung vereinbart wurde, diente sie Anfang der fünfziger Jahre gelegentlich als Bezugspunkt für die Bemühungen zur Vergemeinschaftung der Montanindustrie. Auch in der Forschung ist sie hier und da als Vorläuferin der Montanunion des Jahres 1951 gesehen worden.

Waren die Vorteile einer europäischen wirtschaftlichen Kooperation auch offensichtlich, so geschah Ende der zwanziger Jahre das genaue Gegenteil. Das internationale Politiksystem zeigte sich nicht mehr in der Lage, ein auf liberalen Prinzipien beruhendes Miteinander der Nationalstaaten zu garantieren, und die protektionistische Abschottung der Volkswirtschaften wurde die Regel.

Hitlers Europa

In den dreißiger Jahren stand Europa dann ganz im Zeichen nationalistischer Radikalisierung. Ein europäischer liberaldemokratischer Staatenbund erschien unrealistischer denn je, wenn auch das Regime Mussolinis internationale Treffen von Faschisten, Nationalsozialisten und Persönlichkeiten der extremen Rechten, gewissermaßen eine Internationale des europäischen Nationalismus, förderte, in denen es darum ging, die Europaidee zur Unterstützung des Hegemonieanspruchs über Europa faschistisch einzufärben. Die Teilnehmer diskutierten ideologische Konstrukte wie »Neue Ordnung«, aber auch »christliches Abendland«, und wenige Jahre später versuchte das nationalsozialistische Regime seinen Krieg im Osten als einen europäischen Verteidigungskrieg zu propagieren.

In Deutschland verboten die Nationalsozialisten nach dem Januar 1933 alle europäischen Vereinigungen sofort als pazifistisch. In anderen Ländern blieb es beim Versuch kleinerer Restgruppen, die Zeit ohnmächtig zu überdauern. Coudenhove-Kalergi resignierte 1938 und zog sich auf einen Lehrstuhl an der Columbia Universität in New York zurück.

Die Warnungen der Europabewegungen der zwanziger Jahre, dass die nationalstaatlichen Egoismen zu einem erneuten Krieg führen könnten, wurden 1939 grausame Wirklichkeit. Die Kriegsmaschinerie des nationalsozialistischen Deutschlands überrollte fast den gesamten Kontinent, und zu der Einsicht der kleinen Elite der Europabewegung, dass die europäischen Staaten zu klein seien für die Meisterung globaler Wirtschaftsprobleme, trat nun die massenhafte Erfahrung, dass sie auch allein auf sich gestellt nicht mehr in der Lage waren, ihren Bürgern Sicherheit vor äußerer Bedrohung zu garantieren.

Andererseits führte der Krieg die gewaltsame Vereinheitlichung Europas unter nationalsozialistischer Herrschaft vor Augen, die Mobilisierung der Ressourcen für ein einziges Ziel. Damit gab die NS-Herrschaft über fast ganz Europa wiederum Anstöße für ein Denken in kontinentalen Zusammenhängen und regte gleichermaßen Kollaborateure wie Widerstandsbewegungen und Exilregierungen dazu an, über eine organisierte Zusammenarbeit Europas nach dem Kriege nachzudenken.

Intellektuelle Kollaborateure in den besetzten Ländern Westeuropas interpretierten den Sieg des Nationalsozialismus als Sieg über eine morsche alte Ordnung und den europäischen Partikularismus. Der Nationalsozialismus verkörperte für eine nicht unerhebliche Zahl von Intellektuellen den Fortschritt, der mit Waffen einen großen zukunftsfähigen Wirtschaftsraum Europa schaffe, ein europäisches Europa in Bewegung; sie träumten von einer europäischen Wiedergeburt, einer europäischen Revolution, einer europäischen faschistischen Zivilisation, von einem schöpferischen und vitalen kontinentalen Block.

Auch die Kollaborationsregierungen der besetzten Länder glaubten an den Aufbau eines neuen Europas, in dem sie einen geachteten Platz erhalten würden. Die Eigenstaatlichkeit ihrer Länder stellten sie nicht in Frage. Ihre Erklärungen und Pläne favorisierten einen Staatenbund mit einem gemeinsamen Wirtschaftsraum und koordinierter Außenpolitik unter deutscher Führung als Weltmacht Europa neben der Sowjetunion und den USA.

Die intellektuellen wie staatlichen Kollaborateure gaben sich Illusionen hin. Realistischer urteilte der finnische Marschall Mannerheim, der 1939 meinte, die Völker Europas sollten zu »weißen Negern des Dritten Reiches« gemacht werden (zit. nach: Neulen, S. 369). Im intimen Kreis seiner Tischgesellschaften kam Hitler das eine oder andere Mal auf seine Vorstellung eines zukünftigen nationalsozialistischen Europas zu sprechen. Eine supranationale oder konföderale Ordnung Europas mit gleichen Rechten für andere Völker kam für ihn nicht in Frage. Europa sah er rassistisch, es war für ihn »kein geographischer sondern ein blutsmäßig bedingter Begriff«. Er sprach davon, den Westen, die Mitte, den Norden und Osten des Kontinents mit Waffengewalt zu einer großen Einheit zusammenzuschweißen oder zurechtzumeißeln, nicht zu einem deutschen Nationalitätenstaat nach Art der österreichischen Donaumonarchie, sondern zu einem »großgermanischen« Reich. In ihm sollten die Nationen »germanischer Blutsverwandtschaft« zu einem neuen »Staatsvolk, dem germanischen Volke« verschmolzen werden (zit. nach: Picker, S. 50, 69, 391, 394). Mit 150 bis 200 Millionen germanischen Menschen wollte er dies Reich zum unumschränkten Herrn Europas machen, zum Herrn über eine hierarchisch gestufte Staatenwelt von Vasallen- und Sklavenvölkern.

Als aber 1942/43 die deutschen Armeen an der Ostfront in die Verteidigung gezwungen und zum Rückzug gedrängt wurden und es galt, so viel freiwillige Hilfe wie möglich zur Unterstützung der deutschen Kriegführung

zu mobilisieren, nahm die NS-Propaganda in den besetzten Ländern massiv Zuflucht zur Idee der europäischen
Solidarität. Gewissermaßen nach dem Motto »Völker
Europas, verteidigt eure heiligsten Güter« stellte sie auf
großflächigen Plakaten den Krieg als Abwehrkampf gegen
den Europa bedrohenden »jüdischen Bolschewismus« dar.
Ein angeblich gemeinsamer rassischer und ideologischer
Feind, eine angeblich gemeinsame geopolitische Bedrohung durch »asiatische Völker« musste herhalten, um
Freiwillige und Soldaten für die Front sowie Arbeiter für
die Kriegsindustrie anzuwerben.

Das Europa der Résistence

Es ist erstaunlich, dass trotz der Pervertierung des Euro-
pagedankens durch die nationalsozialistische Propaganda
die Widerstandskämpfer in den besetzten Ländern selbst
wie die Regierungen im Londoner Exil den Widerstand
nicht allein als nationalen Freiheitskampf sahen, sondern
auch als einen Kampf für ein Nachkriegseuropa, in dem
eine enge institutionalisierte Kooperation die nationalistischen Dämonen bändigen würde. Der Völkerbund hatte
den Frieden nicht sichern können, und der Zusammenbruch der nationalstaatlichen Ordnungen nach der nationalsozialistischen Invasion hatte die Schwächen des nationalstaatlichen Prinzips vor Augen geführt, und beides
legte einen engen Zusammenschluss der europäischen
Länder mit starken internationalen Einrichtungen nahe.
So würde man eine dauerhafte Sicherheits- und Friedensordnung schaffen.

Dazu konnten die Politiker im Londoner Exil mitanse-
hen, wie die USA als Kriegslieferant und praktisch alleiniger Anbieter auf dem Weltmarkt ein weltweites militärisches und wirtschaftliches Übergewicht erlangten, das alle

Maßstäbe der europäischen Staaten sprengte und deren
Wettbewerbsfähigkeit prinzipiell gefährdete. Den europäischen Politikern im Londoner Exil ging es daher in erster
Linie um die Selbstbehauptung ihrer Länder nach dem
Krieg, als sie auf Pläne zu regionalen oder umfassenderen
Zusammenschlüssen aus den zwanziger Jahren zurückgriffen. Am 15. Januar 1942 unterzeichneten die jugosla-
wische und griechische Exilregierung in London ein Kon-
föderationsabkommen mit der Verpflichtung zu gemeinsamen außen-, wirtschafts- und verteidigungspolitischen Institutionen. Acht Tage darauf folgten die polnische und
tschechische Exilregierung mit einem ähnlichen Abkommen. Parallel dazu warb der Außenminister der belgischen
Exilregierung, Paul-Henri Spaak, für einen politischen,
militärischen und wirtschaftlichen Zusammenschluss der
Beneluxstaaten mit Frankreich, und im Sommer 1943 gab
der Führer des französischen Exils, Charles de Gaulle, den
Auftrag, den unter anderen von Jean Monnet propagierten
Plan einer »Föderation des westlichen Europa« eingehend
zu untersuchen. Ein Jahr zuvor schon hatte der Führer
des polnischen Exils, General Sikorski, in London Gesprächsrunden organisiert, in denen die Möglichkeit einer »Europäischen Gemeinschaft« der ost- und westeuropäischen Staaten ausgelotet werden sollte. Die Ge-
sprächspartner stimmten weitgehend überein, dass es
wünschenswert sei, Teile der einzelstaatlichen Souveränitätsrechte an gemeinsame überstaatliche Institutionen abzugeben, aber sie mussten erkennen, dass 1942/43 die Zeit
für europäische Entwürfe der Nachkriegsordnung vorbei
war. Das Schicksal Europas würde von den beiden Supermächten entschieden werden. Die USA, die ja auch in
Ostasien dauerhaft Frieden stiften mussten, hatten nicht
eine europäische, sondern eine Weltfriedensorganisation
(UNO) im Sinn, und die Sowjetunion wollte eine Vorherrschaft in Osteuropa errichten. Mit den Vorhaben der
beiden Mächte war eine europäische Föderation nicht ver-

einbar. Das erkannten die Exilregierungen. Sie folgten den Vorstellungen des amerikanischen Präsidenten Roosevelt und unterstützten seinen Plan, eine Weltorganisation als Instrument universaler kollektiver Friedenssicherung zu schaffen.

Allerdings blieb im französischen Einflussbereich bis 1944 eine europäische Lösung im Gespräch. Weil aber de Gaulle seine Anstrengungen unverhohlen darauf konzentrierte, ein von Frankreich geführtes Westeuropa unter Ausschluss Großbritanniens zu schaffen, konnten die Beneluxländer nicht zustimmen. Sie einigten sich auf eine kleine Lösung und vereinbarten im September 1944 eine Zollunion.

Die Exilpolitiker erörterten konkrete Projekte. Dagegen hatten die Europapläne der im Untergrund agierenden Widerstandsbewegungen, wie hätte es anders sein können, einen allgemeinen Charakter, sie waren »idealer«, schwärmerischer. In vielen Varianten traten die Verfasser für eine Abkehr von der europäischen Vorkriegsordnung ein, von einem kreuz und quer durch Grenzen geteilten Europa, dessen Schwäche und dessen Zusammenbruch sie erlebt hatten. In diesem Sinne verfassten Widerstandsgruppen unabhängig voneinander in der Tschechoslowakei, Frankreich, Italien, den Niederlanden, Polen oder Jugoslawien Absichtserklärungen, nach dem Krieg eine Union der europäischen Staaten herbeizuführen. Die Motive und theoretischen Überlegungen der Autoren waren dabei trotz ihrer vielfältigen ideologischen Differenzierungen erstaunlich gleichartig.

Besonders aktive Befürworter für die Reform der europäischen Staatenwelt fanden sich in Italien. Alberto Rossi und Altiero Spinelli, der bis an sein Lebensende einer der aktivsten und prominentesten Streiter für einen europäischen Bundesstaat blieb, verfassten als politische Häftlinge auf der faschistischen Gefängnisinsel Ventotene in der ersten Jahreshälfte 1941 ein Manifest, in dem sie forderten, die nationalstaatliche Aufteilung Europas zu beenden und durch eine föderative Ordnung zu ersetzen. Die Italiener übernahmen nach ihrer Flucht in die Schweiz auch eine aktive Rolle bei mehreren dortigen Treffen von Widerstandskämpfern. Im Juli 1944 verabschiedeten Vertreter des Widerstands aus neun europäischen Ländern eine weitgehend von Spinelli ausgearbeitete Erklärung, auf die sich nach dem Krieg eine ganze Generation von Vorkämpfern für ein Vereinigtes Europa beziehen sollte. Mit eindringlicher Klarheit beschrieb sie die Notwendigkeit eines Zusammenschlusses der Staaten Europas.

Wie die Unionsprojekte der Exilpolitiker, so liefen auch die idealistischen Einigungspläne ins Leere, weil in der Weltfriedensordnung der USA, der Sowjetunion und Großbritanniens für ein Vereinigtes Europa kein Platz war. Außerdem standen die Widerstandsbewegungen mit ihren europäischen Visionen z.B. in Frankreich in Konkurrenz zur kommunistischen und gaullistischen Widerstandsbewegung, die »Europa« entweder als ein Anliegen des Kapitalismus oder der Kollaboration verdammten. Von daher ist verständlich, dass die Europäische Einigung in den Programmen der nach dem Krieg wieder auferstehenden nationalstaatlichen Parteien nur einen ganz geringen Raum einnahm.

Noch entscheidender für die Marginalisierung der Einigungspläne waren die Vorhaben der drei großen Mächte USA, UdSSR und England. Stalin stellte sich gegen jeden Zusammenschluss von Staaten in der ihm zugestandenen ost- und mitteleuropäischen Einflusszone. Der amerikanische Präsident Roosevelt seinerseits verfolgte sein Konzept einer Weltfriedensorganisation, der UNO, unter der Führung der drei großen Mächte, die hauptverantwortlich den Krieg gegen Deutschland und Japan führten. Die Alliierten würden Deutschland gemeinsam überwachen und wieder aufbauen, und in dieser Zeit würde Europa zu einer Ordnung finden, die dem Kontinent die »Normalität« zurückgeben könne. Eine europäische Organisation oder europäische regionale Zusammenschlüsse trügen nach Roosevelts Meinung den Keim zukünftiger Kriege in sich. Eine globale Organisation schien ihm das einzig wirksame Mittel zur Sicherung des Weltfriedens zu sein, und Europa hatte hinter der einen Welt zurückzustehen. Daneben hatte die Zusammenarbeit mit der Sowjetunion Priorität. Roosevelt kam dem Sicherheitsbedürfnis Stalins entgegen und garantierte der Sowjetunion einen Einflussbereich in Osteuropa, um im Gegenzug von Stalin die Zustimmung zu der weltweiten Friedensorganisation und der Mitarbeit der SU zu erhalten.

Die Politik der USA, den Frieden über eine enge Zusammenarbeit der drei großen Mächte und mit Hilfe der neuen Weltorganisation (UNO) dauerhaft zu sichern, setzte sich durch. Die politischen Akteure in den wieder auferstandenen europäischen Nationalstaaten unterstützten die Politik der globalen Friedenssicherung und setzten europäische Einigungspläne nicht auf die politische Tagesordnung. Bis zu ihrer Wiederaufnahme aber sollte es nur zwei Jahre dauern.

Die Entdeckung Europas durch die USA

In den Jahren 1944/45 kehrten die Exilpolitiker überall dorthin zurück, wo die deutschen Besatzungstruppen zum Rückzug gezwungen wurden. Zusammen mit Widerstandskämpfern und Menschen, die in die »innere Emigration« gegangen waren, sahen sie ihre vorrangige Aufgabe darin, nationalstaatliche Demokratien wieder zu errichten oder neu zu schaffen, mit den Kollaborateuren abzurechnen, ihre vom Krieg schwer geschädigten Länder wieder aufzubauen und, sofern sie Kolonialmächte waren, sich aus »nationalem Interesse« um die Erhaltung der Kolonialreiche zu bemühen. Die enormen Probleme der wirtschaftlichen Normalisierung versuchten sie im nationalen Rahmen zu lösen, obwohl ihre Länder nicht fähig waren, im Alleingang die Kriegsfolgen zu überwinden und ihren Platz im internationalen Handelsaustausch wieder zu finden. Insgesamt hatte sich Europas Gewicht in der Weltwirtschaft außerordentlich vermindert, während das der Vereinigten Staaten erdrückend geworden war.

Die politische Führung in Washington musste akzeptieren, dass es den USA nicht mehr, wie nach dem Ersten Weltkrieg, möglich sein würde, sich auf den eigenen Kontinent zurückzuziehen. Es war, so lautete die Erkenntnis der Experten der amerikanischen Außenpolitik, unausweichlich, weltweit politisch zu wirken, allein schon im Interesse der eigenen Sicherheit und des eigenen Wohlergehens und nicht nur wegen der Verantwortung, die dem Land wegen seiner Stärke zugefallen war.

Wie weit diese Verantwortungen reichen würden, überblickte die amerikanischen Führung allerdings nicht. Sie ging aber davon aus, dass die Zusammenarbeit mit der Sowjetunion langfristig angelegt sei und dass Großbritannien und Frankreich stark genug und willens seien, eine tragende Funktion in der europäischen Sicherheitsarchitektur zu übernehmen. Beide Annahmen erwiesen sich als irrig.

Die Zerstörung der britischen und der französischen Wirtschaftskraft, die innenpolitische Zerrissenheit Frankreichs und die Belastungen der beiden Länder durch ihre Anstrengungen, die um ihre Selbständigkeit kämpfenden Kolonien weiter im Besitz zu halten, stellten sich als so schwer heraus, dass keine der beiden Nationen in der Lage war, dem Anspruch gerecht zu werden, eine große oder gar Weltmacht zu sein.

Ein französisches Europa

Das Nachkriegsfrankreich unter General de Gaulle erhob aber den Anspruch, Ordnungsmacht im Westen des Kontinents zu werden und hier ein »französisches« Europa zu schaffen. Nach der festen Überzeugung der französischen Politik war dies eine notwendige Voraussetzung dafür, dass Deutschland nie wieder zu einem Krieg fähig oder zu einem machtvollen Konkurrenten Frankreichs werden dürfe. Französische Europapolitik war deshalb in den Nachkriegsjahren bis hin zum Schumanplan und zum Vorschlag der Europäischen Verteidigungsgemeinschaft vorrangig Deutschlandpolitik, und sie zielte in einer ersten Phase darauf, Deutschland zu zerstückeln, das Rheinland abzutrennen, das Ruhrgebiet als das industrielle Herz Deutschlands herauszulösen und es internationaler Verwaltung und Nutzung zu unterstellen. Mit solch einer regelrechten Verkrüppelung Deutschlands konnten sich die USA und Großbritannien nicht einverstanden erklären, weil daraus nur ein neues europäisches Chaos entstehen und eine Anlehnung ganz Deutschlands an die Sowjetunion als Schutzmacht folgen würde.

Um Deutschland für lange Zeit klein zu halten und Frankreich als führende Macht im westlichen Europa zu zementieren, dachte de Gaulle ferner daran, aus Frankreich mit Einschluss des Rheinlands und Ruhrgebiets sowie der Beneluxstaaten eine »westliche Gruppierung« zu schaffen. Er präzisierte den Plan im Oktober 1945 in Brüssel, aber die Beneluxstaaten ließen sich nicht dafür gewinnen.

Eine weitere Option sah die französische Politik schließlich in einer dichten wirtschaftlichen Verzahnung und Kooperation mit Großbritannien, in der Neuauflage einer »Entente Cordiale« mit besonderen Qualitäten. Dazu war Großbritannien nicht bereit, so dass bis 1947 nicht eine der Optionen der französischen Europapolitik verwirklicht werden konnte.

Wenn in der Nachkriegszeit auf dem europäischen Kontinent über Formen der europäischen Sicherheit und Zusammenarbeit gesprochen wurde, galt es als unabdingbar, dass Großbritannien mit seinem enormen Prestige, das es sich im Krieg als Bollwerk gegen NS-Deutschland und als Zufluchtsort für Exilpolitiker erworben hatte, dabei sein und die Führung übernehmen müsse, auch, um eine für die Beneluxstaaten unannehmbare französische Vorherrschaft zu verhindern. Dagegen gehörte zu den britischen außenpolitischen Optionen nach dem Krieg zwar ein westeuropäischer »Block«. Er sollte nicht nur die westlichen Länder vor einer potentiellen neuen deutschen Aggression schützen, sondern neben dem Pfeiler des Commonwealth auch als europäischer Pfeiler für den britischen Großmachtanspruch dienen. Diese Option aber wurde mit Rücksicht auf die Sowjetunion nicht wahrgenommen, die eine solche Blockbildung als unfreundlichen Akt hätte ansehen können. Außerdem schreckte die britische Regierung vor jedem europäischen Engagement zurück, das ihr weitgehende Verpflichtungen und damit eine Einschränkung in ihrem weltweiten politischen Handeln und den besonderen Beziehungen zum Commonwealth auferlegen würde. Denn nach dem Sieg 1945 herrschte in Großbritannien die von Zweifeln ungetrübte Überzeugung, neben den beiden Supermächten die dritte Weltmacht zu sein und ungebunden zusammen mit den beiden großen Kriegspartnern in den Angelegenheiten der Europa- und Weltpolitik agieren zu können.

Aber 1947 verschärfte sich der Ost-West-Gegensatz weiter, und die Vorstellung, von der Sowjetunion bedroht zu werden, begann, das westliche außenpolitische Denken zu beherrschen. Als sich zeigte, dass Großbritanniens Kräfte nicht ausreichten, den Großmachtanspruch in Asien, dem Vorderen Orient und Europa zu genügen, kam das Foreign Office in London kurzzeitig auf die Idee eines westlichen Blocks als Kraftquell für die britische Europa- und Weltpolitik zurück. Ernsthafter aber bemühte sich die britische Politik darum, die USA als Seniorpartner für ein atlantisches Sicherheitsbündnis zu gewinnen, anstatt auf ein europäisches Bündnis mit dem schwachen Partner Frankreich zu vertrauen. Außerdem sprachen innenpolitische Argumente gegen eine weitergehende europäische Verpflichtung. Die Labourregierung hatte nach dem Wahlsieg ihrer Partei im Juli 1945 ein ehrgeiziges Programm zur Sozialisierung der Wirtschaft und Verwirklichung des versprochenen Wohlfahrtstaats auf den Weg gebracht, das sie ohne Störungen von außen umsetzen wollte.

Kehrtwende der amerikanischen Politik

»Wenn es ›Europa‹ gibt, dann nur weil es die Amerikaner wollen«, schreibt der englische Historiker Norman Stone, und er fährt fort, die europäischen Institutionen (fast alle) gebe es nur, weil die Amerikaner der »Euro-Anarchie« ein Ende bereiten wollten (*The European* 14.–17. Mai 1992, S. 21). Die Aussage ist pointiert, aber nicht ohne Berechtigung, wie Beate Neuss in ihrer Studie über die *USA als Geburtshelfer Europas* nachweist. Ohne den Anstoß durch den Marshallplan, ohne die nachdrückliche Unterstützung der US-Regierungen, ohne das Drängen und Vermitteln bei der Umsetzung der aufeinander folgenden Initiativen vom Schumanplan bis zu den Römischen Verträgen wäre die Europäische Integration, wenn überhaupt, nicht so schnell und nicht in der weitreichenden Form verwirklicht worden, wie es geschehen ist.

Der Wechsel der US-Politik von der Opposition gegen einen europäischen Zusammenschluss zu dessen Förderung lässt sich recht präzise auf das Jahr 1947 datieren. In diesem Jahr zeichnete sich eine weltpolitische Konstellation ab, mit der die Hoffnungen des Jahres 1945 begraben werden mussten, nach dem Sieg über den Nazismus und Japan ein neues Zeitalter des globalen Friedens auf den Weg zu bringen. Die beiden Supermächte, die 1945 je eine Hälfte Europas dominierten und ihren Willen zur Zusammenarbeit bekundeten, nahmen zwei Jahre später von ihrer Kriegskameradschaft Abschied. Sie steigerten sich in einen gegenseitigen unerklärten, den »Kalten Krieg« hinein.

Nach der Potsdamer Konferenz im Juli/August 1945 war die von Roosevelt konzipierte und von seinem Nachfolger Truman übernommene Zusammenarbeit mit der UdSSR immer brüchiger geworden. Deutlich zeigte sich das in der Uneinigkeit über die Deutschlandpolitik. Eigentlich sollte der Alliierte Kontrollrat die politische und wirtschaftliche

Entwicklung in allen vier Besatzungszonen koordinieren. Er konnte diese Aufgabe aber nicht erfüllen, weil er erst weitgehend von den Franzosen blockiert wurde, dann aber, so lautete der Vorwurf der Westmächte, die Sowjetunion zunehmend einen Kurs der Obstruktion verfolgte. Der Rückzug der Sowjetunion aus dem Kontrollrat im März 1948 zerstörte die Fiktion einer alliierten Koordination in Deutschland endgültig. Aber zu diesem Zeitpunkt hatten die westlichen Alliierten längst entschieden, dass es vergeblich sei, auf eine Zusammenarbeit mit der Sowjetunion bei dem Wiederaufbau Deutschlands zu hoffen.

Auch in den Vereinten Nationen, dem Symbol der von der Kriegsallianz verantworteten neuen Weltordnung, kam keine Kooperation zustande. Die Vereinten Nationen arbeiteten nie in der Art und Weise, in der sie konzipiert worden waren, und ihr wichtigstes Organ, der Sicherheitsrat, verwandelte sich in einen politisch-diplomatischen Kriegsschauplatz, in dem sich amerikanische und sowjetische Diplomaten Wortgefechte lieferten. Zwar erwiesen sich die Vereinten Nationen als ein wertvolles Instrument in der internationalen Politik, doch zeigten sie sich machtlos in ihrer Aufgabe, schiedsrichterlich in den europäischen und sicherheitspolitischen Angelegenheiten der beiden Supermächte zu handeln.

Das gegenseitige Misstrauen wurde im Osten wie im Westen von Bedrohungsszenarien geschürt. Im Westen sah man, wie Osteuropa von einer der Sowjetunion vorgelagerten Einflusszone in einen politisch geschlossenen Block von »Volksdemokratien« unter kommunistischer Herrschaft umgeformt wurde. Das gab Anlass zu immer schriller geäußerten Befürchtungen, die Politik der SU sei auf Expansion ausgerichtet, sie wolle ihre gesellschaftliche und politische Ordnung immer weiter nach Westen ausdehnen und zu diesem Zweck als »fünfte Kolonne« auch die starken kommunistischen Parteien in Westeuropa, vor allem in Frankreich und Italien, einsetzen.

Der folgenschwere Umschwung der amerikanischen Politik von der Zusammenarbeit mit der Sowjetunion zu der des »containment«, der Eindämmung des vermuteten Expansionsdrangs der Sowjetunion, fand statt, nachdem die USA und Großbritannien den Eindruck gewonnen hatten, dass Stalins Politik darauf ausgerichtet sei, in der dem Westen, bzw. Großbritannien, zugestandenen Einflusszone (Persien, Türkei, Griechenland) Fuß zu fassen. Den unmittelbaren Anlass lieferten die Ereignisse in Griechenland. Dort konnte sich die Regierung nur mit britischer Militärhilfe gegen kommunistische Kampfgruppen behaupten. Im Februar 1947 musste die Londoner Regierung einen Offenbarungseid leisten. Sie teilte der US-Regierung mit, dass Großbritannien seine Hilfe an Griechenland sofort einstellen müsse, unabhängig davon, welche Folgen sich daraus ergeben würden.

Allein die Vereinigten Staaten besaßen die Statur, das durch den britischen Rückzug entstandene Machtvakuum zu füllen, und wenn sie sich nicht dem Risiko aussetzen wollten, ihren Einfluss und ihr Prestige in Europa zu verlieren, hatten sie für Großbritannien einzuspringen. Sie übernahmen die britischen Verpflichtungen. Am 11. März 1947 verkündete Präsident Harry S. Truman in seiner berühmten Rede jene neue Maxime der amerikanischen Politik, die als »Truman-Doktrin« in die Geschichte eingegangen ist.

Mit der Truman-Doktrin sagten die USA allen freien Völkern, die der Unterjochung durch bewaffnete Minderheiten oder auswärtigem Druck widerstünden, ihren Beistand zu. Die Truman-Doktrin markierte den Beginn einer aggressiveren amerikanischen Außenpolitik und gab das Signal für den Aufbruch zu einem antikommunistischen Kreuzzug. Sie war zugleich das Versprechen einer festen Bindung der USA an Westeuropa, beinhaltete aber auch, dass sich die USA fortan bemühen würden, ein Europa nach ihrem Bilde, nach ihren politischen Vorstellungen und wirtschaftlichen Bedürfnissen zu schaffen.

Bis zu diesem Zeitpunkt hatten Pläne für einen Zusammenschluss der europäischen Staaten, die während des Krieges auch von Politikern in den USA propagiert worden waren, nicht in das amerikanische Konzept gepasst. Nun aber trat die Idee der europäischen Einigung ihren Siegeszug in Washington an. Nur ein starkes, d. h. ein vereinigtes Europa würde dem Osten ein wirkliches Gegengewicht bieten können, und der stolze Blick auf die eigene Geschichte legte nahe, die Zukunft Europas in einer Föderation nach dem Vorbild der USA zu sehen. Es traf sich in diesem Kontext glücklich, dass im Jahre 1947 überall in Europa Europabewegungen wie Pilze aus dem Boden schossen und dass der europäische Politiker mit dem größten internationalen Ansehen, Winston Churchill, die Führung in der Bewegung für ein Vereinigtes Europa übernommen zu haben schien. Somit sah sich die neue US-Politik im Einklang mit einer populären Strömung in Europa. Allerdings besaßen die kommunistischen Parteien in Italien und Frankreich einen starken Rückhalt in der Wählerschaft, und sie wandten sich ebenso strikt wie die nationalistischen Parteien gegen einen Zusammenschluss von Nationalstaaten. Deshalb hielt sich die US-Administration während der Marshallplan-Beratungen mit ihrer Werbung ·für die europäische Vereinigung zurück und übte keinen Druck auf die moderaten Mitte-Rechts-Regierungen aus, die sie gegen ihre Gegner stützen wollte.

Dass Europa auch ein demokratisches Europa nach dem Demokratieverständnis der USA zu sein habe, war selbstverständlich. Demokratie aber, davon waren die Amerikaner überzeugt, sei ohne Wohlstand nicht erreichbar, Wohlstand dagegen sei ohne Demokratie nicht erreichbar, und beides hielt man für untrennbar mit Marktwirtschaft und einer offenen Weltwirtschaft verbunden.

Angesichts dieser Überzeugungen musste ein europäischer Reisebericht des stellvertretenden Außenministers Clayton im Frühjahr 1947 in Washington einen tiefen

Eindruck hinterlassen. Der Bericht vermittelte die Vorstellung, Westeuropa stehe unmittelbar vor dem wirtschaftlichen Zusammenbruch. Eine politische Krise nach der anderen sei lediglich Ausdruck der wirtschaftlichen Verelendung. Millionen Menschen in den Städten stünden vor der Aussicht, hungers zu sterben. Nur sofortige amerikanische Hilfe an ein wirtschaftlich kooperierendes Europa könne das verhindern.

»Mit beiden Händen zugreifen« – Der »Marshallplan«

Alarmiert kehrte im April 1947 der amerikanische Außenminister George Marshall von der Moskauer Außenministerkonferenz zurück. Dort war es den Alliierten wiederum nicht gelungen, sich auf eine Regelung der sie gemeinsam betreffenden Angelegenheiten zu einigen. Marshall befürchtete, die Sowjetunion werde die trostlose wirtschaftliche Lage in Westeuropa nutzen, um mit Unterstützung ihrer in den kommunistischen Parteien und Gewerkschaften organisierten Anhänger ihren Machtbereich nach Westen auszudehnen. Wenige Wochen später, am 5. Juni 1947, kündigte er in einer Rede an der Harvard Universität ein großes wirtschaftliches Hilfsprogramm an, mit dem die USA gedachten, die Truman-Doktrin wirtschaftspolitisch zu ergänzen und die befürchtete Expansion des Kommunismus abzublocken (Dok. 4). Das »European Recovery Programme« (ERP), bald volkstümlich »Marshallplan« genannt, hatte zum Ziel, die europäische Wirtschafts- und Wiederaufbaukrise zu überwinden, die europäischen Länder mit großzügigen finanziellen und technischen Hilfen in ihren Anstrengungen zum wirtschaftlichen Wiederaufbau zu unterstützen und zur Zusammenarbeit beim Abbau der Handelsschranken und dem Aufbau effizienter wirtschaftlicher Strukturen anzuregen. Die Europäer mussten nach Meinung der Amerikaner dahin gebracht werden, ihre Wirtschaftsprobleme als gemeinsame Probleme zu sehen und anzupacken. Nur dann würde sich die Hilfe Amerikas voll auswirken und Europa Kraft einflößen.

Marshalls Rede an der Harvard Universität gilt heute als ein Schlüsseldokument der Nachkriegsgeschichte. Als sie gehalten wurde, erhielt sie nur ein schwaches Echo und blieb beinahe unbemerkt. Allein der britische Außenminister, Ernest Bevin, reagierte sofort und griff, wie er später im Unterhaus sagte, mit beiden Händen zu. Die französische Regierung zeigte sich weniger begeistert. Sie zögerte, weil sie befürchtete, ein schnelles Zugreifen könne den kommunistisch dominierten Gewerkschaften den Anlass für einen Generalstreik gegen das kapitalistische Danaergeschenk geben. Es war deshalb ein kluger Schachzug Marshalls, auf einer Pressekonferenz am 12. Juni der Sowjetunion ausdrücklich anzubieten, in die Hilfe einbezogen zu werden. Damit gab er dem französischen Außenminister Bidault die Gelegenheit, zusammen mit Ernest Bevin den sowjetischen Kollegen Molotow zu einem Dreier-Treffen nach Paris einzuladen. Vom 27. Juni bis 2. Juli redeten sie aneinander vorbei, und am Ende lehnte Molotow das amerikanische Angebot wegen angeblich unzumutbarer Eingriffe in die nationalstaatliche Souveränität ab. Die Staaten im Machtbereich der Sowjetunion mussten gezwungenermaßen ebenfalls ablehnen. Molotow hatte Bidault und Bevin in Paris gesagt, wenn sie Marshalls Angebot annähmen, spalteten sie Europa. In der Tat schloss der Begriff »Europa« bis zum Beginn des Marshallplans auch nach Auffassung der USA noch Osteuropa ein. Mit der tatsächlichen Durchführung des Plans verengte sich der Begriff »Europa« auf jene Völker, die für sich in Anspruch nahmen, in der Tradition der »westlichen Zivilisation« zu stehen und eine gemeinsame »westli-

che« Auffassung von Demokratie, freier Wirtschaft und
Gegnerschaft zum Kommunismus zu besitzen.

Im September 1947 wurde auf Geheiß Stalins in der
Nachfolge der legendären »Kommunistischen Internationale« eine neue internationale kommunistische Organisation, das »Informationsbüro der kommunistischen und
Arbeiterparteien« (Kominform) gegründet, aus dem die
heftigsten Attacken gegen den Marshallplan kamen. Den
Kommunisten falle die historische Aufgabe zu, sich an die
Spitze des Widerstandes gegen die Umwandlung Westeuropas in ein amerikanisches »Protektorat« zu stellen. In
Frankreich und Italien mobilisierten daraufhin die Kommunisten ihre Kräfte, aber den aufruhrähnlichen Streiks
gegen die »amerikanische Versklavung« ging im Dezember der Atem aus. Wütende Proteste und Panikmache,
nicht nur der Kommunisten, sondern auch von Nationalisten gab es außerdem gegen die Auflage der Amerikaner,
das westliche Deutschland in den europäischen Wiederaufbau einzubeziehen bzw. das Ruhrgebiet nicht länger
lahmzulegen und damit den Marshallplan zu einer Art
Versuchsfeld für die Umwandlung Deutschlands vom
Feind zum Verbündeten zu machen.

Es war eine der amerikanischen Bedingungen für die
Vergabe der Hilfe, dass die Europäer sich zusammensetzen und einen zwischen ihnen abgestimmten Gesamt-
vorschlag vorlegen sollten. Nach Molotows »Njet« ver-
schickten deshalb Bidault und Bevin Einladungen zu einer Konferenz an die vierzehn anderen Staaten, die ihr
Interesse an der Hilfe bekundet hatten. Die Konferenz begann am 12. Juli, und danach ermittelte eine Expertenkommission die europäischen Bedürfnisse unter der Maßgabe, nicht nur eine Einkaufsliste zusammenzustellen,
sondern sich auch über Richtlinien einer engeren wirtschaftlichen Zusammen- und Aufbauarbeit zu verständigen. Die desolate Wirtschaftslage und die in Aussicht ge-
stellte kolossale Hilfe drängten die Kommission zur Eile

und verhinderten einen ausufernden Streit. Noch im September legte die Kommission einen Bericht vor, in dem sie den ihrer Meinung nach notwendigen Umfang der Hilfe mit 19 Milliarden Dollar bezifferte. Wegen der nationalen Sonderinteressen, unterschiedlicher Ordnungsvorstellungen und tiefverwurzelter protektionistischer Mentalitäten kam man allerdings in der Frage der wirtschaftlichen Zusammenarbeit über Absichtserklärungen nicht wesentlich hinaus. Man sagte zu, die Schotten zwischen den nationalen Volkswirtschaften etwas zu öffnen und den multilateralen Handel wieder aufzunehmen. Auch schlugen Frankreich und Italien eine westliche Zollunion vor, aber Großbritannien lehnte sie wegen seiner Commonwealth-Verbindungen ab und die Beneluxländer wegen der befürchteten französischen Hegemonie. Die Beneluxstaaten aber setzten zum 1. Januar 1948 ihre schon 1944 vereinbarte Zollunion in Kraft.

Europäische wirtschaftliche Zusammenarbeit – Die OEEC

Nachdem sich die sechzehn europäischen Länder im September 1947 auf eine gemeinsame Vorlage an die US-Regierung geeinigt hatten und nachdem die innenpolitischen Stürme in Frankreich und Italien überwunden worden waren und die kommunistische Machtübernahme in der Tschechoslowakei im Februar 1948 dem amerikanischen Kongress die kommunistische Gefahr noch einmal handfest vor Augen geführt hatte, verabschiedete er im April 1948 das Gesetz (»Foreign Assistance Act«) über Umfang und Modalitäten des »Europäischen Wiederaufbauprogramms« (»European Recovery Program«, ERP). Damit nahm der Marshallplan Gestalt an. Das Gesetz sah zwar einerseits bilaterale Verträge vor, verlangte aber andererseits, die Verwaltung bzw. Verteilung der Mittel einer gemeinsamen Organisation zu übertragen, um eine Koordination der wirtschaftlichen Planungen und Aktivitäten der Empfängerstaaten möglich zu machen. Zu diesem Zweck gründeten die 16 Regierungen und die Militärgouverneure treuhänderisch für die drei westdeutschen Besatzungszonen die »Organization for European Economic Co-operation« (OEEC) (Dok. 5). Die Franzosen wollten die OEEC nach dem Muster ihrer Planungsbehörden als supranationale technokratische Institution mit weitgehenden Entscheidungsbefugnissen gegenüber den Empfängerländern konstruieren, aber Bevin bestand darauf, dass die OEEC nur geringe Befugnisse haben dürfe und alle offiziellen Entscheidungen von den Mitgliedsstaaten getroffen werden müssten. Er setzte sich durch, und die OEEC wurde keine supranationale Behörde, sondern blieb eine ständige Konferenz souveräner Staaten mit einem zur Einstimmigkeit verpflichteten Ministerrat als Entscheidungsorgan. Die OEEC bildete den organisatorischen Rahmen für die Verteilung der Hilfsmittel, die sich bis zum Ende des Programms auf 13 Milliarden Dollar summierten.

Der Marshallplan hatte eine enge und dauerhafte Zusammenarbeit zum Ziel. Er enthielt eine Anzahl spezifischer Zielsetzungen wie den Ausbau der Handelsbeziehungen, Zollsenkungen, den Auftrag, die Errichtung von Zollunionen oder Freihandelszonen zu untersuchen, die Währungen zu stabilisieren, für ausgeglichene Etats zu sorgen, Vollbeschäftigung anzustreben. Kurz, die OEEC sollte die westeuropäische Wirtschaft zu einer liberalen, privat- und marktwirtschaftlichen Ordnung nach US-Vorbild umformen und sie in eine offene Weltwirtschaft einbringen.

Das Urteil der Historiker über den Marshallplan ist keineswegs einhellig. Die Kontroversen betreffen die amerikanischen Motive für die Hilfe, den Anteil des Marshallplans am europäischen Wirtschaftsaufschwung und seine Bedeutung für die westeuropäische Integration.

Die Amerikaner propagierten den Marshallplan als humanitäres uneigennütziges Hilfsprogramm; in Gedenkreden und im kollektiven Bewusstsein lebt dies Bild bis heute fort. In Wirklichkeit trafen Selbstlosigkeit und Eigeninteresse auf das Glücklichste zusammen. Die USA besaßen ein überaus großes Interesse an der »Rettung« Westeuropas, das wegen seiner geopolitischen Lage und seiner gewaltigen Ressourcen auf keinen Fall in die Hände des weltpolitischen Konkurrenten fallen durfte. Außerdem war die amerikanische Wirtschaft, wenn sie nicht in eine Krise geraten sollte, zwei Jahre nach Kriegsende dringend darauf angewiesen, einen Absatzmarkt für ihre Überschussproduktion zu erhalten. Europa hungerte nach amerikanischen Waren, besaß aber weder Dollars, um sie zu erwerben, noch war es in der Lage, die Dollars mit Hilfe von Exporten zu verdienen. Darauf wies Marshall in seiner Rede in Harvard ausdrücklich hin. Das »Hilfs«-Programm war also zugleich ein großes Absatzförderungsprogramm für die amerikanische Wirtschaft und ein Programm zur Durchsetzung einer liberalen Weltwirtschaft im Interesse der kapitalistischen Großmacht USA.

Zum anderen ist der Marshallplan als »Rettungsring für Europa« bezeichnet oder als Treibsatz für den unerwartet schnellen wirtschaftlichen Aufschwung Westeuropas gesehen worden. Dieser Interpretation widersprechen Wirtschaftshistoriker mit überzeugenden Argumenten. Nach ihren Erkenntnissen hatte der Aufschwung bei Beginn des Marshallplans längst auf breiter Front eingesetzt, und die Hilfsmittel hatten keinen ausschlaggebenden Einfluss auf seinen weiteren Verlauf. So deutlich dies in der Retrospektive auch zu erkennen sein mag, die Zeitgenossen hatten schreckliche wirtschaftliche Szenarien vor Augen, und in dieser Situation entfalteten die amerikanische Hilfsankündigung und ihre enorme propagandistische Begleitung zweifellos eine außerordentliche positive psychologische Wirkung. Sie schufen eine optimistische Stimmung, Vertrauen in die Zukunft und stärkten die Überzeugung, dass sich der Einsatz für eine bessere wirtschaftliche Zukunft lohne.

Drittens sind die Bedeutung des Marshallplans bzw. der OEEC für die europäische Einigung völlig gegensätzlich beurteilt worden. Der Bewertung als Laboratorium der europäischen Einigung steht das Verdikt des britischen Historikers Alan Milwards gegenüber, der Plan sei ein Hindernis für die europäische Integration gewesen und habe sie verzögert. Das amerikanische Geld habe ermöglicht, sich der europäischen Zusammenarbeit zu verschließen und sich allein auf eine nationale Wiederherstellung zu konzentrieren. Milwards Urteil ist überspitzt. Zwar ist es richtig, dass die OEEC nicht ihren Auftrag erfüllen konnte, ein kohärentes europäisches Wiederaufbauprogramm, grenzüberschreitende gemeinsame Märkte oder gemeinsame übernationale Institutionen zu schaffen und an diese nationale Zuständigkeiten abzugeben. Aber Integration heißt nicht nur, sich zusammenzuschließen, sondern auch Hindernisse, die einer Kooperation oder einem Zusammenschluss entgegenstehen, zu beseitigen. Diese Beseitigung von Kommunikations- und Interaktionshindernissen ist auch eine Form der Integration, die »negative Integration«. Der OEEC gelang sowohl eine Liberalisierung des Handels über den Abbau von quantitativen Einfuhrbeschränkungen als u. a. auch eine Erleichterung des Zahlungsverkehrs mit Hilfe der Europäischen Zahlungsunion vom September 1950 weit über das hinaus, was anfangs möglich schien. Insofern lieferte der Marshallplan das, wenn auch bescheidene Modell einer »negativen« Integration.

Die Zusammenarbeit der europäischen Länder im Rahmen des ERP-Programms förderte eine prinzipiell kooperationsbereite Einstellung. Dies erwies sich als unschätzbare Grundlage für die weitere Entwicklung zu konkreteren Formen der wirtschaftlichen Kooperation, wie sie in den fünfziger Jahren erfolgen sollte. Somit fungiert die OEEC als ein Bindeglied in der Kette jener Verpflichtungen zur Zusammenarbeit, welche die westeuropäischen Regierungen in den ersten Nachkriegsjahren akzeptierten und die zum Ausgangspunkt für den eigentlichen Integrationsprozess wurden.

Militärische Allianzen – Vom Pakt von Dünkirchen zur NATO

Die wirtschaftliche, politische und rechtliche Integration in Westeuropa in den Jahrzehnten nach 1945 wäre ohne den militärischen Sicherheitsschirm der USA nicht durchführbar gewesen. Deshalb ist ein Blick auf die militärischen Bündnisse und den amerikanischen Beitrag dazu notwendig. Für die gerade der NS-Herrschaft entronnenen westeuropäischen Staaten, insbesondere Frankreich, hieß Sicherheitspolitik in den ersten Nachkriegsjahren, Vorkehrungen für den Fall der Erneuerung einer deutschen Aggressionspolitik zu treffen. Der »Dünkirchener Pakt« zwischen England und Frankreich, den die Außenminister der beiden Länder am 4. März 1947 unterzeichneten, hatte für Großbritannien den Zweck, Frankreich zu stabilisieren und seine weiterhin bestehenden Ängste vor einem Wiedererstarken Deutschlands und dessen Aggressionsbereitschaft zu beruhigen. Angesichts der Zuspitzung des Ost-West-Gegensatzes im Jahre 1947 waren beide Mächte immer stärker daran interessiert, die USA für eine nachhaltige Beteiligung an der militärischen Verteidigung Westeuropas zu gewinnen. Wie im Falle der Wirtschaftshilfe erwarteten die USA als Zeichen des guten Willens zuvörderst eigene Anstrengungen der Europäer.

Als Bevin und Bidault während der Marshallplan-Beratungen in Washington wegen einer dauerhaften Beteiligung der USA an der militärischen Verteidigung der westeuropäischen Länder vorfühlten, empfahl das Außenministerium, zunächst einen europäischen Beistandspakt abzuschließen. Er sei das geeignete Mittel, die Zustimmung der Abgeordneten aus Kongress und Senat für eine Militärhilfe zu erhalten.

Im Januar 1948 wandten sich Bevin und Bidault an die Beneluxstaaten. Diese wollten keinen reinen Militärpakt, sondern schlugen ein weitergehendes Abkommen vor. Dafür erhielten sie Rückendeckung aus Washington, und so erfolgten die Verhandlungen auf der Grundlage ihres Vorschlags. Immer noch aber war das deutsche Schreckgespenst so gegenwärtig, dass der Vertrag ausdrücklich auf eine eventuelle deutsche Aggression Bezug nehmen musste, auch um der SU keine Gelegenheit zu geben, sich provoziert zu zeigen, selbst wenn eine Bedrohung durch Deutschland nicht mehr recht in die Zeit einer eher wahrscheinlichen sowjetischen Expansion passen wollte. Der ausgehandelte Vertrag erfüllte, wenn auch in schwächlicher Form, Ansprüche der Beneluxstaaten. Er legte in den ersten drei Artikeln, über die Pflicht zum automatischen militärischen Beistand hinaus, eine wirtschaftliche, soziale und kulturelle Zusammenarbeit fest und sah einen permanenten Konsultativrat vor.

Dieses Fünf-Mächte-Abkommen vom 17. März 1948, der Brüsseler Pakt, ebnete in Washington dem »Vandenberg amendment« den Weg, einem durch den Kongress verabschiedeten Verfassungszusatz. Das »amendment« beendete die traditionelle Isolationspolitik und erlaubte, Militärbündnisse schon in Friedenszeiten abzuschließen. Nach der Wiederwahl Trumans zum Präsidenten der USA war der Weg für die Verhandlungen frei, die am 4. April 1948 zum Atlantikpakt bzw. zur Gründung der NATO durch zehn europäische Länder, die USA und Kanada führten. Die Vereinigten Staaten und Kanada erklärten sich zu einem militärischen Bündnis bereit, das die Aufgabe erhielt, der kollektiven Verteidigung Westeuropas zu dienen.

Die atlantische Allianz war ein Defensivbündnis nicht mehr gegen die deutsche, sondern gegen die kommunistische Gefahr. Die Vertragsbestimmungen verpflichteten die Mitglieder, der Allianz bzw. dem gemeinsamen Oberkommando nationale Truppenkontingente entsprechend ihrer militärischen Stärke zur Verfügung zu stellen. Eine gemeinsame europäische oder atlantische Armee sah die NATO nicht vor, und es gelang auch nie, eine voll integrierte Militärmacht aufzubauen. Dass angesichts der überragenden Stellung der USA im Bündnis der militärische Oberkommandierende ein amerikanischer General sein müsse, stand außer Zweifel.

Mit der Zeit baute die Allianz ein Netz formeller Institutionen auf, über das die europäischen Regierungen ebenfalls Erfahrungen in der Zusammenarbeit und der gemeinsamen Entscheidungsfindung erwarben. Vor allem aber ermöglichte ihnen der Schutzschirm der NATO, die Idee der europäischen Integration aufzugreifen und unterschiedliche Integrationswege zu erproben. Denn die Idee der europäischen Integration gewann erneut Anziehungskraft und entfaltete mit wohlwollender Unterstützung der Amerikaner eine vorher nie erreichte Wirksamkeit.

Europäische Volksbewegung oder Feldzug der High Society? – Europabewegungen und die Gründung des Europarats

Die Jahre 1947/48 waren die Blütezeit der Europabewegung. In allen demokratisch regierten Ländern Westeuropas entstanden Vereine, Verbände oder Bewegungen, aber auch sektiererische Zirkel, die sich der europäischen Idee verschrieben und für den politischen und ökonomischen Zusammenschluss der Nationalstaaten warben, wenn sie dabei auch ganz unterschiedliche Formen im Sinn hatten. Die Resonanz für die Idee der Einigung Europas war so weit hallend und fand so viel einflussreiche Sympathisanten, dass die Aktivisten zeitweilig den Eindruck gewannen, die Bewegung werde zu einer europäischen Volksbewegung anwachsen, und der Optimismus war groß, bald zu einem vereinten Europa zu gelangen.

Europäische Föderalisten und »United Europe Movement«

Generell lässt sich die Bewegung für ein Vereintes Europa in drei Gruppen teilen: die Föderalisten, die »Unionisten« und eine fließende Gruppe aus wirtschaftlichen Vereinigungen sowie der großen politischen Lager (Sozialisten, Christdemokraten, Liberale).

Die nach der Zahl ihrer Mitglieder bedeutendste Gruppierung war die der europäischen Föderalisten. Sie wollten Europa nach dem Vorbild der Verfassung der USA oder der Schweiz schaffen, d. h. als eine Vereinigung souveräner Nationalstaaten, die einen Teil ihrer Vollmachten an eine gemeinsame supranationale Regierung abzugeben hätten. Die Machtbegrenzung der Nationalstaaten sollte nicht über die Abgabe von Kompetenzen nach oben, sondern durch eine Dezentralisierung der Staaten, durch die Verlagerung von Zuständigkeiten auf die regionale und kommunale Ebene erfolgen.

Die Föderalisten kamen zu einem großen Teil aus dem Widerstand gegen Nationalsozialismus und Faschismus, und sie verstanden ihren Föderalismus als das dem Totalitarismus entgegengesetzte Modell staatlicher Organisation. Eine europäische Föderation, ein europäischer Bundesstaat, sei unabdingbar, um den innereuropäischen Frieden zu wahren, Europa weltweit wirtschaftlich konkurrenzfähig zu machen, seine Bürger vor jeder Form des Totalitarismus zu bewahren, die Menschenrechte gegen übermäßige Staatsmacht zu schützen, die Frontlinie zwischen den USA und der Sowjetunion aufzuweichen und Europa als »Dritte Kraft« neben die beiden Supermächte zu stellen. Unter dem Dach des Föderalismus fanden sich viele ideologisch disparate Gruppen zusammen. Altiero Spinelli war ein prominenter Vertreter der demokratisch republikanischen Föderalisten. Zu den Föderalisten zählte aber auch die bedeutende Gruppierung der integralen Föderalisten mit ihrem geistigen Kopf Denis de Rougemont. Sie standen der parlamentarischen Demokratie skeptisch gegenüber und waren mit ihren elitären, ständestaatlich-korporatistischen Vorstellungen trotz ihrer Gegnerschaft zum Totalitarismus nicht gerade diejenigen, die mit Recht den Anspruch erheben konnten, die Grundlagen für den Aufbau eines vereinigten demokratischen Europas zu konzipieren.

Die Geburtsstunde des europäischen Nachkriegsföderalismus schlug im September 1946 in der Schweiz. Eine kleine Schar von Gesinnungsgenossen aus vierzehn europäischen Ländern traf im schweizerischen Hertenstein zusammen und legte einen »europäischen Rütlischwur« ab (Niess, S. 55); das »Hertensteiner Programm« mit seiner Forderung nach einer föderativen Europäischen Union (Dok. 6). Im Dezember waren die Föderalisten so weit, eine europäische Dachorganisation, die »Union Européenne des Fédéralistes« (UEF), zu gründen und im August 1947 einen repräsentativen Kongress in Montreux abzuhalten. Die UEF fungierte im Wesentlichen als Kontaktbörse für die unabhängig agierenden nationalen föderalistischen Vereinigungen, die in ihrer besten Zeit insgesamt etwa einhunderttausend Mitglieder besaßen. Die Föderalisten wollten einen europäischen Bundesstaat ohne Wenn und Aber und hofften, ihn nach dem Muster der nationalen Bewegungen des 19. Jahrhunderts mit Hilfe einer mächtigen multinationalen europäischen Volksbewegung ins Leben zu rufen. Das gelang ihnen nicht. Die Bewegung blieb heterogen, in vielen Fragen zerstritten, ohne Schlagkraft, mit einer schmalen sozialen Basis und schwacher, unprofessioneller Führung, die sich, wie die in ihren Hoffnungen auf einen europäischen Bundesstaat getäuschten Föderalisten später bitter beklagten, von dem von Churchill inspirierten »United Europe Movement« habe einfangen und instrumentalisieren lassen. Churchill, sagte Altiero Spinelli, habe sie hinters Licht geführt. Er habe die »gleichermaßen schlaue wie auch zynische Idee« (zit. nach: Niess, S. 70) gehabt, die Europäische Bewegung unter britische Führung zu stellen, der es nur um antikommunistische Kooperation gegangen sei und die es darauf angelegt habe, einen europäischen Bundesstaat zu sabotieren.

Mit ihrer Kritik maßen die Föderalisten Churchill einen Einfluss auf die Verwirklichung des Projekts Europa bei, den er nicht gehabt hat und nicht haben konnte. Dass die Föderalisten ihren Bundesstaat nicht durchsetzen konnten, hatte ganz andere Gründe. Die Verhältnisse und das Denken der großen Mehrheit der politischen Akteure in der Nachkriegszeit erlaubten es nicht, wie die Föderalisten es wünschten, Europa in einem großen Verfassungsakt oder, wie Robert Schuman 1950 sagen sollte, auf einen Schlag zu schaffen. Und was Großbritannien betraf, so hatte Churchill schon in Zürich unmissverständlich gesagt, dass es, wie die USA und vielleicht die UdSSR, nur ein außenstehender »Sponsor« der Einigung sein könne.

Die Fehlperzeption der Föderalisten und ihr Groll auf Churchill ist verständlich, denn dieser wurde zeitweilig so sehr mit der Europaidee in Verbindung gebracht, dass manche Zeitgenossen und Chronisten der frühen europäischen Bewegung den Eindruck gewinnen mochten: »Ohne Churchill kein Europa«. Seine Rede in Zürich galt als »Wendepunkt« oder gar »Dammbruch« für die Europaidee. Mit dem Züricher Ereignis habe der Premierminister im Ruhe- und Wartestand die Führung in der Bewegung für ein Vereinigtes Europa übernommen, sei Wortführer und vorderster Kämpfer geworden.

Die aktive Arbeit in der europäischen Bewegung überließ Churchill seinem Schwiegersohn, Duncan Sandys, der nach dem Verlust seines Unterhausmandats genügend Zeit hatte, professionell die von Churchill inspirierte »United Europe Movement« zu leiten, unter deren Führung nicht »Idealisten«, sondern »Realisten« die Strategie und Taktik des weiteren Vorgehens der privaten oder nichtgouvernementalen Europavereinigungen bestimmen konnten.

Die »United Europe Movement« (UEM) war das Instrument der »Unionisten«, wie sie im Sprachgebrauch der Zeit hießen. Sie wollten keinen europäischen Bundesstaat, sondern über den Weg der formellen zwischenstaatlichen Zusammenarbeit einen immer engeren Zusammenhalt der Staaten (Union) erreichen. Eine auslegungsfähige Begrifflichkeit überdeckte differierende Zielvorstellungen der Europavereinigungen und ermöglichte die Zusammenarbeit. Eine der zentralen Aussagen des »statement of policy«, der werdenden »United Europe Movement« – »Wenn Europa weiterleben will, muß es sich vereinigen« (zit. nach: Niess, S. 131) – konnten die Europaaktivisten aller Richtungen unterschreiben.

Die Gründungsversammlung der UEM am 14. Mai 1947 in der mit fünftausend illustren Gästen voll besetzten Royal Albert Hall in London war ein gesellschaftliches Großereignis mit einem so weit hallenden Echo in der Weltpresse, wie es keine andere Europainitiative bis dahin gefunden hatte. Unter dem riesigen Transparent mit der Aufschrift »Europe arise«, »Europa empor«, hielt Winston Churchill eine noch farbigere und glanzvollere Rede, als er sie in Zürich gehalten hatte und eröffnete damit eine Kampagne, die einige begeisterte Zeitgenossen einen Kreuzzug nannten. Die UEM besaß gemessen an ihren Zielen und Zielgruppen, an ihrer sozialen Zusammensetzung und ihren Methoden einen ganz anderen Charakter als die »Union Européenne des Fédéralistes« (UEF). Die UEM dachte nicht im Geringsten daran, die Nationalstaaten weitgehend zu entmachten, wie es die Föderalisten wollten. Sie warb nicht für eine supranationale Föderation, sondern für eine »Union« der Nationalstaaten, eine Art »europäisches Commonwealth«, in dem die Volker immer enger zusammenarbeiten würden. Die Föderalisten stellten an sich den Anspruch einer Volksbewegung und hatten die Vorstellung, die Massen für Europa und einen revolutionären Verfassungsakt mobilisieren zu können. Die UEM dagegen war durch und durch eine Honoratiorenbewegung, man könnte sogar sagen, eine Bewegung der High Society. Von den fünfundsiebzig Mitgliedern ihres »Rats« waren nicht weniger als siebzig im Lexikon der oberen Zehntausend, dem *Who is who*, verzeichnet.

Die UEM war weder an einer großen Mitgliederzahl noch an einer »grass-root«-Organisation interessiert, und es ging ihr auch nicht darum, Massen für die europäische

Idee zu mobilisieren. Ihre einzige nennenswerte Unterorganisation war ihre Studentenvereinigung. Die UEM wollte die öffentliche Meinung beeinflussen, Lobbyarbeit betreiben, auf die Regierungen und Parlamente einwirken und sie auf den Pfad immer engerer zwischenstaatlicher Zusammenarbeit drängen. Um ihrer Lobbyarbeit auch eine öffentliche Legitimation zu verschaffen, veranstaltete sie stark besuchte öffentliche Versammlungen mit prominenten Rednern, an denen sie keinen Mangel besaß. Sie blieb aber in ihrer Reichweite beschränkt, weil sie trotz einiger Bemühungen um Überparteilichkeit eindeutig mit der Konservativen Partei verbunden war. Damit entfremdete sie die Labourpartei der Europabewegung, und da diese unter den demokratischen sozialistischen Parteien im westlichen Europa die unbestrittene Führungsposition innehatte, konnte sie die übrigen ebenfalls zu Distanz bewegen.

Neben UEF und UEM entstanden viele kleinere und größere Vereinigungen zur Propagierung der Europaidee. Nach dem britischen Vorbild, in engem Kontakt mit Duncan Sandys, gründete der Mitherausgeber der Tageszeitung *Le Monde*, René Courtin, im Juli 1947 den konservativen »Conseil Français pour l'Europe unie«. Im Umkreis der Sozialistischen Internationale entstand im Februar 1947 das »Comité International pour les Etats-Unis Socialistes d'Europe« (ab Oktober 1948 umbenannt in »Mouvement Socialiste pour les Etats-Unis d'Europe« (MSEUE). Wegen der Obstruktion der Labourpartei und der Ablehnung aller »bürgerlichen« Vorstellungen eines Vereinten Europa geriet die sozialistische Variante der Europabewegung allerdings ins Abseits.

Die christkatholischen Europaaktivisten trafen sich ab März 1947 in den »Nouvelles Equipes Internationales« (NEI). Die NEI bildeten eine Art europäischer Internationale katholischer Führungskräfte. Über ihre Kongresse und »Genfer Treffen« kam jenes für die frühe Integrati-

onsphase so wichtige Netzwerk europäischer Spitzenpoli-
tiker (Schuman, de Gasperi, Adenauer) zustande. Schon
im Mai 1946 hatte in Brüssel der mehrfache belgische
Ministerpräsident Paul van Zeeland als eine Art exklusiven »braintrust« von Wirtschaftsführern die »Ligue Européenne de Coopération Economique« (LECE) gegründet
und ihr den Auftrag gegeben, Studien über die ökonomischen Probleme Europas und einer zukünftigen europäischen Union anzufertigen.

Einen eigenen originellen Weg schlug Graf Coudenhove-Kalergi nach seiner Rückkehr aus den USA ein. Er
schrieb einen Brief an alle Parlamentarier der demokratischen Länder Westeuropas mit der Frage, ob sie für die
Errichtung einer Europäischen Föderation im Rahmen der
Vereinten Nationen seien. Insgesamt 43 Prozent der ange-
schriebenen sprachen sich im Prinzip für eine Europäische
Föderation aus. Das ermutigte ihn, im September 1947 an
seinem Wohnort Gstaad eine Zusammenkunft von über
einhundert Abgeordneten aus zehn Ländern zu organisieren. Die Abgeordneten billigten die Gründung der »Europäischen Parlamentarier Union« (EPU) und erklärten sich
bereit, für die Einberufung einer Europäischen Verfassunggebenden Versammlung zu arbeiten. Die EPU zerfiel
schon drei Jahre später, da sich Coudenhove-Kalergi mit
seinem Anspruch, wie in den zwanziger Jahren eine elitäre
Führungsposition in der Europäischen Bewegung zu be-
setzen, ins Abseits manövrierte.

Die Reaktion auf die Umfrage Coudenhove-Kalergis
spricht für eine in Westeuropa verbreitete positive Einstellung zugunsten des europäischen Zusammenschlusses.
Ergebnisse von Meinungsumfragen stützen die Annahme.
Auf die Frage im Juli/September 1947: »Sind Sie für oder
gegen die Bemühungen für eine Einigung Europas?«,
erklärten 61 Prozent der Franzosen, sie seien dafür, aber
nur 10 Prozent, sie seien dagegen. In den Niederlanden
waren 55 Prozent der Befragten dafür, 5 Prozent dagegen.

Der Europakongress von Den Haag (1948)

Wie auf der Insel, so zog Duncan Sandys auch auf dem Kontinent die Fäden. Er hielt die Europabewegung unter Kontrolle. Im Juli 1947 überredete er fünf Organisationen, ein locker konstruiertes gemeinsames »Verbindungsbüro« einzurichten, und im November erreichte er ein Übereinkommen für eine gemeinsame »Konferenz europäischer Repräsentanten« im Frühjahr 1948 in Den Haag. Föderalisten wie »Unionisten« hatten schon im Sommer 1947 jeweils eine aufwändige repräsentative Veranstaltung ins Auge gefasst. Die Föderalisten hatten die »kühne« Idee, nach dem Muster der französischen Generalstände von 1789 »Generalstände Europas« (Etats-Généraux de l'Europe) mit dem Auftrag nach Versailles einzuladen, einen europäischen verfassunggebenden Prozess in Gang zu setzen. Das war, so kann man wohl sagen, eine spinnerte Idee, und der Pragmatiker Sandys hatte im November/Dezember im gemeinsamen Büro wenig Schwierigkeiten, einen Beschluss zur Einberufung eines repräsentativen Treffens prominenter Europäer nach Den Haag herbeizuführen. Die Europäische Bewegung sollte mit einer Heerschau die öffentliche Meinung und die Regierungen beeindrucken. Sandys behielt auch bei den Vorbereitungen das Heft fest in der Hand. Er bestimmte die Einladungspolitik und sorgte dafür, dass die Leitung der Kommissionen und die Verantwortung für die Ausarbeitung der Berichte und Resolutionen Personen aus dem Kreis der Unionisten übertragen wurde.

Der Haager Kongress unter dem Ehrenpräsidium Churchills wurde ein glanzvolles propagandistisches Ereignis, über das nicht nur die politische Publizistik, sondern auch die illustrierten Zeitungen ausführlich berichteten. Als in der Schlusssitzung Winston Churchill im historischen Rittersaal mit seiner Stimme gegen das draußen donnernde Gewitter ankämpfte, habe man das Gefühl gehabt, histori-

sche Minuten zu erleben, erinnerte sich dreißig Jahre später
Hendryk Brugmans, einer der führenden Föderalisten. Die
laut Teilnehmerverzeichnis siebenhundertneunzehn Delegierten und einundvierzig Beobachter bildeten eine er-
lesene Versammlung aus Politik, Wirtschaft, Geist und
Kultur; nicht weniger als sechs ehemalige Ministerpräsidenten, vierzehn amtierende und fünfundvierzig ehemalige
Minister befanden sich darunter. Allerdings boykottierte
die Labourpartei die »Churchill-Veranstaltung«, und aus
Solidarität blieben bis auf wenige Ausnahmen Vertreter der
europäischen sozialistischen Parteien dem Ereignis fern.
Der Haager war im Übrigen der erste internationale Kongress nach dem Krieg, zu dem Deutsche eingeladen waren.
Karl Arnold, der Ministerpräsident von NRW, gehörte mit
einigen seiner Minister dazu. Auch Konrad Adenauer und
Walter Hallstein hatten eine Einladung erhalten. Beide waren international noch völlig unbekannt. Hallstein nutzte
die Gelegenheit, Schuhe zu kaufen, die er noch zehn Jahre
später als Präsident der EWG-Kommission anzog.

Der Kongress sollte die politischen Kräfte Europas
davon überzeugen, dass die Bewegung für ein vereinigtes
Europa eine wirkliche Kraft darstelle und das Ziel der
europäischen Einigung von einem Großteil der europäischen Eliten aus voller Überzeugung unterstützt werde.
Die Teilnehmer sollten aber außerdem praktische Vorschläge zur Verwirklichung der Einigung ausarbeiten.
Diese sollten den Regierungen vorgelegt werden und sie
zum Handeln ermutigen. Das erste Ziel erreichten die
Organisatoren. Bei der Frage, welche konkreten Schritte
auf dem Weg der Einigung getan werden sollten, zeigten
sich tiefe Gegensätze, und nur nach langen Nachtsitzungen konnten zustimmungsfähige Formulierungen gefunden werden, bei denen sich im Wesentlichen die »Minima-
listen« durchsetzten.

In seiner politischen Resolution forderte der Kongress
»mit aller Dringlichkeit« die Einberufung einer »Europäi-

schen Versammlung«, deren Teilnehmer von den nationalen Parlamenten bestimmt werden sollten. Die Versammlung sollte wirtschaftliche und politische »Sofortmaßnahmen« empfehlen, die geeignet seien, nach und nach die »notwendige Einheit Europas« herzustellen, sowie die juristischen und verfassungsrechtlichen Probleme einer »Union oder Föderation« untersuchen (*Congress*, S. 412).

Sandys, vom Erfolg dieser Manifestation des europäischen Einigungswillens beflügelt, ging energisch daran, das Einwirken auf die Regierungen zu organisieren und das Koordinationskomitee des Kongresses zu einer europäischen Dachorganisation auszubauen. Nationale Komitees legten den Parlamenten und Regierungen der Marshallplan-Länder am 18. Juli Memoranden zu dem Vorhaben der »Europäischen Versammlung« vor. Zwei Monate später wurde die »Europäische Bewegung« als Dachorganisation der Europaverbände gegründet.

Der französischen Politik kam das Erstarken der europäischen Bewegung zu diesem Zeitpunkt gerade recht. Sie hatte erkannt, dass ihr die Mittel zur Durchsetzung einer an den machtpolitischen Rezepten von 1919 orientierten Politik zur nachhaltigen Schwächung Deutschlands fehlten. Ein westeuropäischer Zusammenschluss schien besser geeignet, um das Problem Deutschland zu lösen und das ehrgeizige Projekt zu vollenden, Frankreich zu einer modernen europäischen Wirtschaftsmacht aufzubauen, die mit der deutschen, nach deren Wiederaufrichtung, erfolgreich konkurrieren könne. »Frankreich sucht Kraftströme in sein Land zu lenken, um mit erborgter Macht die Vorherrschaft in Europa zu erstreiten«, charakterisierte die *Zeit* solche Vorstellungen (20. Mai 1948). Als sich Frankreich auf der Londoner Sechs-Mächte-Konferenz im Frühjahr 1948 dem Druck der USA, Großbritanniens und der Beneluxstaaten beugen und der Gründung eines westdeutschen Staates zustimmen musste, suchte es sich im Gegenzug zum Vorkämpfer der europäischen Einigung zu machen. Wenn es nicht gelang, Deutschland weiterhin als besiegte Macht niederzuhalten, dann war es dringlich, einen Zusammenschluss der Staaten Westeuropas herbeizuführen und zu einem späteren Zeitpunkt Deutschland einzubeziehen, um es so unter Kontrolle zu halten und an einer unberechenbaren, den Westen gefährdenden Politik zu hindern.

Schon zwei Tage nach der Entgegennahme des Memorandums zur Europäischen Versammlung entsprechend den Beschlüssen des Haager Kongresses appellierte der französische Außenminister Bidault am 20. Juli auf der zweiten Sitzung des Konsultativrats des Brüsseler Pakts an seine Kollegen, gemeinsam eine »Europäische Parlamentarische Versammlung« einzuberufen. Sie sollte über Fragen einer Wirtschafts- und Währungsunion beraten, aber nach einer prinzipiellen Einigung der Regierungen Entscheidungsvollmachten erhalten und zur Keimzelle eines föderativen Europas werden.

Ernest Bevin war von der Vorstellung einer solchen Versammlung so entsetzt, dass er Metaphern der griechischen Mythologie durcheinander brachte: »Wenn man diese Pandorabüchse öffnet, wird man sie voller Trojanischer Pferde finden!« (Bullock, S. 659.) Die Büchse der Pandora war aber geöffnet, und Bevin musste sich nach einem formellen Antrag der französischen und belgischen Regierung mit äußerstem Unbehagen zu Verhandlungen bequemen und den Europäern eine Parlamentarische Versammlung, ihre »Schwatzbude«, zugestehen. Den britischen Unterhändlern kam es zu, die »Trojanischen Pferde« unschädlich zu machen. D. h., die zu schaffende Einrichtung durfte so gut wie keine Zuständigkeiten erhalten und musste unter die uneingeschränkte Kontrolle der Regierungen gestellt werden. Großbritannien war nicht bereit, mehr zuzugestehen als lose Formen der Kooperation zwischen souveränen Regierungen, die völlige Entscheidungsfreiheit in allen sie betreffende Fragen behalten sollten. Es wurde auch klar, dass Großbritannien (noch) weit davon entfernt war, sich eng an den europäischen Kontinent anzuschließen.

In zähen Verhandlungen gelang es den Briten, die hochfliegenden Pläne auf ein für sie akzeptables Maß zurückzustutzen. Sie akzeptierten eine beratende Parlamentarische Versammlung mit nach nationalen Regelungen ernannten Abgeordneten, erhielten dafür aber die Zusicherung, dass dieser ein Ministerrat übergeordnet werden sollte. Am 5. Februar 1949 veröffentlichte das Generalsekretariat des Ständigen Ausschusses der Brüsseler Vertragsorganisation die ausgehandelten Empfehlungen zur »Organisation eines Europarates« (Dok. 7). Zu den weiteren Beratungen wurden auch Italien, die skandinavischen Staaten und Irland eingeladen. In den abschließenden Verhandlungen setzten die Briten noch Straßburg als Sitz der neuen Institution und ihren Namensvorschlag »Europarat« gegen den Konkurrenzvorschlag »Europäische Union« durch. Am 5. Mai 1948 schließlich unterzeichneten zehn Staaten das Gründungsmanifest.

Nach der Gründung des Europarats neigte sich die große Zeit der Europabewegung dem Ende zu und die Europapolitik ging in die Routine der Berufsdiplomatie über. In den folgenden Jahren begleitete die Europäische Bewegung den Europarat bei seinen Bemühungen, die ihm gesetzten engen Grenzen zu sprengen und doch noch zu der supranationalen Organisation mit souveränen Entscheidungsbefugnissen zu werden, wie sie ursprünglich gedacht worden war. Und sie hielt regelmäßig Kongresse ab, die aber nicht entfernt den Widerhall des Haager Kongresses fanden. Finanziell konnte sie nur mit Geldern überleben, die ihr der amerikanische Geheimdienst über einen Umweg zukommen ließ.

Der Europarat – Große Hoffnungen und tiefe Enttäuschung

Der Europarat (Dok. 8) war eine Staatengruppierung neuen Typs. Er gab der Idee eines Vereinten Europa, bildlich gesprochen, zum ersten Mal eine Gestalt und eine Seele. Artikel 1 der Satzung erteilte ihm den Auftrag, »[...] eine engere Verbindung zwischen seinen Mitgliedern zum Schutze und zur Förderung der Ideale und Grundsätze, die ihr gemeinsames Erbe bilden, herzustellen und ihren wirtschaftlichen und sozialen Fortschritt zu fördern«.

Diese Aufgabe sollten die Organe des Rats erfüllen, und zwar »[...] durch Beratung von Fragen von gemeinsamem Interesse, durch den Abschluß von Abkommen und durch gemeinschaftliches Vorgehen auf wirtschaftlichem, sozialem, kulturellem und wissenschaftlichem Gebiet und auf den Gebieten des Rechts und der Verwaltung sowie durch den Schutz und die Fortentwicklung der Menschenrechte und Grundfreiheiten«.

Gemessen an den Ausgangserwartungen der Kontinentaleuropäer brachten diese Aufgabenzuschreibung und die Konstruktion des Europarats eine Enttäuschung. Die Gründer schufen mit ihm keine neue, den nationalen Souveränitäten übergeordnete Autorität, sondern beließen ihn in den Händen der Regierungen. Das »Ministerkomitee«, das nur einstimmige Beschlüsse fassen durfte, erhielt die Zuständigkeit, »im Namen des Europarats [...] zu handeln« (Artikel 13), während die »Beratende Versammlung« als das »beratende Organ« eingerichtet wurde, das seine »Beschlüsse dem Ministerkomitee in der Form von Empfehlungen« zu übermitteln habe (Artikel 22). Damit hatten die Briten (und Skandinavier) eine Instanz mit regierungsähnlichen Vollmachten verhindert. Wie sich schnell zeigen sollte, hatten sie den Europarat, wie ein sarkastisches Urteil lautete, »entmannt« (Schmitt, S. 42), denn das zur Einstimmigkeit verpflichtete Ministerkomi-

tee nahm nur das von den Berichten und Empfehlungen
der Beratenden Versammlung auf, was ihm zusagte, und
das war häufig so gut wie nichts.

Die Beratende Versammlung des Europarates trat im
August 1949 zu ihrer ersten Sitzung in der graunüchter-
nen Aula der Universität Straßburg zusammen, deren
schlechte Akustik der Rhetorik der Delegierten viel von
ihrer Wirkung nahm. Es war, wie ihr erster Präsident, der
lange amtierende belgische Außenminister und entschiedene Befürworter der europäischen Einigung Paul-Henri
Spaak schreibt, eine »großartige Versammlung« (Spaak,
S. 271). Die Parlamente der zehn Mitgliedsstaaten hatten
hervorragende Mitglieder nach Straßburg entsandt. Noch
nie habe ein Präsident unter seinem Vorsitz so viele
bedeutende Politiker und hervorragende Redner vereinigt.
Die meisten Delegierten waren Mitglieder der Europäischen Bewegung, und sie waren von der Hoffnung
beseelt, den Europarat zu einer supranationalen Vereinigung mit wirklichen Machtbefugnissen ausbauen zu können. Die Europäische Bewegung organisierte zur Unterstützung der Parlamentarier öffentliche Kundgebungen,
und diese fanden wie die heißen Debatten der Versammlung ein großes Echo in der europäischen Medienland-
schaft.

Die Versammlung ging sofort daran, den ihr gegebenen
Kompetenzrahmen nicht nur auszufüllen, sondern auch
zu erweitern, die Satzung umzuändern und zu versuchen,
dem Europarat die nötigen Mittel zu geben, um zum
Schwungrad der europäischen Einigung zu werden. Sie
setzte eine ständige Kommission für Allgemeine Angelegenheiten (Politische Kommission) zur Organisation der
Arbeiten der Versammlung und als ihren Sprecher gegenüber dem Ministerkomitee ein. Sie versuchte sich, vom
Gängelband des Ministerkomitees zu lösen und über ihre
Tagesordnung und die Beratungsgegenstände autonom zu
entscheiden und forderte die Minister auf, auf ihr Veto-

recht zu verzichten. Nach offenen Redeschlachten zwischen denjenigen, die sofort einen europäischen Bundesstaat schaffen, und denjenigen, die sich weiterhin auf eine Zusammenarbeit der Regierungen verlassen wollten, verabschiedete die Versammlung den vorsichtig formulierten Beschluss: »Zweck und Ziel des Europarates [ist] die Schaffung einer europäischen, politischen Autorität mit begrenzten Funktionen, aber echten Vollmachten [...]« (*Europa-Archiv*, 20. Oktober 1949, S. 2559). Diese »Autorität« sollte zunächst aus dem weiter einstimmig beschließenden Ministerrat sowie der an der Gesetzgebung beteiligten Versammlung bestehen. Daneben war eine Exekutive vorgesehen. Zusätzlich erhielt der Ständige Ausschuss den Auftrag, die Frage der Politischen Autorität zu prüfen und der Versammlung Bericht zu erstatten.

Paul-Henri Spaak verließ Straßburg frohgemut. Er war mit der Überzeugung gekommen, dass die Vereinigten Staaten von Europa eine Notwendigkeit seien, und er ging mit der Sicherheit, dass sie auch erreichbar seien. Er hatte die Widerstände unterschätzt. Das Verhalten der Versammlung hatte Bevins schlimmste Befürchtungen bestätigt, und die Labourregierung sorgte in Verbindung mit den ebenfalls auf ihre volle Souveränität bedachten skandinavischen Ländern dafür, dass das Ministerkomitee im November fast alle Beschlüsse mit einem Veto belegte. Nur den Beschluss zur Ausarbeitung einer europäischen Menschenrechtskommission und die Empfehlung, der Bundesrepublik Deutschland den Beitritt zu ermöglichen, ließen die Minister passieren.

In der Sitzungsperiode des Jahres 1950 brachten die Föderalisten die »politische Autorität« erneut in die Debatten ein und die UEF organisierte Demonstrationen und andere Aktivitäten, um den Forderungen ein zusätzliches Gewicht zu verschaffen. Wieder hatten die Bemühungen keinen Erfolg. Während dieser zweiten Sitzungsperiode musste sich die Versammlung einer unerwarteten

Herausforderung stellen. Mit der Verkündung des Schumanplans und der Aufnahme der Verhandlungen zur Gründung der Montanunion sah sie sich der Gefahr ausgesetzt, im europäischen Geschehen an den Rand gedrängt zu werden. Die Föderalisten versuchten, der Gefahr mit einer Art Vorwärtsverteidigung zu begegnen, und meinten, die Führung mit der Übernahme der Strategie des Schumanplans zurückgewinnen zu können. Dem Rat wurden nacheinander Pläne zur Errichtung europäischer, mit dem Europarat verbundener übernationaler Teilinstitutionen auf verschiedenen Gebieten – Landwirtschaft, Verkehr, Energie u. a. m. vorgelegt. Diese Bemühungen endeten mit ihrer Ablehnung durch die Briten und Skandinavier in einer Sackgasse. Als in der dritten Sitzungsperiode erneut keine Fortschritte bei der Weiterentwicklung des Europarats zustande kamen, die »Verwirrung und die Ohnmacht der Versammlung« (Spaak, S. 286) vollends zu Tage trat, als sie sich trotz der Intervention von vier Außenministern nicht zu einer klaren Unterstützung der Pläne für eine Europaarmee (EVG) durchringen konnte, trat Spaak verbittert als Präsident zurück.

Schutz der Menschenrechte

Obwohl es dem Europarat nicht gelang, zum Motor der europäischen Einigung zu werden und er sich selbst auf einen Nebenweg manövrierte, blieb er kein totes und erfolgloses Gebilde. Er schuf ein spezifisches »europäisches Milieu« und hat sich große Verdienste um ein gemeinsames Rechtsverständnis und eine ähnliche Rechtsausübung seiner Mitgliedsstaaten erworben. Er entfaltete auf immer mehr Gebieten vielfältige Aktivitäten zur konkreten Zusammenarbeit, die es erforderlich machten, neben dem Ministerkomitee der Außenminister Fachministerkonferenzen einzurichten. In einem aufwändigen Verfahren erarbeitet der Europarat seit seinem Bestehen Übereinkommen, Konventionen für beinahe alle Politik-bereiche, wie Gesundheit, soziale Sicherung, Umwelt, Kultur usw., mit denen sich die Unterzeichner zu gleichartigen rechtlichen Regelungen (z. B. gegen Drogenmissbrauch oder später in der Aidsbekämpfung) verpflichten. Die Konventionen sind nur Empfehlungen und werden erst rechtswirksam, wenn sie von einer festgelegten Zahl von Staaten, die sie unterzeichnet haben, nach den Bestimmungen ihrer Verfassungen ratifiziert worden sind. Die Konventionen – mittlerweile sind es etwa 180 – müssen nicht von allen Staaten übernommen werden, und manche Vorschriften sind nicht bindend. Aber der Europarat hat mit ihnen ein flexibles System der langsamen sektoralen Annäherung und Harmonisierung der Rechtssysteme der europäischen Staaten geschaffen. Wie das Beispiel der »Europäischen Sozialcharta« gezeigt hat, kann von den Konventionen ein erheblicher Druck auf die Rechtsangleichung der Mitgliedsstaaten ausgehen. Nicht zuletzt auch hat der Europarat einen nicht zu unterschätzenden Einfluss auf die kulturelle Zusammenarbeit, die er mit zahlreichen Aktivitäten, u. a. Europaratsausstellungen, der Wahl der europäischen Kulturhauptstadt oder dem Tag des Denkmalschutzes, fördert. Insofern erfüllt er seinen Auftrag, »Wahrer des gemeinsamen kulturellen Erbes« zu sein.

Durchgängig wirkte der Europarat als europäisches Gewissen bei Achtung, Wahrung und Weiterentwicklung der Menschenrechte und der Prinzipien der Demokratie. Seine wichtigste Leistung ist bis heute die »Europäische Konvention zum Schutz der Menschenrechte« vom 4. November 1950 (Dok. 11). Sie stellt in der Geschichte des Völkerrechts, wie Carl Carstens schreibt, einen »revolutionären Akt« dar (Carstens, S. 193). Sie garantiert in ihrem Geltungsbereich allen die Menschenrechte und Grundfreiheiten und stellt ein internationales Rechtsschutzsystem zur Verfügung, wenn die Rechte durch einen Mitgliedsstaat verletzt werden. In einem solchen Fall können Mitgliedsstaaten, aber auch in ihren Rechten verletzte Personen die Europäische Kommission für Menschenrechte anrufen, und wenn diese eine Rechtsverletzung feststellt, entscheidet in zweiter Instanz der Europäische Gerichtshof für Menschenrechte. Die entscheidende Neuerung bestand 1950 darin, dass Einzelpersonen die Kommission und den Gerichtshof auch gegen ihren eigenen Staat anrufen können. Die Konvention und der Gerichtshof setzten Maßstäbe, die weit über den Rahmen des Europarats hinausreichen.

Eine neue, außerordentlich wichtige Funktion erhielt der Europarat nach dem Umbruch in Mittel- und Osteuropa ab 1989. Er wurde zum Hoffnungsträger für die Akteure der Demokratisierung und zum europäischen Anker für die aus der sowjetischen Herrschaft befreiten Staaten, denen er stabile Strukturen und eine Fülle von Hilfen bei ihrem demokratischen und rechtlichen Neuaufbau und -ausbau anbietet.

Die Europäische Gemeinschaft für Kohle und Stahl (EGKS – Montanunion)

Während die westeuropäischen Staaten durch die Umsetzung des Marshallplans erste Lektionen in wirtschaftlicher Zusammenarbeit erhielten, wurde es den entschiedenen Verfechtern eines Vereinigten Europas schmerzlich bewusst, dass weder OEEC noch Europarat zur treibenden Kraft einer vertieften Integration werden würden. Die OEEC zeigte, wie leicht der Wunsch nach Koordination mit nationalen Wünschen in Konflikt kommen konnte. Auch jene Regierungen, die für eine engere Union eintraten, zogen sich doch zurück, wenn eine koordinierte Politik nationale Interessen zu gefährden schien. Zwar handelten alle Regierungen so, aber keine andere rückte so entschieden von dem »Projekt Europa« ab wie die britische. In den ersten Nachkriegsjahren wurde in allen Europamodellen Großbritannien die Führungsposition zugewiesen, und ein Vereinigtes Europa ohne Großbritannien schien undenkbar. Im Jahre 1950 riss Frankreich die Führungsrolle an sich und stellte Großbritannien vor die Wahl, sich zu französischen Bedingungen zu beteiligen oder fernzubleiben. Einen spektakulären Auftakt für den Rollenwechsel lieferte der französische Außenminister, Robert Schuman, im Mai 1950, als er alle Widerstände und Zögerlichkeiten beiseite schob und eine Zusammenfassung der Montanindustrien Deutschlands und Frankreichs unter der Leitung einer supranationalen Behörde vorschlug.

Der Schumanplan

Am Nachmittag des 9. Mai 1950 gab der französische Außenminister Robert Schuman im Uhrensaal des französischen Außenministeriums vor der geladenen Presse eine Erklärung ab:

> Die französische Regierung schlägt vor, die Gesamtheit der französisch-deutschen Kohlen- und Stahlproduktion unter eine gemeinsame Oberste Aufsichtsbehörde (Haute Autorité) zu stellen, in einer Organisation, die den anderen europäischen Ländern zum Beitritt offensteht.
>
> Die Zusammenlegung der Kohlen- und Stahlproduktion wird sofort die Schaffung gemeinsamer Grundlagen für die wirtschaftliche Entwicklung sichern – die erste Etappe der europäischen Föderation – und die Bestimmung jener Gebiete ändern, die lange Zeit zu der Herstellung von Waffen gewidmet waren, deren sicherste Opfer sie gewesen sind.
>
> Die Solidarität der Produktion, die so geschaffen wird, wird bekunden, daß jeder Krieg zwischen Frankreich und Deutschland nicht nur undenkbar, sondern materiell unmöglich ist.   (Dok. 13.)

Diese Erklärung war ebenso sensationell wie die des amerikanischen Außenministers Marshall, als er im Juni 1947 an der Universität Harvard das Vorhaben eines großen Hilfsprogramms für die europäische Wirtschaft bekannt gegeben hatte. Wie die Rede Marshalls, so fand auch die Ankündigung Schumans zunächst nicht den ganz großen Widerhall in der Öffentlichkeit, aber schnell wurde die »Schuman-Bombe«, wie eine französische Zeitung titelte, als jene kühne Tat erkannt, die sie wirklich war. Der Schumanplan, wie er sofort genannt wurde, beruhte auf einem ganzen Bündel von Motiven, allgemeinen und speziellen Zielen, die offen ausgesprochen wurden oder auch verdeckt blieben. Überspitzt formuliert könnte man sagen, der Plan war ein Akt französischer Putativnotwehr.

Das wichtigste offen genannte Anliegen war die Sicherung des Friedens in Westeuropa. Dem notorischen Friedensbrecher Deutschland sollte durch die Zusammenlegung der Schlüsselindustrien, welche die Basis für den Aufbau einer Militärmacht bildeten, ein Krieg gegen Frankreich und die anderen westeuropäischen Länder materiell unmöglich gemacht werden. Das zweite allgemeine Ziel war die Einigung Europas, die nach den bisher ins Leere gelaufenen Versuchen auf eine neuartige Art und Weise erreicht werden sollte. Schrittweise sollte in Westeuropa ein gemeinsames Fundament wirtschaftlicher Macht gelegt werden, auf dem sich eine politische Einheit errichten ließe. Als drittes politisches Ziel nannte Schuman, dass der »Jahrhunderte alte Gegensatz zwischen Frankreich und Deutschland« überwunden werden müsse, um eine Vereinigung der europäischen Nationen zu ermöglichen.

Dreh- und Angelpunkt des Plans war die »deutsche Frage«. Frankreich litt noch immer unter seiner Niederlage von 1940. Es war seit Ende des Krieges darauf fixiert, eine Lösung zu finden, für alle Zeiten die Möglichkeit eines deutschen Angriffs auszuschließen und Frankreich so zu stärken, dass es von Deutschland nie wieder gefährdet werden könne. Um dies zu erreichen, setzte die französische Politik nach 1945 auf vielfältige Mittel und Wege. In der ersten Phase der Nachkriegspolitik konzentrierte sie sich darauf, Deutschland definitiv als europäische Macht auszuschalten. Es sollte territorial zerstückelt, entwaffnet, in seiner Souveränität beschränkt, unter die langfristige Aufsicht der Siegermächte gestellt werden. Wirtschaftlich sollte es durch Abtrennung des Ruhrgebiets, vielfältige Produktionsverbote und -beschränkungen, Abbau von industriellen Kapazitäten, Zerschlagung der Großunternehmen und Unternehmensverbünde zu einer unbedeutenden Größe gemacht werden. Im Gegenzug plante Frankreich, zu der europäischen Wirtschaftsmacht aufzusteigen, die Deutschland gewesen war. Diesem Zweck diente ein ehrgeiziges, staatlich gelenktes und finanziertes wirtschaftliches Aufbau- und Modernisierungsprogramm, das von einer Planungsbehörde unter der Leitung des renommierten, international erfahrenen Experten Jean Monnet stand. Daneben verfolgte die französische Politik das Ziel, über Militärbündnisse sich zusätzlich gegen Deutschland zu sichern und über Zollunionen oder andere Formen wirtschaftlicher Kooperation der französischen Wirtschaft den großen Markt zu eröffnen, auf dem sie die Chancen der Massenproduktion voll nutzen könne. Ab 1947 schließlich sah die französische Politik in der europäischen Integration eine besondere Chance, Deutschland mit einem geschlossenen Block westeuropäischer Staaten in Schach zu halten.

1949 war offensichtlich, dass Frankreich mit seiner Negativpolitik gegenüber Deutschland gescheitert war und es auch nicht gelungen war, neuartige Formen des Zusammenschlusses von Staaten durchzusetzen. Insbesondere war es nicht gelungen, Großbritannien als einen mit Frankreich und anderen westeuropäischen Staaten institutionell fest verbundenen Partner zu gewinnen. Seit Kriegsende hatte die französische Politik um Großbritannien als militärischen und wirtschaftlichen Partner geworben und versucht, es über feste Strukturen untrennbar in eine kontinentaleuropäische Solidarität einzubinden. England hatte sich aber allen Bindungen verweigert, die über eine bloße Kooperation unabhängiger Partner hinausgingen. Es hatte jeden Versuch einer übernationalen europäischen Einigung ausgebremst und den Marshallplaneinrichtungen und dem Straßburger Europarat jede höhere Autorität verweigert. Im Frühjahr 1949 waren zudem die letzten Versuche einer

engen wirtschaftlichen Verbindung zwischen Frankreich
und England gescheitert. Mit großer Schärfe formulierte
die Labourpartei im Frühsommer 1950 in ihrer Broschüre
European Unity eine britische Haltung, die sich nach einigen Jahren des Flirts mit Projekten einer engeren Verbindung mit dem Kontinent verhärtet hatte. In der Broschüre
stand, dass für Großbritannien die Übertragung eines Teils
seiner Souveränität an eine übernationale Organisation undenkbar sei: England sei keine Küsteninsel von Europa,
England sei das Haupt eines Commonwealth, mit dem es
durch Pflichten und Verwandtschaft verbunden sei, und in
jeder Hinsicht, mit Ausnahme der Entfernung, seien die
Engländer ihren Vettern auf der anderen Seite des Kontinents, den Australiern und Neuseeländern, näher als Europa.

Nur durch eine Form der westeuropäischen Integration
weit über das hinaus, was England zuzugestehen bereit sei,
könne das deutsche Problem gelöst werden, so lautete die
neue Linie französischer Außenpolitik, die sich 1949
durchzusetzen begann. 1949 war nach dem Willen der
Engländer und Amerikaner wieder ein deutscher Staat entstanden, wogegen sich Frankreich zäh gewehrt hatte. Zwar
besaß die Bundesrepublik Deutschland nur eine sehr be-
schränkte Souveränität, durfte keine Außenpolitik betreiben, musste weiter Reparationen bezahlen, sollte seine
Großunternehmen zerschlagen und dulden, dass seine
Schwerindustrie unter die Kontrolle einer internationalen
Aufsichtsbehörde gestellt blieb. Wie lange aber würde sich
das aufrechterhalten lassen? Amerikaner und Engländer arbeiteten darauf hin, der Bundesrepublik größere politische
Spielräume zu eröffnen und die Fesseln zu lockern, die sie
in ihrer freien wirtschaftlichen Entwicklung hemmten. In
Frankreich fürchtete man, Deutschland werde versuchen,
seinen Anspruch auf Wiederherstellung der Einheit unter
Umständen mit einer Schaukelpolitik zwischen Ost und
West durchzusetzen, und Frankreich könne gegen dieses

wirtschaftlich dynamische, erstarkte Deutschland erneut
ins Hintertreffen geraten. Gegen eine solche unkontrollier-
bare Verselbstständigung könne am ehesten die Einbin-
dung des jungen Staates in eine festgefügte europäische
Struktur helfen, und diese müsse errichtet werden, ehe es
Deutschland gelungen sei, eigene Wege zu gehen.

Ein europäischer Zusammenschluss unter Einschluss
Deutschlands aber war in Frankreich nicht durchzusetzen,
solange der französischen Wirtschaft nicht die Furcht
genommen werden konnte, von der deutschen wirtschaftlichen Übermacht erdrückt zu werden. Diese Übermacht
beruhte in den Augen der französischen Industriellen
darauf, dass Deutschland seinen Stahl zu einem Preis produzieren konnte, mit dem Frankreich nicht zu konkurrieren vermochte. Dadurch würde die gesamte französische
weiterverarbeitende Industrie benachteiligt. »Wenn man
bei uns die Furcht vor einer deutschen industriellen Vorherrschaft beseitigen könnte«, schrieb Jean Monnet, »wäre
das größte Hindernis für die Einigung Europas weggeräumt« (Dok. 12).

Um den französischen Industriellen die Furcht zu nehmen, sie sollten in eine Vereinigung gezwungen werden, in
der Deutschland das Schwer- und Frankreich das Leicht-
gewicht wäre, hatte Jean Monnet, der Architekt des Plans,
seine spezifischen Zielsetzungen entwickelt: Versorgung
der französischen und deutschen Wirtschaft (sowie der
Wirtschaft jedes anderen Mitgliedsstaates) mit Kohle und
Stahl zu gleichen Bedingungen, gemeinsame Exportpla-
nung und -entwicklung, Angleichung der Löhne und sozialen Leistungen, Abbau der Zollschranken, Angleichung
der Preise und Frachten. Damit sollte die französische Industrie in der Gemeinschaft auf die gleiche Ausgangsbasis
gestellt werden wie die deutsche. Aber sie sollte damit zugleich einem Wettbewerb ausgesetzt werden, vor dem sie
sich bis dahin durch Handelsbeschränkungen, Kartellbil-
dung und andere protektionistische Maßnahmen geschützt

hatte. Mit Hilfe des Wettbewerbs auf der Basis gleicher Bedingungen für alle Anbieter auf dem Markt sollten die französischen Industriellen, das war die Absicht Monnets, aus ihrer Bequemlichkeit, aus ihrem Schlendrian aufgeweckt und gezwungen werden, die französische Industrie zu modernisieren und zu rationalisieren.

Eine nicht ausgesprochene, verdeckte Zielsetzung ging dahin, mit der vorgeschlagenen Gemeinschaft Frankreichs Stellung als »Grande Nation« zu behaupten. In dem Vorschlag verborgen war auch die Ausgrenzung Englands, da den Autoren bewusst war, dass England einer supranationalen Behörde niemals zustimmen würde. Damit aber würde Frankreich automatisch die Führungsrolle in Kontinentaleuropa zufallen. Es würde eine Art Schirmherrschaft und seine Stellung als Großmacht behaupten. Dies war auch einer der Gründe für die so stark betonte Notwendigkeit der Modernisierung der französischen Industrie. Frankreich war aber immer noch so schwach, dass es sich bei seinen Ambitionen auf Deutschland stützen musste. Deshalb war es für Frankreich so wichtig zu handeln, solange es sich noch in einer Position der Stärke befand, und es für die junge Bundesrepublik noch attraktiv sein würde, seine Montanindustrie zusammen mit der anderer Staaten unter eine europäische Vormundschaft stellen zu lassen. Die französische Schwäche machte es auch wichtig, die Beneluxstaaten mit einzubeziehen, damit Frankreich nicht Deutschland allein gegenübertreten musste. Insofern war das französische Verhalten bestimmt von einer verqueren Mischung von großem Anspruch und Minderwertigkeitskomplexen.

Schuman präsentierte den Plan als ein großzügiges, von europäischen Idealen bestimmtes Angebot, und so bezeichnete es auch Konrad Adenauer, als er ihm sofort und ohne Vorbehalte zustimmte. Gewiss kann man Robert Schuman und dem Architekten des Plans, Jean Monnet, europäischen Idealismus nicht absprechen. Angesichts der sehr entschiedenen nationalen Zielsetzungen des Vorschlags kann man wohl zu Recht davon sprechen, dass der Plan gleichermaßen eine Instrumentalisierung der Europapolitik für nationale Zwecke beinhaltete. Anders formuliert: Er war eine Fortsetzung der nationalen Politik mit europäischen Mitteln.

Man wird bezweifeln müssen, dass der Plan von der französischen Regierung hätte akzeptiert und präsentiert werden können, wenn nicht die Situation so drängend gewesen wäre. Der Regierung war bekannt, dass auf der am 11. Mai beginnenden Konferenz der drei Außenminister der USA, Großbritanniens und Frankreichs der amerikanische und englische Außenminister eine Aufhebung der Begrenzung der westdeutschen Stahlproduktion verlangen würden. Ebenfalls stand eine Milderung der Souveränitätsbeschränkungen der Bundesrepublik auf dem Plan. Darüber hinaus kamen immer dringlichere Forderungen, das Potential der Bundesrepublik auch für die westliche militärische Verteidigung zu nutzen. Entsprechende Forderungen des amerikanischen und britischen Generalstabes lagen vor. Frankreich lief also Gefahr, die Kontrolle über die Bundesrepublik und vor allem über das Ruhrgebiet und die für die französische Wirtschaft so wichtigen Ressourcen (Kokskohle) zu verlieren. Außerdem war abzusehen, dass bei dem verschärften Wettbewerb auf den Exportmärkten die französische Eisen- und Stahlindustrie gegenüber der kostengünstigeren deutschen den Kürzeren ziehen würde. Damit waren die Grundlagen der französischen Außen- und Sicherheitspolitik bedroht. Deshalb kann man wohl zu Recht im Schumanplan eine französische Notwehrreaktion sehen, die aber nur Erfolg hatte, weil sich Anfang 1950 ein Zeitfenster auftat. Im Sommer, nach dem Ausbruch des Koreakriegs, der die Stahlkrise beendete und die Beschränkungen für die westdeutsche Industrie obsolet machte, wäre der Plan wohl kaum noch durchsetzbar gewesen.

Der Plan, bei den beiden großen Antagonisten, Deutschland und Frankreich, jene Wirtschaftsbereiche zu verschmelzen, welche die Basis der Rüstung darstellten, war in seiner Einfachheit blendend, aber keineswegs völlig neu. Unabhängig voneinander hatten neben anderen die Beratende Versammlung des Europarates und die Europäische Wirtschaftskommission der Vereinten Nationen ähnliche Vorschläge eines europäischen Verbundsystems gemacht. Das Originelle an dem Schumanplan war die institutionelle Architektur mit ihrer, dem direkten Einfluss der Nationalstaaten entzogenen und mit echten Kompetenzen ausgestatteten Hohen Behörde.

Der Plan trägt Schumans Namen, aber er stammte nicht von ihm, sondern war von Jean Monnet und einem Team enger Mitarbeiter entworfen worden, die mit ihm die französische Politik aus der Sackgasse herausführen wollten. Monnet hatte ihn zuerst dem Premierminister Bidault vorgelegt, der ihn aber nicht einmal las. Im Gegensatz dazu sagte Außenminister Schuman nach einer Wochenendlektüre: »Ich mache mit.« Um jeglichen Widerstand auszuschalten, hielten die Akteure ihr Vorhaben während der weiteren Ausformulierung geheim. Schuman informierte das Kabinett in vollem Umfang erst am Vormittag des 9. Mai und erhielt die Zustimmung gegen den Widerstand des Premiers. Man kann wohl davon ausgehen, dass den meisten Ministern nicht bewusst war, welche weitreichende Entscheidung sie trafen.

Da vor dem 9. Mai nicht das Geringste durchgesickert war, wirkte der »Geniestreich« in der ersten Überraschung auf die Kontinentaleuropäer unwiderstehlich. Der Plan markiere eine Wasserscheide in der Nachkriegspolitik, so kann man die vorherrschende Auffassung zusammenfassen. Der Plan gebe Europa eine neue Vision in der Zeit der Desillusionierung. Vor der Veröffentlichung allerdings hatte Schuman die Vorsicht besessen, den amerikanischen Außenminister Dean Acheson vertraulich zu in-

formieren. Dean Acheson glaubte seinen Ohren nicht zu
trauen, als ihm am 7. Mai auf seiner Durchreise nach London der Plan im engsten Kreise vorgestellt wurde. Er
fragte, wie man nach der Veröffentlichung auch in den
USA fragte, ob denn nicht ein riesiges Kartell geplant sei.
Getreu den Traditionen aus der Vorkriegszeit waren in der
Tat in der Industrie schon Pläne erörtert worden, auf die
drohende Überproduktionskrise beim Stahl mit einem
Kartell zu antworten. Monnet verfolgte mit dem Plan aber
gerade ein Anti-Kartellprogramm, er wollte ja die französischen Produzenten nicht schützen, sondern sie dem
Wettbewerb aussetzen, um sie zu einem grundsätzlichen
Umdenken und zu wettbewerbsmäßigem Verhalten zu
zwingen. Acheson ließ sich überzeugen, und die USA unterstützten fortan das Vorhaben tatkräftig. In einer kritischen Verhandlungsphase verhalfen sie ihm zum Erfolg,
indem sie die widerstrebenden Deutschen zum Einlenken
zwangen.

Es hätte allen diplomatischen Gepflogenheiten wider-
sprochen, wenn Schuman ein so weitreichendes Angebot
an die Bundesrepublik der Presse bekannt gegeben hätte,
ohne vorher die prinzipielle Zustimmung Bundeskanzler
Adenauers einzuholen, da die Bundesrepublik der wichtigste Adressat des Vorschlags war. Adenauers prinzipielles
Einverständnis war auch vor der Abstimmung im französischen Kabinett notwendig, um dessen Zustimmung zu
erhalten. Als Adenauer während einer Kabinettssitzung
am 9. Mai Schumans Erklärung zusammen mit einem persönlichen Schreiben Schumans erhielt, in dem dieser den
eminent politischen Zweck des Plans unterstrich, stimmte
er sofort »aus ganzem Herzen zu« (Adenauer, Bd. 1,
S. 328). Erst zwei Tage zuvor hatte er den Kabinettsmit-
gliedern eine Denkschrift zur Frage des deutschen Beitritts
zum Europarat zugeleitet, in der er, wie schon viele Male
zuvor, betonte, dass der Zusammenschluss Europas auf föderativer Grundlage im Interesse aller europäischen Län-

der, insbesondere auch der Bundesrepublik, notwendig sei, und die Bundesrepublik sich aus tiefster Überzeugung beteiligen müsse (Dok. 10). Unabhängig davon, dass der französisch-deutsche Ausgleich seit Kriegsende zu seinen politischen Hauptanliegen gehörte, sah er in dem Schumanplan und im Anschluss der Bundesrepublik an die Projekte der Europäischen Einigung den Weg, Deutschland wieder nach oben zu bringen.

Man kann Adenauer verstehen, brachte doch Schumans Angebot die ein Jahr alte Bundesrepublik erstmals wieder als gleichberechtigten Partner an den internationalen Verhandlungstisch und versprach, sie aus der Isolation herauszuführen. Es eröffnete die Aussicht auf eine neue Qualität der französisch-deutschen Beziehungen, die sich Anfang 1950 wegen der nationalistischen Aufwallungen auf beiden Seiten in der Saarfrage auf einem Tiefpunkt befanden. Er bot eine Handhabe, das von der Bundesrepublik abgetrennte Saarland zurückzugewinnen und von der das deutsche politische Leben so beschwerenden Ruhrbehörde und ihrer Aufsicht über das Ruhrgebiet loszukommen. Deshalb stimmte auch die Stahlindustrie zu, der es darum ging, diese Aufsicht und die von den Alliierten auferlegten Mengenbegrenzungen loszuwerden. Die Aussicht, wieder nach rein wirtschaftlichen Kriterien unbegrenzt produzieren zu können, war der Industrie so wichtig, dass sie in dem Moment bereit war, weitgehende Konzessionen zu machen. Auch die Gewerkschaften reagierten positiv und äußerten die Hoffnung, an der Organisation beteiligt zu werden. Die deutschen Sozialdemokraten waren dagegen. Wie die britischen Sozialisten sahen sie in dem Plan ein Hindernis für eine mögliche Sozialisierung der Grundstoffindustrie. Sie befürchteten eine Verstärkung des Kapitalismus auf internationaler Ebene. Auch waren sie gegen eine technokratische Diktatur und sahen in dem geplanten Zusammenschluss eine Gefahr für die geplante Wiedervereinigung.

Alle Länder, die für eine Beteiligung in Frage kamen, stimmten zu, wenn auch mit Zurückhaltung. Selbstverständlich waren überall die Kommunisten dagegen. In Frankreich gab es den Stolz auf die gelungene französische Initiative. Die Beneluxländern akzeptierten den Plan aus politischen Gründen; es gab aber wirtschaftliche Bedenken. In Belgien z. B. fürchtete man die Konkurrenz für die unrentabel arbeitenden Gruben. Die italienische Politik begrüßte Schumans Ankündigung enthusiastisch. Italien hoffte, wie die Bundesrepublik, über die Beteiligung zu einem gleichberechtigten Mitglied in der europäischen Völkerfamilie zu werden. Aber auch hier äußerte man Befürchtungen wegen der Konkurrenz für die wenig entwickelte Stahlindustrie. Insgesamt also ist zu sagen, dass die Zustimmung vor allem aus politischen Gründen erfolgte und kein Land abseits stehen und aus dem werdenden Europa ausgesperrt werden wollte, obwohl in jedem Befürchtungen laut wurden, dass die eigene Industrie Opfer bringen müsse.

Ganz anders sah es in Großbritannien aus. Bevin hatte vor dem 9. Mai nicht das geringste Zeichen seines französischen Kollegen Schuman erhalten. Erst am Vormittag des 9. Mai – am Nachmittag fand die Pressekonferenz in Paris statt – überreichte der französische Botschafter Bevin das Schriftstück. Acheson berichtet, danach sei Bevin schäumend vor Wut zu ihm gekommen. Der Plan sei eine Verschwörung gegen den britischen Handel. Er werde die so genannte Kohle-Stahl-Gemeinschaft mit allen Kräften bekämpfen. Bevins Zorn kühlte sich ab. Es kam in den folgenden Wochen noch einmal zu Versuchen der Annäherung der Standpunkte. Frankreich ging jedoch nicht davon ab, dass vor der Aufnahme der Beratungen das Prinzip der supranationalen Behörde akzeptiert werden müsse, während Großbritannien deutlich machte, dass es prinzipiell nicht bereit sei, über jene Formen zwischenstaatlicher Zusammenarbeit hinauszugehen, wie sie mit der OEEC installiert worden waren. Die Labourregierung sah außerdem in der vorgeschlagenen Organisation ein Hindernis für die Weiterführung ihres sozialistischen Wirtschaftsmodells. Gerade konzentrierte sie sich auf die Verstaatlichung der Stahlindustrie, nachdem dies bei Kohle und Elektrizität schon geschehen war. In diese Pläne wollte sich die Labourregierung unter keinen Umständen von einer europäischen Autorität hineinreden lassen. Der Premier sagte im Unterhaus, es sei für Großbritannien unmöglich, irgendetwas zuzustimmen, das die wichtigsten wirtschaftlichen Kräfte des Landes einer Behörde überantworte, die gänzlich undemokratisch und niemandem verantwortlich sei.

»Kombinat Europa«

Der von Schuman vorgelegte Plan hatte den Charme, sich pragmatisch auf Machbares zu begrenzen. Und Monnet, der zum französischen Verhandlungsführer bestimmt worden war, ging davon aus, dass die Verhandlungen in wenigen Wochen abgeschlossen sein könnten. Er sollte sich täuschen. Die Verhandlungen waren mühsam, zum einen, weil es darum ging, die supranationale Institution wenigstens ansatzweise demokratisch zu legitimieren und sie nicht gänzlich aus der Kontrolle der Regierungen der Partnerstaaten zu entlassen, und zum anderen, weil in allen Ländern die mächtigen Vereinigungen der Kohle und Stahlindustrie ihre jeweiligen Interessen gewahrt wissen wollten.

Das größte Hindernis bildete in der ersten Phase der Verhandlungen die von Monnet konzipierte Hohe Behörde. Für Monnet stellte sie das Herzstück der geplanten Gemeinschaft dar. Er hatte sie als kleines, völlig unabhängiges, mit großen Machtbefugnissen ausgestattetes Zentralorgan konzipiert. Er war ein Technokrat und wollte mit seiner Konstruktion der Behörde ständige politische Interventionen in Planungsvorhaben, wie er sie in Frankreich erlebte, ausschließen. Vor allem die in Fragen ihrer Souveränität besonders empfindlichen kleinen Länder opponierten gegen diese Behörde, die den Mitgliedsstaaten verbindliche Entscheidungen auferlegen sollte. Sie verlangten eine Reduzierung der Machtbefugnisse der Behörde und institutionelle Gegengewichte. Wortführer waren die Niederlande. Auf ihren Vorschlag ging die Errichtung des Ministerrates zurück. Ebenfalls wurde erst während der Verhandlungen die Institution der Parlamentarischen Versammlung eingeführt. Die Absicht war, der Gemeinschaft eine politisch-demokratische Dimension und Legitimation beizufügen.

Zeitgenossen wie Historiker haben die Errichtung von Kontrollgremien als eine Niederlage des supranationalen Prinzips interpretiert. Das Bestehen auf Gegengewichten gegen die Hohe Behörde folgte aber den Prinzipien von Machtkontrolle und demokratischer Legitimation. Die kleinen Länder weigerten sich, einem praktisch jeder Kontrolle entzogenen technokratischen Expertengremium so weitreichende Entscheidungsbefugnisse zu übertragen. Außerdem mag man füglich bezweifeln, ob eine solche Behörde in der Lage gewesen wäre, ihre Entscheidungen in den Mitgliedsstaaten durchzusetzen, schon deshalb, weil sie so gut wie keine Mittel in der Hand gehabt hätte, sich gegen die Verweigerung der Regierungen und Obstruktion der Interessenvereinigungen durchzusetzen.

Im September waren sich die Delegationen grundsätzlich über die Organe einig. Mitte Dezember lag der erste Vertragsentwurf vor. In der Zwischenzeit hatten sich aber neue Schwierigkeiten ergeben. Der Koreakrieg war ausgebrochen. Damit war die Gefahr einer Überproduktion auf dem Stahlmarkt vorbei. Die Nachfrage nach Stahl wuchs sprunghaft. Gedanken über eine Marktregulierung waren nicht mehr aktuell. Jetzt interessierte nur noch die rasche

Erweiterung der Produktion. Damit waren die Voraussetzungen, auf die sich der Schumanplan gründete, bis zu einem gewissen Grade überholt. Die Ruhrkonzerne benötigten die Kohle- und Stahlgemeinschaft nicht mehr, um die Produktionsbeschränkungen loszuwerden. Sie verlangten selbstbewusst, die Dekartellisierungs- und Entflechtungsbestimmungen zu streichen. Sie seien eine unzeitgemäße Diskriminierung der Ruhrindustrien. Mit einem Verzicht darauf wäre für Jean Monnet der Sinn und Zweck der Gemeinschaft verkehrt worden, und es wurde deshalb umso notwendiger, Vorsorge gegen die Zusammenballung wirtschaftlicher Macht zu treffen. Nur indem Jean Monnet mit seinen ausgezeichneten Verbindungen zu dem amerikanischen Hochkommissar in Deutschland, John McCloy, die Amerikaner zu massivem Druck auf die Deutschen bewegen konnte, gelang es, ein weitgehendes Fusionsverbot durchzusetzen. Am 18. April konnten die sechs Außenminister den Vertrag zur Errichtung der »Europäischen Gemeinschaft für Kohle und Stahl« (EGKS) (Dok. 14) unterzeichnen, für die sich in Deutschland der Name »Montanunion« einbürgerte.

Die parlamentarische Zustimmung zu dem Vertrag stieß nur in Frankreich auf einen kritischen Widerstand. Die Wahlen vom Juni 1951 hatten die Gegner, Kommunisten und Gaullisten, gestärkt und die Unabhängigen standen unter dem Druck der Stahlindustrie, die ihre Interessen nicht genügend verwirklicht sah. Schließlich erhielt der Vertrag in beiden Kammern des Parlaments aber doch eine komfortable Mehrheit, wenn auch mit der Auflage eines nationalen Entwicklungsprogramms und der Aufnahme von Verhandlungen zur Mosel-Kanalisierung. In Deutschland stimmten die Sozialdemokraten gegen die »Europa-AG« und »das supranationale Herrschaftsorgan«, das den staatlichen Parlamenten, die Kontrolle auf »politischem, wirtschaftlichem und sozialem Gebiet« entziehe.

Die Montanunion in Aktion – Bilanz

Die EGKS nahm am 10. August 1952 in Luxemburg ihre Arbeit auf. Ihr übergreifender Auftrag war, auf der Grundlage eines gemeinsamen Marktes für Kohle und Stahl »zur Ausweitung der Wirtschaft, zur Steigerung der Beschäftigung und zur Hebung der Lebenshaltung in den Mitgliedsstaaten beizutragen« (Artikel 2). Als Erstes sollten Zollbarrieren und andere Handelshemmnisse abgebaut werden. Nur danach würde es möglich sein, einen wirklichen gemeinsamen Markt für Kohle und Stahl zu errichten.

An der Spitze stand die »Hohe Behörde«, deren neun Mitglieder von den Regierungen in gegenseitigem Einvernehmen benannt wurden. Erster Präsident wurde Jean Monnet. Trotz ihrer in den Verhandlungen gestutzten Vollmachten besaß sie noch einen großen Handlungsspielraum. Neben der Hohen Behörde wurden andere Organe eingerichtet. Der Ministerrat war für die wirtschaftspolitische Koordination zuständig und musste u. a. bei der Ausrufung einer Krisensituation seine Zustimmung erteilen. Die parlamentarische Versammlung, deren Mitglieder von den nationalen Parlamenten entsandt wurden, hatte nur das Recht, Berichte anzufordern und die Hohe Behörde mit 2/3-Mehrheit zu stürzen. Monnet wertete es jedoch später auf, um sie gegen den Ministerrat auszuspielen. Ein Gerichtshof amtierte als Verfassungsgericht, Verwaltungsgericht und auch Schlichtungsinstanz. Er konnte nicht nur von den Organen der Montanunion und den Mitgliedsstaaten, sondern auch von allen natürlichen und juristischen Personen der Gemeinschaft angerufen werden. Seine Entscheidungen waren bindend. Mit der Unterstellung der Montanunion unter eine richterliche Autorität schufen die Vertragschließenden ein Konzept von außerordentlicher Bedeutung für die Zukunft der europäischen Integration.

Die Montanunion verfügte über eigene Einnahmen. Sie finanzierte ihre Aktivitäten durch Erhebung von Umlagen auf die Erzeugung von Kohle und Stahl und die Aufnahme von Anleihen. Damit war sie in der Lage, Zuschüsse bis zur Hälfte der Kosten für die Modernisierung und Umstrukturierung industrieller Anlagen zu geben. Auf der anderen Seite verwendete sie ihre Mittel zur Verbesserung der Lebens- und Arbeitsbedingungen der Industriearbeiter, für die Wiedereingliederung von Arbeitslosen in den Arbeitsmarkt und Forschungen zur Verbesserung der Sicherheit, der Hygiene und der Arbeitsmedizin, und sie finanzierte in fünfzehn Jahren sechs Wohnungsbauprogramme für einhunderttausend Wohnungen.

Auf anderen Gebieten war sie erfolglos. Den Zugang zur Kohle zu gleichen Preisen konnte sie gegen die Praktiken der Vermarktungskontore nicht durchsetzen. Und sie scheiterte mit ihren Bemühungen, Kartelle zu zerschlagen oder neue Kartelle zu verhindern, ebenso wie bei ihrem Vorgehen gegen diskriminierende gespaltene Transporttarife bei Eisenbahn und Binnenschifffahrt.

Die Grenzen der Macht der EGKS zeigten sich in der 1958 beginnenden ersten Kohlekrise. Sie besaß nicht das Gewicht, supranationales Krisenmanagement gegen die weiterhin national orientierte Politik der Mitgliedsstaaten zu betreiben, von denen einige angesichts der übermäßig anschwellenden Kohlehalden vertragswidrig Importstopps zum Schutz der nationalen Förderung, auch gegen Importe aus Mitgliedsstaaten erließen. Die beiden Länder mit hohem Importbedarf, Italien und die Niederlande, kauften weniger bei den Partnern, sondern zogen amerikanische Kohle vor, die zu niedrigeren Preisen angeboten wurde als die aus europäischer Produktion. Sie opponierten deshalb auch gegen die Feststellung einer Krisensituation. Die Bundesrepublik zog vor, ein eigenes Krisenmanagement zu betreiben und die heimische Produktion vertragswidrig vor Konkurrenten zu schützen. Frankreich sprach, nach seiner Umwandlung in eine autoritäre Republik unter der Präsidentschaft Charles de Gaulles, der Hohen Behörde überhaupt das Recht zum selbstständigen Handeln in Krisenzeiten ab.

Aber so eingeschränkt die EGKS in ihrer Politik der Krisenbewältigung auch war, so hat ihre Existenz doch dazu geführt, dass die strukturellen Anpassungen, zuletzt in der Stahlkrise ab 1975, in einem europäischen Kontext stattfanden und die Mitgliedsstaaten nicht in eine nationale Abschottung zurückfielen.

Zweifellos hat die EGKS die in sie gesetzten hochfliegenden Erwartungen nicht vollständig erfüllt, aber sie schuf Vertrauen zwischen den Beteiligten und leistete einen unschätzbaren Beitrag zu der ständigen Präsenz »Europas« in der Politik und den Medien der Mitgliedsstaaten. Außerdem, wie unvollkommen die EGKS auch operieren mochte, war sie doch eine auf europäischer Ebene operierende Institution. Sie verwandelte die zahlreichen Lippenbekenntnisse zur Notwendigkeit europäischer Zusammenarbeit in wirksame Tagesarbeit. Sie entwickelte die Fähigkeit, in einer kooperativen Atmosphäre und in einem vorgegebenen Zeitrahmen konkrete Probleme zu lösen und lieferte damit den Beweis, dass eine souveräne europäische Behörde wirksam arbeiten kann. Mit ihr entstand auch erstmals eine europäische Beamtenschaft, die sich den europäischen Notwendigkeiten stärker verpflichtet fühlte als den nationalen Interessen. Diese Erfahrungen ebneten den Weg für die Europäische Wirtschaftsgemeinschaft im Jahre 1957. Mit ihr änderte sich auch der Status der EGKS.

Vom 1. Januar 1958 an wurden die Versammlung und der Gerichtshof der EGKS zugleich Beratende Versammlung und Gerichtshof für die Europäische Wirtschaftsgemeinschaft und die Europäische Atomgemeinschaft. Allein die Hohe Behörde bestand als eigenständige Institution weiter, allerdings nur bis zum Jahre 1967, als alle Institutionen der drei getrennten Europäischen Gemeinschaften miteinander verschmolzen wurden.

Die Europäische Verteidigungsgemeinschaft –
Ein Irrweg

Neben der Einrichtung der EGKS sahen die frühen fünfziger Jahre das spektakuläre Scheitern zweier weiterer europäischer Integrationsversuche, wie sie ehrgeiziger seit dieser Zeit nicht wieder unternommen wurden: den Misserfolg, im Rahmen einer Europäischen Verteidigungsgemeinschaft (EVG) eine gemeinsame europäische Armee zu schaffen und diese einer supranationalen politischen Autorität der Europäischen Politischen Gemeinschaft (EPG) zu unterstellen.

»Der Not gehorchend, nicht dem eigenen Triebe« –
Der Plevenplan

Am 25. Juni, fünf Tage nach dem Beginn der Verhandlungen über die Gründung der Europäischen Gemeinschaft für Kohle und Stahl, brach der Koreakrieg aus, in den die USA mit einem Mandat der UNO eingriffen. Damit verschärfte sich nicht nur der Kalte Krieg in Europa, sondern Vergleiche zwischen dem geteilten Korea und dem geteilten Deutschland nährten auch Befürchtungen, so wie Südkorea aus dem Norden überfallen worden sei, so könne Westdeutschland eine Invasion aus dem Osten erleben.

Der Krieg beanspruchte den militärischen Apparat der Vereinigten Staaten sehr stark, und Lageanalysen ergaben, dass die USA im Falle eines militärischen Konflikts mit der Sowjetunion nicht in der Lage sein würden, der gerade flügge werdenden NATO genügend militärische Ressourcen zur Verfügung zu stellen. Unvermutet wurde die deutsche Wiederbewaffnung viel früher zu einem Thema, als man gedacht hatte. Die USA setzten die Wiederbewaffnung der Bundesrepublik auf die Tagesordnung der am 12. September 1950 in New York beginnenden Außenministerkonferenz und bedrängten ihre Partner, den NATO-Verteidigungsausschuss zu beauftragen, Empfehlungen über die Methoden zu unterbreiten, mit denen Deutschland einen wirkungsvollen militärischen Beitrag zur Verteidigung Westeuropas leisten könne.

Die Idee, Deutschland wiederzubewaffnen, war bis zu diesem Zeitpunkt häufiger öffentlich diskutiert worden, aber die entschiedene amerikanische Forderung, dies nun zu tun, bestürzte die Verbündeten, vor allem Frankreich. Seit 1945 verfolgte die französische Politik unverrückbar das Ziel, Deutschland nie wieder zu einer Militärmacht werden zu lassen. Trotz des Projekts der Montanunion war das Verhältnis zwischen Frankreich und der Bundesrepublik noch weit von der Normalität entfernt. Der Vorschlag zur deutschen Wiederbewaffnung belebte in Frankreich die Furcht vor der deutschen Gefahr, und keine französische Regierung hätte zu diesem Zeitpunkt die Zustimmung von Parlament und Öffentlichkeit zur Aufstellung deutscher Truppenverbände unter deutschem Kommando erhalten. Aber auch im übrigen Westeuropa war die Idee einer deutschen Wiederbewaffnung in hohem Maße unpopulär. Andererseits sahen alle Regierungen, dass für eine erfolgreiche Verteidigung Westeuropas gegen eine Aggression aus dem Osten ein deutscher militärischer Beitrag unverzichtbar sein würde. Außerdem war klar, dass die Vereinigten Staaten an ihrem Vorschlag festhalten würden. Eine glatte Ablehnung war also nicht möglich. Es galt, eine Lösung zu finden, die geeignet wäre, sowohl die Vereinigten Staaten zufrieden zu stellen, als auch den

europäischen Befürchtungen vor einem Wiedererwachen
des deutschen Militarismus Rechnung zu tragen.

Eine Sicherung vor neu aufgestellten deutschen Einheiten konnte darin bestehen, sie ohne eigene Führung direkt
der NATO zu unterstellen oder in eine europäische Armee einzugliedern. Eine europäische Lösung schlug Winston Churchill im März 1950 mit einer spektakulären Rede
im Londoner Unterhaus vor, und er erneuerte seinen Vorschlag im August im Europarat. Die Beratende Versammlung griff den Vorschlag auf und verabschiedete eine Resolution mit der Forderung, sofort eine vereinigte europäische Armee zu schaffen, für die ein europäischer
Verteidigungsminister die Verantwortung übernehmen
solle. Diese Idee machte sich Jean Monnet zu Eigen. Er
befürchtete als Folge des Koreakriegs nicht nur eine Ab-
wendung der Deutschen von dem Projekt der Montanunion – dank der strategischen Bedeutung der deutschen
Wirtschaft, war nun ein Aufstieg ohne einschränkende supranationale Organisationen möglich –, sondern auch ein
Scheitern des gesamten französischen Meisterplans,
Deutschland unter französischen Bedingungen nach und
nach Einlass in ein starkes Vereinigtes Europa zu gewähren und damit die deutsche Gefahr auf immer zu bannen.
Mit der Unterstellung deutscher Truppen unter die Ober-
hoheit der NATO würde Westdeutschland der französischen Kontrolle entgleiten und unter den beherrschenden
Einfluss der USA geraten. Es war kein Geheimnis, dass
die Bundesrepublik dem Schumanplan weniger aus europäischer Begeisterung als vielmehr in der Erwartung zugestimmt hatte, damit der Gleichberechtigung mit den Staaten Westeuropas einen Schritt näher zu kommen.

Wieder, wie vor der Verkündung des Schumanplans, sah
sich Frankreich demnach in einer Notlage. Deshalb glich
es einer Flucht nach vorne, als der französische Ministerpräsident Pleven, wiederum einem Strategiepapier Monnets und seiner Mitarbeiter folgend, am 24. Oktober

vor der französischen Nationalversammlung »für eine
gemeinsame Verteidigung die Schaffung einer europäischen Armee« vorschlug, »die mit den politischen Institutionen des geeinten Europas verbunden ist«. Er fuhr
fort: »Eine Armee des geeinten Europas, gebildet aus
Männern der verschiedenen europäischen Nationen, soll,
soweit dies irgend möglich ist, eine vollständige Verschmelzung der Mannschaften und der Ausrüstung herbeiführen, die unter einer einheitlichen politischen und
militärischen europäischen Autorität zusammengefaßt
werden.« (Dok. 15.)

Die französischen Verantwortlichen erwarteten, wie
beim Schumanplan, die unverzügliche Zustimmung der
Bundesregierung. Das war nicht der Fall. Adenauer hatte
zwar schon seit 1949 einige Male öffentlich von einem
möglichen deutschen Beitrag zur europäischen Verteidigung gesprochen und Ende August versucht, entschlossen
die Situation nach dem Ausbruch des Koreakriegs ausnut-
zen. In einem geheimen Memorandum hatte er seine
Bereitschaft erklärt, im Falle der Bildung einer westeuropäischen Armee einen Beitrag in Form eines deutschen
Kontingents zu leisten. Er koppelte sein Angebot mit
hohen Forderungen und machte es von dem Zugeständnis
der Alliierten abhängig, das Besatzungsstatut abzulösen,
jene einseitig erlassene Grundregelung der Besatzungs-
mächte aus dem Jahre 1949, in dem diese sich zahlreiche Vorbehaltsrechte, den jederzeitigen Eingriff in die
Hoheitsgewalt der Bundesrepublik und eine Kontrolle des
öffentlichen Lebens reserviert hatten.

Gegen den Plevenplan hatte Adenauer mehrere Ein-
wände. Da nach den französischen Vorstellungen erst
nach dem erfolgreichen Abschluss der Verhandlungen
über die Montanunion der Plan der Europaarmee in Angriff genommen werden sollte, würde deren Realisierung
auf einen fernen Zeitpunkt verschoben werden. Dagegen
forderte die Situation nach Meinung Adenauers eine so-

fortige Aufstellung deutscher Militäreinheiten. Zum anderen sollten die von den Mitgliedsstaaten gestellten Kontingente auf der Basis der kleinstmöglichen Einheit in die Europäische Armee eingegliedert werden. Bei der Umsetzung hätten keine größeren deutschen Einheiten unter deutschem Kommando gebildet werden können, während nach dem französischen Vorschlag andere Länder weiterhin Truppen unter nationalem Kommando behalten sollten. Abgesehen davon, dass Deutschland auf diese Weise nur als minderberechtigter Partner an der Europaarmee beteiligt werden sollte, also mit der Armee gerade nicht die Gleichberechtigung erreicht werden würde, die Adenauer mit dem Angebot der deutschen Wiederaufrüstung einforderte, meinte er, dass die Verteidigungskraft einer so zusammengewürfelten Armee völlig unzulänglich sei. Erst nach mehrfacher französischer Intervention rang er sich dazu durch, am 8. November vor dem Bundestag den Vorschlag zu begrüßen. In der großen Bundestagsdebatte wandten sich Sozialdemokraten und das Zentrum leidenschaftlich gegen jede Form deutscher Wiederbewaffnung. Damit begann eine dramatische innenpolitische Auseinandersetzung, in der sich mehrere Jahre lang zwei Lager unversöhnlich gegenüberstanden.

Der Plevenplan stieß auch bei den Amerikanern und Briten auf Skepsis. Die Regierung in Washington sah in ihm ein Ablenkungs- und Verzögerungsmanöver. Ebenso sahen die Italiener ihn als Instrument zur Hinauszögerung der deutschen Wiederbewaffnung, stimmten aber letztendlich Verhandlungen zu. In London bescheinigte man ihm militärische Ineffizienz, ein Urteil, dass praktisch alle NATO-Militärs teilten. Trotz der massiven Bedenken setzten sich die Franzosen auf der Tagung des NATO-Rats kurz vor Weihnachten in Brüssel weitgehend durch. Der Rat beschloss, eine Konferenz nach Paris einzuladen. Sie sollte den konkreten Bauplan einer supranationalen Europaarmee ausarbeiten. Aber die Amerikaner wollten eine deutsche Wiederbewaffnung so schnell wie möglich, und deshalb mussten die Franzosen eine schmerzhafte Konzession machen und parallelen Verhandlungen über ein Alternativmodell zustimmen, d. h. der unverzüglichen Aufstellung deutscher Kampftruppen und ihrer Unterstellung unter die NATO.

Europäische Verteidigungsgemeinschaft (EVG) und Europäische Politische Gemeinschaft (EPG) und ihr unrühmliches Ende

Ab Januar bzw. Februar 1951 fanden parallele Verhandlungen auf dem Petersberg bei Bonn und in Paris statt. Für die Bundesregierung besaßen die sofortige Aufstellung deutscher Verbände und der Beitritt zur NATO, dem großen Militärbündnis des Westens, unbedingte Priorität. Nur diese Lösung garantierte eine sofortige volle Mitsprache und Gleichberechtigung. Sie richtete deshalb ihre volle Aufmerksamkeit und Energie auf die Verhandlungen auf dem Petersberg und vernachlässigte die über die Europaarmee. Die Einladung nach Paris hatten neben der Bundesrepublik nur Italien, Belgien und Luxemburg angenommen. Erst ab Oktober 1951 kamen die Niederlande hinzu. Sie hatten wie bei den Verhandlungen über den Schumanplan die größten Bedenken, Souveränität auf supranationale Einrichtungen zu übertragen. Andererseits bemühten sich die Franzosen mit aller Kraft, die Amerikaner definitiv auf ihr Modell zu verpflichten. Aber erst nachdem Jean Monnet im Juli 1951 General Eisenhower, den neuen Oberbefehlshaber der NATO, davon hatte überzeugen können, dass eine überhastete Aufstellung deutscher Divisionen nur um den Preis der Feindschaft zwischen den Völkern erreichbar und gegen Paris nicht durchsetzbar wäre, akzeptierten die Amerikaner, dass nur noch über eine Europaarmee verhandelt werden sollte. Im September 1951 zwangen sie die Bundesrepublik zum Einlenken. Deutsche Truppen würden nicht vor dem Zustandekommen der EVG aufgestellt werden, und ebenso würde die Bundesrepublik ihre volle Souveränität, d. h. die Ablösung des Besatzungsstatuts, erst nach Vertragsabschluss erhalten.

Das Ergebnis der verwickelten weiteren Verhandlungen befriedigte niemanden. Der Vertrag vom 27. Mai 1952 sah zwar eine »Europäische Verteidigungsgemeinschaft« (EVG) mit gemeinsamen Institutionen, gemeinsamen Truppen – 40 Divisionen à 13.000 Mann, davon 14 französische und 12 deutsche – und ein gemeinsames Budget vor, aber das supranationale Element in der Führung war nur schwach ausgebildet. Ein gemeinsames Verteidigungsministerium war nicht mehr vorgesehen. An dessen Stelle sollte ein neunköpfiges Kommissariat mit vornehmlich technischen Befugnissen treten. Alle wesentlichen Entscheidungen hatte ein Ministerrat einstimmig zu treffen. Die Rekrutierung und die Ausbildung der Soldaten verblieben in der Zuständigkeit der Mitgliedsstaaten und ihrer Verteidigungsministerien, die Bewaffnung allerdings sollte eine gemeinsame Aufgabe sein. Das einzige, was an Supranationalität übrig geblieben sei, kommentierte Jean Monnet, sei die gemeinsame Uniform. Die Bundesrepublik hatte nur eine begrenzte Statusverbesserung durchsetzen können. Ihr war in dem Vertragswerk immer noch so etwas wie die Position eines armen Verwandten zugewiesen, da alle bundesrepublikanischen militärischen Einheiten unter die Befehlsgewalt des integrierten Kommandos gestellt werden sollten, während die anderen Mitglieder nur einen Teil ihrer Streitkräfte in die Europäische Armee einzubringen hatten. Sie erhielten das Recht, mit ihren nationalen Armeen auch weiterhin eine eigene Verteidigungs- und Kolonialpolitik zu betreiben.

Der Vertrag war ein kompliziertes Gebilde, nach Aussage des französischen Politikers Bonnefous »ein juristi-

sches Ungeheuer, weder Fisch noch Fleisch, weder föde-
ral noch konföderal, das die erschreckte Bewunderung
kommender Juristen erregen wird« (zit. nach: Schmitt,
S. 80). Aber trotz seiner raffinierten Bestimmungen bot er
der französischen Nationalversammlung nicht genügend
Garantien, und sie machte nach der ersten Lesung ihre
Zustimmung von Vorbedingungen (préalables) abhängig.
Damit begann eine Politik der immer schärfer gefassten
Vorbedingungen, die es der Nationalversammlung erlaubte, die endgültige Entscheidung länger als zwei Jahre
hinauszuzögern.

Nach der prinzipiellen Entscheidung für die EVG
drängte Italien, das überhaupt nicht an der EVG, wohl
aber an einer politischen Integration interessiert war, der
Europäischen Armee ein politisches Koordinations- und
Kontrollorgan überzuordnen. Zu Verhandlungen darüber
kam es nicht, aber die künftige Parlamentarische Versammlung der EVG erhielt mit dem Artikel 38 des Vertrages den Auftrag, die Schaffung einer Organisation zu
untersuchen, die »Bestandteil eines späteren bundesstaat-
lichen oder staatenbündischen Gemeinwesens« bilden
könne. Nach der Unterzeichnung des EVG-Vertrages am
27. Mai 1952 stellte sich in Frankreich heraus, dass dort
mit einer Ratifizierung erst nach der Klärung über ein
zukünftiges europäisches Statut bzw. supranationale politische Strukturen zu rechnen sein würde. Deshalb erteil-
ten die Außenminister der Beratenden Versammlung der
Montanunion den Auftrag, die Satzung für eine »Europäische Gemeinschaft« (EPG) auszuarbeiten. D. h., eine zentrale Bestimmung des EVG-Vertrags sollte schon umgesetzt werden, ehe dieser noch ratifiziert worden war.
Auch diesmal hatte Jean Monnet – zusammen mit Paul-
Henri Spaak – die Idee entwickelt. Zur Erledigung des
Auftrags konstituierte sich die Beratende Versammlung als
Ad-hoc-Versammlung der EVG und machte sich daran,
bis zum März 1953 die Satzung vorzulegen. Die Autoren

des Satzungsentwurfs konzipierten die EPG als ein Zwitterwesen zwischen Staatenbund und Bundesstaat. Sie sollte Montanunion und EVG zusammenfassen und deren Kompetenzen erhalten. Als Institutionen waren vorgesehen: ein Parlament (zwei Kammern), eine Regierung (Exekutivrat), ein intergouvernementales Koordinierungsgremium (Ministerrat), ein Gerichtshof und ein Wirtschafts- und Sozialrat.

Zwischen den Regierungen blieben aber Gegensätze bestehen. Die niederländische Regierung beharrte darauf, das Projekt der Politischen Gemeinschaft mit einer Wirtschaftsgemeinschaft zu verbinden. Sie war dringend an einem umfassenden gemeinsamen Markt interessiert, da ihr mit der Unabhängigkeit Indonesiens der indonesische Absatzmarkt verloren gegangen war und Europa als Absatzmarkt für die niederländische Wirtschaft lebensnotwendiger denn je wurde. Auf eine Wirtschaftsgemeinschaft aber wollte sich die Pariser Regierung wegen der dramatischen französischen Außenhandelsschwäche nicht einlassen. Sie sah die französische Volkswirtschaft für einen Wettbewerb mit denen der anderen Mitgliedsstaaten nicht gerüstet. Die Gegensätze waren nicht zu überwinden, und deswegen verschoben die Außenminister die weitere Behandlung der EPG auf die Zeit nach der Ratifizierung des EVG-Vertrags. Fünf Ländern ratifizierten ihn mit den notwendigen Mehrheiten. Allerdings geschah das in der Bundesrepublik gegen den erbitterten prinzipiellen Widerstand der Opposition, und in den anderen Ländern regten sich noch einmal starke antideutsche Ressentiments.

Das französische Ratifizierungsverfahren entwickelte sich dagegen zu einer beinahe unendlichen Geschichte. Raymond Aron sah in der innenpolitischen Auseinandersetzung den »größten politisch-ideologischen Streit, den Frankreich wohl seit der Affäre Dreyfus erlebt hat« (zit. nach: Schmitt, S. 85). Die Agonie des EVG-Projekts zwei

Jahre nach der Vertragsunterzeichnung spiegelte die generelle Lähmung der französischen Innen- und Außenpolitik wider, die Frustrationen über die deprimierende Schwäche der französischen Wirtschaft, die Erfolglosigkeit, sich als »Grande Nation« und Kolonialmacht zu behaupten. Parallel dazu stieg die Flut des Misstrauens gegen das neue Deutschland, an dem man plötzlich hässliche braune Flecken, d. h. ehemalige Nazis in hohen Stellungen, entdeckte, und in dem die Vertriebenenverbände und Parteien lauthals revisionistische Forderungen hervorbrachten. Ausschlaggebend für die Zurückweisung des Vertrages waren wohl die nationalistischen Aufwallungen, die Frustration über die eigene Schwäche, die deprimierende Überforderung durch den Kolonialkrieg in Indochina und die demütigende politische und materielle Abhängigkeit von den USA. Dazu spielte ab Herbst 1953 die Neuorientierung der amerikanischen Strategie zur Verteidigung Europas eine Rolle. Die Einbeziehung von Nuklearwaffen in die strategische Planung machte einen Rückzug von amerikanischen Truppen aus Europa wahrscheinlicher. Den wollte man nicht noch zusätzlich mit einer Entlastung der Amerikaner durch eine Europaarmee provozieren. Ein massiver, an Erpressung grenzender öffentlicher Druck des amerikanischen Außenministers John Foster Dulles war nicht hilfreich, sondern stärkte noch die Gegnerschaft gegen den Vertrag.

Einen letzten Versuch, das Vertragswerk zu retten, unternahmen die Vertragspartner im August 1954 in Brüssel. Der belgische Außenminister Paul-Henri Spaak hat in seinen Memoiren die bedrückend gespenstische Atmosphäre der Konferenz beschrieben. Der amtierende französische Ministerpräsident Pierre Mendès-France verlangte erneut substantielle Veränderungen und Abschwächungen des Vertrags. Der holländische Minister Johann Willem Beyen hielt ihm entgegen, das französische Zusatzprotokoll sei unannehmbar. Es sei besser, zu keiner

Vereinbarung zu kommen, als die Karikatur einer Gemeinschaft zu schaffen. Ohne Übereinkommen gingen die Außenminister auseinander.

Wenige Tage darauf, am 29. August, begann, mehr als zwei Jahre nach der Unterzeichnung des Vertrages, die entscheidende Debatte in der französischen Nationalversammlung. Mendès-France legte den Vertrag lustlos ohne wirkliches Engagement vor: er erklärte sich für neutral. 72 Abgeordnete standen auf der Rednerliste, nur etwa 10 kamen zu Wort. Nach der Schlussabstimmung über den Antrag, den Vertrag nicht weiter zu beraten und ihn gar nicht erst zur Abstimmung kommen zu lassen, der eine Mehrheit von 319 gegen 264 Stimmen erhielt, klatschten die Gegner wild Beifall. Sie erhoben sich von den Bänken und sangen die Marseillaise oder die Internationale.

Zur De-facto-Ablehnung der EVG in der Nationalversammlung hatten die französischen Militärs mit ihrem Druck auf die Abgeordneten erheblich beigetragen. Die Voraussetzungen für die EVG seien nicht gesichert, und es bestünden Zweifel, ob Frankreich die geforderten militärischen Leistungen überhaupt erbringen könne. Bis zu 25 Prozent des französischen Haushaltsvolumens würde die EVG verschlingen und Frankreichs Weg zur Atommacht blockieren. Atommacht zu werden aber schien den Militärs das einzige Mittel, um sicherheitspolitisch nicht gänzlich von den USA abhängig zu werden. Kein Verantwortlicher in Frankreich konnte sich ernsthaft vorstellen, die Verantwortung für Atomwaffen mit den Deutschen zu teilen. Frankreich war nur als nationale Atommacht denkbar.

Das Scheitern der EVG und mit ihr der EPG, der großen Idee, Europa ein politisches Dach zu geben, rief im Westen Bestürzung hervor. Dulles nannte es eine Tragödie, der Luxemburgische Ministerpräsident Bech eine Katastrophe, Paul-Henri Spaak einen Triumph der Sowjets. Adenauer war tief deprimiert. Für Trauerarbeit aber war keine Zeit. Es musste schnell eine Ersatzlösung für die gescheiterte EVG gefunden werden. Die Suche nach einer Alternative sollte nicht lange dauern. Der britische Außenminister Anthony Eden ergriff die Initiative und lud nach einer diplomatischen Rundreise durch Europa die Vereinigten Staaten, Kanada und die sechs Unterzeichner der EVG nach London ein. Auf dieser Konferenz einigten sich die Beteiligten auf die Wiederbewaffnung der Bundesrepublik im Rahmen der NATO und des Brüsseler Pakts. Den Engländern bot dies den attraktiven Vorteil, die Bundesrepublik und Italien mit ihren militärischen Kräften zur Verteidigung des Kontinents zu verpflichten, ohne sich auf supranationale Lösungen einlassen zu müssen. Die nach der Konferenz ausgearbeiteten »Pariser Verträge« vom 23. Oktober 1954 traten nach der relativ problemlosen, in kürzester Frist von den Parlamenten erfolgten Ratifizierung am 6. Mai 1955 in Kraft. Sie gestalteten das um Italien und die Bundesrepublik erweiterte Brüsseler Vertragswerk zur »Westeuropäischen Union« (WEU) um und integrierte es voll in die NATO. Es ist nicht ohne historische Ironie, dass die Ablehnung der Europäischen Verteidigungsgemeinschaft durch die französische Nationalversammlung zu der eigenständigen deutschen Armee führte, die Frankreich eigentlich hatte verhindern wollen. Die WEU blieb im Wesentlichen ein Papierprodukt, ist aber nach dem »Vertrag von Maastricht« (1992) als eventueller Kern einer integrierten europäischen Militärorganisation zum Gegenstand ehrgeiziger Spekulationen geworden.

Von Messina über Venedig nach Rom –
Der Weg zu den Römischen Verträgen

Für überzeugte Europäer wie Konrad Adenauer war der 30. August 1954, der Tag des Scheiterns der EVG in der französischen Nationalversammlung, ein »schwarzer Tag für Europa«, aber er und andere Akteure sahen in dem Rückschlag keinen Anlass, »an der Richtigkeit des verfolgten Zieles zu zweifeln« (Adenauer, Bd. 2, S. 301). Diese Auffassung teilten viele Politiker, Publizisten und leitende Beamte der Mitgliedsstaaten der Montanunion. Im Juni 1955, unmittelbar nach den Pariser Verträgen, gingen sie daran, den festgefahrenen Wagen der europäischen Einigung wieder in Bewegung zu setzen. Ihre »relance européenne«, der erneute Aufbruch nach Europa, wurde zwei Jahre später mit den Verträgen zur Gründung der »Europäischen Atomgemeinschaft« (EURATOM) und der »Europäischen Wirtschaftsgemeinschaft« (EWG) gekrönt.

Jean Monnet, Paul-Henri Spaak,
Johann Willem Beyen und die
europäische »relance« 1955

Aller Anfang ist Jean Monnet – so war es bei dem Schuman- und Plevenplan und auch bei dem Aufbruch des Jahres 1955, der zur EWG führte. Jean Monnet fürchtete um das Erreichte. Stagnation sei der Anfang vom Ende.

Ständig müsse der Einigungsprozess in Gang gehalten werden, weil er sonst als Ganzes gefährdet sei. Walter Hallstein, der von 1958 bis 1967 an der Spitze der EWG-Kommission stand, fasste diese Theorie später in das Bild vom Fahrrad, das ständig bewegt werden muss, um nicht umzufallen. Wie er es bereits bei Schuman und Pleven getan hatte, suchte und fand Monnet einen angesehenen, strategisch platzierten Politiker, der bereit war, seine Ideen zum Vorantreiben der Integration zu übernehmen und in die Tat umzusetzen. Paul-Henri Spaak, der 1954 wieder zum belgischen Außenminister ernannt worden war, folgte Monnets Anregungen und schrieb Anfang April 1955 einen Brief an seine Amtskollegen, in dem er vorschlug, die europäische Einigung weiter voranzutreiben und dazu die Kompetenz der Montanunion auf andere Energiequellen, vornehmlich die Atomenergie, und auf das Verkehrswesen auszudehnen. Wieder wählte Monnet einen technokratischen Ansatz. Er dachte von der Institution her, die sein Kind war und der er vorstand, und meinte, das anscheinend so erfolgreiche Konzept der sektoralen Integration weiter verfolgen zu müssen, d. h. die Integration klar definierter, begrenzter und weniger umstrittener Gegenstandsbereiche, die sich in nicht zu ferner Zukunft zu dem ganzen integrierten Europa zusammenfügen würden. Ihm schien der gemeinsame Aufbau der mit überschwänglichen Hoffnungen befrachteten Atomindustrie ein besonders zukunftsträchtiger Weg der weiteren Integration zu sein, da 1954/55 einzelne Länder gerade erst am Beginn eigener Industrien standen. Von Anfang an würde man die deutsche Kernindustrie unter Kontrolle haben, und Frankreich würde für seinen Aufbruch in das Atomzeitalter deutsche Kapitalhilfe und Technologie in Anspruch nehmen können.

Als Monnet und Spaak ihre Vorschläge zur weiteren sektoralen Integration unterbreiteten, waren aber schon – auch wegen des Missbehagens über das Hineinwirken der

EGKS in die Montanindustrien – Zweifel immer lauter geworden, ob denn diese Form der Integration nicht in eine Sackgasse führe und Europa in eine Vielzahl von Organisationen auflöse. Dass der enge Rahmen der sektoralen Integration aufgebrochen und das weite Feld der gesamtwirtschaftlichen Integration betreten wurde, hat Europa dem damaligen holländischen Außenminister Johann Willem Beyen zu verdanken.

Beyen, von Hause aus Bankier, begrüßte Spaaks Initiative, wandte sich aber gegen die seiner Meinung nach verbraucherfeindliche und auch sonst wirtschaftlich wenig sinnvolle sektorale Integration und gewann Spaak und seinen luxemburgischen Kollegen für eine gemeinsame Initiative. Warum sollte man die anderen Mitglieder der Gemeinschaft nicht dazu bewegen, anstelle der schüchternen sektoralen Integration gleich den großen Sprung in einen einheitlichen gesamtwirtschaftlichen Markt zu wagen? Eine solche große Lösung lag im Interesse der niederländischen Exportwirtschaft. Beyen hatte sie schon in die Verhandlungen zur Gründung der Europäischen Politischen Gemeinschaft eingebracht. Gegen das kategorische Nein Frankreichs war sie aber nicht durchsetzbar gewesen. Nun nahmen die Beneluxländer zusammen einen neuen Anlauf und schlugen der Bundesrepublik Deutschland, Frankreich und Italien in einem Memorandum vor, über den Weg einer Zollunion zu einer Wirtschaftsgemeinschaft voranzuschreiten, die nicht nationalen Regierungen, sondern einem supranationalen Parlament verantwortlich zu sein hätte. Nur mit einer solchen großen Lösung ließe sich das Gefühl der Verantwortlichkeit für die gemeinsame Zukunft der Europäer entwickeln.

Die drei Adressaten nahmen das Memorandum zurückhaltend auf. Der italienischen Regierung war allein an politischer Integration gelegen, und auch Bundeskanzler Adenauer hatte Bedenken, dass sich gegenseitig lahmlegende wirtschaftliche Interessen das ihm viel wichtigere Projekt der politischen Einigung zerstören würden. Ebenso wenig konnten sich Wirtschaft und Wirtschaftspolitiker in Deutschland und Frankreich mit einer europäischen Wirtschaftsgemeinschaft befreunden, wenn auch aus gegensätzlichen Gründen. Die deutsche Exportwirtschaft, der Bundeswirtschaftsminister und das starke neoliberale Lager in der Bundesrepublik hielten das Projekt für »volkswirtschaftlichen Unsinn« (Ludwig Erhard, in: *Neue Züricher Zeitung*, 21. März 1957). Ihre Devise war »unser Feld ist die Welt«, und sie hatten weltweiten Freihandel im Rahmen von GATT und OEEC im Sinn und sahen in einer »regionalen« europäischen Lösung, die zudem noch einen unerträglichen Dirigismus mit sich bringen würde, nur ein Hindernis für freie wirtschaftliche Entfaltung. Ein Markt mit europäischen Institutionen des bisherigen Typs führte, Erhards Meinung nach, unweigerlich zu einer bürokratisierten Wirtschaft, wenn nicht Planwirtschaft.

Die französische Wirtschaft dagegen, staatlich gehätschelt und durch protektionistische Maßnahmen vor harter ausländischer Konkurrenz geschützt, glaubte sich nicht einmal dem Wettbewerb auf einem vielfach geregelten kleinen europäischen Markt gewachsen. Das Projekt der Atomgemeinschaft beurteilten beide Seiten ebenfalls gegensätzlich. Die französische Regierung wollte sie, um der französischen Industrie einen Zugriff auf das deutsche Potential zu eröffnen. Sie machte sich das Vorhaben aber nur unter der Voraussetzung einer exklusiven nationalen Verantwortung für die künftigen französischen Atomwaffen zu Eigen. Auch Belgien reizte die Atomgemeinschaft, weil es sich für seine Uran-Vorkommen im Kongo ein Liefermonopol erhoffte. Franz Josef Strauß dagegen, Sonderminister und ab Oktober 1955 Atomminister im Bundeskabinett, wollte die deutsche Atomwirtschaft nicht an die europäische Kette legen und ihr die französische als Klotz an das Bein binden lassen. Er wollte die deutsche Kernindustrie in Zusammenarbeit mit den technisch viel fortgeschritteneren Amerikanern und Engländern zur nationalen Zukunftsindustrie aufbauen.

Unter dem Gesichtspunkt wirtschaftlicher Interessen also waren eine Wirtschaftsgemeinschaft, Holland ausgenommen, und eine Atomgemeinschaft, Frankreich und Belgien ausgenommen, fragwürdig. Trotzdem ließen sich die Regierungen aus übergeordneten politischen Gründen darauf ein. Adenauer meinte weiterhin, dass Deutschland die Dämonen seiner Vergangenheit nur durch eine unauflösliche Verbindung mit der westeuropäischen Staatengemeinschaft bannen könne und dass dies auch aus Gründen der Sicherheit unabdingbar sei. Denn der bedrückende Gedanke verließ ihn nie, die Amerikaner könnten doch hinter dem Rücken der Europäer mit der Sowjetunion eine Verständigung suchen und sich wieder hinter den Atlantik zurückziehen.

Adenauers politische Begründung der Integration war komplementär zu jener der westeuropäischen Partner. In einem Memorandum Paul-Henri Spaaks an den englischen Premier Anthony Eden vom Februar 1956 ist sie nachzulesen: »Ein in den europäischen Verbänden und damit im Nordatlantikpakt integriertes Deutschland verteidigt sich sowohl gegen einen Individualismus, der nur allzu schnell die Formen eines Nationalismus annimmt, dessen Wirkungen wir ermessen konnten, als auch gegen die Versuchung, sich allein an die Russen zu wenden, die strittigen Probleme unmittelbar mit ihnen zu lösen, ohne den allgemeinen Interessen des Westens Rechnung zu tragen. Die europäische Integration gibt Deutschland einen Rahmen, in dem seine Expansion begrenzt bleibt, und schafft eine Interessengemeinschaft, die es absichert und die uns gegen gewisse Versuche und gewisse Abenteuer absichert. [...] Ich glaube, die – übrigens recht schwachen – Bindungen des Atlantikpakts allein genügen nicht, um die deutsche Politik in der Zukunft endgültig festzulegen. Mir scheint es unzweifelhaft, daß wir mehr tun müssen [...].« (Spaak, S. 331 f.)

Die politische Argumentation überwand die wirtschaftlichen Bedenken in Frankreich wie in Deutschland. In Frankreich gab es auch risikofreudigere Unternehmer und Politiker, die sich, wie es Jean Monnet mit der Montanunion angestrebt hatte, von dem größeren Markt und dem Wettbewerbsdruck jene Anreize zur Modernisierung der französischen Wirtschaft erwarteten, die Frankreich dringend benötigte, um sich zu einer zukunftsfähigen Industrienation zu wandeln. Sie wollten die Selbstisolierung, den Immobilismus und das Selbstbildnis als der kranke Mann Europas, überwinden. Die französische Regierung erklärte sich auch deshalb trotz ihrer Bedenken mit einer weiteren Diskussion des Vorschlags der Beneluxländer einverstanden. Im Bonner Bundeswirtschaftsministerium gab es einige Beamte in Schlüsselstellungen – Prof. Müller Armack oder Hans von der Groeben –, denen es bei einer Klausurtagung gelang, Ludwig Erhard so weit von den Vorteilen eines gemeinsamen europäischen Binnenmarktes zu überzeugen, dass er einem Kompromissvorschlag zustimmte. Das deutsche Positionspapier für die anberaumte Außenministerkonferenz der Sechs verband das flammende Bekenntnis zum freien Handel mit der Bereitschaft, auf die Projekte eines regionalen westeuropäischen Marktes und einer Europäischen Gemeinschaft für Atomenergie einzugehen.

Die Konferenz von Messina und das Spaak-Komitee

Die mehrfach verschobene Außenministerkonferenz der Mitgliedsstaaten der Montanunion, auf der über das weitere Vorgehen entschieden werden sollte, fand Anfang Juni aus einem vielleicht trivialen, aber für einen vor der Wiederwahl stehenden Politiker außerordentlich wichtigen Grunde in Messina statt. In Italien standen Neuwahlen vor der Tür, und der italienische Außenminister Martino wollte seine Wahlchancen mit einem internationalen Ereignis in seinem Wahlkreis aufbessern. Auf der Konferenz ging es darum, ob ein neuer europäischer Aufbruch gewagt werden solle. Er wurde tatsächlich gewagt und hatte Erfolg. Deshalb gehört Messina zu jenen Orten, deren Name mit wegweisenden Entscheidungen zum »Aufbau Europas« verbunden ist.

Die äußeren Umstände der Konferenz waren eher skurril. Die Delegationen pendelten zwischen Taormina und Messina. Der Ablenkungen gab es viele. Nach zwei Tagen und einer letzten Nachtsitzung konnten die Minister ein Ergebnis verkünden, wie es üblich ist, wenn man sich nicht einig ist. Sie setzten eine Kommission zum Studium der strittigen Fragen ein. Das trockene, aus den nationalen Vorlagen zusammengestückelte Kommuniqué vom 3. Juni 1955, das trotz der Meinungsverschiedenheit von dem Willen zur weiteren Integration spricht, reicht nicht entfernt an die Magie der Schuman-Erklärung vom Mai 1950 heran. Seine Auswirkungen aber sollten ungleich bedeutender sein (Dok. 16).

»Die Regierungen [...] glauben«, so steht es in der Präambel, »daß der Augenblick gekommen ist, eine neue Phase auf dem Weg zur Schaffung Europas einzuleiten. Sie sind der Ansicht, daß Europa zunächst auf wirtschaftlichem Gebiet gebaut werden muß.« Zu dem vorgeschlagenen Maßnahmenkatalog – Weiterentwicklung gemeinsamer Institutionen, schrittweise Fusion der nationalen Wirtschaften, Schaffung eines gemeinsamen Marktes, schrittweise Harmonisierung der Sozialpolitik – hatten alle Länder ihre Vorstellungen eingebracht: die Beneluxländer und Deutschland den gemeinsamen Markt, Frankreich die Harmonisierung der Sozialpolitik. Italien war an den Institutionen gelegen. Ein »Komitee von Regierungsdelegierten und ihren Sachverständigen« unter der Leitung von Paul-Henri Spaak erhielt den Auftrag, sowohl die technischen Probleme weiterer sektoraler Integration (Verkehr, Energie, Atomenergie) als auch eines »von allen Zollschranken und mengenmäßigen Beschränkungen freien gemeinsamen europäischen Marktes« zu untersuchen und Vorarbeiten für spätere Vertragsverhandlungen zu leisten.

Dieser neue Aufbruch nach Europa hätte ebenso scheitern können wie der Anlauf zwei Jahre zuvor zu einer »Europäischen Politischen Gemeinschaft«. Die prinzipiellen Widerstände in Frankreich gegen einen gesamtwirtschaftlichen freien Markt oder in Deutschland gegen eine weitere sektorale Integration und Gängelung der Wirtschaft durch europäische Institutionen waren schwer zu überwindende Hindernisse. Man kann es geradezu als Wunder bezeichnen, dass die Beteiligten dennoch zu einem Vertrag gelangten, der das Tor für jenen tiefgreifenden Integrationsprozess aufstieß, dessen Ende und eigentliches Ziel auch nach über vierzig Jahren nicht abzusehen ist. Zwingend war das im März 1957 unterzeichnete Verhandlungsergebnis nicht, und im Nachhinein den Weg zur immer engeren Verbindung der Staaten Westeuropas als eine Einbahnstraße ohne Alternativen zu beschreiben, für die es nur den einen Ausgang gegeben habe, wäre historisch falsch.

Am Erfolg des Expertenkomitees hatte Spaak mit seiner Persönlichkeit und seiner in allen Berichten von Teilnehmern gerühmten kompetenten und brillanten Verhandlungsführung im Schlösschen Val Duchesse in Brüssel einen großen Anteil. Aber er konnte auch auf den »europäischen Geist« und das Team hochqualifizierter, zielorientierter Mitstreiter bauen. Spaak komplimentierte die Experten aus den strategischen Beratungen heraus, schickte sie in Unterkommissionen. Dort konnten sie sich mit ihren Bedenken beschäftigen. Aus den vorgelegten Papieren erarbeitete eine kleine Gruppe, mit je einem Mitglied pro Mitgliedsland, den zusammenhängenden Abschlussbericht.

Die Landwirtschaft gehörte nicht zu den nach dem Auftrag von Messina ausdrücklich zu verhandelnden Gegenständen. Die Spaak-Kommission aber nahm sie in ihre Beratungen auf und richtete dazu einen Ad-hoc-Ausschuss ein. Das sollte von großer Bedeutung für das Gelingen der Wirtschaftsgemeinschaft sein. Denn die Landwirtschaft besaß in Frankreich eine überragende wirtschaftliche, soziale und politische Bedeutung. Die Aussicht, mit dem gemeinsamen Markt ein bisher verschlossenes riesiges Absatzgebiet für die französische Landwirtschaft zu gewinnen und einen sichtbaren, mit Händen zu greifenden Gewinn erzielen zu können, half der französischen Regierung, den ungeliebten gemeinsamen Markt zu akzeptieren und die innerfranzösische Opposition zu überwinden.

Die Sechs luden in ihrem Kommuniqué von Messina ausdrücklich Großbritannien ein, sich an den Arbeiten zu beteiligen. 1955 aber galt in der Regierung in London das Dogma, ein größeres Engagement in Europa sei der Weltmacht Großbritannien nicht angemessen. Deshalb entsandte man nur einen Beobachter, der sich, so schreibt Spaak »zurückhaltend und skeptisch im Hintergrund hielt« (Spaak, S. 308). Er verließ Brüssel im November 1955, nachdem ihm Spaak recht undiplomatisch zu verstehen gegeben hatte, dass er sich in die Redaktion des Abschlussberichts nicht einzumischen habe.

Um diese Zeit fanden die Mahnungen des nach Brüssel entsandten Beamten, das Messina-Projekt ernst zu nehmen, in London erstmals Gehör. Die Beamten des Wirtschaftsministeriums schlossen nun die Errichtung einer Zollunion der Sechs nicht mehr als völlig unrealistisch aus und begannen sich Sorgen um den Ausschluss britischer Waren aus dem gemeinsamen Markt der sechs Länder zu machen. Die Beamten des Außenministeriums dagegen befürchteten eine Abwertung der OEEC und der dort institutionell verankerten Führungsrolle Großbritanniens.

Im November ging die britische Regierung zu offenem Angriff über. In zwei Schreiben an die Regierungen in Bonn und Washington argumentierte Außenminister MacMillan, das Projekt des Gemeinsamen Markts sei gegen den freien Welthandel gerichtet und würde im Falle der Verwirklichung Westeuropa wirtschaftlich und politisch spalten. Die britische Regierung schlage deshalb vor, die Beratungen der Sechs in die OEEC zu überführen und dort im größeren Rahmen über Schritte zur weltweiten Handelsliberalisierung zu verhandeln. Hinter der Aktion stand die unausgesprochene Absicht, die in Messina angestoßene Initiative in der OEEC ins Leere laufen zu lassen.

Das Londoner Memorandum wurde zu einen Zeitpunkt verschickt, als deutsche und französische Vorstellungen zu dem Gemeinsamen Markt und der Atomgemeinschaft unvereinbar schienen. Die Deutschen beharrten auf einem festen Zeitplan zum Abbau aller Handelshemmnisse; die Franzosen wollten sich überhaupt nicht festlegen und machten die Verwirklichung des freien Markts vom vorherigen Abbau aller französischen Wettbewerbsnachteile abhängig. Das gab in Bonn Ludwig Erhard Gelegenheit, den Ball aus London aufzufangen, und er verstärkte seine Arbeit gegen die Brüsseler Integrationspläne im Zusammenspiel mit anderen Gegnern, vornehmlich dem gerade ernannten Atomminister Franz Josef Strauß, so sehr, dass Bundeskanzler Adenauer im Januar 1956 zu einem außergewöhnlichen Mittel greifen musste, um die Obstruktion seiner Minister zu brechen. Er trug ihnen kraft seiner Richtlinienkompetenz auf, alle fachlichen Erwägungen in den Dienst der politischen Zielsetzung des Beschlusses von Messina zu stellen und die »Integration zunächst unter den Sechs [...] mit allen in Betracht kommenden Methoden zu fördern« (*Außenpolitik*, S. 230). Auch in Washington hatte die britische Regierung mit ihrem Versuch, die Zollunion und den gemeinsamen Markt der Sechs zu verhindern, kein Glück. Außenminister Dulles erteilte

dem britischen Ersuchen eine Absage. Die Messina-Initia-
tive sei für die Einbfiindung der Bundesrepublik in den
Westen ausgesprochen wichtig.

Washington und Bonn hatten die EGKS-Staaten unverzüglich von der britischen Intervention unterrichtet; und
diese ließen auf einer WEU-Ministertagung Großbritannien ihre geballte Verärgerung spüren. Großbritannien
hatte mit seiner Initiative keine Schwächung, sondern eine
Verstärkung der Solidarität der Sechs erreicht. London
aber verfolgte das Ziel einer industriellen Freihandelszone
als Gegenmodell zu der auf dem Kontinent geplanten
Zollunion und Wirtschaftsgemeinschaft auch nach der
Unterzeichnung der Römischen Verträge weiter.

Der Bericht der Kommission konnte im März 1956 vorgelegt werden, nachdem im Januar in Paris mit Guy Mollet ein neuer, außerordentlich integrationsfreudiger Premier berufen worden war und es im Februar einer Außenministerkonferenz gelungen war, Franzosen wie Deutsche
auf die Empfehlung für beide Projekte des Markts und
der Atomgemeinschaft zu verpflichten. Der Bericht der
Kommission schlug dementsprechend die Errichtung eines nach marktwirtschaftlichen Regeln funktionierenden
gemeinsamen Marktes sowohl für Industrie als auch
Landwirtschaft vor. Zölle und sonstige protektionistische
Handelshemmnisse sollten abgebaut werden. Der Bericht
befürwortete die Errichtung einer Europäischen Atomgemeinschaft, erteilte aber der Ausdehnung der sektoralen
Integration auf andere Gebiete eine Absage.

Die Regierungen Italiens und der Beneluxstaaten nah-
men den Bericht als Geschäftsgrundlage für Regierungs-
verhandlungen an. Im Bonner Kabinett löste er trotz des
»Integrationsbefehls« des Kanzlers, wie Erhard sagte
(Wilkens, S. 127), erneut eine prinzipielle Debatte aus und
stieß auch in Paris auf Reserven. Aber Adenauer und
Außenminister Brentano setzten sich gegen Erhard und
Strauß durch, und die Bundesregierung erklärte sich zu

Vertragsverhandlungen bereit, allerdings erst, nachdem
Franz-Josef Strauß in Washington hatte hören müssen,
dass die USA der Bundesrepublik nur Kernbrennelemente
liefern würden, wenn sie der Atomgemeinschaft zu-
stimme. Mit ihrer Zusage zu Regierungsverhandlungen
unterstrich die Bundesregierung noch einmal, dass ihr
Vertragsziel die Wirtschaftsgemeinschaft sei. Einer Atomgemeinschaft werde sie nur zeitgleich mit einem Vertrag
über einen gemeinsamen Markt zustimmen, während die
französische Regierung noch einmal gefordert hatte, den
Vertrag zur Atomgemeinschaft vorzuziehen.

Trotz der deutschen Ablehnung, die Atomgemeinschaft
vorzuziehen, entschloss sich die französische Regierung,
Regierungsverhandlungen auf der Basis des Spaak-Be-
richts zuzustimmen. Sie verband ihre Zustimmung mit
Bedingungen. Eine ihrer Forderungen war es, dem
Inkrafttreten des gemeinsamen Marktes eine Erprobungsphase vorzuschalten. Frankreichs Partner antworteten,
dass für sie eine Experimentierphase nicht in Frage käme,
vermieden aber, das Thema auszudiskutieren. Somit konnten die Außenminister auf ihrer Konferenz in Venedig
vom 29. bis 31. Mai 1956 dem Bericht grundsätzlich
zustimmen und die formellen Verhandlungen in Gang
setzen.

Interessen aushandeln –
Die Verhandlungen zu EWG und EURATOM

Bei den Vertragsverhandlungen im Schlösschen Val Duchesse in Brüssel rangen die Delegationen um die Durchsetzung oder Wahrung nationaler Interessen, wie es schon
beim Schumanplan und bei der EVG zu beobachten gewesen war und wie es sich bei allen künftigen Integrati-
onsschritten und bei der Aufnahme neuer Mitglieder wie-

derholen sollte. Der Erfolg war keineswegs garantiert angesichts der Gegnerschaft starker Interessengruppen und Politiker auf beiden Seiten des Rheins.

So war es überhaupt nicht sicher, ob die französische Regierung bereit und fähig sein würde, die ungeliebte und als gefährliches Experiment angesehene Wirtschaftsgemeinschaft anzunehmen und in Frankreich gegen allen organisierten Widerstand durchzusetzen. Die französischen Unterhändler versuchten, jedes nur mögliche Wettbewerbsrisiko für die Wirtschaft Frankreichs mit einem komplexen System von Sicherheitsklauseln auszuschalten. Sie verlangten den Abbau aller wirklichen oder vermeintlichen Wettbewerbsverzerrungen, die Angleichung der Sozialleistungen der Mitglieder der Gemeinschaft an die französischen Standards, die Verkürzung der Arbeitszeiten und die Harmonisierung der Lohn- und Lohnnebenkosten. Und hartnäckig kamen sie darauf zurück, den gemeinsamen Markt zu verschieben und das Vorhaben der Atomgemeinschaft vorab in Kraft zu setzen.

In Deutschland hatte die starke Truppe der Gegner der weiteren, durch Institutionen abgesicherten Integration in »Kleineuropa« die Hoffnung noch nicht aufgegeben, das ganze Vorhaben zu verhindern. Die deutschen und französischen Minister konnten sich in der strittigen Frage der »luxuriösen französischen Sozialgesetze«, der Harmonisierung der Arbeitskosten und Soziallasten nicht verständigen, und beide Positionen verhärteten sich bis zur völligen Blockade. Es hatte im Oktober den Anschein, als würden Erhard, der zugunsten des Anfang Oktober vorgelegten englischen Projekts einer Freihandelszone die Brüsseler Verhandlungen verlassen wollte, und Strauß doch noch triumphieren können.

Adenauer, von den integrationsfreundlichen Beamten der deutschen Delegation alarmiert, beschloss, einen Rettungsversuch bei seinem Amtskollegen Guy Mollet in Paris zu unternehmen. Das Umfeld schien günstig, denn das deutsch-französische Verhältnis war mit der Unterzeichnung des Saarabkommens am 27. Oktober, das die Eingliederung des Saarlands in die Bundesrepublik ermöglichte, von einer drückenden Belastung befreit. Als aber Adenauer am 6. November in Paris eintraf, hielten zwei dramatische Ereignisse die internationale Politik in Atem. Die Ungarn hatten sich gegen das kommunistische Regime erhoben, und Frankreich und England hatten eine Militäraktion gegen Ägypten eingeleitet, um die Kontrolle über den Suez-Kanal zurückzugewinnen, den der ägyptische Präsident Nasser nationalisiert hatte. Wenige Stunden vor Adenauers Eintreffen in Paris hatte die französische Regierung über je ein Ultimatum der USA und der Sowjetunion beraten, die jede für sich, Paris und London zwangen, das ägyptische Abenteuer aufzugeben. Angesichts des Suez-Kanal-Fiaskos zeigte sich die französische Regierung dankbar für die demonstrative Solidarität des deutschen Bundeskanzlers und sah in einem europäischen Zusammenschluss mehr denn je ein notwendiges Mittel, die amerikanische Vormundschaft zu begrenzen, eine drastische Verminderung des diplomatischen Einflusses in der internationalen Politik und solche Demütigungen wie die Enteignung des Suez-Kanals und das Anprangern Frankreichs durch die Supermächte zu verhindern, sowie die französische Wirtschaft unter Modernisierungsdruck zu stellen. Die blutige Unterdrückung des Ungarn-Aufstands durch die Sowjetunion lieferte ein zusätzliches sicherheitspolitisches Argument, Westeuropa gegen die Bedrohung aus dem Osten zusammenzuschließen.

An dem bedrückenden Vormittag des 6. November wurden sich Mollet und Adenauer schnell einig. Sie übertrugen Robert Marjolin, einem international erfahrenen französischen Beamten, und Carl Carstens, dem späteren Bundespräsidenten, die Aufgabe, noch am selben Tage alle strittigen Punkte zu entschärfen. Das gelang. Frankreich akzeptierte einen festen Fahrplan für den Gemeinsamen

Markt und verzichtete auf ein Vetorecht bei dem Übergang zur zweiten Stufe. Carstens und Marjolin fanden die Formel, dass Frankreich Schutzmaßnahmen ergreifen dürfe, wenn sich ein Jahr nach dem Inkrafttreten des freien Marktes nicht die Tendenz einer Annäherung der deutschen Arbeitskosten an die französischen zeigen sollte; auch solle mit dem Abbau der Grenzabgaben erst begonnen werden, wenn die französische Zahlungsbilanz ein Jahr lang ausgeglichen wäre. Danach konnten die Verhandlungen fortgesetzt werden, in denen Frankreich zwar nicht die gewünschte Experimentierphase, aber eine längstens fünfzehnjährige Übergangsfrist bis zum vollständigen Zollabbau zwischen den Mitgliedsstaaten durchsetzte. Für den gemeinsamen Außenzoll hatte man sich schon vorher im Prinzip auf das arithmetische Mittel des bisherigen Zolls geeinigt.

Die nächste Krise im Februar 1957 über die Assoziierung der überseeischen Gebiete bzw. ehemaligen Kolonien Frankreichs, Belgiens und der Niederlande war gegenüber der von Oktober 1956 von zweitrangiger Bedeutung. Frankreich verlangte eine Absatz- und Preisgarantie für die Produkte der überseeischen Gebiete auf dem gemeinsamen Markt. Alle Mitgliedsstaaten sollten Investitionsmittel bereitstellen, ohne aber den freien Zugang zu den Märkten der Überseegebiete oder Mitspracherechte zu erhalten. Die Deutschen sträubten sich gegen die zu erwartende Verzerrung der Welthandelsbedingungen und widersprachen langfristigen Abnahmeverpflichtungen zu garantierten Preisen. Außerdem wollten sie die Kolonialmächte nicht mit Gemeinschaftsmitteln finanzieren und ihnen die alleinige Verfügung über die Mittel überlassen, sondern die Bevölkerung der betroffenen Gebiete beteiligen. Ein Gespräch unter vier Augen zwischen Mollet und Adenauer bei einem Treffen der Regierungschefs im Februar 1957 brachte die Einigung. Die überseeischen Gebiete erhielten freien Zugang zum gemeinsamen Markt, aber ohne garantierte Preise. Die Investitionen in den überseeischen Gebieten mit Mitteln aus einem Investitionsfonds der Gemeinschaft sollten im Einvernehmen mit den Betroffenen vorgenommen werden.

Bei der Lösung der Landwirtschaftsfrage mussten gegensätzliche Interessen der Niederlande, Frankreichs und Deutschlands, aber auch innerhalb der beiden Länder austariert werden. Die rückständige deutsche Landwirtschaft wollte ebenso wenig wie die südfranzösischen Wein- und Obstbauern ausländische preisdrückende Konkurrenz hinnehmen. Andererseits drängten die französischen Großbetriebe und die französischen Landwirtschaftspolitiker auf einen großen vom Weltmarkt abgeschirmten Binnenmarkt mit garantierten Preisen. Die Niederländer wie das Bundeswirtschaftsministerium wollten den großen Markt ebenfalls, aber mit marktwirtschaftlichen Prinzipien. Das Ergebnis des Interessenausgleichs war ein gemeinsamer geschützter Agrarmarkt. Man wich von marktwirtschaftlichen Grundsätzen ab und vereinbarte, von einer späteren Regierungskonferenz europäische Marktordnungen ausarbeiten zu lassen, die den Bauern die Abnahme ihrer Produkte zu festen Preisen garantieren sollten. Adenauer hatte sich gegen das Wirtschaftsministerium davon überzeugen lassen, dass eine protektionistische Regelung der landwirtschaftlichen Probleme für eine Zustimmung zum gesamten Vertragswerk im französischen Parlament unerlässlich sei. So wurde die Europäische Wirtschaftsgemeinschaft ein Kopplungsgeschäft. Die deutsche Industrie erhielt freien Zugang zu dem französischen Markt. Als Gegenleistung wurde der deutsche Markt für französische landwirtschaftliche Güter geöffnet, und die Landwirtschaft weitestgehend vor Zumutungen der freien Marktwirtschaft abgeschirmt.

Nach dem Grundsatz des nach dem November 1956 praktizierten allseitigen verständnisvollen Gebens und Nehmens setzten die kleinen Staaten im wichtigsten

Organ der künftigen EWG, dem Ministerrat, eine Stimmenwägung durch, die das bevölkerungsreiche Deutschland nicht besser stellte als Frankreich und Italien und die eine Überstimmung der Kleinen durch die beiden Großen ausschloss. Den Deutschen schließlich wurde die Einbeziehung Berlins und des DDR-Handels in den gemeinsamen Markt und die Förderung der Zonenrandgebiete zugestanden.

Am 25. März 1957, knapp zwei Jahre nach dem Aufbruch von Messina, fand die feierliche Unterzeichnung des Vertragswerks im Konservatorenpalast auf dem geschichtsträchtigen Kapitolshügel in Rom statt. Die vorbereitete große Volksfeier allerdings fiel wegen eines Gewitters mit strömendem Regen buchstäblich ins Wasser.

In keinem der Unterzeichnerländer stellte die parlamentarische Ratifizierung trotz vielfacher Kritik im Einzelnen ein Problem dar. In allen Mitgliedsstaaten signalisierten die Umfragen eine freundlich passive Billigung der europäischen Integration durch zwei Drittel der Bevölkerung. Die Stimmung hatte sich seit dem Streit um die EVG deutlich gebessert.

In der Bundesrepublik, in der die komplizierten technischen Verhandlungen die Öffentlichkeit so gut wie nicht bewegt hatten, stimmten die Sozialdemokraten erstmals einem Vertragswerk der europäischen Integration zu. Einen gewissen Einfluss auf den sozialdemokratischen Einstellungswandel zu einer fortan integrationsfreundlichen Partei hatte Jean Monnet mit dem von ihm im Oktober 1955 gegründeten »Aktionskomitee für die Vereinigten Staaten von Europa«. Es gelang ihm, Repräsentanten aller politisch relevanten Kräfte – ohne Kommunisten und Nationalisten – in den sechs Staaten der Montanunion für die Mitarbeit zu gewinnen, auch den Vorsitzenden der Sozialdemokratischen Partei Deutschlands, Erich Ollenhauer, und andere Führungspersönlichkeiten der Partei. Nachdem Walter

Hallstein in der Ratifizierungsdebatte des Deutschen Bundestages, die – auch das ein Zeichen für das geringe Interesse – nur vier Stunden dauerte, in eindrücklicher Klarheit die wesentlichen Ergebnisse der Verträge erläutert hatte (Dok. 17), sorgte Ludwig Erhard für einen erstaunlichen Auftritt. In seiner im Gegensatz zu früheren öffentlichen Äußerungen moderaten Rede machte er keinen Hehl aus seiner Ablehnung des Vertragswerks. Er führte noch einmal die Gründe auf, die seiner Meinung nach dagegen sprächen, um ganz zum Schluss zu sagen, trotzdem stimme er zu, weil es politisch geboten sei (Dok. 18).

Die französische Regierung war in die Verhandlungen mit dem festen Vorsatz gegangen, einem parlamentarischen Fiasko, wie dem bei der EVG, von Anfang an vorzubeugen. Die Regierung Mollet betrieb deshalb eine Politik der transparenten Verhandlungen. Sie unterrichtete laufend das Parlament, Unternehmer, Gewerkschaften und Bauernverbände und ließ das Projekt, im Januar 1957, vor Vertragsabschluss in der Nationalversammlung debattieren und gutheißen. Die Anliegen der Wirtschaft und die Ergebnisse der vorherigen »Orientierungsdebatten« gingen in die französischen Verhandlungspositionen ein. Mit dem Verfahren gelang es der französischen Regierung, die vielfältigen Widerstände zu kanalisieren und weitgehend abzubauen, so dass im eigentlichen Ratifikationsverfahren im Juli 1957, dessen Ablauf mit der Bundesrepublik abgestimmt war, eine klare Mehrheit erreicht wurde. Pierre Mendès-France hatte mit seiner Rede jedoch schon im Januar deutlich gemacht, dass die Furcht vor dem Freien Markt als böser Wolf, der die schwache französische Wirtschaft zu verschlingen drohe, weiter bestand (Dok. 19).

In Italien begeisterte man sich für die Verträge nicht. Der wirtschaftliche Nutzen für das Land war jedoch so offensichtlich, dass im Oktober über 60 Prozent der Abgeordneten zustimmten. In Belgien stellte sich zwar der sozialistische Premier Achille van Acker seit Jahren gegen die Integration, aber die Regierungsparteien befürworteten den Vertrag ebenso wie die christlich demokratische Opposition. In den Niederlanden zeigten sich Öffentlichkeit und die großen Parteien von den Verträgen mit ihren protektionistischen Bestimmungen enttäuscht und kritisierten, dass die Gemeinschaft so wenig supranational ausgefallen sei. Aber weder in den Niederlanden noch in Luxemburg, das Garantien für seine Landwirtschaft und gegen den ungehemmten Zuzug von Gastarbeitern erhalten hatte, stand die Zustimmung der Abgeordneten in Frage.

Am 13. Dezember 1957 hinterlegten als letzte Vertragspartner die Beneluxstaaten ihre Ratifizierungsurkunden in Rom, und damit konnten die Verträge am 1. Januar 1958 in Kraft treten.

Die Europäische Wirtschaftsgemeinschaft – Ziele und Strukturen

Von den beiden in Rom unterzeichneten Verträgen ist der zur Europäischen Wirtschaftsgemeinschaft der weitaus bedeutendere (Dok. 20). Mit ihm legten die Gründungsväter das tragfähige Fundament, auf dem das erstaunliche und in der europäischen Geschichte beispiellose Einigungswerk errichtet werden konnte. Er machte aus dem Traum der Europäischen Volkswirtschaft eine reale Utopie. Die Vertragschließenden gründeten eine Wirtschaftsgemeinschaft. Aber diese Gemeinschaft war ja nur wegen der damit verbundenen allgemein politischen Zielsetzungen gegen die Widerstände von Wirtschaftspolitikern und wirtschaftlichen Interessen zu verwirklichen gewesen. Manche Beteiligte, wie Walter Hallstein oder die illustre Schar der prominenten europäischen Akteure, die Jean Monnet für sein Aktionskomitee für die Vereinigten Staaten von Europa hatte gewinnen können, hatten die Vorstellung, dass mit der neuen Gemeinschaft die Keimzelle eines zukünftigen europäischen Bundesstaats, eines föderalen Europa geschaffen worden wäre. Das war explizit nicht ausgeschlossen, ja, man mochte den Auftrag auch aus der sehr allgemein gehaltenen ausdeutungsfähigen Formel der Präambel herauslesen, das Werk diene dazu, »die Grundlagen für einen immer engeren Zusammenschluß der Völker zu schaffen«. Der EWG-Vertrag ließ Raum für eine dynamische Entwicklung und war ergebnisoffen angelegt, aber konkret, den materiellen Gehalt betreffend, hatten sich die Vertragschließenden nur auf das Ziel eines Gemeinsamen Markts und die Methoden einigen können, wie er zu errichten sei, und auch in den Jahren danach gab es die Tendenz, in der Gemeinschaft nicht mehr als einen wirtschaftlichen Zweckverband zu sehen.

Nach Artikel 2 des Vertrags ist es die Aufgabe der Gemeinschaft »durch die Errichtung eines gemeinsamen Marktes und die schrittweise Annäherung der Wirtschaftspolitik der Mitgliedsstaaten eine harmonische Entwicklung des Wirtschaftslebens innerhalb der Gemeinschaft, eine beständige und ausgewogene Wirtschaftsausweitung, eine größere Stabilität, eine beschleunigte Hebung der Lebenshaltung und engere Beziehungen zwischen den Staaten zu fördern, die in dieser Gemeinschaft zusammengeschlossen sind«. Im Kern ist der Vertrag eine Zollunion. Zwischen den Sechs sollten Zölle und mengenmäßige Beschränkungen bei der Ein- und Ausfuhr von Waren abgeschafft und gegenüber Drittländern anstelle der nationalen Tarife ein gemeinsamer Zolltarif eingerichtet werden. Der gemeinsame Markt für Waren, Kapital und Arbeit jeder Art sollte Freizügigkeit für Arbeitnehmer, Unternehmer und Dienstleistungen gewährleisten. Die Handels-, Agrar-, Verkehrs- und Wettbewerbspolitik sollte vergemeinschaftet werden, und die Gemeinschaft erhielt den Auftrag, die Konjunktur-, Wirtschafts- und

Währungspolitik zu koordinieren, die Steuer- und Sozialpolitik zu harmonisieren, sowie auf eine Angleichung der
innerstaatlichen Rechtsvorschriften hinzuarbeiten.

Zur Unterstützung ihrer Aufgaben erhielt die Gemeinschaft drei Finanzierungsinstrumente. Ein europäischer
Sozialfonds sollte erstens dazu dienen, »die Beschäftigungsmöglichkeiten der Arbeitskräfte im gemeinsamen
Markt zu verbessern und damit zur Hebung der Lebenshaltung beizutragen« (Artikel 123). Zweitens erhielt die
europäische Investitionsbank die Aufgabe, »Vorhaben zur
Erschließung der weniger entwickelten Gebiete« und solche zur »Modernisierung oder Umstellung von Unternehmen oder zur Schaffung neuer Arbeitsmöglichkeiten«
durch Gewährung von Darlehen und Bürgschaften zu
finanzieren (Artikel 130). Drittens wurde für die gemeinschaftliche Entwicklungspolitik in den Staaten Afrikas,
der Karibik und des Pazifik (AKP-Länder) 1958 der
Europäische Entwicklungsfonds (EEF) eingerichtet. Der
EEF war notwendig, weil der Vertrag vorsah, »die außereuropäischen Länder und Hoheitsgebiete, die mit Belgien,
Frankreich, Italien und den Niederlanden besondere
Beziehungen unterhalten, der Gemeinschaft zu assozii-
ren«, um ihre wirtschaftliche und soziale Entwicklung
»und die Herstellung enger Wirtschaftsbeziehungen zwischen ihnen und der gesamten Gemeinschaft« zu fördern
(Artikel 131).

Die Organe der Europäischen Wirtschaftsgemeinschaft
waren nach dem Muster der Montanunion konzipiert, mit
dem wesentlichen Unterschied, dass in der EWG der
Ministerrat die Entscheidungsbefugnis erhielt, während
sie in der Montanunion der Hohen Behörde übertragen
worden war. Die Vertragsväter mussten mit ihrem System
der Institutionen einen Ausgleich finden zwischen der
Notwendigkeit, die Anwendung der Verträge und den
Fortgang der Integration sicherzustellen und zugleich die
Interessen der Mitgliedsstaaten zu berücksichtigen. Sie

fanden die Lösung mit einem dualen Entscheidungssystem, mit der Kommission als dem Interessenorgan der Gemeinschaft und dem Rat als Interessenorgan der Mitgliedsstaaten. Beide waren in ihrer Aufgabe, die Ziele der Gemeinschaft zu verwirklichen, aufeinander angewiesen. Jedes der beiden Organe erhielt ein Monopol.

Dem Rat übertrug man das Gesetzgebungsmonopol in der Gemeinschaft. Er allein erhielt das Recht, »Gesetze« zu verabschieden, d. h. erstens »Verordnungen mit allgemeiner Geltung«, die in allen ihren Teilen verbindlich sind und in jedem Mitgliedstaat unmittelbar gelten, und zweitens »Richtlinien«, die von jedem Mitgliedstaat, an den sie gerichtet sind, inhaltlich in die nationale Gesetzgebung übernommen werden müssen. Indem die Gründer der EWG dem Ministerrat die Entscheidungsbefugnis übertrugen, nahmen sie Abschied von dem Experiment, einer letztlich parlamentarisch nicht kontrollierten supranationalen Behörde von wenigen Beamten nationale Entscheidungsrechte zu übertragen und ihr damit das Recht einzuräumen, autonom auf die nationale Politik einzuwirken.

In den ersten Jahren des Übergangs zur Zollunion hatte der Rat einstimmig zu entscheiden; d. h., jeder Mitgliedstaat besaß ein Vetorecht. Aber nach acht bzw. spätestens nach zehn Jahren sollten viele Entscheidungen mit einfacher oder »qualifizierter« Mehrheit (gewichtete Mehrheit) getroffen werden. Um die großen, bevölkerungsreichen Staaten nicht der Gefahr auszusetzen, von den kleinen majorisiert zu werden, und die kleinen vor den großen zu schützen, gab der Vertrag den großen Staaten (Deutschland, Frankreich, Italien) je vier, Belgien und den Niederlanden je zwei und Luxemburg eine Stimme. Für eine qualifizierte Mehrheit waren (bis zur ersten Erweiterung 1973) 12 von 17 Stimmen (71 Prozent) nötig, die 67,8 Prozent der Bevölkerung der Gemeinschaft repräsentierten.

Der Kommission aber räumte man ebenfalls eine starke Stellung ein und gab ihr damit die Fähigkeit, die Integration

dynamisch voranzutreiben. Sie verkörpert das supranationale Gemeinschaftselement. Ihre Mitglieder (bis 1973 neun;
je zwei aus Deutschland, Frankreich und Italien, je einer aus
den Beneluxstaaten) wurden in den ersten Jahrzehnten für
vier Jahre im gegenseitigen Einvernehmen von den Mitgliedsstaaten ernannt. Der Vertrag garantiert den Kommissaren bei der Ausübung ihrer Tätigkeit zum allgemeinen
Wohl der Gemeinschaft volle Unabhängigkeit von Weisungen der Regierungen. Dem Gesetzgebungsmonopol des
Rates stellt er das Initiativmonopol der Kommission entgegen. D. h., allein die Kommission hat das Recht – und die
Pflicht –, im Ministerrat Gesetzentwürfe einzubringen, damit eine strikt von dem Gemeinschaftsinteresse bestimmte
Gesetzgebung sichergestellt werden kann. Ohne die Vorschläge der Kommission können auch in der EU keine
Rechtsakte beschlossen werden. Die Kommission hat außerdem für die praktische Umsetzung der Vertragsvor-
schriften oder der vom Ministerrat beschlossenen Verordnungen und Richtlinien zu sorgen. Sie erlässt die Durch-
führungsbestimmungen. Als »Hüterin der Verträge« wacht
sie außerdem darüber, dass die Vertragsbestimmungen und
die von den Organen gefassten Beschlüsse durchgeführt
und eingehalten werden. Stellt sie Verstöße fest, ist sie verpflichtet, einzuschreiten und notfalls den Europäischen
Gerichtshof anzurufen. Diese Aufgaben machen aus der
Kommission keine »Exekutive« im eigentlichen Sinne, aber
sie ist dennoch verpflichtet, sich mit der Vorlage eines jährlichen Gesamtberichts vor dem Europäischen Parlament –
»Versammlung« im Vertragstext – zu verantworten. Für
den Ministerrat wurde keine Kontrollinstanz vorgesehen.

Die »Versammlung«, die sich bald den Titel »Europäisches Parlament« zulegte, war das Stiefkind der Gründungsväter. Sie übertrugen ihr kein einziges substantielles
Recht, abgesehen von dem, die Kommission mit zwei
Drittel der abgegebenen Stimmen zum Rücktritt zu zwingen. Die – ursprünglich 142 – Abgeordneten wurden bis

zur ersten Direktwahl 1979 von den Parlamenten der Mitgliedsstaaten aus ihrer Mitte bestimmt. Sie hatten den vom Rat jährlich vorzulegenden Haushalt zu diskutieren und Änderungen vorzuschlagen; jedoch blieb die Entscheidung in letzter Instanz im Ministerrat. Auch wenn die Versammlung in einer Reihe anderer, im Ministerrat besprochener Angelegenheiten zu konsultieren war, besaßen ihre Vorschläge keinerlei bindende Wirkung. Kurz, ein Parlament mit echten parlamentarischen Rechten war nicht geschaffen worden.

Nach dem Vorbild der Montanunion stellte der Vertrag dem Rat, der Kommission und der Versammlung einen beratenden Wirtschafts- und Sozialausschuss zur Seite. Er wird nach Artikel 139 besetzt »aus Vertretern der verschiedenen Gruppen des Wirtschafts- und sozialen Lebens, insbesondere der Erzeuger, der Landwirte, der Verkehrsunternehmer, der Arbeitnehmer, der Kaufleute und Handwerker, der freien Berufe und der Allgemeinheit«. Die Mitglieder werden auf Vorschlag der nationalen Regierungen vom Rat für vier Jahre ernannt. Der Wirtschafts- und Sozialausschuss wuchs über die Jahre, und er erwies sich vielfach als qualifiziertes Organ, das in der Lage war, die anderen Organe mit Sachverstand wirksam zu unterstützen.

Als vierte zentrale Institution schuf man den Gerichtshof. Man schuf ihn nicht neu, sondern bürdete dem der EGKS zusätzlich die Rechtsprechung in den Angelegenheiten von EWG und EURATOM auf. Der Europäische Gerichtshof hat entscheidend zum Aufbau des hochentwickelten Rechtssystems der Gemeinschaften beigetragen, das sie weit über eine internationale Organisation zwischenstaatlicher Zusammenarbeit unabhängiger Mitgliedsstaaten hinaushebt. Als die EWG in den sechziger Jahren in Schwierigkeiten geriet, wuchs der Gerichtshof immer stärker in die Rolle eines »Wächters« der Verträge hinein; diese Schlüsselrolle hat er sich bis heute bewahrt.

Mit ihrem Vorhaben, alle Zölle, Abgaben, Quoten und sonstigen rechtlichen und technischen Handelshemmnisse abzubauen, steckten sich die Konstrukteure der Gemeinschaft ein ehrgeiziges Ziel. Der Vertrag formulierte dazu in 26 Artikeln ein konkretes Programm: Abschaffung der Zölle zwischen den Mitgliedsstaaten, Aufstellung eines gemeinsamen Zolltarifs und Beseitigung der mengenmäßigen Beschränkungen. Dafür war ein Zeitraum von zwölf bis fünfzehn Jahren vorgesehen. Die Beseitigung der Binnenzölle und Quotenregelungen und die Errichtung eines gemeinsamen Außenzolls wurde in erstaunlich kurzer Zeit, schneller als der Vertrag es vorsah, umgesetzt. Das anspruchsvollere Ziel, ein gemeinsamer Markt, blieb allerdings bis in die Mitte der achtziger Jahre unerreichbar, ebenso wie das revolutionäre Vorhaben einer Wirtschafts- und Währungsunion mit einer gemeinsamen Währung.

Exkurs: EURATOM

Schon während der Vertragsverhandlungen geriet die Europäische Atomgemeinschaft, der zu Beginn der »relance européenne« ein zentraler Stellenwert zugewiesen worden war, immer weiter in den Hintergrund. Man ließ sie aber nicht fallen, sondern band sie mit der EWG in einem Vertragspaket zusammen. Mit dem Vertrag (Dok. 21) wollten die Gründer einen europäischen Rahmen für die friedliche Atomwirtschaft schaffen. Sie wiesen der EURATOM für das Gebiet der Atomindustrie ähnliche Aufgaben zu, wie der EWG für die Gesamtwirtschaft, und konstruierten sie spiegelbildlich zur EWG. Sie sollte die Voraussetzungen für »die schnelle Bildung und Entwicklung von Kernindustrien« erarbeiten und damit »zur Hebung der Lebenshaltung in den Mitgliedsstaaten« beitragen (Artikel 1). Ihre Aufgaben im Einzelnen waren: gemeinsame Grundlagenforschung und Verbreitung der Kenntnisse, einheitliche Sicherheitsnormen, eine gemeinsame Versorgungspolitik bei Spaltstoffen und eine gemeinsame Verwendungskontrolle. Auch erhielt sie das Eigentumsrecht der Gemeinschaft an spaltbarem Material.

Mit dem allgemeinen Auftrag und mit den speziellen Zielsetzungen von EURATOM verbanden sich Hoffnungen, die Atomgemeinschaft könne zum Motor der europäischen industriellen Integration werden. Die Hoffnungen erfüllten sich ebenso wenig wie die hochfliegenden Erwartungen, mit der Kernspaltung werde eine dritte industrielle Revolution eingeleitet. Kernenergie wurde nur eine Energieart unter anderen und blieb noch dazu auf die Erzeugung von Elektrizität begrenzt. Die Kernenergie und damit auch die EURATOM erlangten auch deshalb nicht den hohen Stellenwert, den man erwartet hatte, weil die von den Fachleuten für die sechziger Jahre vorhergesagte Energiekrise nicht eintraf. Bei den Prognosen hatte man nicht berücksichtigen können, dass ab Ende der fünfziger Jahre riesige Mengen des billigen Energieträgers Erdöl auf den Markt drängen würden. Außerdem liefen die Entwicklungen in den Mitgliedsstaaten der EURATOM wegen der gegensätzlichen ordnungspolitischen Vorstellungen auseinander. Frankreich entwickelte die Atomenergie in staatlicher Regie, nicht zuletzt wegen der nationalen militärischen Interessen. Andere Länder, so auch die Bundesrepublik, überließen sie der freien Wirtschaft, dem Marktgeschehen.

Kein Wunder also, dass EURATOM ihre vertraglichen Aufgaben nur zum Teil erfüllen konnte und dass es ihr nicht gelang, die Entwicklung der friedlichen Nutzung der Atomenergie in ihrem Geltungsbereich zu kontrollieren oder gar zu lenken. Sie hatte schon deshalb einen schlechten Start und konnte sich nicht an die Spitze des Aufbaus einer europäischen Atomindustrie setzen, weil die Amerikaner daran gingen, noch bevor der Vertrag in

Kraft getreten war, die Europäer von ihrem Vorhaben einer gemeinsamen Atomindustrie abzubringen. Die Amerikaner missbilligten den Aufbau einer eigenen französischen Atomstreitmacht, der »force de frappe«, und machten Anstalten, die französischen Atomwaffenpläne zu verhindern. Als sich 1956 in Europa die Pläne konkretisierten, eine Isotopentrennanlage zur Produktion angereicherten Urans zu bauen, die auch in der Lage sein würde, Material für französische Atombomben zu liefern, bot der amerikanische Präsident Eisenhower den Europäern angereichertes Uran in ausreichenden Mengen zu sehr günstigen Preisen an. Dies Uran war für die Europäer sehr viel preiswerter als das Uran, das im Rahmen der EURATOM selbst zu produzieren gewesen wäre. Also verzichtete man darauf, eine gemeinschaftliche Isotopentrennanlage zu bauen.

Wenige Monate nach dem Inkrafttreten des Vertrags machten die Amerikaner ein neues Angebot, um ihren technologischen Vorsprung und ihren überwältigenden Marktanteil in der Atomtechnologie zu behaupten. Sie schlossen einen Vertrag mit EURATOM zum Bau von sechs Atomkraftwerken amerikanischen Typs mit finanzieller und technologischer Hilfe der USA. Damit spalteten sie die Atomgemeinschaft bis hin zum »Krieg der Reaktoren«. Den Mitgliedsstaaten der Atomgemeinschaft stellte sich die Frage: Sollte man die besseren und billigeren amerikanischen Reaktortyp nehmen oder den französischen Typ? Die Franzosen beharrten auf ihrer Reaktorlinie; damit würde man eine eigene europäische Technologie besitzen und atomtechnisch sowie bei der Versorgung mit Brennmaterial unabhängig bleiben. Für Frankreich gab es also nur die nationale Lösung, mit oder ohne europäische Beteiligung; und Frankreich, das in erster Linie an der EURATOM interessiert gewesen war, verlor nach der Wahl General de Gaulles zum Präsidenten der Republik das Interesse daran. General de Gaulle misstraute der

EURATOM grundsätzlich. Er wollte ein nationales französisches Atomprogramm frei von allen Einflüssen und jedem Einblick von außen. Er wollte das französische technische Wissen auch gegen Deutschland abschirmen und mit zeitlichem Vorsprung vor Deutschland eine neue Leitindustrie aufbauen, mit der er hoffte, dessen wirtschaftliche Vorherrschaft auf anderen Gebieten auszubalancieren.

Wie Frankreich gingen auch die anderen Mitgliedsstaaten den Weg in nationale Atomprogramme. Alle wendeten höhere Summen für diese Programme auf, als sie bereit waren, der EURATOM zur Verfügung zu stellen. Außerdem entwickelte sich die Mentalität, darauf zu achten, an Finanzhilfen für nationale Programme genau so viel von der EURATOM zurückzuerhalten, wie man als Beitrag eingezahlt hatte. So musste EURATOM nach 10 Jahren in einem Weißbuch ein enttäuschendes Resümee ziehen: Es gebe keine gemeinsamen industriellen Programme; und EURATOM könne auch nicht die nationalen Programme koordinieren. Nicht einmal die Entsorgung der Abfälle war in die Regie der EURATOM gelangt, sondern in nationaler Verantwortung geblieben. Auch das Europäische Parlament sollte sich mit seiner Forderung, die Entsorgung radioaktiver Abfälle gemeinschaftlich zu regeln, gegenüber nationalen Sonderinteressen und Alleingängen nicht durchsetzen.

Allerdings gelangte die EURATOM zu einigem Einfluss. bei der Versorgung mit Kernbrennstoffen und bei der Erforschung und Entwicklung von Sicherheitsstandards. Sie stellt über ihre Versorgungsagentur die Lieferung von Kernbrennstoffen aus den USA, Kanada, Australien und seit 1992 auch aus den GUS-Staaten für Europa sicher. Sie koordiniert über die gemeinsame Forschungsstelle für Kernenergie mit ihren vier Forschungszentren in Geel (Belgien), Ispra (Italien), Petten (Niederlande) und Karlsruhe die Forschungen, um sie zu optimieren. Die Forschungsprogramme umfassten vornehmlich Strahlenschutz, Reaktorbau und Reaktorsicherheit und sind, in der jüngeren Zeit, auf die kontrollierte Kernfusion fokussiert.

Mehrmals legte EURATOM verbesserte und verbindliche Normen zum Strahlenschutz und zur Überwachung der Sicherheit von Kernkraftwerken und Atomanlagen fest. Ihre Einhaltung wird von der Kommission in Absprache mit der Atomenergieorganisation der UNO kontrolliert. Unter dem Eindruck des Reaktorunglücks von Tschernobyl (1986) verschärfte die EURATOM die Sicherheitsnormen und Sicherheitsvorkehrungen und beschränkt sich seit der großen Wende in Osteuropa nach 1989 nicht mehr nur auf Westeuropa, sondern hat erhebliche Anstrengungen unternommen, um mit den osteuropäischen Staaten und den GUS-Staaten zu einer institutionalisierten Zusammenarbeit bei der nuklearen Sicherheit zu gelangen. Seit 1991 wurden hierzu mehrere Vereinbarungen getroffen.

Die EWG – Kindheit und frühe Jahre
im Schatten de Gaulles

Am 15. Januar 1957 fand die Konstituierung der frisch
gekürten EWG-Kommission in Brüssel statt. Davor hatten noch zwei Fragen gelöst werden müssen: Wo sollten
die Gemeinschaftsorgane ihren Sitz haben; und wie sollte
die personelle Zusammensetzung der ersten EWG-Kommission aussehen? Alle Regierungen warben leidenschaftlich um die Ehre, die »Hauptstadt« Europas in ihrem
Lande zu haben. Straßburg als Sitz des Europarates bot
sich an, und die französische Regierung unterstützte die
Bewerbung, nachdem sie kurz Paris favorisiert hatte.
Auch Luxemburg als Sitz der Montanunion rechnete sich
gute Chancen aus. Monnet und sein Aktionskomitee für
die Vereinigten Staaten von Europa schlugen vor, nach
dem Beispiel Washingtons als »Federal District«, einen
»europäischen Distrikt« zu schaffen. Ein einstimmiger
Beschluss wäre notwendig gewesen, um den Sitz der
neuen Gemeinschaften zu bestimmen und eventuell alle
bis dahin geschaffenen Institutionen an einem Ort zusammenzuführen. Den brachten die Außenminister nicht
zustande, und so verteilten sie die Gemeinschaftsorgane –
provisorisch (!) – auf drei Städte: Straßburg und Luxemburg wahrten ihren Besitzstand. Straßburg blieb Sitz des
Europarats und wurde Tagungsort aller Beratenden Versammlungen. Die Montanunion blieb mit ihren Einrichtungen in Luxemburg. In Brüssel wurden EWG- und
EURATOM-Kommission angesiedelt, und ebenso der
Wirtschafts- und Sozialausschuss. Brüssel hatte den Vor-

teil, genügend freien Büro- und Wohnraum anbieten zu
können. Bei dem im Januar 1958 gefundenen »Proviso-
rium« ist es geblieben, wenn auch Brüssel längst zur
eigentlichen Hauptstadt Europas geworden ist und die
beiden anderen Sitze nur Nebenhauptstädte sind. Mit der
Verteilung der Gemeinschaftsorgane auf die drei Städte
wurde der »europäische Wanderzirkus« geschaffen, d. h.
das regelmäßige Pendeln von Abgeordneten, Politikern
und Beamten zwischen den drei Städten.

Die Bestellung der Kommission nahm ebenfalls Zeit in
Anspruch. Alle Länder entsandten am Ende nicht hohe
Beamte, sondern erfahrene Politiker und verliehen der
Kommission Gewicht. Überraschend erhielt die Bundesrepublik die Chance, Staatssekretär Walter Hallstein für
den Posten des Präsidenten der Kommission zu nominie-
ren, und er wurde in den ersten Januartagen 1958 berufen.
Die Wahl des in Europadingen erfahrenen Hallstein als
ersten Deutschen an die Spitze einer der europäischen Institutionen war ein symbolischer Akt. Die Partner de-
monstrierten, dass sie Deutschland definitiv in ihre Mitte
aufgenommen hatten.

Nach der konstituierenden Sitzung der Kommission
trat die Versammlung im März 1958 in Straßburg zusammen. Sie tagte im Saal des Europarats, und bei der Eröff-
nungsveranstaltung herrschte dieselbe aufregende Stimmung wie bei der ersten Zusammenkunft des Europarats.
Die Versammlung, die ab 1962 in allen Amtssprachen als
»Europäisches Parlament« bezeichnet wurde, gestaltete
die Sitzordnung demonstrativ nicht nach nationalen Delegationen, sondern nach politischen Lagern – Christdemokraten, Sozialdemokraten, Konservative – und wählte
Robert Schuman zum Präsidenten. Auch diese Wahl war
ein symbolischer Akt.

Oberflächlich gesehen, am wirtschaftlichen Erfolg gemessen, ist die Geschichte der Europäischen Wirtschaftsgemeinschaft in den ersten Jahren ihres Bestehens eine

glänzende Erfolgsgeschichte. In den späten 50er und frühen sechziger Jahren erreichte das stürmische Wirtschaftswachstum Westeuropas, das Anfang der fünfziger Jahre eingesetzt hatte, seinen Höhepunkt. Politiker, Unternehmer und Wissenschaftler glaubten an einen Aufschwung ohne Ende. Der Binnenhandel der Gemeinschaft expandierte so stürmisch, dass die EWG die USA als Handelsmacht überflügelte. Im vorgegebenen Zeitrahmen führte die Gemeinschaft die ersten Zollsenkungen und Milderungen bei den Mengenbeschränkungen für Industrieprodukte durch. Die Investitionsbank gab erhebliche Kredite vor allem für Italien aus, dem damals schwächsten Mitglied der Gemeinschaft, dessen Bruttoinlandprodukt pro Kopf der Bevölkerung nur halb so hoch lag wie das der Bundesrepublik oder der Niederlande. Bis 1962 waren auch die ersten großen Schritte getan, um die Gemeinsame Agrarpolitik ins Leben zu rufen. Der scheinbar unaufhaltsame wirtschaftliche Aufschwung und der grenzenlose Optimismus erleichterten es den Regierungen der Mitgliedsstaaten und den wirtschaftlichen Interessengruppen, sich mit der EWG zu identifizieren; und sie legten dem Tätigkeitsdrang der Kommission unter ihrem aktiven Präsidenten keine Zügel an. Dennoch, der Blick auf den so blendenden wirtschaftlichen Erfolg, dessen Grenzen übersehen wurden, darf nicht dazu verführen, die Gemeinschaften, in erster Linie die EWG, rückblickend zu einem Erfolgsmodell zu stilisieren, dessen Existenz und Zielerfüllung nie gefährdet gewesen seien.

Zahlreiche Gefahren bedrohten die Europäischen Gemeinschaften in den ersten Jahren ihrer jungen Existenz. Es war eine Zeit äußerst angespannter internationaler Beziehungen. Der Ost-West-Konflikt, der Kalte Krieg, trieb einem Höhepunkt zu. Nikita Chrustschow, der sich als Nachfolger Stalins in der Sowjetunion durchgesetzt hatte, fachte Westeuropas Ängste vor dem Osten mit seiner Drohung an, die letzten Reste der Viermächtekon-

trolle in Berlin zu beseitigen. Schließlich lieferte er die
Stadt nicht der DDR aus, sondern erlaubte dieser »nur«,
im August 1961 die Mauer zu bauen. Ein Jahr später verlagerte sich der Kalte Krieg bis vor die Haustür der USA,
die wenige Jahre vorher durch den Start des ersten erdum-
kreisenden Satelliten, des Sputnik, durch die Sowjets tief
in ihrem technologischen Stolz getroffen worden waren.
Mit dem Versuch der Sowjetunion, auf der Insel Kuba
Raketen mit Atomsprengköpfen zu stationieren, stand die
Welt kurz vor dem Ausbruch eines neuen globalen Kriegs.

Auch in den Europäischen Gemeinschaften selbst tat
sich unmittelbar nach ihrer Gründung ein Krisenherd auf.
Zeitweilig sah es so aus, als könne Frankreich in den Wir-
ren des Algerienkrieges Opfer eines Militärputsches und
zu einer Militärdiktatur werden. Damit wäre die Gemeinschaft wohl gesprengt worden. General Charles de Gaulle
rettete Frankreich vor dem Chaos. Im Juni 1958 ernannte
ihn der Präsident der Republik, René Coty, zum Ministerpräsidenten mit weitgehenden Vollmachten. Eine Verfas-
sungsänderung schuf die Fünfte Republik, eine präsidiale
Demokratie, die zehn Jahre lang beinah unumschränkt
von Charles de Gaulle regiert und repräsentiert wurde.

Seine in wechselnden Parteien organisierten Anhänger
hatten alle bis 1958 geschaffenen europäischen Institutionen, zuletzt die Römischen Verträge, mit großen Worten
und heftiger Polemik abgelehnt. Würde er Frankreich aus
den Gemeinschaften wieder herausführen oder ihre Arbeit
blockieren? Überraschenderweise behinderte de Gaulle
nach seinem Amtsantritt weder die Gemeinschaften noch
ihre Führungen in ihrer internen Arbeit. Aber er begann
sofort, dem Europa der Römischen Verträge seinen Stem-
pel aufzudrücken. Er kämpfte gegen ein supranationales
und für ein europäisches Europa der zwischenstaatlichen
Zusammenarbeit souveräner Vaterländer, das er für seine
Innen- und Außenpolitik nutzen wollte. Innenpolitisch
sollte es zur Bekämpfung der antiquierten Verhältnisse in

der französischen Wirtschaft; außenpolitisch zur Wieder-
gewinnung der französischen Größe, seiner »grandeur«
und Weltmachtstellung dienen. Schon 1958 setzte er einseitig den Verhandlungen der EWG mit der OEEC über
die Errichtung einer großen Freihandelszone ein Ende
und »rettete« die Gemeinschaft davor, sich in dieser Freihandelszone aufzulösen. Mit dem 1960 vorgelegten Projekt einer Europäischen Politischen Union versuchte er,
die Gemeinschaften ihres supranationalen Charakters zu
entkleiden. Mit seinem zweimaligen Veto gegen den Beitritt Großbritanniens wie mit seiner mehrmonatigen Blockade der Gemeinschaft im Jahre 1965 ließ General de
Gaulle die Partner Frankreichs wissen, dass es eine weitere
Integration des Kontinents nur nach seinem Bilde und mit
ihm als unbestrittenen Primus geben würde. Europa stand
bis 1969, dem Jahr seines Rücktritts, so sehr in seinem
Schatten, dass man zu Recht von dem Europa de Gaulles
sprechen kann.

Die englische Herausforderung – Freihandelszone

Schon vor der Regierungsübernahme de Gaulles in Frankreich stellte Großbritannien das Modell der Gemeinschaft
mit seinem Vorschlag zur Disposition, den Wirtschaftsraum aller OEEC-Länder in eine Freihandelszone umzuwandeln. Eine westeuropäische Zollunion drohte, britischen Produkten den Zugang zu dem Markt zu versperren. Die Freihandelszone würde diese Gefahr abwenden
und Großbritannien gleichermaßen erlauben, die politische Führung im Commonwealth wie in Westeuropa auszuüben und als Sachwalter Europas in den USA aufzutre-
ten. Die angestrebte Konstruktion musste der britischen
Industrie den ungehinderten Zugang zum westeuropäischen Markt ermöglichen, die Außenhandelsautonomie

sowie das System der Vorzugszölle gegenüber dem Commonwealth nicht antasten und der Abgabe irgendwelcher Rechte an supranationale Institutionen einen Riegel vorschieben.

Die Londoner Regierung legte das von ihren Beamten viele Monate lang ausgearbeitete Konzept im November 1956 der OEEC vor. Die OEEC schlug Vertragsverhandlungen vor, doch begannen diese erst im Oktober 1957 nach der Ratifizierung der Römischen Verträge.

Die Freihandelszone war gedacht als reine Wirtschaftsorganisation mit einer lockeren institutionellen Struktur und sollte als handelspolitisches Dach über der EWG errichtet werden. Es war ein zollfreier Binnenmarkt nur für industrielle, aber nicht für landwirtschaftliche Produkte vorgesehen, und jeder Mitgliedstaat sollte weiterhin autonom Außenzölle festsetzen können. Unverkennbar wollte sich Großbritannien die vorteilhaftesten Marktbedingungen für seine Fertigwaren in ganz Europa einschließlich der sechs Länder der Europäischen Wirtschaftsgemeinschaft sichern, aber gleichzeitig seine besonderen Beziehungen zum Commonwealth aufrechterhalten, die ihm den preiswerten Import von Nahrungsmitteln gestatteten.

Der britische Vorstoß bot den exportorientierten Branchen auf dem Kontinent, vor allem in der Bundesrepublik und den Beneluxländern attraktive Perspektiven. Attraktiv war er auch für Länder, die wie Italien an guten politischen Beziehungen zu Großbritannien interessiert waren oder sich – wie die Beneluxländer – ein Gegengewicht gegen die französisch-deutsche Dominanz in der Gemeinschaft wünschten. Für Frankreich jedoch war das britische Freihandelsmodell unannehmbar. Im Falle der Umsetzung hätte es die französische Wirtschaft einer zusätzlichen Konkurrenz durch britische Fertigwaren ausgesetzt, Frankreichs exportorientierter Landwirtschaft aber den britischen Markt versperrt. Diejenigen, die auf die EWG als Zugpferd des kontinuierlichen Fortgangs der Europäischen Integration setzten, fürchteten, dass in der großen Freihandelszone die Weiterentwicklung der EWG zu einer intensiv vernetzten Wirtschafts-, Rechts- und Politikgemeinschaft zum Stillstand kommen werde. Die Gemeinschaft würde sich in der großen Freihandelszone wie Gelantine in einer Süßspeise auflösen.

General de Gaulle erwartete von einer Freihandelszone nicht nur wirtschaftliche Nachteile für Frankreich, sondern auch, dass bei einer Verwirklichung England die Führungsrolle zufallen würde – was die britischen Politiker ja auch beabsichtigten. Das war mit seinem eigenen Führungsanspruch nicht vereinbar. Er suchte die Unterstützung der Bundesrepublik Deutschland und traf sich zweimal mit Konrad Adenauer. Dieser stimmte zu, die Verhandlungen mit Großbritannien zu beenden. Maßgebend für Adenauers Entscheidung war der Druck der Sowjetunion auf Berlin. Er schloss ein Zurückweichen der USA nicht aus und suchte dringend die feste Unterstützung Frankreichs.

Nach der Rücksprache mit Adenauer ließ de Gaulle im November durch seinen Informationsminister verkünden, die Freihandelszone sei in der von Großbritannien vorgelegten Form nicht realisierbar. Bei dem anschließenden Treffen des Ministerrats der OEEC im Dezember drohte der britische Handelsminister Maudling im Falle der Verweigerung weiterer Verhandlungen mit Repressalien. Der Vertreter Frankreichs wies das schroff zurück und sagte, er verhandle nicht unter Drohungen. Obwohl die EWG-Länder konstruktive Vorschläge eingebracht hatten und in der Bundesrepublik der Bundeswirtschaftsminister mit seinen Hilfstruppen mit aller Macht darauf drängte, die Freihandelszone zu verwirklichen, mussten die Gespräche nach dem Veto de Gaulles aufgegeben werden.

Das Gegenmodell – Die EFTA

Um nicht ins Hintertreffen zu geraten, beschlossen Großbritannien und die ihm nahe stehenden Länder nach nur sechsmonatigen Verhandlungen, anstelle der großen eine kleine Europäische Freihandelsvereinigung zu gründen. Im Januar 1960 war das Abkommen der European Free Trade Association (EFTA) bereits von den sieben Gründungsmitgliedern ratifiziert (Dok. 22). Im Februar 1960 bestimmten sie Genf als Sitz des Sekretariats, und am 3. Mai 1960 trat der Vertrag in Kraft.

In der Vereinigung hatten sich Großbritannien, die skandinavischen Länder mit Ausnahme Finnlands, die Schweiz, Österreich und Portugal zusammengefunden (Irland hatte einen Sonderstatus, Finnland und Island kamen später hinzu), alles Länder, die keine Einschränkung ihrer wirtschaftspolitischen Souveränität und keine Beeinflussung der nationalen Wirtschafts- und Sozialpolitik von außen dulden wollten. Alle hielten sie enge Beziehungen zum Vereinigten Königreich oder waren in ihrem Außenhandel auf dieses angewiesen. Die EFTA umfasste eine Gruppierung von sieben geographisch weit verstreuten Ländern, deren gemeinsames Interesse darin bestand, sich vorbeugend gegen eine Diskriminierung durch den Block der sechs EWG-Länder oder sogar einen eventuellen Handelskrieg abzusichern. Großbritannien spielte in dieser Gruppe die Rolle eines Riesen unter Zwergen; außerdem gedachte London mit der Trumpfkarte EFTA seine Verhandlungsposition gegenüber der EWG zu verbessern. Als Trumpf konnte die EFTA in den folgenden Jahren nicht dienen. Die EWG nahm sie nicht ernst.

Die EFTA war denselben allgemeinen wirtschaftspolitischen Zielen wie die EWG verpflichtet: nämlich Wirtschaftswachstum, Produktivitätssteigerung, Vollbeschäftigung, Wohlfahrtssteigerung. Der Vertrag umfasste lediglich 44 Artikel und hatte konkret zum Ziel, die Zölle für die meisten Industrieprodukte jährlich linear zwischen den Mitgliedsstaaten zu senken und nach einer Übergangszeit von 10 Jahren ebenso abzuschaffen wie Mengenbeschränkungen. Der Vertrag war locker gefügt und hatte einen mehr informellen Charakter, so dass er ganz unterschiedliche Interessen berücksichtigen konnte. Für Landwirtschaft, Forstwirtschaft und Fischerei sah er Sonderbestimmungen vor. Zwischen der EFTA und der EWG bestand jedoch ein grundlegender Unterschied. Die EFTA verzichtete auf die Aufstellung eines gemeinsamen Außenzolls und die Übertragung von Souveränitätsrechten auf supranationale Organe. In ihrer Zollpolitik blieben die Mitgliedsstaaten der EFTA gegenüber Drittländern völlig autonom. Im Gegensatz zur EWG war keine Form der positiven Integration vorgesehen. Die EFTA war in erster Linie eine Konstruktion zur Selbstbehauptung gegenüber der EWG.

Mit der Gründung der EFTA hatte sich Westeuropa in zwei konkurrierende Wirtschaftsräume gespalten. Die Spaltung war jedoch mehr äußerlich. Der Handel zwischen den Mitgliedsstaaten der beiden Vereinigungen lief ungehindert weiter, und die Mitglieder der EFTA wickelten einen größeren Teil ihres Außenhandels mit der EWG ab als untereinander. In den ersten drei Jahren des Bestehens der EFTA steigerte Großbritannien seine Exporte in die Mitgliedsstaaten der EFTA um 33 Prozent, die in die EWG aber um 55 Prozent. Schnell stellte sich heraus, dass mit der EWG das erfolgreichere Integrationskonzept vorlag und dass der alternative Ansatz der EFTA keine wirkliche Alternative war. Einigen Mitgliedern diente die EFTA nur als Wartesaal bis zur Ankunft des Zuges, der sie in die EWG bringen sollte.

Die EFTA war aber durchaus nicht so erfolglos, wie es im vordergründigen Vergleich mit der EWG erscheinen mochte. Auch der Binnenhandel der EFTA stieg von 1959 bis 1973 um beeindruckende 800 Prozent. Die wirtschaft-

lichen Wachstumsraten der EFTA-Länder lagen im
Schnitt der sechziger Jahre zwar ungefähr 0,8 Prozent-
punkte unter denen der EWG-Mitglieder – nur Großbritannien blieb weiter zurück –, aber die EFTA erreichte
ihre integrationspolitischen Ziele genauso schnell wie oder
sogar noch schneller als die EWG. Drei Jahre vor dem
Zeitlimit hatte sie die Binnenzölle abgebaut. Sie war
erfolgreich bei der Eliminierung technischer Handelshemmnisse und wettbewerbsverzerrender Regeln; und es
gab weniger Reibungen zwischen den Mitgliedern, weil
die Ansprüche von vornherein bescheidener waren. Die
EFTA entwickelte aktiv ein eigenes Integrationssystem,
mit dem sie die Kompatibilität mit der EWG wahrte, so
dass 1973 problemlos Freihandelsabkommen mit der
EWG abgeschlossen werden konnten. Die Rest-EFTA
erreichte damit nach dem Übertritt von Großbritannien,
Dänemark und Irland zur EWG im Prinzip das, was in
den Verhandlungen für eine Freihandelzone 1958 nicht
gelungen war.

Charles de Gaulles Projekt einer Europäischen Politischen Union – Die Fouchetpläne

Für die supranationale Gemeinschaft war der Plan Charles
de Gaulles einer Europäischen Union vielleicht gefährli-
cher als das britische Projekt der Freihandelszone. Charles
de Gaulle hatte im Gegensatz zu anderen Politikern, die
sich für die Europäische Integration einsetzten, eine klare
Europakonzeption (Dok. 23). Sein ganzes Leben hielt er
unverrückbar an einer »gewissen Vorstellung« (certaine
idée) von Frankreich fest, seiner Größe und seiner Stellung in der Welt und in Europa. Es gab für ihn nur ein
Europa der Staaten, aber kein Europa über den Staaten.
Einigung Europas konnte nur heißen, Zusammenarbeit

unabhängiger Staaten, von denen jeder seine volle Souveränität und ein Vetorecht in allen Institutionen behielte. Wenn es denn möglich sein sollte, wollte er eine Konföderation, aber keinen Bundesstaat. Ein Vereinigtes Europa bedeutete für ihn ein »europäisches Europa«, ein Europa zwischen den großen Blöcken, mit dem die Bipolarität überwunden werden könne. Dieses Europa als unabhängige Macht zwischen den beiden Supermächten hatte aber nach de Gaulles Vorstellungen auch Frankreichs Interessen zu dienen; es musste Frankreichs Macht, seine Stellung in der Welt gewährleisten. Europa hatte für Frankreich die Funktion des verloren gegangenen Kolonialreichs als Zugmaschine für den Aufstieg Frankreichs zu neuer Größe (grandeur) zu übernehmen.

In de Gaulles Vorstellungswelt spielte die Bundesrepublik Deutschland eine wichtige Rolle. Sie sollte in einer engen Zweierbeziehung mit Frankreich als Motor des von Frankreich gesteuerten Europa wirken. Allein schon wegen seiner Atomstreitmacht, der »force de frappe«, müsse Frankreich den Anspruch auf Führung des westlichen Teils des Kontinents erheben.

Eine politische Union der Sechs hatte de Gaulle schon vor seinem Amtsantritt entworfen. Er kam darauf zurück, nachdem sein erstes Ziel, die Errichtung eines Triumvirats, eines Direktoriums für die westliche Welt mit den USA, Großbritannien und Frankreich, im Sommer 1959 von den Amerikanern zurückgewiesen worden war. Nach einem ersten noch unbestimmten Vorstoß im Sommer 1959 startete er eine zweite Initiative im Herbst 1960, die er mit öffentlichen Äußerungen und auch in Gesprächen mit Adenauer vorbereitet hatte. Im Mai 1960 sprach er von der organisierten Zusammenarbeit der Staaten Westeuropas, politisch, wirtschaftlich und kulturell, aus der heraus vielleicht eine Konföderation entstehen könne. Der in Paris interministeriell ausgearbeitete Entwurf wurde Adenauer zugeleitet und einer erstaunten Öffentlichkeit

am 5. September vorgestellt. »Frankreich hält die Gewährleistung der regelmäßigen Zusammenarbeit der europäischen Staaten für wünschenswert, möglich und praktisch«,
sagte de Gaulle und verband diese Aussage mit einem
Angriff auf die Institutionen der Europäischen Gemeinschaft: »Gewiß trifft es zu, daß [...] gewisse mehr oder
weniger supranationale Einrichtungen geschaffen werden
konnten. Diese Einrichtungen haben ihren technischen
Wert, aber sie haben und können keine Autorität und
keine politische Wirksamkeit besitzen [...]« (zit. nach:
Sterken, S. 283 f.). Ein feierliches Referendum sollte die
öffentliche Zustimmung zu dieser neuen europäischen
Konstruktion dokumentieren.

Unter dem »wohlorganisierten Konzert der europäischen Regierungen« verstand de Gaulle regelmäßige Treffen der Staats- und Regierungschefs. Diese Treffen sollten
einen organisatorischen Unterbau von technischen, rein
weisungsgebundenen Abteilungen erhalten. Ein Europaparlament ohne Befugnisse war ebenfalls vorgesehen. De
Gaulle hatte vor, seine politische Union den bereits existie-
renden europäischen Institutionen überzustülpen. Diese
würden den Mitgliedsstaaten keine Anordnungen mehr erteilen können, sondern nur im Auftrag der Staats- und Regierungschefs tätig werden. Die Regierungen sollten alle
Beschlüsse einstimmig in eigener Verantwortung fassen.

De Gaulles Vorschlag schloss eine Zusammenarbeit
auch in der Verteidigungspolitik ein. Er ließ damit erkennen, dass er die Europäer zumindest teilweise aus der
NATO herauslösen und in einer eigenen Verteidigungsor-
ganisation zusammenfassen wollte, um sie von den Amerikanern unabhängig zu machen.

De Gaulles Partner sperrten sich, und er musste seine
Vorschläge abmildern. Die Politische Union sollte nun
nicht mehr für Verteidigungs- und Wirtschaftsfragen zuständig sein. Damit sollte ihr die Möglichkeit entzogen
werden, die NATO und die EWG zu schwächen. Trotz

der Zugeständnisse de Gaulles kam auf der Gipfelkonferenz im Februar 1961 in Paris wegen des Widerstands des niederländischen Außenministers Joseph Luns kein Beschluss zustande, künftig regelmäßige Konferenzen der Staats- und Regierungschefs abzuhalten. Man beschloss aber, unter dem Vorsitz des französischen Diplomaten Christian Fouchet einen Ausschuss zur Ausarbeitung von Vorschlägen einzusetzen, wie eine politische Zusammenarbeit der Staats- und Regierungschefs verstärkt werden könne. Eine weitere Gipfelkonferenz im Juli 1961 in Bonn verständigte sich auf das zukünftige Vorgehen und eine Erklärung, mit der sich die EWG-Staaten de Gaulles Vorschlag von regelmäßigen Treffen der Staats- und Regierungschefs zur Abstimmung ihrer Politik untereinander anschlossen. Der Fouchet-Kommission erteilte man den Auftrag, ein Statut auszuarbeiten. Die bestehenden europäischen Institutionen erhielten eine Bestandsgarantie.

Mit der Erklärung von Bonn schien ein Abkommen zwischen den Regierungen in Sicht. Der Bau der Berliner Mauer im August 1961 drängte die sechs Partner zu einer engeren Zusammenarbeit. Vierzehn Tage nach der Erklärung von Bonn ergab sich jedoch eine neue Konstellation. Großbritannien beantragte die Aufnahme in die EWG, und dies nahm der niederländische Außenminister Joseph Luns zum Anlass, eine Beteiligung Großbritanniens an den Beratungen zur Politischen Union zu fordern.

Im Oktober 1961 legte die französische Delegation ihren Plan vor. Dieser erste Fouchetplan stellte die Politische Union nicht über die bisherigen Gemeinschaften, sondern an ihre Seite. Das zentrale Organ der Zusammenarbeit sollte der viermonatlich tagende Rat der Staats- und Regierungschefs sein. Daneben waren Ministerausschüsse und ein von den Weisungen der Regierungen unabhängiger Generalsekretär zur Koordinierung der Zusammenarbeit vorgesehen. Vier ständige Regierungskommissionen sollten sich um Außenpolitik, Verteidigung, Wirtschaft und Kul-

tur kümmern. Der Entwurf sah weiterhin den Vorrang der
NATO bei der Verteidigung Europas vor. Auch eine Revi-
sionsmöglichkeit nach drei Jahren war eingeplant.

Die fünf Partner Frankreichs nahmen den Plan als
Arbeitsgrundlage an, brachten jedoch gleichzeitig Wünsche zur Überarbeitung bzw. Weiterentwicklung vor. Vorsichtig optimistisch erwartete man die Überwindung der
Hindernisse, die einer Einigung noch entgegenstanden. Es
stimmte auch zuversichtlich, dass im Januar 1962 die
zweite große Zollsenkung in der EWG durchgeführt werden konnte und die fünf auf die Vorstellungen Frankreichs
zur Einführung der gemeinsamen Agrarpolitik eingegangen waren.

Als de Gaulle aber im Januar 1962 einen von ihm per-
sönlich verschärften zweiten Fouchetplan vorlegen ließ,
schrillten die Alarmglocken bei den kleinen Ländern noch
lauter. Sie wollten nicht unter ein französisches Protektorat geraten und erklärten trotz zwischenzeitlicher Ver-
mittlungsbemühungen Konrad Adenauers und des italienischen Premiers Amintore Fanfani kategorisch, sich erst
nach der Aufnahme Großbritanniens mit de Gaulles Uni-
onsplänen weiter befassen zu wollen. Damit war de
Gaulles Union gescheitert.

De Gaulle reagierte im Mai 1962 öffentlich mit einer bit-
terbösen Kritik am supranationalen Europa und zog seine
Konsequenzen. Einerseits verstärkte er seine Opposition
gegen eine Aufnahme Großbritanniens in die Europäischen Gemeinschaften, zum anderen setzte er auf eine verstärkte Zusammenarbeit mit der Bundesrepublik Deutschland: Wenn schon keine politische Union unter den sechs
EWG-Staaten möglich sei, dann müsse diese enge Zusammenarbeit wenigstens im Zweierverhältnis mit der Bundesrepublik erfolgen. An eine solche Zweierbeziehung
hatte er schon vor Verkündung seines Unionsplans gedacht, war aber damit bei Adenauer nicht durchgedrungen,
der meinte, eine privilegierte Stellung Deutschlands

würde dessen Beziehungen zu den anderen europäischen Ländern unerträglich belasten. Nun ging er auf de Gaulles Vorschläge ein. Vor seinem Ausscheiden aus dem Amt des Bundeskanzlers wollte er seinen Nachfolgern, deren festen Willen zur engen Zusammenarbeit mit Frankreich er misstraute, einen bindenden Vertrag hinterlassen, der sie dazu verpflichten sollte.

De Gaulle und Adenauer unterzeichneten am 22. Januar 1963 im Amtssitz de Gaulles, dem Elysée-Palast, den »Französisch-Deutschen Freundschaftsvertrag«. Dieser Freundschaftsvertrag institutionalisierte in den deutsch-französischen Beziehungen jene Formen zwischenstaatlicher Zusammenarbeit, wie sie die Fouchetpläne für die Beziehungen aller EWG-Länder untereinander vorgesehen hatten. Der Vertrag legte besondere Formen der Zusammenarbeit bzw. Konsultation in der Wirtschafts-, Außen-, Verteidigungspolitik fest und enthielt außerdem Bestimmungen zur Zusammenarbeit in kulturellen Angelegenheiten und im Jugendaustausch. Der deutsch-französische Freundschaftsvertrag sollte sich ab den siebziger Jahren vorteilhaft für den Fortgang der europäischen Vereinigung auswirken, da Bonn und Paris ihn zur Abstimmung über ihr gemeinsames Vorgehen nutzten.

Vor und nach dem Abschluss des Elysée-Vertrags wurde das »Sonderbündnis« zwischen Bonn und Paris allerdings von den USA, Italien und den Beneluxstaaten heftig kritisiert. Sie sahen in der »Achse Paris – Bonn« eine neue Variante der Politik de Gaulles, Europa unter französischer Führung als dritte Kraft neben die USA und die Sowjetunion zu stellen. Diese Absicht de Gaulles wurde durch eine von Außenminister Schröder und den Parteien gegen den Willen Adenauers durchgesetzte Präambel zum Vertrag zunichte gemacht. Sie stellte unmissverständlich klar, dass die Bundesrepublik auch in Zukunft die atlantische Partnerschaft mit den USA als unverzichtbaren Bestandteil ihrer Außenpolitik begreife.

»Wer hinausgeht, muss auch wieder hereinkommen« –
Die Krise des leeren Stuhls 1965/1966

De Gaulles Veto gegen den Beitritt Großbritanniens und die Art und Weise, wie er ohne vorherige Konsultationen mit seiner Pressekonferenz die fünf anderen Mitgliedsstaaten vor den Kopf gestoßen hatte, vergiftete das Klima in der Gemeinschaft. Das tiefe Zerwürfnis in der Verteidigungspolitik verschärfte die Spannungen. Hier ging de Gaulle ebenfalls eigene Wege und löste Frankreich im Jahr 1966 aus den Kommandostrukturen der NATO heraus. Mit seinen Initiativen und Alleingängen zielte er auch darauf ab, den Partnerländern seine Konzeptionen von der europäischen Einigung aufzuzwingen und der EWG den weiteren Weg in die Supranationalität zu versperren. Eine einseitige französische Blockade würde, das war abzusehen, nach dem 1. Januar 1966 sehr viel schwieriger werden, da danach vertragsgemäß die meisten Entscheidungen des Rats mit Mehrheit und nicht mehr nur einstimmig getroffen werden sollten. Das wollte er auf jeden Fall verhindern; und er fand einen Hebel dazu, als es darum ging, eine Übereinkunft zur Finanzierung der Gemeinsamen Agrarpolitik für die Jahre von 1965 bis 1970 zu finden.

Nach der Drohung Frankreichs im Oktober 1964, sich nicht mehr an der EWG zu beteiligen, falls es nicht zu einer Einigung über die gemeinsamen Agrarpreise kommen sollte, setzte de Gaulle im Dezember desselben Jahres seine Wünsche durch. Er zeigte sich hochzufrieden über die rosigen Perspektiven für die französische Landwirtschaft, doch war die Finanzierung für die Jahre von 1965 bis 1970 noch nicht geregelt, weil erst ab 1970 der Europäische Agrarfonds diese Aufgabe übernehmen sollte. Deshalb erhielt die Kommission den Auftrag, einen Vorschlag für die Finanzierung durch eigene Einnahmen der EWG ab dem 1. April 1965 vorzulegen.

Die Kommission begnügte sich nicht damit, einen rein technischen Vorschlag vorzulegen, sondern verknüpfte die Frage der Finanzierung der Agrarpolitik mit zwei weiterreichenden Vorschlägen zur Ausweitung der Haushaltsbefugnisse der Kommission und des Europäischen Parlaments. Schon ab 1967 sollten die Grenzabgaben für landwirtschaftliche Einfuhren aus Drittländern und ein großer Teil der Einnahmen aus dem Außenzoll für industrielle Güter direkt der EWG zufließen. Die Kommission und das Parlament sollten künftig den jährlichen Haushalt der EWG aufstellen und vom Rat nur noch mit qualifizierter Mehrheit überstimmt werden dürfen.

Bei einer Verwirklichung des Vorschlags wäre es zu einer fühlbaren Machtverschiebung im institutionellen Gefüge der EWG gekommen. Nicht mehr der Ministerrat hätte über den Haushalt zu entscheiden gehabt, sondern Kommission und Parlament hätten dem Ministerrat ihre Beschlüsse aufzwingen können. Damit wäre der Weg in ein supranationales Europa weit geöffnet worden. Für de Gaulle war das unannehmbar, während die anderen Regierungen zwar Bedenken äußerten, aber die Vorlage der Kommission nicht rundweg ablehnten, sondern auszuloten versuchten, was denn davon zu verwirklichen wäre. Als sich in den zähen Verhandlungen des Ministerrats und in den zweiseitigen Verhandlungen in den Hauptstädten herausstellte, dass Frankreich mit seiner Forderung nicht durchdringen würde, die Partner sollten einzig über die Finanzierung der GAP für vier Jahre ohne Wenn und Aber beschließen, entschied Charles de Gaulle auf Vorschlag seines Außenministers, Maurice Couve de Murville, die Organe der EWG lahmzulegen. In der Ministerratssitzung am 1. Juli 1965 teilte Couve de Murville mit, Frankreich betrachte die Verhandlungen über die Finanzierung der GAP für gescheitert und hob die Sitzung auf. Noch am Nachmittag beschloss das Kabinett in Paris, die französischen Regierungsvertreter aus den Organen der EWG

zurückzuziehen. Damit geriet die Gemeinschaft in die
»Krise des leeren Stuhls«.

Auf einer Pressekonferenz am 9. September verdeut-
lichte de Gaulle unmissverständlich, gegen wen und was
der Boykott gerichtet sei und was er damit erreichen
wolle. Der Boykott richtete sich einmal gegen die supranationalen Organe, vornehmlich die Kommission. Er bezeichnete sie als »Embryo einer größtenteils ausländischen
Technokratie, die dazu bestimmt war, bei der Regelung
von Problemen, von denen unsere Existenz abhängt, in
die Rechte der französischen Demokratie einzugreifen«.
»Dies«, so sagte de Gaulle weiter, »konnte uns natürlich
nicht zufrieden stellen, seit wir beschlossen haben, unser
Schicksal selbst in die Hand zu nehmen«. Neben der
Kommission hatte er die Mehrheitsentscheidung des Ministerrats im Visier, die vertraglich ab dem 1. Januar 1966
gelten sollte. De Gaulle hatte die schreckliche Vorstellung,
»daß man Frankreich in jeder sozialen, ja oft sogar politischen Frage etwas aufzwingen könnte. [...] Unsere Verfassung besagt, daß die französische Souveränität dem französischen Volk gehört, das sie durch seine Vertreter und
auf dem Wege des Volksentscheids ausübt und sie dafür
keine Ausnahme vorsieht.« Davon ausgehend forderte de
Gaulle »eine Gesamtrevision«, d. h. neben einem Verzicht
auf die vorgesehenen Mehrheitsentscheidungen des Rats,
eine Beschneidung der Befugnisse der Kommission (*Archiv der Gegenwart*, 10. September 1965, S. 12047 f.).
Nicht nur in den Partnerländern, sondern auch in Frankreich selbst stieß de Gaulles Vorgehen auf Empörung. In
Frankreich war gerade der Wahlkampf um die Präsidentschaft angelaufen, und de Gaulles Gegenkandidaten nutzten seine europäische Obstruktion als Argument für sich.
Die französischen Unternehmer betonten die großen Vorteile des gemeinsamen Marktes für die Industrie und verwiesen auf die zu erwartenden schweren Schäden einer
anhaltenden Blockade. Die Landwirtschaftsverbände ver-

öffentlichten einen Monat vor der Wahl ein Weißbuch, in
dem sie Gemeinschaftsinstitutionen voll unterstützten, die
Haltung der Regierung eindringlich verurteilten und die
Landwirte aufforderten, ihre Konsequenzen daraus zu
ziehen.

Die massive Kritik bewog de Gaulle zu einer geschmei-
digeren Haltung, allerdings erst im Dezember nach seiner
Wiederwahl in einem sein Selbstwertgefühl kränkenden
zweiten Wahlgang. Er erklärte sich zu einem Treffen der
sechs Außenminister in Luxemburg bereit, auf dem
Frankreich seine beiden Forderungen, eine Einschränkung
der Befugnisse der Kommission und die Beibehaltung einstimmiger Entscheidungen des Ministerrats, durchzusetzen versuchte. Zur Beschneidung der Bewegungsfreiheit
der Kommission waren alle Mitgliedsstaaten bereit. Sie
wurde verpflichtet, in Zukunft jedweden Vorschlag vor
seiner Bekanntgabe dem Ministerrat vorzulegen und auch
ihr Auftreten in internationalen Organisationen vorher
mit dem Ministerrat abzusprechen.

In der Frage der Mehrheitsentscheidung dagegen wurde
man sich einig, uneinig zu sein. Der so genannte »Luxemburger Kompromiss« (Dok. 25) war ein »gentleman's
agreement«, die gegenseitigen Standpunkte zu tolerieren.
Während alle Sechs übereinkamen, dass bei Entscheidungen im Ministerrat grundsätzlich ein Konsens im Interesse
der Mitgliedsstaaten und der Gemeinschaft anzustreben
sei, schrieb die französische Delegation darüber hinaus
noch hinein, dass bei dem Vorliegen »sehr bedeutsamer
Interessen« die Diskussion fortgesetzt werden müsse, bis
ein einstimmiges Einvernehmen erzielt worden sei. Offen
blieb, wie ein bedeutsames nationales Interesse zu definie-
ren und wie zu verfahren sei, wenn es nicht gelingen
sollte, den Dissens auszuräumen. Mit der Übereinkunft
verzichtete Frankreich auf seine Forderung nach einer Gesamtrevision des Vertrags, während die fünf Partner nicht
auf der faktischen Durchsetzung von Mehrheitsentschei-

dungen bestanden. Die Kommissionsvorschläge zu den Eigeneinnahmen der Gemeinschaft und der Verstärkung der Rechte des Europäischen Parlaments wurden stillschweigend fallen gelassen. In der Agrarfinanzierung und bei der Vollendung der Zollunion einigten sich die Mitgliedsstaaten auf einen Zeitplan.

Der »Luxemburger Kompromiss« führte die Gemeinschaft aus der Sackgasse heraus. Frankreich kehrte in die EWG zurück und nahm auf dem leeren Stuhl wieder Platz. Aber die Einigung vom Januar 1966 veränderte langfristig die Umgangsformen in der Gemeinschaft. Die Verpflichtung auf ein Gemeinschaftsinteresse erlitt einen empfindlichen Schaden, und der Zusammenhalt der Mitgliedsstaaten reduzierte sich noch stärker auf den kleinsten gemeinsamen Nenner der nationalen Interessen. Der Handlungsspielraum der Kommission als Integrationsorgan wurde eingeschränkt. Ihre Rolle als Dreh- und Angelpunkt, als Kommunikationszentrum wurde beschnitten. Das Gleichgewicht zwischen Kommission und Ministerrat geriet aus dem Lot. Der Rat wurde die gewichtigere Institution. Damit erlitt die Idee der Supranationalität, die so viele Einigungspläne inspiriert und die europäische Wirtschaftsgemeinschaft zu einer so einzigartigen Institution gemacht hatte, einen herben Rückschlag, und der Integrationsprozess verlagerte sich in starkem Maße auf Formen der intergouvernementalen Zusammenarbeit.

Draußen vor der Tür –
Englands erster Beitrittsantrag 1961

Einen Triumph besonderer Art konnte die EWG schon drei Jahre nach der Aufnahme ihrer Arbeit feiern, als Großbritannien um Beitrittsverhandlungen nachsuchte. Entgegen den euphorischen Urteilen der Zeigenossen von einer epochalen Wende der britischen Außenpolitik, fällt die Wertung der Historiker weitaus nüchterner aus. Mit dem Antrag sei keine grundsätzliche Kehrtwendung in der britischen Außenpolitik geschehen und auch gar nicht beabsichtigt worden.

In der Tat, so wie Frankreich mit seinen Initiativen zur Europäischen Einigung sich aus einer Zwangslage befreien und aus dem Unvermeidlichen noch das Beste hatte machen wollen, so fügte sich auch Großbritannien mit seinem Antrag in das Notwendige. Für die Wende nach Europa war ein ganzes Bündel von allgemein politischen, wirtschaftlichen und parteipolitischen Motiven verantwortlich. Am wichtigsten waren die politischen Motive. Immer schmerzlicher war London seit dem missglückten Suez-Abenteuer bewusst geworden, wie die Bedeutung des Landes in der internationalen Politik und selbst im Commonwealth dahinschwand. Die Koordinaten der internationalen Beziehungen hatten sich verändert oder waren dabei, sich zu verändern: Auf die Dauer würde sich der Weltmachtanspruch gegenüber einem geschlosseneren und auch politisch immer stärker werdenden Europa nicht aufrechterhalten lassen. Großbritannien könne in Zukunft nur noch als Weltmacht auftreten, wenn es eine politische Führungsrolle in der EWG übernehme.

Die zwei Säulen, auf die Großbritannien bis in die sechziger Jahre seinen Weltmachtanspruch gründete, das Commonwealth und die besondere Beziehung zu den USA, waren brüchig geworden. Die »weißen« Mitgliedsstaaten des Commonwealth, Kanada, Neuseeland und Australien, richteten sich zusehends auf die USA aus. Die »farbigen« Commonwealth-Länder, insbesondere Indien, schlossen sich dem Interessenbündnis der »blockfreien Staaten« an. Alle bereiteten sie mit ihren internen Querelen und ihren immer ausgeprägteren politischen Selbstständigkeitstendenzen Großbritannien große politische Probleme. Auch ihr handelspolitischer Wert für Großbri-

tannien ging ständig zurück. Die Commonwealth-Staaten
wollten ihre eigene wirtschaftliche Entwicklung vorantreiben und ihren Außenhandel auf andere Staaten ausdehnen. Es war abzusehen, dass ihr prozentualer Anteil am
britischen Außenhandel bald weit hinter den der europäischen Handelspartner zurückfallen würde.

Auch die zweite Säule, die »besondere Beziehung« zu
den USA (special relationship), war gefährdet. Für die
USA wurde die Europäische Gemeinschaft immer wichtiger, und der 1960 gewählte Präsident John F. Kennedy
fasste eine »besondere Beziehung« mit den Europäischen
Gemeinschaften ins Auge. Mit seinem »Grand Design«
entwarf John F. Kennedy das Bild einer Wechselbeziehung
zwischen den USA und Westeuropa, einer politischen,
wirtschaftlichen und militärischen Partnerschaft, in der
Großbritannien nur Aussichten auf eine Vorzugsbehand-
lung für den Fall haben würde, dass es sich zum EWG-
Beitritt entschließen würde. Als Mitglied der EWG würde
es die privilegierten Beziehungen zu den USA, gewissermaßen als Relaisstation der amerikanischen Außenpolitik
und ihrer Interessen, bewahren können. Da Großbritannien über Atombomben verfügte und in eine enge ato-
mare Zusammenarbeit mit den USA eingetreten war,
würde es zur maßgebenden Macht der Gemeinschaft werden und mit Europa im Rücken weiter eine eigene Welt-
machtpolitik betreiben können. Die Beteiligung an der
europäischen Einigung war für Großbritannien demnach
ein Mittel, nationale politische Ziele mit Hilfe Europas zu
erreichen, d. h., der Beitrittsantrag war ein Schachzug, um
die britische Stärke und den britischen Einfluss in Europa
und in der Welt zu bewahren.

Es gab jedoch auch wirtschaftliche Gründe. Die wirtschaftliche Entwicklung Großbritanniens hinkte hinter
der Entwicklung der kontinentaleuropäischen Länder her.
Bei den Wachstumsraten trug Großbritannien die rote
Laterne. Dies lag zum guten Teil an den veralteten Struk-

turen der britischen Wirtschaft. So wie für Frankreich die wirtschaftliche Modernisierung ein Motiv gewesen war, sich einem gemeinsamen Markt zu öffnen, so verfolgte die britische Regierung mit ihrem Antrag ebenfalls ein Modernisierungskonzept, ein Konzept der wirtschaftlichen Erneuerung. MacMillan befürchtete, dass ein politischer Zwang zur Umstrukturierung der britischen Wirtschaft zu schweren politischen Grabenkämpfen führen würde. Er setzte deshalb auf den Wettbewerb im gemeinsamen Markt, der die Industrie zu den notwendigen Änderungen zwingen würde, ohne die Regierung als Schuldigen für die Umstellungsschwierigkeiten erscheinen zu lassen. Mit wirtschaftlichen Argumenten versuchte MacMillan dem Unterhaus den Beitrittsantrag attraktiv erscheinen zu lassen (Dok. 23). Sein Hauptargument im Unterhaus war: Die Krise der britischen Zahlungsbilanz und des britischen Exports lasse dem Land keine andere Wahl, als der florierenden EWG beizutreten. Ein weiteres Zögern bedeute den wirtschaftlichen Ruin.

Neben außen- und wirtschaftspolitischen Zielen verfolgte MacMillan auch parteipolitische Absichten; die Modernisierung der Konservativen Partei. Ihr sollte ein neues Ziel, neuer Schwung und das Image einer zukunftsorientierten Partei gegeben werden.

Das am 10. August übergebene Gesuch um Aufnahme von Verhandlungen über Beitrittsbedingungen fand in der EWG eine überwältigende Zustimmung. Die Spaltung Westeuropas könne aufgehoben werden; Großbritannien mit seiner politischen Stärke und Stabilität, mit seinem Prestige und mit seiner großen Wirtschaftsmacht würde Europa politisch und wirtschaftlich enorm stärken. Ebenso enthusiastisch nahmen die USA den britischen Antrag auf. Die Regierung unterstützte ihn als bedeutenden Beitrag zur Stärkung Europas. Mit Großbritannien hofften die USA, in der EWG einen gewichtigen Fürsprecher für ihr Programm der weltweiten Handelsliberalisierung zu erhalten. Zeitgenossen hatten den Eindruck, als stehe der Traum einer umfassenden Europäischen Gemeinschaft kurz vor der Erfüllung, weil drei EFTA-Länder dem britischen Beispiel folgten, Schweden, Österreich und die Schweiz um Assoziierung nachsuchten und auch noch Spanien und Portugal in Brüssel anklopften.

In diplomatischen Vorgesprächen hatte die britische Regierung den Sechs den Eindruck vermittelt, sie werde die Verträge von Rom sowie den zwischenzeitlich erreichten gemeinsamen Besitzstand ohne besondere Änderungswünsche übernehmen. Da die Londoner Regierung den Antrag aber mit Vorbehalten spickte, lud sie alle Interessengruppen ein, unzählige Ansprüche zu stellen. Bis zur formellen Aufnahme der Verhandlungen im Oktober bzw. November überfüllten sie den britischen Forderungskatalog. Die Zeitschrift *Economist* schrieb, der britische Antrag sei »mit einem Kranz von ›wenn‹ und ›aber‹ umwunden«; und in der Tat ging die Londoner Regierung mit der Vorstellung in die Verhandlungen, dass die Gemeinschaft sich ebenso an Großbritannien anpassen müsse, wie dieses sich anzupassen habe. Dies Ansinnen kühlte die Begeisterung der Sechs stark ab. In ihren ersten vorsichtigen Stellungnahmen gaben sie den Briten zu verstehen, dass Zugeständnisse der Gemeinschaft nicht das eingespielte Räderwerk und den inzwischen erreichten gemeinsamen Besitzstand in Frage stellen dürften. Großbritannien müsse sich der Gemeinschaft anpassen, aber nicht die Gemeinschaft dem Beitrittskandidaten, so sehr dessen Beitritt auch erwünscht sei.

Die vielen Forderungen warfen zahlreiche technische Fragen auf, und die Erarbeitung gemeinsamer Positionen der Sechs gegenüber jeder britischen Forderung kostete viel Zeit, und beides zog die Verhandlungen über Monate hin; die Lobbyisten, insbesondere die Agrarlobby, wurden regelrecht eingeladen, ständig neue Anliegen nachzuschieben. Nach der Sommerpause des Jahres 1962 geriet die britische Regierung in die Enge. Ungestüme Kritik an der angeblich mangelhaften Durchsetzung britischer Interessen kam von allen Seiten, und auch in der Konservativen Partei standen sich zwei Lager unversöhnlich gegenüber. Der Gegenwind musste für die regierende Partei umso bedenklicher sein, als im Jahr 1963 Wahlen anstanden. Da sich im Juli 1962 nur 30 Prozent der Briten für einen EWG-Beitritt Englands aussprachen, glaubte der Vorsitzende der Labourpartei, Hugh Gaitskell, auf dem Kamm dieser Woge nach drei verlorenen Unterhauswahlen und elf Jahren Opposition als Wahlsieger in das Unterhaus zurückzukehren. Auf dem Kongress seiner Partei im Oktober sagte er: »Sind wir gezwungen, uns Europa anzuschließen? Meine Antwort ist nein, nein, nein. [...] Wenn England mitmacht, [...] dann bedeutet dies unser Ende als unabhängige Nation, das Ende von tausend Jahren Geschichte.« Die Konservativen hielten dem entgegen, Gaitskell solle seine tausend Jahre Geschichte haben, sie wollten die Zukunft (zit. nach: *Der Spiegel*, 1962, Nr. 43, S. 85 f.).

Die britische Regierung musste ihre Haltung so weit versteifen, dass die Verhandlungen praktisch zum Stillstand kamen. Damit spielten die Briten General de Gaulle in die Hand, der darauf aus war, die Verhandlungen gänzlich zu Fall zu bringen. Als Großbritannien ein Jahr vorher um den Beitritt nachgesucht hatte, hatte er nicht opponieren können, weil er sich wenige Wochen vorher selbst dafür ausgesprochen hatte. Außerdem war er in seiner politischen Bewegungsfreiheit gehemmt und auf die Unterstützung der anderen beitrittsfreundlichen EWG-Mitglieder angewiesen, um das Regelwerk der für die französische Landwirtschaft wichtigen Gemeinsamen Agrarpolitik unter Dach und Fach zu bringen. In der heimischen Politik benötigte er die Unterstützung der England freundlichen Parteien zur Vollendung des algerischen Friedensprozesses; und er durfte die England freundliche öffentliche Mei-

nung nicht verprellen, da Ende 1962 Wahlen anstanden.
Als aber 1962 eine Einigung über die Gemeinsame Agrarpolitik erzielt worden war und die Wahlen der gaullistischen Partei eine absolute Mehrheit verschafft hatten,
konnte de Gaulle daran gehen, Großbritannien die Tür zur
EWG vor der Nase zuzuschlagen, die er bis dahin nur eifersüchtig bewacht hatte. Im Laufe des Monats hatte er mit
seiner Ablehnung einer Aufnahme Großbritanniens auch
Konrad Adenauer davon überzeugen können, dass die
EWG den Beitritt Großbritanniens und anderer Staaten
nicht verkraften könne, weil sie damit ihren Charakter
verändern und bis zum Zerplatzen überdehnt werde. Dem
Sicherheitsberater des amerikanischen Präsidenten John
F. Kennedy nannte er noch einen anderen Grund. Sollte
Großbritannien einmal Mitglied sein, so werde der stän-
dige Streit zwischen Paris und London um die Führung in
Europa die EWG lahmlegen.

Anfang Januar 1963 sah de Gaulle die Zeit gekommen,
sein Veto einzulegen, wozu ihm der Vertrag das Recht gab.
In einer Schärfe, wie sie bis dahin nur zwischen den Politikern der beiden verfeindeten Blöcke denkbar schien, warf
de Gaulle Großbritannien vor, ganz und gar uneuropäisch
und nicht reif für den Eintritt in die EWG zu sein: »Der
Vertrag von Rom wurde zwischen sechs kontinentalen
Staaten geschlossen, von Staaten, die wirtschaftlich gesehen, wie man wohl sagen kann, den gleichen Charakter
haben. [...] Großbritannien ist [...] ein insulares, ein mariti-
mes Land. [...] Die Natur, die Struktur und die Konjunk-
tur, die Großbritannien eigen sind, unterscheiden sich
zutiefst von denen der kontinentalen Länder.« (*Archiv der
Gegenwart* 33, 14. Januar 1963, S. 10357.) Konkret warf er
Großbritannien vor, es sei nicht bereit, einen wahrhaft gemeinsamen Außenzoll zu akzeptieren, auf seine Präferen-
zen bezüglich des Commonwealth zu verzichten und die
Privilegierung seiner Landwirtschaft preiszugeben.

De Gaulle argumentierte vorgeblich im Interesse der

Gemeinschaft; sein eigentliches Motiv war jedoch, dass er mit dem Beitritt Großbritanniens den französischen Anspruch auf Führerschaft in Europa verlieren und seiner immer noch nicht aufgegebenen Hoffnung beraubt werden würde, Europa unter französischer Führung als dritte Großmacht neben den USA und der Sowjetunion aufzurichten. Noch ein anderer Faktor bestimmte ihn: Die Opposition gegen die USA und seine Interpretation der europäischen Rolle der USA. Amerika gehe auf dem Gebiet der militärischen Sicherheit eigene Wege. Da die Sowjetunion die Fähigkeit besitze, Amerika mit nuklearen Waffen direkt anzugreifen, könne niemand sagen, ob, wo und unter welchen Umständen die amerikanischen Nuklearwaffen für die Verteidigung Europas eingesetzt werden würden. In dem Sicherheitskonzept der USA spiele Europa nur eine mindere Rolle.

Im Interesse der französischen und europäischen Sicherheit erhob de Gaulle deshalb den Anspruch für Frankreich, »die düstere und schreckliche Fähigkeit zu haben, in einigen wenigen Augenblicken Millionen und Millionen Menschen zu vernichten«. Damit könne Frankreich zugleich Europa den Schutz geben, der ihm von den USA unter Umständen verweigert werden würde. Da Großbritannien sich aber Ende der fünfziger Jahre mit seinen Nuklearwaffen und der Fähigkeit, sie einzusetzen, ganz eng an die USA gebunden habe und die USA nicht bereit seien, ihre nuklearen Geheimnisse außer mit England auch mit Frankreich zu teilen, sah de Gaulle in Großbritannien einen Satelliten der USA. Großbritannien war für ihn das »Trojanische Pferd«, mit dessen Hilfe die USA aus einem Europa der Europäer eine atlantische Gemeinschaft unter amerikanischer Oberherrschaft machen wollten. Von dieser atlantischen Gemeinschaft würde die Europäische Gemeinschaft absorbiert werden: »Das ist eine These, die von gewissen Leuten als durchaus gerechtfertigt angesehen wird, die aber ganz und gar nicht das ist, was Frankreich wollte und tut, nämlich eine besondere europäische Konstruktion.«

Nach der Pressekonferenz vom 14. Januar 1963 und dem indirekten Veto gegen den Beitritt Großbritanniens folgte Ende des Monats die Einstellung der Verhandlungen. De Gaulle nahm die Verantwortung für den misslungenen Beitritt Großbritanniens zur EWG auf sich. Mit seiner »Rettungsaktion« provozierte er seine Partner in der EWG aufs Äußerste. Auch London reagierte überaus heftig. Aber angesichts des Stands der Verhandlungen im Dezember 1962 und der beinahe geschlossenen Oppositionsfront gegen das bis dahin erreichte Ergebnis in Großbritannien mag man fragen, ob de Gaulle mit seiner Absage nicht die Londoner Regierung davor bewahrte, in das Fiasko einer Verweigerung der Konservativen Partei und des Unterhauses zu geraten. MacMillan hatte mit seiner Halbherzigkeit und seiner Strategie, die EWG noch nachträglich nach den Bedürfnissen und nationalen Interessen Großbritanniens umzugestalten, versäumt, einen entschlossenen Schritt zu tun, als die Tür zur EWG weit offen stand. Wenn Großbritannien im Jahr 1961 eine realistische Chance verpasste, Teil der Europäischen Gemeinschaften zu werden und sie für die britischen nationalen Interessen so zu nutzen, wie das alle anderen Mitgliedsstaaten auch taten, trugen der britische Premier und seine Berater ein gerütteltes Maß Schuld daran, auch wenn de Gaulle ihnen den Gefallen tat, in die Geschichte als der alleinige Schuldige einzugehen.

Trotz ihres Ärgers, ja, ihrer unverhüllten Wut, mussten sich die anderen Mitgliedsstaaten de Gaulles Wünschen beugen. Und damit blieb es für eine Reihe von Jahren bei einem Europa der Sechs. Wenn das Veto auch nicht gegen die anderen Beitrittskandidaten gerichtet worden war, waren diese jedoch nicht bereit, ihre Verhandlungen ohne Großbritannien weiterzuführen.

Der zweite Beitrittsantrag und de Gaulles
zweites Nein 1967

Nach de Gaulles Veto und nach dem Abbruch der Beitrittsverhandlungen im Januar 1963 versuchten die Fünf und Großbritannien nach dem Motto »Aufgeschoben ist nicht aufgehoben« die Zusammenarbeit in der WEU mit Blickrichtung auf eine erneute Beitrittsrunde zu nutzen. Aber nur wenige Monate später schien de Gaulles Vorgehen gerechtfertigt zu werden. Die Labourpartei, die gegen den Beitritt zur EWG mit aller Heftigkeit Front gemacht hatte, gewann die Unterhauswahlen. An die Macht gelangt, aber musste der Labourpremier Harold Wilson erkennen, in welcher prekären Lage sich Großbritannien wirtschaftlich und politisch befand. Die britische Wirtschaft konnte mit der auf dem Kontinent nicht entfernt Schritt halten. Das Commonwealth zerfiel zusehends. Die Verhältnisse, der Druck der wirtschaftlichen Eliten und ihrer Organisationen, Notwendigkeit und Vernunft zwangen Wilson gegen seine tief innersten Überzeugungen dazu, einen neuen britischen Antrag auf Mitgliedschaft vorzubereiten.

Bis 1966 wurde das Commonwealth zu einer immer stärkeren Bürde; die wirtschaftlichen Schwierigkeiten wuchsen; Finanznöte und eine Währungskrise waren die Folge. In Europa, Afrika und Asien musste die militärische Präsenz vermindert werden, und das fügte dem Weltmachtanspruch weiteren schweren Schaden zu. Angesichts des unübersehbaren Abstiegs des Landes wandelte sich die Einstellung in der Labourführung gegenüber einem Beitritt zu den Europäischen Gemeinschaften, und das Wahlprogramm von 1966 sprach nicht mehr von Ablehnung, sondern die Formulierungen ließen im Gegenteil eine Entscheidung dafür zu.

Wenige Monate nach dem Wahlsieg stellte Wilson die Weichen für einen neuen Antrag. Er ging daran, das Kabinett einzuschwören, was ein schwieriges Unterfangen war. Prinzipielle Gegner konnte er nicht überzeugen, aber sie stemmten sich nicht gegen seine Absicht, in den EG-Hauptstädten die Chancen für realistische Verhandlungen zu erkunden. Die Regierung gehe in die Gespräche mit der festen Absicht, in die EWG einzutreten, sagte Wilson vor dem Unterhaus, aber nur wenn grundlegende nationale Interessen Großbritanniens und des Commonwealth gesichert seien.

Er kam mit gemischten Eindrücken zurück, denn er hatte in den Hauptstädten nicht die Begeisterung angetroffen, die dort im Jahr 1961 geherrscht hatte. De Gaulle hatte klar zu erkennen gegeben, dass er es begrüße, wenn Großbritannien keinen Antrag stelle, und in den Niederlanden und am Rhein waren die Reaktionen eher lau gewesen. Alle EG-Staaten außer Frankreich, das war Wilsons Erkenntnis, würden zwar gern wieder Verhandlungen aufnehmen, in diesen aber entschieden auf ihren eigenen wirtschaftlichen Interessen und dem Zusammenhalt der Europäischen Gemeinschaften bestehen. Sie würden keinen Bruch riskieren, falls Frankreich wieder sein Veto einlegen sollte.

Wilson entschied, trotz kräftigen Gegenwinds im Kabinett, in Brüssel einen Antrag einzureichen. Im Unterhaus erhielt er eine große Mehrheit von 468 zu 62 Stimmen, aber diese Mehrheit täuschte einen größeren Rückhalt vor, als es wirklich gab. Sehr viele Labourabgeordnete waren nur mit der Verpflichtung auf die Fraktionsdisziplin dazu zu bewegen gewesen, entgegen ihrer Überzeugung Ja zu sagen. Am 11. Mai 1967 hinterlegte Wilson den Antrag in Brüssel.

Der Eindruck, die französische Gegnerschaft gegen den britischen Beitritt sei nicht mehr so doktrinär wie 1963, stellte sich als Irrtum heraus. Wieder eröffnete, wie der *Daily Mirror* bitter bemerkte, Charles de Gaulle mit einer Pressekonferenz den »Kalten Krieg« zwischen dem Kontinent und der ihm vorgelagerten Insel. Er wolle zwar dem Ausgang der Verhandlungen nicht vorgreifen, sagte er, aber dann wiederholte er beinahe wörtlich all die Vorbehalte, die er schon 1963 vorgebracht hatte. England würde in der EWG das Gleichgewicht der Sechs zerstören und »das ganze Gebäude und die Einzelheiten in Frage stellen und das Problem eines völlig anderen Unternehmens aufwerfen«. Englands Beitritt würde den Agrarmarkt gefährden und damit Frankreich einen der Hauptgründe für seine Mitgliedschaft in der EWG nehmen, und mit seiner labilen Währung würde es die Inflation einschleppen (*Archiv der Gegenwart*, 16. Mai 1967, S. 13166).

De Gaulle sorgte dafür, dass der Antrag einige Wochen liegen blieb, und nach seiner Annahme wegen der anspruchsvollen französischen Vorbedingungen Verhandlungen nicht zustande kamen. Nachdem Großbritannien am 18. November das Pfund Sterling um mehr als 14 Prozent abgewertet hatte und die britische Regierung zu erkennen gab, dass mit dieser Bereinigung der Währungsschwierigkeiten ihrer Meinung nach die französische Vorbedingung für die Aufnahme der Verhandlungen erfüllt sei, setzte de Gaulle, wie er es 1963 getan hatte, mit einer Pressekonferenz dem Verfahren ein Ende, ehe es noch wirklich begonnen hatte. Wieder argumentierte Charles de Gaulle zum Wohle der Gemeinschaft. Der gemeinsame Markt dürfte in seinem Zusammenhalt und seinem ordnungsgemäßen Funktionieren nicht gefährdet werden. Die tieferen Gründe für die Absage aber waren unverändert dieselben wie 1963.

Mit dem zweiten Veto war keine prinzipielle Absage erfolgt. In einem der britischen Regierung übermittelten Dokument wurde ihr für die Zeit nach der Beendigung ihrer wirtschaftlichen und finanziellen Schwierigkeiten ein neuer Anlauf in Aussicht gestellt. Die britische Regierung zog ihr Beitrittsgesuch auch nicht zurück, sondern ließ es, bildlich gesprochen, im Briefkasten der Sechsergemeinschaft liegen.

Die EWG in den sechziger Jahren – »Go and Stop«

Die sechziger Jahre waren wirtschaftlich die goldenen Jahre des 20. Jahrhunderts mit einem durchschnittlichen Wachstum des europäischen Sozialprodukts um 5 Prozent jährlich. Die Arbeitslosigkeit sank auf ein traumhaft niedriges Niveau. Der Lebensstandard der Bevölkerung stieg so, dass es den Anschein hatte, als werde in nicht zu ferner Zukunft in fast allen Ländern Europas Ludwig Erhards Versprechen »Wohlstand für alle« eingelöst sein. Die Lebensumstände erreichten auch deshalb eine nie zuvor gekannte materielle Qualität, weil alle Staaten ihre Sozialversicherungssysteme üppiger gestalteten, um ihren Bürgern Schutz in allen Wechselfällen des Lebens staatlich zu garantieren. Der Ausbau des Wohlfahrtsstaates erreichte in den sechziger Jahren seinen Zenit. Ab den siebziger Jahren sollte er hingegen zunehmend in Frage gestellt werden.

In Europa glichen sich die Lebensverhältnisse an. Die sozioökonomischen Indikatoren (Einkommen, Arbeitszeiten, Konsumgewohnheiten usw.) bewegten sich aufeinander zu, nicht nur in der EWG, sondern in allen west- und nordeuropäischen Staaten. Daraus lässt sich schließen, dass das enorme wirtschaftliche Wachstum der EWG-Staaten in den sechziger Jahre höchstens zu einem Teil auf die segensreichen Wirkungen der europäischen Integration zurückzuführen ist. In ihren stolzen Jahresberichten aber zog die EWG-Kommission den Schluss, dass die EWG als solche und die Kommission als ihre Sachwalterin zu dem wirtschaftlichen Erfolg ihrer Mitgliedsstaaten entscheidend beigetragen habe (Dok. 26).

Besonders stolz war die EWG-Kommission auf den Abbau aller Binnenzölle und mengenmäßigen Handelsbeschränkungen in Rekordzeit, achtzehn Monate schneller als im Vertrag vorgesehen war. Dies war nach dem Inkrafttreten des Vertrags keineswegs selbstverständlich. Noch Mitte 1958, sechs Monate vor der geplanten ersten Zollsenkung, teilte die französische Regierung mit, wegen der Belastungen durch den Algerienkrieg sei Frankreich zu einer Zollsenkung nicht in der Lage. Außerdem war nach der Übernahme der Regierungsverantwortung durch Charles de Gaulle die Unsicherheit groß, ob er das Vertragswerk akzeptieren würde. De Gaulle tat dies jedoch, weil er es sich in den unsicheren Monaten nach seiner Machtübernahme und nach der Umwandlung der parlamentarischen Vierten in die autoritäre Fünfte Republik nicht leisten konnte, Frankreichs Nachbarstaaten vor den Kopf zu stoßen. Außerdem ließ er sich schnell von den segensreichen wirtschaftlichen Auswirkungen der EWG für Frankreich überzeugen, von den Vorteilen für die Landwirtschaft und von der Chance, einen Modernisierungsdruck auf die französische Wirtschaft und Landwirtschaft auszuüben.

Der Aufbau der Gemeinschaft – Freiräume und Grenzen

Da sich de Gaulle nicht in den Weg stellte und auch kein anderer Mitgliedstaat sich verweigerte, war es möglich, die Zollunion zu verwirklichen. Das darüber hinausreichende ehrgeizige Ziel eines allumfassenden freien Binnenmarkts aber wurde nicht erreicht, weil andere – nichttarifäre – Handelshemmnisse (technische Normen, Sicherheitsstandards, Besteuerung u. a. m.) erhalten blieben. Ebenso blieben auf allen anderen Gebieten, in denen die Freizügigkeit nach der Übergangszeit hätte durchgesetzt sein sollen (Arbeitsmarkt, Niederlassungsfreiheit, Verkehr, Kapitalverkehr) trotz einer bemerkenswerten gesetzgeberischen Aktivität des Ministerrats zahlreiche Einschränkungen bestehen. Die im Vertrag vorgesehene Sozialpolitik der Gemeinschaft, die Angleichung der Sozialleistungen, um Wettbewerbsverzerrungen zu beseitigen, kam bis in die siebziger Jahre nicht zustande. Der Europäische Sozialfonds erlangte keine Bedeutung. Dafür war die Finanzausstattung zu gering; der Sozialfonds wurde lediglich ein zusätzliches Finanzierungsinstrument für nationale Programme. In ihre Sozialsysteme, in den Ausbau ihres Wohlfahrtsstaates, für den in den sechziger Jahren reichlich Ressourcen zur Verfügung standen, ließen sich die Mitgliedsstaaten nicht hineinreden. Sie brauchten umso weniger in die Kassen der EWG zu greifen, als das ungebremste Wirtschaftswachstum ihnen genügend Steuern in die Kassen spülte, um die Sozialsysteme in eigener Regie auszubauen. Deshalb erledigte sich auch die Befürchtung Frankreichs, das so sehr auf eine gemeinsame Sozialpolitik gedrängt hatte, das vergleichsweise hohe Niveau der französischen Sozialleistungen würde die französische Wirtschaft wettbewerbsunfähig machen.

Erfolgreicher als in der Durchsetzung einer gemeinsamen Sozialpolitik war die EWG in ihrer Wettbewerbspolitik, zumindest in der Aufstellung von Regeln für eine gemeinschaftliche Wettbewerbspolitik, für ein Verbot von Kartellen und des Missbrauchs einer marktbeherrschenden Stellung. Die Vorschriften umzusetzen bereitete aber erhebliche Probleme, weil in allen Mitgliedsstaaten weiter ein nationales Wettbewerbsrecht angewendet wurde. Dies nutzten die Mitgliedsstaaten und großen europäischen Unternehmen ebenso wie die amerikanischen Großkonzerne virtuos aus, um die Antikartellpolitik der EWG zu durchkreuzen. Die Kommission kam aber auch zu der Einsicht, dass über die Grenzen hinweg operierende Großkonzerne aus Gründen ihrer globalen Konkurrenzfähigkeit nicht zu harten Einschränkungen unterworfen werden dürften. Die Kommission stand vor einem Dilemma: Wie sollte sie die auf dem Binnenmarkt der EWG erreichte Handelsfreiheit bewahren, ohne die globale Konkurrenzfähigkeit der großen europäischen Unternehmen zu behindern? Erst Ende der siebziger Jahre entwickelte sich aus diesem Dilemma heraus die positive Industriepolitik der Gemeinschaft.

Wie mühselig die wirtschaftlichen Rahmenbedingungen in der EWG zu vereinheitlichen waren, zeigt das Beispiel der steuerlichen Harmonisierung. Die Kommission legte im Jahre 1962 dem Ministerrat einen Vorschlag vor, der ihn jedoch erst 1965 billigte und 1970 als das Stichjahr bestimmte, zu dem alle Mitgliedsstaaten die Mehrwertsteuer eingeführt haben sollten. Es dauerte aber drei Jahre länger bis 1973, ehe das erreicht war. Elf Jahre hatte das Verfahren ab der Vorlage des ersten Vorschlags der Kommission benötigt.

Die Kommission vertrat die Ansicht, dass es nach dem Niederlegen der Zollgrenzen logisch geboten sei, die Staaten wirtschaftspolitisch miteinander zu verbinden. Die Durchsetzung einer koordinierten Wirtschaftspolitik bereitete aber große Schwierigkeiten. Die Vorstellungen über die Wirtschaftsordnung waren sehr verschieden. In Frankreich hielt man eine gesamtwirtschaftliche Steuerung durch den Staat für geboten, während sich in Deutschland mit der Politik Erhards das liberale Leitbild der sozialen Marktwirtschaft durchgesetzt hatte. Zwar hatte man sich für die EWG auf den Kompromissbegriff »gestaltete Marktwirtschaft« geeinigt, aber dieses Ordnungsmodell setzte sich nicht durch und ebenso wenig entstand ein wirkliches Gemeinschaftsinteresse. Deshalb zog der gemeinsame Markt keine gemeinsame Wirtschaftspolitik nach sich. Im Gegenteil, alle Mitgliedsstaaten versuchten, bei den Einzelschritten so weit wie möglich nationale wirtschaftspolitische Ziele durchzusetzen. Wegen des Wettlaufs der nationalen Interessen konnte es jeweils nur zu Kompromissen auf der Basis eines ganz kleinen gemeinsamen Nenners kommen. Alle Mitgliedsstaaten betrieben weiterhin eine nationale Wirtschaftspolitik nach den bei ihnen gängigen Ordnungsvorstellungen.

Immerhin aber trat die EWG in außenwirtschaftlichen Verhandlungen mit einer Stimme auf. Das gab der Gesamtheit der Mitgliedsstaaten eine weitaus stärkere Verhandlungsposition, als es jedem Einzelnen für sich möglich gewesen wäre. Dies zeigte sich exemplarisch in der großen internationalen Verhandlungsrunde zur weltweiten Senkung der Außenzölle um 50 Prozent, die als »Kennedyrunde« bekannt geworden ist. Für die Sechs verhandelte die Kommission mit einem Mandat des Rats. Die Kommission musste den gemeinsamen Standpunkt in enger Fühlungnahme mit allen Mitgliedsstaaten erarbeiten, agierte aber als alleiniger Bevollmächtigter der Sechs. Für die EWG war die Kennedyrunde wichtig, weil auch die Amerikaner ihre Märkte schützten und im Handel mit der EWG einen großen Überschuss erzielten. Sie verkauften fünfmal mehr landwirtschaftliche Produkte in die EWG, als sie aus der EWG aufnahmen. Die Kennedyrunde endete mit einer Vereinbarung zur Senkung der Zölle um 35 Prozent auf Industrieprodukte. Bei den landwirtschaftlichen Produkten blieb der Abbau gering.

Als Gemeinschaft verhandelte die EWG auch mit den assoziierten überseeischen Gebieten der ehemaligen Kolonialmächte über die im Vertrag von Rom vorgesehene Entwicklungshilfe. Das erste Rahmenabkommen von Jaunde (Kamerun) trat im Juli 1963 in Kraft. Es wurde nach einmaliger Verlängerung (Jaunde II) 1975 durch das erste Abkommen von Lomé (Togo) ersetzt, dem bis 2000 drei weitere folgten. Am 23. Juni 2000 unterzeichneten die

EU und ihre Partner aus den Entwicklungsländern das Abkommen von Cotonou (Benin) mit einer Laufzeit von zwanzig Jahren.

Die Verträge legten die Struktur für die Handelsbeziehungen und die entwicklungspolitische Zusammenarbeit zwischen der EWG/EU und einer ständig steigenden Zahl von Entwicklungsländern fest. Die zwei Konventionen von Jaunde unterzeichneten siebzehn kontinentale afrikanische Staaten und Madagaskar. Nach dem Beitritt Großbritanniens und der Einbeziehung der dem Commonwealth angehörenden Entwicklungsländer stieg die Zahl der Vertragspartner aus Afrika, der Karibik und dem Pazifik (AKP-Länder) auf sechsundvierzig. In das Cotonouabkommen sind siebenundsiebzig Staaten einbezogen. Die Vereinbarungen räumten den Entwicklungsländern handelspolitische Vorteile mit Zollpräferenzen ein. Sie schufen ein System zur Stabilisierung der Exporterlöse der AKP-Länder und zur Finanzierung von Entwicklungsprojekten. Ging es in den ersten Abkommen in erster Linie noch um Infrastrukturmaßnahmen, d. h. den Bau von Verkehrswegen, Häfen, Elektrizitäts- und Wasserwerken, Schulen und Krankenhäusern, stellte das Abkommen von Cotonou die Bekämpfung der Armut in den Vordergrund. In der Folge der Abkommen, die immer stärker einen partnerschaftlichen Charakter annahmen, stellte die Gemeinschaft überproportional steigende Haushaltsmittel zur Verfügung. Das Abkommen von Jaunde aus dem Jahre 1965 war bei einer Laufzeit von fünf Jahren mit, umgerechnet, etwas mehr als einer Milliarde Mark ausgestattet; das Abkommen von Cotonou stellt dagegen für denselben Zeitraum 13,5 Milliarden Euro zur Verfügung, also mehr als das Zwanzigfache. Das verdeutlicht den hohen Stellenwert der Entwicklungspolitik in der EU. Die Gelder für die Entwicklungspolitik bilden den viertgrößten Posten unter den Ausgaben des EU-Haushalts, und damit besetzt die EU den ersten Platz in der weltweiten entwicklungspolitischen Kooperation. Sie erbringt zusammen mit den Mitgliedsstaaten beinahe 40 Prozent aller Entwicklungsleistungen und liegt weit vor den USA und Japan. Sie ist außerdem der größte Handelspartner der Entwicklungsländer, deren Exporte zu einem Drittel von der EU aufgenommen werden.

Nicht zu übersehen ist aber auch, dass die ursprünglichen entwicklungspolitischen Ziele nicht erreicht wurden. Keines der in die Jaunde- und Lomé-Abkommen eingebundenen Länder konnte die Schwelle zur Industrialisierung überschreiten. Indem sich das »Partnerschaftsabkommen« von Cotonou als erstes Ziel die Bekämpfung der Armut setzte, gestand die EU ein, dass sie mit ihrer Entwicklungspolitik nicht in der Lage gewesen ist, bei ihren Partnern einen Prozess der nachhaltigen Entwicklung in Gang zu setzen.

»Wir bauen einen Butterberg« – Die Gemeinsame Agrarpolitik (GAP)

Das bedeutendste Gemeinschaftsprodukt der EWG im ersten Jahrzehnt ihres Bestehens war die Gemeinsame Agrarpolitik, die zum Symbol der Integration und auch zum Symbol der Irrwege werden sollte, die mit der Integration beschritten werden konnten. Im EWG-Vertrag von Rom waren als Ziele der Gemeinsamen Agrarpolitik (GAP) Produktivitätssteigerung, Stabilisierung der Märkte, Sicherung der landwirtschaftlichen Versorgung, Einkommenssicherung für die Bauern und Landarbeiter, Gewährleistung angemessener Preise für die Verbraucher festgelegt. Für die Umsetzung der Landwirtschaftspolitik galt ebenfalls ein Kalender.

Die Kommission wählte die Landwirtschaftspolitik als Testfall, ob es gelingen würde, eine gemeinsame Politik zu

Wege zu bringen. Die Aufgabe übernahm der stellvertretende Kommissionspräsident und ehemalige niederländische Landwirtschaftsminister Sicco Mansholt. Er knüpfte an die Landwirtschaftspolitik der Mitgliedsstaaten an, die in allen Ländern der Gemeinschaft ein hochsensibles Politikfeld war. Vornehmlich in Frankreich, Deutschland und Italien wurde die Landwirtschaft staatlich gehegt und gepflegt. Sie war nur eingeschränkt marktwirtschaftlich organisiert. Die Regierungen standen unter dem politischen Druck landwirtschaftlicher Verbände, die ihre Subventions- und Schutzinteressen notfalls mit rabiaten Methoden durchzusetzen bereit waren, insbesondere in dem zentralen Punkt der Einebnung der Einkommensunterschiede zwischen der Landwirtschaft und den anderen Wirtschaftssektoren. Die meisten europäischen Länder gaben der Agrarlobby nach und richteten ihre Politik darauf aus, die Einkommen der landwirtschaftlichen Bevölkerung zu sichern und die Einkommenslücke zu schließen. In der Bundesrepublik z. B. war die Regierung ab 1955 durch das Landwirtschaftsgesetz dazu verpflichtet, die bäuerlichen Einkommen auf derselben Höhe zu halten, wie sie in den anderen Wirtschaftssektoren üblich waren. Das Mittel dafür war die Markt- bzw. Preispolitik. Die Gemeinsame Agrarpolitik führte diese Linie fort.

Schon im Juli 1958 berief Sicco Mansholt eine Konferenz der Landwirtschaftsminister, Bauernpräsidenten und Vertreter sonstiger Interessenverbände zu einer großen Konferenz nach Stresa ein. Auf der Grundlage der Konferenzergebnisse legte die Kommission dem Ministerrat 1959 und 1960 erste Vorschläge vor. Aber bis Ende 1961 war nur wenig umgesetzt. Das lag zu einem guten Teil an der Verzögerungstaktik der Bundesrepublik. Sie sträubte sich als einziges der sechs Länder gegen den im EWG-Vertrag bindend vorgesehenen Agrarmarkt. Sie hatte die höchsten Preise und den größten Einfuhrbedarf und wollte die deutschen Bauern vor dem Zustrom billiger landwirtschaftli-

cher Produkte schützen. Dagegen hatten die agrarexportierenden Länder Frankreich, die Niederlande und Italien
ebenso wie die Kommission das allergrößte Interesse an
dem gemeinsamen Agrarmarkt. Nach mehreren Nachtsitzungen im Dezember 1962 gab die Bundesrepublik bei den
Marktordnungen für einige Produkte nach und erklärte
sich im Grundsatz auch zu einer Marktordnung für Getreide bereit. Dies war der Beginn einer Politik, die darauf
ausgerichtet war, über Agrarmarktordnungen für jedes
Produkt oder jede Produktgruppe Schritt für Schritt zu einem umfassenden Markt für die gesamte Landwirtschaft
zu kommen. Man einigte sich auf das Prinzip des freien
Verkehrs und der einheitlichen Preise für alle landwirtschaftlichen Produkte in der Gemeinschaft und darauf,
jedes Jahr erneut Richtpreise für die einzelnen Produkte
festzulegen. Den Bauern garantierte die Gemeinsame
Agrarpolitik gesicherte Preise über einen Interventionsmechanismus, der die freie Preisbildung aufhob, den Markt
durch Richt-, Interventions- und Schwellenpreise gestaltete und die landwirtschaftlichen Einkommen durch Preis-
und Absatzgarantien sicherte: Der Richtpreis legte den
agrarpolitisch gewünschten Erzeugerpreis fest, und der Interventionspreis bestimmte den Preis, der den Landwirten
von der EWG gezahlt werden würde.

Sollte der Preis der Produkte unter die festgelegte
Grenze fallen, waren die Interventionsstellen der EWG
gehalten, die ihnen angebotenen Erzeugnisse (Getreide,
Butter, Fleisch usw.) zu dem Interventionspreis einzukau-
fen. Die Produkte sollten gelagert, umgewandelt und bei
Bedarf verkauft oder auch vernichtet werden. Die Welt-
marktprodukte durften nach dem Inkrafttreten einer
Marktordnung nur zu den in der Gemeinschaft geltenden
Preisen verkauft werden. Um niedrige Weltmarktpreise
auf das Preisniveau der Gemeinschaft anzuheben, wurde
ein System der Abschöpfungen, einer Art variabler Zölle,
geschaffen. Die abgeschöpften Gelder waren für den

gemeinsamen Agrarfonds der EWG, den so genannten »Europäischen Ausrichtungs- und Garantiefonds für die Landwirtschaft« (EAGFL), bestimmt, der die Aufgabe erhielt, die Interventionen auf dem Binnenmarkt zu finanzieren, d. h., die Überschüsse zu garantierten Preisen aufzukaufen. Bei Ausfuhren in Drittländer hatte er Exportbeihilfen zu gewähren, um die hohen Preise der Gemeinschaft auf Weltmarktniveau abzusenken. Außerdem war er dazu gedacht, Strukturmaßnahmen zur Stärkung der Wettbewerbsfähigkeit zu finanzieren. Der Kommission wurde die Verwaltung des Fonds übertragen. Bis 1965 sollte er aus nationalen Zuschüssen gespeist werden. Für die Zeit danach war ein noch auszuhandelndes neues Regelwerk geplant.

Die wichtigste Marktordnung war die für Getreide. Der Getreidepreis stellte in vielerlei Hinsicht den Eckpreis oder den Maßstab für alle übrigen landwirtschaftlichen Produkte dar. Er lag in Deutschland weit über dem der anderen Mitgliedsstaaten. Kein Wunder also, dass die deutsche Landwirtschaft, organisiert durch den Deutschen Bauernverband, einen Proteststurm gegen die Senkung des Getreidepreises und die Einnahmeausfälle, die sie dadurch zu erwarten hatte, entfachte. Der Bauernverband fand bei dem Landwirtschaftsminister Werner Schwarz offene Ohren. Schwarz war vor seiner Berufung Präsidiumsmitglied des deutschen Bauernverbandes gewesen und nahm auch als Minister an Präsidiumssitzungen teil. An der Spitze der deutschen Delegation weigerte er sich drei Jahre lang kategorisch, das deutsche Agrarpreisniveau abzusenken. Dabei wurde er von der CDU/CSU-Fraktion im Deutschen Bundestag voll unterstützt, die ihre bäuerlichen Wähler nicht verlieren wollte. Die Bauern in Deutschland hatten zwei Millionen Stimmen in die Waagschalen zu werfen, d. h. 5,5 Prozent aller Stimmen bei Bundestagswahlen überhaupt. Ein Angebot der Kommission, für eine Übergangszeit die Einkommensverluste durch Zahlungen aus der Kasse der EWG auszugleichen, wies der Deutsche Bauernverband als völlig unzureichend zurück.

Die Senkung der Agrarpreise in der EWG aber stand in engem Zusammenhang mit den Verhandlungen zur weltweiten Zollsenkung, der schon erwähnten Kennedyrunde. Die USA verbanden die Bereitschaft zum Abbau ihrer Zölle auf industrielle Waren mit der Forderung nach einer stärkeren Öffnung des Agrarmarktes der EWG für ihre Produkte. An einer allgemeinen Zollsenkung für industrielle Fertigwaren aber war die Bundesrepublik in hohem Maße interessiert. Deshalb gab Bundeskanzler Ludwig Erhard bei der Getreidepreissenkung nach, allerdings zu einem hohen Preis. Er versprach dem Deutschen Bauernverband, die bäuerlichen Einkommensverluste mit Steuergeldern aus der Bundeskasse auszugleichen. Nachdem er sich so festgelegt hatte, war er für den Bauernverband erpressbar geworden. Edmund Rehwinkel, der Präsident der »Grünen Front«, drückte seine Maximalforderungen durch; es gab zusätzliche Subventionen in Milliardenhöhe. Im Dezember 1964, wiederum nach einer der nun schon legendären Nachtsitzungen, der »Getreidenacht«, war die Marktordnung für Getreide unter Dach und Fach gebracht.

Bis zum Ende der sechziger Jahre erreichte die EWG das Vertragsziel der Gemeinsamen Agrarpolitik weitgehend, doch mit absurden Ergebnissen. Mit dem System der Abschöpfungen und Erstattungen trieb die Agrarpolitik die Preise für Lebensmittel nach oben, in Einzelfällen bis auf das Zwei- bis Vierfache des Weltmarktpreises, und das auf Kosten der europäischen Steuerzahler. Im Jahre 1962 zu Beginn der Gemeinsamen Agrarpolitik, der Ausarbeitung der ersten Marktordnungen, strichen die Landwirte der Sechsergemeinschaft 151 Millionen Mark Subventionen aus Brüssel ein. Im Jahr 1969 war die Summe auf etwa 10 Milliarden Mark gestiegen. Weil in der Gemeinsamen Agrarpolitik die Preisfestlegungen von Politikern verantwortet werden, sind den Erpressungen der exzellent organisierten Bauernlobby Tür und Tor geöffnet, und am Beispiel der GAP bewahrheitete sich, dass es der Fluch der Subvention ist, fortzeugend Subventionen zu gebären. Die GAP wurde das, was sie seitdem geblieben ist, ein Instrument des Protektionismus in einer Organisation, die gegründet wurde, um den Handel zu liberalisieren und den Protektionismus zu beenden.

Produzieren, ohne sich Gedanken darüber machen zu müssen, ob die Produkte auch abzusetzen seien, gehörte seit den sechziger Jahren zu den Privilegien der Bauern. Entsprechend produzierten sie, was das Zeug hielt. Die EWG/EG kaufte zu garantierten Preisen auf und lagerte ein. 1969 lagen 1,2 Mio. Tonnen Zucker, sechs Millionen Tonnen Getreide und über 100000 Tonnen Butter auf Halde. Sarkastisch hieß es 1969 in der *Frankfurter Allgemeinen Zeitung* (2. Dezember 1969, S. 3) in der Unterschrift zu der Karikatur einer EWG-Berglandschaft: »Oben vom Butterberg haben wir eine herrliche Aussicht auf den Zuckerkogel, das Getreidemassiv und ganz in der Ferne auf England.« Hauptzahler war die Bundesrepublik. Sie zahlte 1969 in den Ausgleichs- und Garantiefonds 1,6 Milliarden Mark ein und erhielt 610 Millionen rückvergütet. Für Frankreich betrug das Verhältnis 1,2 zu 2,3 Milliarden Mark. Das nährte ab Ende der sechziger Jahre in der Bundesrepublik eine ständige Debatte mit dem Thema »Nettozahler«. Verdrängt wurde, dass es die Bundesrepublik gewesen war, die im Interesse der deutschen Agrarlobby das hohe Preisniveau durchgedrückt hatte.

Mit ihrer Politik der Abschottung handelte sich die EWG die ständige Kritik der agrarexportierenden Länder in aller Welt ein, denn die EWG war der größte Importeur von Lebensmitteln weltweit, und so rieben sich Länder in aller Welt an der Politik der EWG, die Importe auf ein Minimum zu begrenzen. Mit ihrem Protektionismus, ihren überhöhten Preisen, und der dadurch angeregten

Überproduktion, die zu »Butterbergen« und »Weinseen«
führte, mit der Verschwendung von ungeheuren Summen
zur Finanzierung der Überproduktion, wurde die Landwirtschaftspolitik ab den siebziger Jahren zu einem Klotz
am Bein der EWG, zu einem Hemmschuh der Integration
auf anderen Gebieten. Trotzdem aber blieb sie so etwas
wie eine »Heilige Kuh« der Gemeinschaft, war sie doch
bis in die achtziger Jahre hinein das einzige vergemein-
schaftete Politikfeld der EWG.

Die GAP hatte jedoch nicht nur die Aufgabe, über
Preis- und Absatzgarantien und deren gemeinschaftliche
Finanzierung für einen »geordneten Markt« zu sorgen,
sondern ihr war auch aufgetragen, für die Vereinheitlichung der gesundheitlichen und veterinärpolizeilichen
Vorschriften sowie der anderen Regulationsmechanismen
zu sorgen. Sie hatte zudem die Modernisierung der Landwirtschaft und ihrer Strukturen zu fördern. Aber erst als
die landwirtschaftlichen Überschüsse bedrohlich anwuch-
sen und immense Kosten verursachten – 1968 über acht
Milliarden DM –, wurde die Kommission aktiv, und der
zuständige Kommissar, Sicco Mansholt, legte im Dezember 1968 einen Reformplan vor, der einen marktwirtschaftlich funktionierenden Agrarmarkt zum Ziel hatte.
Die GAP sollte steuernd und mildernd in den dramatischen Strukturwandel der Landwirtschaft eingreifen. Aus-
gleichsprämien sollten die Stilllegung von Produktionsflä-
chen, die Aufgabe von kleinbäuerlichen Betrieben und die
Bildung von modernen landwirtschaftlichen Betrieben
fördern. Der Plan zielte einseitig auf vergrößerte Betriebs-
einheiten, auf eine begrenzte Zahl hochtechnisierter Betriebe, d. h. auf die Industrialisierung der Landwirtschaft.
Kritiker sagten schon nach der Vorlage des Plans voraus,
dass bei seiner Durchführung sich der Trend zur Produk-
tionssteigerung noch verstärken werde, insbesondere da
der Plan keine Änderung der Markt- und Preispolitik vorsah.

Der Ministerrat einigte sich im April 1972 auf eine Richtlinie zur Modernisierung der landwirtschaftlichen Betriebe ganz im Sinne des Mansholtplans. Wie die Kritiker vorhergesagt hatten, regte aber die Förderung industriell betriebener Produktionseinheiten die Überschussproduktion weiter an, insbesondere in der Milchwirtschaft, so dass auch nach 1972 die Ausgaben ständig weiter stiegen, bis auf astronomische Höhen. Damit blieb die Gemeinsame Agrarpolitik ein ständiges Problem. Trotz der allseits erkannten Notwendigkeit eines radikalen Umsteuerns in der Agrarpolitik und trotz einer Flut von Reformvorschlägen gelang es bis in die neunziger Jahre nicht, die Fehlentscheidungen der sechziger und siebziger Jahre zu korrigieren.

Die innere Entwicklung der Gemeinschaften 1966–1970

Mit dem Luxemburger Kompromiss des Jahres 1966 war der europäische Zug auf das Gleis der zwischenstaatlichen Zusammenarbeit umgeleitet worden. Die Regierungen der Mitgliedsstaaten hatten die Kommission nicht eigentlich entmachtet, aber ihre Bewegungsfreiheit gestutzt und ihr deutlich gemacht, dass sie nicht als eigenständiger Akteur die Integration vorantreiben könne, sondern nur, wenn ihr die Mitgliedsstaaten grünes Licht erteilen würden. Symbolisch ging eine Ära der Kommission mit dem Abtritt Walter Hallsteins als Präsident der Europäischen Wirtschaftsgemeinschaft im Mai 1967 zu Ende. Beinahe neuneinhalb Jahre hatte er der Kommission vorgestanden. Er war ein bedeutender Präsident und gab der EWG als Institution eine Statur. Mit seiner verfehlten Strategie aber, de Gaulle in einem Tauschgeschäft – gemeinsame Agrarpolitik gegen mehr Supranationalität der Gemeinschaft –

die Zustimmung zu einer dessen Vorstellungen völlig
zuwiderlaufenden Weiterentwicklung der EWG abzukau-
fen, hat er es mit zu verantworten, dass die Option auf
wirkliche Supranationalität der Gemeinschaft verloren
ging. Die französische Diplomatie drängte nach dem
Luxemburger Kompromiss auf seine Ablösung. Hallstein
resignierte 1967 und zog sich auf seinen Altersruhesitz
nach Rennerod im Westerwald zurück. Sein Nachfolger
wurde der belgische Kommissar Jean Rey, der für die
Außenbeziehungen zuständig gewesen war. Er stand einer
Kommission vor, die nun für alle drei europäischen
Gemeinschaften, EGKS, EURATOM und EWG, verantwortlich war. Ab 1967 waren die Hohe Behörde und die
beiden Kommissionen der Gemeinschaften miteinander
verschmolzen; fortan gab es die »Europäischen Gemeinschaften« (EG).

Jean Monnet hatte die Fusion schon 1959 vorgeschlagen. Nach dem Scheitern seiner politischen Unionspläne
freundete sich sogar de Gaulle mit der Idee unter der
Voraussetzung an, dass dies mit keinerlei Regelungen verbunden werde, die den Anschein erwecken könnten, mit
der Fusion werde die Grundlage für eine europäische
Regierung gelegt. Nach einem Vorschlag des deutschen
Außenministers Gerhard Schröder begann der Ministerrat
im September 1963 über eine Fusion zu verhandeln, doch
legten sich Luxemburg und die Hohe Behörde der EGKS
quer. Die Hohe Behörde dachte nicht daran, kampflos ihr
Mehr an Supranationalität und Entscheidungsbefugnis
abzugeben, das sie den beiden Kommissionen der EWG
und EURATOM voraus hatte. Luxemburg wiederum
fürchtete um seinen institutionellen Besitzstand, waren
hier doch die Hohe Behörde der EGKS, das Generalsekretariat des Europäischen Parlaments und der Europäische Gerichtshof angesiedelt, die zusammen etwa 1400
Menschen beschäftigten. Die Hohe Behörde konnte sich
nicht durchsetzen, aber Luxemburg wurde mit dem 1965

unterzeichneten Fusionsvertrag Sitz der aus Brüssel verlagerten Europäischen Investitionsbank. Straßburg blieb Sitz des Parlaments, so dass auch nach dem Inkrafttreten des Fusionsvertrags (1967) die Organe der Gemeinschaften auf drei Städte (Straßburg, Luxemburg und Brüssel) verteilt blieben. Das Europäische Parlament hatte weiterhin Plenarsitzungen in Straßburg abzuhalten. Da die Ausschusssitzungen in der Regel in Brüssel stattfanden, und die Abgeordneten die Nähe der Kommission und ihrer Verwaltung suchten, blieb es ihnen nicht erspart, zwischen Brüssel und Straßburg hin- und herzupendeln.

Mit dem Ausbau der Gemeinschaft veränderte der Rat seine Gestalt. Je nachdem, ob Angelegenheiten der EGKS, EURATOM oder EWG auf der Tagesordnung standen, musste er nach unterschiedlichen Regeln verfahren. Der Rat der EWG differenzierte sich je nach den zu behandelnden Gegenständen aus. Der Allgemeine Rat der Außenminister war weiterhin das eigentliche politische Organ, aber wenn Fragen der Landwirtschaft, des Außenhandels, der Finanzen auf der Tagesordnung standen, traten die Fachminister als Rat zusammen. Seit 1967 wurden die Ratssitzungen regulär durch den Ausschuss der Ständigen Vertreter vorbereitet, besser bekannt unter seinem französischen Akronym COREPER (Commission des Représentants Permanents). Dem durch den Fusionsvertrag enger definierten Ausschuss gehören die Ständigen Vertreter (Botschafter) der zwölf Mitgliedsstaaten bei der Gemeinschaft an. Die Aufgabe der Ständigen Vertreter war und ist seitdem nicht nur, die Arbeitsunterlagen für ihre Minister im Rat vorzubereiten, sondern sich untereinander über solche einvernehmlich zu regelnden Angelegenheiten zu verständigen, für die keine politische Entscheidung notwendig ist. Da der Ausschuss der Ständigen Vertreter wöchentlich zusammentritt und sehr viele Rechtsakte des Ministerrats so vorbereitet, dass dieser nur zuzustimmen braucht, ist COREPER zu einem mächtigen Organ im

Schatten und zu einem einflussreichen Bindeglied zwischen der Kommission und dem Ministerrat geworden.

Im Verhältnis zum Ministerrat und seinem Ausschuss der Ständigen Vertreter übernahm die Kommission immer mehr die Funktion einer Maklerin, da sie mit dem Kompromiss von Luxemburg darauf verpflichtet worden war, nur Vorschläge vorzulegen, die sie vorher informell mit den Mitgliedsstaaten abgestimmt hatte. Häufig ging sie nach der Methode vor, politische Pakete zusammenzuschnüren, die einen Interessenausgleich zwischen den sechs Regierungen nach dem Prinzip des »Gib, damit man dir gibt« ermöglichte.

Das auf den Fusionsvertrag folgende Jahr 1968 wurde ein stürmisches Jahr in Europa. Die Mitgliedsstaaten wurden mit inneren und äußeren Problemen konfrontiert, die ihnen, selbst wenn sie es gewollt hätten, keine Zeit ließen, sich intensiv auf den Fortgang der europäischen Integration zu konzentrieren. Alle Staaten erlebten, mehr oder weniger ausgeprägt, ihren Mai 1968, den plötzlichen Ausbruch einer Jugendrevolte mit der die studentische Jugend in Frankreich, in der Bundesrepublik, in den Niederlanden, in Italien die ihrer Meinung nach erstarrten Strukturen, die wohlfahrtsstaatliche Selbstgefälligkeit aufbrechen wollte, um zu mehr Demokratie, mehr sozialer Gerechtigkeit zu gelangen und international dazu beizutragen, das Selbstbestimmungsrecht der Völker durchzusetzen. Die Revolte des Mai 1968 erschütterte das französische politische System schwer, und kurzfristig sah es so aus, als müsse de Gaulle zurücktreten. Die Krise des politischen Systems der Fünften Republik wurde akuter, als die französische Währung, der Franc, unter Druck geriet. Zudem verschärfte sich wieder einmal der Ost-West-Gegensatz, nachdem sowjetische Panzer den hoffnungsvollen Anlauf in der Tschechoslowakei, einen Kommunismus mit menschlichem Gesicht zu schaffen, wie den ungarischen Aufstand des Jahres 1956 unterdrückt hatten.

Da der Luxemburger Kompromiss den Regierungen die politische Führung der europäischen Einigung zugewiesen hatte, mussten diese, wenn ihnen daran gelegen war, die Erstarrung überwinden, die Initiative ergreifen. Das Signal, sich wieder auf den Weg zu machen, kam von Georges Pompidou, der nach dem Rücktritt Charles de Gaulles im April 1969 zum Präsidenten der französischen Republik gewählt worden war. Pompidou wollte Bewegung in die erstarrte gaullistische Innen-, Europa- und Außenpolitik bringen. Schon im Wahlkampf hatte er erkennen lassen, dass er einem Beitritt Großbritanniens nicht mehr die unüberwindlichen Hürden in den Weg stellen würde, wie es Charles de Gaulle getan hatte. Am 10. Juli 1969, in der ersten Pressekonferenz nach seiner Wahl, regte Pompidou ein Treffen der Staats- und Regierungschefs an, eine Gipfelkonferenz, die mit einer dreifachen Aufgabenstellung – Vollendung (Gemeinsame Agrarpolitik), Vertiefung (Inangriffnahme neuer Politikfelder) und Erweiterung (Beitritt Großbritanniens und anderer Länder) – die Gemeinschaft aus ihrer Erstarrung herausführen sollte. Als dem Ministerrat der EWG knapp zwei Wochen später der Vorschlag offiziell unterbreitet wurde, zögerten die Partner, trotz vorsichtiger Sympathie, dem Vorschlag Frankreichs zuzustimmen. Sie waren misstrauisch, hatten sie doch erst im Februar konsterniert abenteuerliche Gedankenspielereien de Gaulles zur Wiedererrichtung eines von den USA und der NATO unabhängigen Allianzsystems der westeuropäischen Staaten und zur Auflösung der EWG in eine Art Freihandelszone zur Kenntnis nehmen müssen. So stand es in der Niederschrift eines Gesprächs des britischen Botschafters in Paris, Christopher Soames.

Im September aber wurde der Gipfel beschlossene Sache. Die vorbereitenden bilateralen Gespräche fanden in einer Atmosphäre hoher Erwartungen statt, und die Erwartungen wurden noch höher, als in der Bundesrepublik nach den Wahlen im September eine sozialliberale Koalition unter dem Kanzler Willy Brandt die Regierungsgeschäfte übernahm. Für die neue Koalition war nicht nur die Europapolitik selbst ein Anliegen, sondern sie benötigte eine Vertiefung der Gemeinschaft und das Vertrauen ihrer Mitglieder in die unverbrüchliche Westbindung der Bundesrepublik, weil Kanzler Brandt und Außenminister Scheel sich vorgenommen hatten, die Bundesrepublik mit einer neuen Außenpolitik zum Ostblock zu öffnen. Die neue Ostpolitik, wie sie bald genannt wurde, setzte auf ein entspannteres Verhältnis zwischen der Bundesrepublik und den Staaten des so genannten »Realen Sozialismus«, vor allem aber auf ein entspannteres Verhältnis zur DDR. Die Aussicht auf eine mögliche Annäherung der beiden deutschen Staaten erweckte Befürchtungen alter Art gegenüber einer übermäßigen Stärkung der Bundesrepublik. Partiell ging es der französischen Europapolitik deshalb auch ab dem Spätherbst 1969 darum, die Bundesrepublik noch fester in die europäische Pflicht zu nehmen.

Aufbruch zu neuen Ufern? –
Die EG in den siebziger Jahren

Der Haager Gipfel 1969 –
Vollendung, Vertiefung, Erweiterung

Vor dem Gipfel von Den Haag am 1. und 2. Dezember 1969 befanden sich die Europäischen Gemeinschaften – schenkt man vielen Kommentaren im Herbst des Jahres Glauben – auf einem Tiefpunkt, in einer schweren Krise. Die Illusionen der fünfziger Jahre seien gründlich zerstört. Die auf Dauer angelegte Gründung von Rom befinde sich in einem Verfallsprozess, der nicht nur die politischen Ziele, sondern auch die wirtschaftliche Substanz erfasst habe. Der Agrarmarkt, einst das stolzeste Kind der westeuropäischen Integration, sei offensichtlich gescheitert. Unverschleierte nationale Interessen dominierten die Gemeinschaft, und sie sei durch nationale Interessen so weit denaturiert, dass einsichtige Europapolitiker eine Neugründung für nötig hielten.

In Den Haag müsse die Gemeinschaft, so hieß es, einen mutigen Schritt nach vorne tun, wenn sich die Krise nicht zu einer Katastrophe mittleren Ausmaßes ausweiten sollte. In der öffentlichen Diskussion gab es Zweifel: Würde es auf dem Gipfel gelingen, die von einer Krise zur anderen taumelnde EWG zu stabilisieren? Und würde man in Den Haag ernsthaft darangehen, die mittelfristigen dringenden Aufgaben und die langfristigen Notwendigkeiten, vor allem die gemeinsame Steuer-, Handels-, Wirtschafts- und Währungspolitik, in Angriff zu nehmen?

Frankreich und die fünf Partner gingen mit unterschiedlichen Anliegen in die Konferenz. Frankreich wollte den Agrarmarktes vollenden und dessen in dem Währungswirrwarr 1968/69 völlig durcheinander geratene Finanzen nachhaltig in Ordnung bringen. Es verband diesen Wunsch nach »Vollendung« mit dem Angebot, an einer Vertiefung und Erweiterung der Gemeinschaft mitzuwirken. Das hauptsächliche Interesse der Bundesrepublik und auch der anderen Mitgliedsstaaten war es dagegen, endlich den Weg für einen Beitritt Großbritanniens frei zu machen. Seit de Gaulle ihn blockiert hatte, verbanden die anderen fünf Mitgliedsstaaten die Reform der EWG zuallererst mit dem Beitritt Großbritanniens; dies wurde beinahe zu einer fixen Idee. In Den Haag sagte Bundeskanzler Willy Brandt: »Der Deutsche Bundestag und die öffentliche Meinung meines Landes erwarten, daß ich von dieser Konferenz nicht ohne konkrete Vereinbarungen in der Frage der Erweiterung der Gemeinschaft zurückkehre.« Er nannte vier Gründe für die Notwendigkeit schnellen Handelns. Erstens, ein Hinausschieben drohe die Gemeinschaft zu lähmen. Es entspreche zweitens den gemeinsamen Interessen, die Gemeinschaft in einer Zeit zu erweitern, in der man sich um ein engeres Zusammenwachsen zwischen Ost und West bemühe. Drittens müsse die Gemeinschaft über den Kreis der Sechs hinauswachsen, wenn sie sich wirtschaftlich und technologisch neben den Giganten behaupten und ihrer weltpolitischen Verantwortung nachkommen wolle. Und viertens fügte er hinzu, wer fürchte, »daß sich das wirtschaftliche Gewicht der BRD zum Nachteil der Ausgewogenheit innerhalb der Gemeinschaft auswirken könnte, der sollte auch deswegen für Erweiterung sein.« (*Archiv der Gegenwart*, 4. Dezember 1969, S. 15094.)

Die Beschlüsse des Gipfels ließen nicht auf den ersten Blick den Eindruck entstehen, als sei mit der Zusammenkunft der Startschuss für einen Aufbruch zu neuen Ufern

gefallen. Zunächst erklärten die Staats- und Regierungschefs ihre Absicht, das in Rom begonnene Werk entschlossen fortzusetzen und an den politischen Zielsetzungen, die der Gemeinschaft ihren ganzen Sinn und ihre
Tragweite verliehen, festzuhalten. Sodann stellten sie konkrete Schritte zur Vollendung, Vertiefung und Erweiterung der Gemeinschaften in Aussicht. Sie bekräftigten
ihren Willen, die erste Aufbauphase der Europäischen
Gemeinschaften abzuschließen und für die Finanzierung
der Gemeinschaft schrittweise Eigeneinnahmen zur Verfügung zu stellen. Beim zweiten Ziel, der Vertiefung, kamen
sie überein, die Haushaltsbefugnisse des Europäischen
Parlaments zu verstärken, und fassten vor allem einen
Beschluss, dessen Tragweite ihnen wohl nur unvollkommen bewusst war: in enger Zusammenarbeit mit der Kommission sollte im Jahre 1970 ein Stufenplan für die Errichtung einer Wirtschafts- und Währungsunion ausgearbeitet
werden. Außerdem öffneten sie der Gemeinschaft vorsichtig ein Politikfeld, das der deutschen Delegation in der
Zeit der neuen Ostpolitik am Herzen lag, nämlich das
einer engeren politischen Zusammenarbeit. Sie beauftragten die Außenminister, Vorschläge auszuarbeiten, wie »am
besten Fortschritte auf dem Gebiet der politischen Einigung erzielt werden können«.

Erst unter Punkt 13 kamen sie auf die Erweiterung zu
sprechen. Alle Staats- und Regierungschefs, also auch der
französische, stimmten der Eröffnung von Verhandlungen
zwischen der Gemeinschaft und den beitrittswilligen Staaten zu. Sie banden ihre Bereitschaft allerdings an die
Voraussetzung, dass die beitrittswilligen Staaten »die Verträge und deren politische Zielsetzung, das seit Vertrags-
beginn eingetretene Folgerecht und die hinsichtlich des
Ausbaus getroffenen Optionen« akzeptierten (*Europa-Archiv*, Folge 2, 1970, D 44).

Eine große »Europäische Ernte« sei das nicht, meinte
der Kommentator der *Neuen Züricher Zeitung*. Paris habe

sich mit seinen beiden Vorbedingungen für die Aufnahme
von Erweiterungsgesprächen – der »Vollendung« des
Gemeinsamen Marktes bis Ende 1969 und der engen Fassung der Beitrittsbedingungen – im Wesentlichen durchgesetzt. Die Erweiterung der EWG bleibe nach der Vollendung und Vertiefung an dritter Stelle, also dort, wo
Frankreich sie stets hätte haben wollen. Eine Stärkung der
genuin gemeinschaftlichen Organe der Gemeinschaft habe
so gut wie nicht stattgefunden. Es sei nicht viel mehr
herausgekommen als das Prinzip einer erweiterten Bud-
getkontrolle der Straßburger Versammlung. Die Frage der
Mehrheitsbeschlüsse im Ministerrat sei offen geblieben.
(*Archiv der Gegenwart*, 4. Dezember 1969, S. 15098.)

Gemessen an hochfliegenden Erwartungen mochten die
Ergebnisse enttäuschen. Die Nörgelei der *Züricher Zeitung* mag unter dieser Voraussetzung berechtigt sein. Aber
mit dem Haager Gipfel wurde die siebenjährige Blockade
der Gemeinschaft durch Frankreich aufgehoben, und sie
lief gewissermaßen zum zweiten Mal vom Stapel. Die Tür
zu dem weiten Feld der politischen Zusammenarbeit war
geöffnet worden. Nach dem Gipfel von Den Haag wurde
es möglich, den Aufgabenkatalog der Gemeinschaft Stück
für Stück um weitere Politikfelder zu vermehren und diejenigen, die brachgelegen hatten, zu beackern. Das Thema
der Währungs- und Wirtschaftsgemeinschaft gelangte auf
die europäische Tagesordnung, von der es nicht mehr
abgesetzt werden sollte. Schließlich war in Den Haag zum
ersten Mal die Konferenz der Staats- und Regierungschefs
der Mitgliedsstaaten als die Einrichtung hervorgetreten,
die allein in der Lage war, Entwicklungsblockaden aufzuheben, den Standort der Gemeinschaften zu bestimmen,
ihrer Arbeit neues Leben einzuhauchen, Etappen ihrer
weiteren Entwicklung zu bestimmen und dafür klare Aufträge zu erteilen. Bis Den Haag waren alle Entwicklungs-
schübe von Initiativen einzelner Regierungen oder von
Außenministerkonferenzen ausgegangen. Ab Den Haag

übernahmen die Staats- und Regierungschefs die Führung
in der Gemeinschaft. Sie beanspruchten die Richtlinienkompetenz und gaben den Gemeinschaften den Kurs vor,
den sie zu steuern hatten.

Die erste Norderweiterung

Mit der Freigabe der Verhandlungen mit den vier Beitrittskandidaten gab Frankreich dem wichtigsten Anliegen
seiner Partner nach. Nach der Regelung der Finanzierung
der Gemeinsamen Landwirtschaftspolitik stimmten die
Sechs und die Kommission, wie von Frankreich erbeten,
ihre Verhandlungspositionen ab. Die auch für die anderen
Kandidaten maßgebenden Verhandlungen mit Großbritannien begannen formell am 21. Juli 1970 mit einer neuen
konservativen Regierung, da die Labourpartei im Juni
1970 die Wahlen verloren hatte.

Sie standen unter einem guten Stern. Denn im Sommer
1970 befand sich die britische Wirtschaft im Aufwind und
das britische Pfund zählte wieder zu den stabilen Währungen. Deshalb schreckten die noch von der Labourregierung in einem Weißbuch prognostizierten finanziellen
Belastungen durch die GAP nicht so sehr, wie es unter
anderen Umständen der Fall gewesen wäre. Die britischen
Experten des Weißbuchs schätzten, dass Großbritannien
nach der Übergangszeit etwa 21 Prozent des Brüsseler
Haushalts aufzubringen habe, während sein Anteil am
Bruttoinlandsprodukt der Gemeinschaft nur ungefähr 15
Prozent und die zu erwartenden Rückflüsse aus dem
Haushalt der Gemeinschaft sich auf lediglich 8 bis 9 Pro-
zent belaufen würden. Nach den Vorhersagen des Weiß-
buchs würden die Nahrungsmittelpreise um 18 bis 26
Prozent steigen, die Lebenshaltungskosten insgesamt um
4 bis 5 Prozent.

Diese Prognosen rückten die Frage des Finanzbeitrags in den Mittelpunkt der Verhandlungen. Labouranhänger vertraten später die Ansicht, dass Labour die Verhandlungen viel härter als die Konservativen geführt haben würde und sie zum Schluss auch wegen des unzureichenden Entgegenkommens der Sechs hätte scheitern lassen. Edward Heath, der konservative Premier, aber war ein überzeugter Anhänger des britischen Beitritts, und er war eher bereit, um des Beitritts willens, britische Forderungen zurückzunehmen. Das Commonwealthproblem hatte für die Verhandlungen erheblich an Bedeutung verloren. Nur noch 12 Prozent der australischen Ausfuhren zum Beispiel gingen nach Großbritannien. Aber unabdingbar war es für die britischen Unterhändler, Konzessionen für die Einfuhr neuseeländischer Molkereiprodukte und karibischen Zuckers zu erhalten. Immerhin gingen 90 Prozent des neuseeländischen Butterexports, 80 Prozent des Käse- und 30 Prozent des Fleischexports nach England. Ein Wegfall wäre für Neuseeland einer ökonomischen Katastrophe gleichgekommen. Ähnliches galt für die Zucker exportierenden ehemaligen britischen Besitzungen in der Karibik und ihre Lieferungen nach Großbritannien.

Eine schnelle Einigung durfte niemand erwarten, aber sie schien in weite Ferne zu rücken, als sich im Frühjahr 1971 die französische Haltung versteifte. Heath entschloss sich deshalb, in einem Gespräch unter vier Augen mit Pompidou zu versuchen, Frankreich von der Ernsthaftigkeit des britischen Kurses auf Europa zu überzeugen und in den strittigen Fragen das Entgegenkommen zu erreichen, ohne dass eine Mehrheit im Unterhaus nicht zu erreichen wäre. Die Reise nach Paris wurde für Heath ein großer diplomatischer Erfolg. In dem Protokoll der Gespräche vom 22. Mai 1971 stellten der französische und der britische Premier einen Gleichklang in ihren Europavorstellungen bzw. in ihren Vorstellungen von dem Verhältnis von Supranationalität und zwischenstaatlicher Zusammenarbeit beim weiteren Fortgang der Einigung fest. Beide setzten auf so viel Intergouvernementalismus wie möglich und so viel Supranationalismus wie nötig. Beide hofften offensichtlich auf eine enge Verbindung zwischen Paris und London als Gegengewicht gegen die Bundesrepublik Deutschland, die auf dem Wege war, zu den beiden Großen der Weltwirtschaft, den USA und Japan, aufzuschließen und die anderen europäischen Mächte weit hinter sich zu lassen.

Nach dem Treffen gingen die Verhandlungen zügig voran und konnten schon einen Monat später, im Juni 1971, in den Hauptpunkten abgeschlossen werden. Zum Import neuseeländischer Butter und karibischen Zuckers wurden Formeln gefunden, die sowohl für die neuseeländische Regierung wie für die karibischen Zuckerproduzenten annehmbar schienen. Großbritannien erhielt eine sechsjährige Übergangsfrist für die Einführung der Gemeinsamen Agrarpolitik und für die Angleichung der Außenzölle zugestanden. Der Finanzbeitrag allerdings blieb der neuralgische Punkt. Großbritannien akzeptierte einen gleitenden Übergang von sieben Jahren und erlangte eine Sicherheitsklausel. Für den Fall unerträglicher Finanzprobleme gestanden die Sechs, im Interesse des Überlebens der Gemeinschaft, eine Suche nach gerechten Lösungen zu.

In der hart verhandelten Frage der Fischereirechte bewiesen die Sechs großes Entgegenkommen. Zu dem unverhüllten Ärger aller Beitrittskandidaten hatten sie sich unmittelbar vor der Aufnahme der Verhandlungen in Ergänzung ihrer Gemeinsamen Agrarpolitik auf eine gemeinsame Fischereipolitik verständigt, nach deren Bestimmungen alle Länder der Gemeinschaft in allen Gewässern der Mitgliedsstaaten die gleichen Fangrechte erhielten. Dies kam einem Affront der vier Beitrittskandidaten gleich, deren Gewässer zwei Drittel aller Fischbestände der erweiterten Gemeinschaft enthielten. Für Großbritannien waren die Fischereirechte nicht so sehr von wirt-

schaftlicher als vielmehr von psychologischer Bedeutung.
Für die anderen drei klassischen Fischereinationen, insbesondere für Norwegen und das zu Dänemark gehörende Grönland, war dagegen die Fischerei eine der wichtigsten, wenn nicht überhaupt die hauptsächliche wirtschaftliche Einnahmequelle; es war für sie unabdingbar, ihren Fischreichtum vor dem ungehemmten Zugriff der anderen Mitgliedsstaaten zu schützen. Die Sechs gestanden nach schwierigen Verhandlungen schließlich allen vier Kandidaten zunächst für zehn Jahre zu, innerhalb einer Zwölf-Meilen-Zone nur solche Fischkutter zu dulden, die traditionell von örtlichen Häfen aus in diesen Gewässern fischten. 1982 wurden die Beschränkungen fortgeschrieben, und da in der Fischereipolitik zahlreiche andere Beschränkungen, Quotenregelungen zum Beispiel, nicht zuletzt zum Schutz der Fischbestände gelten, ist die Fischereipolitik neben der Landwirtschaftspolitik das Politikfeld, in dem sich die Deregulierung bis heute am wenigsten hat durchsetzen können.

Dänemark, Norwegen und Irland hatten sich trotz prinzipieller Widerstände unterschiedlicher Art zu einem Beitrittsgesuch entschlossen, weil ihnen ihre außenwirtschaftliche Abhängigkeit von Großbritannien und vom Markt der Europäischen Gemeinschaft dies dringend nahelegte. Die Verhandlungen mit ihnen liefen parallel zu den Verhandlungen mit England, und alle ausgehandelten Verträge wurden am gleichen Tag, dem 22. Januar 1972, in Brüssel unterzeichnet. Sie sollten nach der Ratifizierung durch jeden der zehn Vertragspartner am 1. Januar 1973 in Kraft treten.

In allen Beitrittsländern mit Ausnahme Irlands setzte der Ratifizierungsprozess große, mit Emotionen beladene nationale Debatten in Gang. Überall mussten die Befürworter erhebliche Widerstände überwinden.

Die britische Regierung hatte schon im Juli 1971, nach der grundsätzlichen Billigung der Beitrittsbedingungen durch den Ministerrat der EWG, ein Weißbuch (Dok. 28) veröffentlicht und eine große Werbekampagne begonnen. Das Weißbuch rechnete die Kosten des britischen Beitritts unglaubwürdig niedrig und malte die positiven Wirkungen für die nationale Sicherheit und Prosperität in rosigen Farben: »Wir werden mehr für den Frieden tun und stärker die Entwicklung der äußeren Welt fördern können. Unsere Wirtschaft wird stärker und unsere Industrien und Bürger werden gedeihen, wenn wir der EWG beitreten.« Eine Erosion von Souveränitätsrechten, wie von den Gegnern behauptet werde, werde es nicht geben. Es gebe nur die Zusammenlegung und die Erweiterung der einzelnen nationalen Souveränitäten im Gemeinschaftsinteresse.

Die Gegner sprachen von der »zweiten Schlacht um Britannien« (*Der Spiegel*, 16. Oktober 1971, S. 132). Das Weißbuch verschleiere die Gefahren, übertreibe die Vorteile, ja, sei sogar eine Fälschung. Der Ausverkauf des Landes stehe bevor. Einige prophezeiten gar ein nationales Unglück. Großbritannien werde das Nordirland Europas werden, ein immer stärker verarmendes Industriegebiet mit Massenauswanderung. Die Labourpartei, die doch die Beitrittsverhandlungen eingeleitet hatte, schwenkte völlig um. Harold Wilson, aus Überzeugung oder Opportunismus, kritisierte die von Heath akzeptierten Beitrittsbedingungen heftig und kündigte an, Labour werde bei einer Regierungsübernahme erneut über den Beitritt verhandeln. Ein Sonderparteitag der Labourpartei im Juni 1971 legte sich auf eine Volksabstimmung über den Beitritt für den Fall ihrer Regierungsübernahme fest. Der großen Mehrheit in der Partei widersetzte sich eine Gruppe von Abgeordneten, die bereit waren, auch gegen den Beschluss des Parteitages für den Beitritt zu stimmen. »Europa« spaltete die Labourpartei in zwei unversöhnliche Lager. Ein Beobachter sprach sogar von Bürgerkrieg in der Partei.

Vor der Unterzeichnung des Vertrags musste das Unterhaus entscheiden, ob es die Beitrittsbedingungen akzep-

tiere und der Regierung den Weg für die Unterzeichnung
des Vertrages freigebe. Nach einer mehrtägigen Debatte
stimmten am 28. Oktober 1971 für den Beitritt 356 Abgeordnete und 244 dagegen. 39 Konservative stimmten
gegen das Votum ihrer Partei mit Nein, aber auch 68
Labourabgeordnete unterwarfen sich nicht der Fraktionsdisziplin, sondern stimmten für den Beitritt.

Mit dieser Entscheidung war die parlamentarische
Behandlung in Großbritannien noch nicht abgeschlossen.
Nach der Unterzeichnung des Vertrags durch alle zehn
Partner am 22. Januar 1972 musste noch ein Beitrittsgesetz
ausgearbeitet und vom Unterhaus verabschiedet werden.
Wiederum gab es eine erbitterte und zeitraubende parla-
mentarische Auseinandersetzung, bis am 13. Juli 1972 das
Gesetz mit einer Mehrheit von 17 Stimmen den Segen des
Unterhauses erhielt.

Die Auseinandersetzung in Norwegen verlief dramati-
scher als in Großbritannien. Nur zögerlich hatte sich die
Regierung in Oslo entschlossen, das Beitrittsgesuch zu
stellen. Die Furcht, politisch und wirtschaftlich von außen
bestimmt zu werden, war selbst bei denen vorhanden, die
meinten, ihrer wirtschaftlichen Vernunft gehorchen zu
müssen und den Beitritt zu befürworten. Die innenpolitischen Auseinandersetzungen erreichten eine solche
Schärfe, dass das Land buchstäblich in zwei Teile gespalten wurde. Obwohl sich die Opposition nicht zu einer
gemeinsamen Bewegung zusammenfand und obwohl die
Eliten von der Notwendigkeit eines Beitritts zur EWG
überzeugt waren, entwickelte sich außerhalb der Städte
eine mächtige Volksbewegung, ein regelrechter Kreuzzug
gegen den Beitritt. Über die Beitrittsfrage stürzte 1971
eine Regierung. Die regierende Arbeiterpartei spaltete
sich; der liberalen Partei geschah beinahe dasselbe. Teilweise artete die Auseinandersetzung in Gewalttätigkeiten
aus. Die Gegner bezeichneten die EWG als Reich Satans.
Norwegen werde an die Deutschen verkauft, und selbst

absurde Behauptungen vom Rentenabbau durch die EWG fanden Gehör. Die 1971 ans Ruder gekommene Minderheitenregierung erklärte ihre Bereitschaft, den Vertrag zu unterzeichnen, machte das aber von dem Ja eines Referendums abhängig. Der Ministerpräsident kündige seinen Rücktritt für den Fall an, dass die Mehrheit den Beitritt verwerfen würde. Dies geschah. 53,9 Prozent der Abstimmenden sagten Nein. Der Premier stand zu seinem Wort, kappte die Verbindung zu Brüssel und trat zurück. Der Ausgang des Referendums in Norwegen schockte die Europäische Gemeinschaft, wirkte sich jedoch nicht negativ auf den Beitritt der anderen drei Länder aus.

In Irland war die Opposition unbedeutend, und das Referendum im Mai 1972 ergab eine Mehrheit von 83 Prozent. In Dänemark hatten dagegen große Gruppen in der Bevölkerung Schwierigkeiten, einen Schwenk nach Kontinentaleuropa zu vollziehen. Vor allem die dänische Linke opponierte, doch gelang es ihr nicht, die Massen zu mobilisieren. Der aus wirtschaftlicher Vernunft abgeschlossene, aber nicht geliebte Beitrittsvertrag passierte ohne Schwierigkeiten das dänische Parlament. Da jedoch nicht die erforderliche Vierfünftelmehrheit erreicht worden war, musste ein Referendum abgehalten werden. Die Bevölkerung billigte den Beitritt mit einer überraschend deutlichen Mehrheit von 63 Prozent.

Zugleich mit dem Beitritt der drei ehemaligen EFTA-Mitgliedsstaaten Großbritannien, Dänemark und Irland regelte die Europäische Gemeinschaft ihr Verhältnis zu den Staaten der Rest-EFTA. Hintereinander schloss sie 1972 und 1973 mit ihnen vierzehn verschiedene Freihandelsabkommen ab. Alle Abkommen sahen die schrittweise Senkung der Zölle und Mengenbegrenzungen vor; doch waren landwirtschaftliche Produkte davon grundsätzlich ausgeschlossen.

»Auf ein Neues« –
Großbritanniens Beitritt auf dem Prüfstand

Mit dem Inkrafttreten der Beitrittsverträge am 1. Januar
1973 war die unendliche Geschichte des englischen Beitritts noch keineswegs zu Ende. Neben Italien wurde
Großbritannien in besonderem Maße von der lang anhaltenden Wirtschaftskrise der siebziger Jahre gebeutelt. Sie
suchte die britische Wirtschaft in einer schweren Struktur-
krise heim und stürzte das Land in erbitterte, lähmende
soziale Auseinandersetzungen. Der große Bergarbeiter-
streik im Januar 1973 machte eine Million Briten arbeits-
los. Jede Streikwoche kostete das Land 2,5 Milliarden
Mark. Der einst stärksten Industriemacht der Welt drohte
der Absturz in die Bedeutungslosigkeit. In dieser Exis-
tenzkrise bildeten die EG-Beiträge für das Land eine
zusätzliche, unerträglich scheinende Belastung.

Im Februar 1973 fanden Wahlen statt. Sie brachten Labour eine knappe Mehrheit von nicht mehr als fünf Abgeordneten im Unterhaus. Die Regierung wurde im März
neu gebildet und gab ihre Absicht bekannt, neu über bessere Beitrittsbedingungen zu verhandeln. Die EG-Länder
reagierten elastisch. Sie ließen sich auf Verhandlungen mit
der Einschränkung ein, dass es keine grundsätzlichen
Neuverhandlungen sein dürften. Ob Georges Pompidou
dem zugestimmt hätte, ist fraglich, aber er starb am 2. April
1974. Der pragmatische Giscard d'Estaing wurde sein
Nachfolger. Ihm stand der deutsche Pragmatiker Helmut
Schmidt zur Seite. Die Nachverhandlungen dauerten elf
Monate. Einen großen Substanzgewinn brachten sie Großbritannien nicht, aber Zugeständnisse beim Import von
Zucker aus der Karibik und Butter aus Neuseeland und
die Zusage der Partnerländer, Großbritannien je nach seiner Wirtschaftslage eine Rückerstattung aus dem EG-
Haushalt bis zu jährlich 915 Mio. Mark zu gewähren. Das
reichte Wilson, um einen erfolgreichen Abschluss der Ver-

handlungen festzustellen. Nun musste das erste Referendum in der Geschichte Englands abgehalten werden. Die Regierung beschloss mit Mehrheit, der Bevölkerung die Zustimmung zu empfehlen. Am 9. April stimmte das Unterhaus mit 398 gegen 172 Stimmen dem Verbleiben in der EWG zu, aber es war die Mehrheit der konservativen Opposition, die der Regierungsvorlage gegen die Regierungspartei zur Annahme verhalf. Mit 249 zu 8 stimmten die Konservation für »Europa«, während bei der Labourpartei nur 137 ein Ja, aber 147 ein Nein abgaben. Das Nein von Labour wurde danach von einem Kongress der Gewerkschaften ebenso bekräftigt wie von einem Labourparteitag.

Den Kampf um die Mehrheit in der Volksabstimmung führten Gegner und Befürworter mit rabiater Polemik. Beide prophezeiten Chaos und Katastrophen, die einen für den Fall des Ja, die anderen für den Fall des Nein. Die linken Gegner sprachen von einer Verschwörung des »big business« gegen die englische Arbeiterklasse, und die Befürworter davon, dass sich die Insel mit einem Nein politisch isolieren würde und wirtschaftlich auf sich allein gestellt, nur noch ein Leben im Schatten der Großen, der USA, Sowjetunion, EG und Japans, werde führen können. Die Befürworter setzten sich durch. 67,2 Prozent der Abstimmenden gaben dem EG-Beitritt ihr Ja-Wort. Einen solchen Rückhalt hatte »Europa« nie zuvor in der britischen Bevölkerung gehabt und sollte es auch danach nie mehr erreichen.

Eine neue Methode der Integration – Die politische Zusammenarbeit der Regierungen

Frankreich hatte die Aufnahme von Beitrittsverhandlungen von einer vorhergehenden Regelung der Agrarfinanzierung abhängig gemacht. Der dazu notwendige Vertrag über die Einführung von Eigenmitteln der Gemeinschaft und deren stufenweise Einführung bis 1975 wurde bis zum 21. April 1970 in Rekordzeit ausgearbeitet. Diese Eigenmittel erhielt die Gemeinschaft von da an aus Grenzabgaben auf landwirtschaftliche Güter, sonstigen Zöllen und Abgaben und einem höchstens einprozentigen Anteil an der Mehrwertsteuer der Mitgliedsstaaten. Allerdings wurde die Regelung darüber, wem letztlich die Zuständigkeit für die Aufstellung des Etats und die Bewilligung der Ausgaben zustehen sollte, erst mit einem weiteren Vertrag am 22. Juli 1975 erreicht. Dieser fasste das Parlament und den Rat als Haushaltsbehörde zusammen, versagte allerdings dem Parlament weiter die Haushaltsbefugnis über den weitaus größten Anteil des Etats, die »obligatorischen« Etatposten, d. h. die Mittel für die Agrarpolitik.

Danach konnten die Partner zu der vereinbarten Vertiefung und Erweiterung voranschreiten. Zwei Ausschüsse wurden eingesetzt. Ein Ausschuss der politischen Direktoren der Außenministerien der Mitgliedsstaaten unter dem Vorsitz des belgischen Diplomaten Etienne Davignon arbeitete Grundsätze und Verfahren einer engeren politischen Zusammenarbeit aus. Ein weiterer Ausschuss unter der Leitung des luxemburgischen Ministerpräsidenten und Finanzministers Pierre Werner erhielt den Auftrag, einen Plan zur stufenweisen Verwirklichung einer Wirtschafts- und Währungsunion auszuarbeiten. Beide Ausschüsse legten im Herbst 1970 ihre Berichte vor, und die Ergebnisse beider Ausschüsse wurden in Ministerratsbeschlüsse umgesetzt. Damit nahm Ende 1970 bzw. Anfang 1971 in zwei Politikbereichen die Vertiefung der Gemeinschaft ihren Anfang, und dies sollte sie trotz zeitweiliger herber Rückschläge in den nächsten 30 Jahren erheblich verändern.

In die Verträge von Rom waren keinerlei Bestimmungen zur politischen Zusammenarbeit eingegangen, und de

Gaulles Unionspläne hatten die kleinen Mitgliedsstaaten abgelehnt, weil sie dahinter französische Hegemoniegelüste vermuteten. Es war Anfang der siebziger Jahre auch unrealistisch, an eine tiefgreifende Vertragsrevision mit dem Ziel eines Bundesstaats zu denken. Das erste Jahrzehnt des Bestehens der Gemeinschaften hatte gezeigt, dass die Mitgliedsstaaten nicht daran dachten, substantielle Souveränitätsrechte abzugeben. Im Gegenteil, eifersüchtig hüteten sie ihre außenpolitische Unabhängigkeit, z. B. in der UNO, wo sie individuell und völlig unkoordiniert handelten. Hier, bei der außenpolitischen Abstimmung der EG-Staaten, setzte der Davignonbericht seinen Hebel an; und hier folgten ihm die Außenminister, als sie im Oktober 1970 eine engere politische Zusammenarbeit bzw. ein abgestimmtes außenpolitisches Verhalten beschlossen.

Der Davignonbericht war in seinen Vorschlägen äußerst zurückhaltend. Er setzte voraus, dass Frankreich auch nach dem Abtritt de Gaulles nicht bereit sein würde, irgendetwas zu akzeptieren, was nach Übertragung von politischen Souveränitätsrechten an ein übernationales oder zwischenstaatliches Gremium aussehen würde. Nach den enttäuschenden Erfahrungen mit gescheiterten Projekten wie der Europäischen Politischen Gemeinschaft in den fünfziger Jahren oder den Fouchetplänen Anfang der sechziger Jahre und nach der Erfahrung mit der Außenpolitik de Gaulles vermieden die Außenminister hochgesteckte Ziele. Man konnte Frankreich, aber auch anderen Mitgliedsstaaten, eine politische Zusammenarbeit nur in homöopathischen Portionen darreichen. So einigten sich die Außenminister der Gemeinschaft auf ihrer Konferenz in Luxemburg im Oktober 1970 lediglich auf Grundsätze und Methoden einer pragmatischen Zusammenarbeit. Sie erklärten »durch regelmäßige Unterrichtung und Konsultationen eine bessere gegenseitige Verständigung über die großen Probleme der internationalen Politik zu gewährleisten«, ihre Standpunkte zu harmonisieren, ihre Haltung abzustimmen und, »wo dies möglich und wünschenswert erscheint, ein gemeinsames Vorgehen zu begünstigen« (*Archiv der Gegenwart*, 28. Oktober 1970, S. 15819f.).

Das Verfahren blieb strikt auf die Zusammenarbeit zwischen den Regierungen beschränkt. Von 1970 an trafen sich die Außenminister der Gemeinschaft regelmäßig neben ihren sonstigen Treffen, um zu versuchen, in großen politischen Fragen einen gemeinsamen Standpunkt zu finden. Die Treffen der Außenminister wurden durch einen Ausschuss der politischen Direktoren in den Außenministerien unterstützt. Auch sie trafen sich in regelmäßigen Abständen ebenso wie, in Drittstaaten und internationalen Organisationen, die Botschafter der Mitgliedsstaaten. Die Europäische Politische Zusammenarbeit (EPZ), wie sie genannt wurde, sah nur regelmäßige Konsultationen vor und besaß keinerlei institutionelle Verbindung zu den EG-Organen. Bis 1986 war sie nichts weiter als ein bloßes Übereinkommen ohne jegliche verbindliche juristische Grundlage. Das Verfahren war rein freiwillig. Bis 1986 gelang es nicht einmal, ein ständiges Sekretariat zu Verstetigung der Arbeit zu errichten.

Die strikte Trennung der Politischen Zusammenarbeit von der Arbeit innerhalb der Gemeinschaft brachte zuweilen Absurditäten mit sich. Im Jahre 1973 z. B. trafen sich die Außenminister der EG-Staaten vormittags in Kopenhagen, um über die Verstärkung der politischen Zusammenarbeit zu beraten. Dann bestiegen sie das Flugzeug, um nachmittags und abends in Brüssel als Ministerrat der Europäischen Gemeinschaften zusammenzutreten.

Für die Verfechter des Prinzips der Supranationalität und der Stärkung der EG-Institutionen war dieser Weg einer zwischenstaatlichen Zusammenarbeit ein herber Rückschritt, eine Schwächung der Gemeinschaft und womöglich gar der Beginn ihrer Auflösung. Aber die EPZ erwies sich als attraktiv für ihre Teilnehmer, denn sie konnten ihre nationalen Interessen wegen der Unterstützung durch die EPZ-Partnerstaaten mit größerem Gewicht in die internationale Politik einbringen. Die EPZ führte die Mitgliedsstaaten enger zusammen, und es gelang ihnen in den ersten Jahren nach der Einführung, in einigen wichtigen Fragen der internationalen Politik eine gemeinsame Linie zu finden. Vor allem war die EPZ erfolgreich im Rahmen der »Konferenz für Sicherheit und Zusammenarbeit in Europa« (KSZE). Die EG-Staaten kommunizierten so eng wie nie zuvor miteinander, stimmten fortlaufend in allen Fragen ihre Positionen ab, traten in den Plenarsitzungen geschlossen auf, ließen sich von dem jeweiligen Vorsitzenden (Präsidenten) der EPZ gemeinsam vertreten und konnten einen guten Teil der getroffenen Vereinbarungen ihrem Erfolgskonto gutschreiben. Der italienische Ministerpräsident, Aldo Moro, unterzeichnete 1975 in Helsinki die »Schlussakte« der Konferenz, »für Italien und im Namen der Europäischen Gemeinschaften«. Auch im arabisch-israelischen Konflikt oder bei der Erarbeitung eines »Verhaltenskodex« für europäische Firmen in Südafrika erreichten die europäischen Staaten ein abgestimmtes Verhalten.

Der ermutigende Anfang bewegte die Staats- und Regierungschefs, die Politische Zusammenarbeit zu vertiefen. Auf dem Pariser Gipfel des Jahres 1974 bekräftigten sie ihren Willen, sowohl in bilateralen Kontakten gemeinsame Positionen zu vertreten, als auch gegenüber Drittländern als Ganzes zu handeln.

Diese Absichtserklärung gehört in den Zusammenhang eines noch ehrgeizigeren Vorhabens der Staats- und Regierungschefs, nämlich die Wirtschaftsgemeinschaft der Römischen Verträge zu einer politischen Union auszuweiten, was sie erstmals auf dem Gipfel in Paris im Oktober 1972 bekräftigt hatten. Ihr »vornehmstes Ziel« sei es, die Gesamtheit der »Beziehungen der Mitgliedsstaaten [...] vor dem Ende dieses Jahrzehnts in eine Europäische

Union umzuwandeln« (*Archiv der Gegenwart*, CD-Rom, 20. Oktober 1972, S. 17412–2).

Zwei Jahre später, mitten in der Weltwirtschaftskrise, war die politische Union in weite Ferne gerückt, aber noch hielten die Staats- und Regierungschefs an dem Ziel fest und beauftragten den belgischen Premier Leo Tindemans, eine »Gesamtkonzeption der Politischen Union« auszuarbeiten. Der von Tindemans 1975 vorgelegte Bericht warf ein helles Licht auf die Schwächen einer lediglich losen Kooperation und unterstrich die Vorteile einer zentralen Entscheidungsinstanz. Der Bericht schlug darüber hinaus eine über die EPZ hinausgehende Zusammenarbeit, die Verwirklichung einer Wirtschafts- und Währungsunion sowie die Verstärkung der Sozial-, Regional- und Forschungspolitik vor. Er plädierte für eine Erweiterung der Rechte des Europäischen Parlaments, und er legte das Konzept einer Gemeinschaft der zwei Geschwindigkeiten vor. Die Mitgliedsstaaten mit dem Willen zu einer schnelleren Integration sollten getrennt von den anderen vorangehen.

Als Tindemans 1975 seinen Bericht vorlegte, war der politische Wille, die Gemeinschaft umfassend umzugestalten, geschwunden. Der Bericht durchlief die Mühlen der Bürokratie und verschwand nach einer Schamfrist in der Schublade. So wie ihm erging es zwei anderen Berichten zur Reform der Gemeinschaft und ihrer Institutionen. Sie blieben folgenlos, wurden ein Opfer der Eurosklerose, von der die Gemeinschaft Mitte der siebziger Jahre befallen wurde und erst zehn Jahre später geheilt werden sollte.

Auch die Europäische Politische Zusammenarbeit verlor den Schwung der frühen Jahre. Anfang der achtziger Jahre war eine Stagnation unübersehbar und damit auch die Gefahr, das Erreichte an Gemeinsamkeit wieder zu verlieren. Welche Lücken in der Zusammenarbeit bestanden, zeigte sich in den großen Krisen an der Wende der siebziger zu den achtziger Jahren. Der Gemeinschaft

gelang keine Koordination beim Eingreifen der Sowjetunion in Afghanistan und auch in der Konfrontation zwischen den USA und dem Iran boten die Europäischen
Gemeinschaften ein beklagenswertes Bild der Uneinigkeit
und ungeordneter Reaktionen. Unabhängig von anderen
Einflussfaktoren verschlechterte das Hin und Her der
EG-Staaten und ihre Unfähigkeit, politisch gemeinsam zu
handeln, die schon gestörten Beziehungen zu den USA
noch mehr. Die EPZ, die vorsichtig begonnen und einige
Erfolge erreicht hatte, war Mitte der achtziger Jahre nur
ein Schatten dessen, was man mit ihr hatte erreichen wollen.

Gipfelpolitik – Der Europäische Rat

Mit ihrem Versprechen im Dezember 1969 in Den Haag,
die Gemeinschaft zu vertiefen, führten die Staats- und
Regierungschefs keine Renaissance der Supranationalität
herbei. Sie gingen zu keinem Zeitpunkt ernsthaft daran,
die Gemeinschaftsorgane so auszustatten, dass diese in der
Lage gewesen wären, in den Krisen der siebziger Jahre
erfolgreich zu agieren. Stattdessen setzten sie, von Frankreich dazu gedrängt, auf die zwischenstaatliche, die intergouvernementale Zusammenarbeit. Das Hauptinstru-
ment dieses »Intergouvernementalismus« wurden regelmäßige Treffen der Staats- und Regierungschefs. Noch
Anfang der sechziger Jahre, als Charles de Gaulle den
Mitgliedsstaaten solche Treffen hatte aufnötigen wollen,
hatten sie sich verweigert. Allerdings wurde denen, die
den Weg fort von der Supranationalität in die zwischenstaatliche Zusammenarbeit hinein für den Weg in die fal-
sche Richtung hielten, die Zustimmung erleichtert. Die
neue Einrichtung wurde neben das bestehende Institu-
tionengefüge der Gemeinschaftsorgane gesetzt, ohne es

anzutasten, während de Gaulles Pläne sich auch gegen die
Gemeinschaftsorgane gerichtet hatten.

Der Gipfel von Den Haag war in der Tradition des intergouvernementalen gaullistischen Denkens von George
Pompidou einberufen worden. Der Erfolg musste ihn
dazu ermutigen, ein solches Treffen häufiger anzuberau-
men. In der Tat gingen auf Pompidous Initiative zwei weitere Gipfeltreffen zurück, eines in Paris im Oktober 1972
und ein anderes in Kopenhagen im Dezember 1973. Auch
diese Treffen brachten Bewegung in die Gemeinschaft,
und das legitimierte sie. In Paris erfolgte 1972 der Beschluss, die Gemeinschaft zu einer Politischen Union weiterzuentwickeln und die Wirtschafts- und Währungsunion
zu vollenden. In Kopenhagen verabschiedeten die Teilnehmer 1973 ein »Dokument zur Europäischen Identität«
und beschlossen die Einrichtung eines Regionalfonds und
eines Europäischen Rechnungshofes.

Die vordergründige Effizienz dieser noch fakultativen
Gipfeltreffen stand im Gegensatz zu dem schlechten Er-
scheinungsbild der Gemeinschaftsinstitutionen in den
großen Krisen der frühen siebziger Jahre. Damit konnte
Pompidou seinen Wünschen nach einer Verstetigung der
Gipfelkonferenzen größere Plausibilität verleihen. Er pro-
pagierte die konzertierte Zusammenarbeit der Regierungschefs als einzig sinnvolle Vorgehensweise, um zu einer
»europäischen Regierung« zu kommen, die diesen Namen
wirklich verdiene. 1973 erhielt er Unterstützung von Jean
Monnet und seinem Komitee für die Vereinigten Staaten
von Europa. Monnet legte Pompidou, dem britischen Premier Edward Heath und Bundeskanzler Willy Brandt sein
Konzept einer »provisorischen europäischen Regierung«
vor. Er regte ein Treffen der Regierungschefs, dreimal im
Jahr, mit dem Zweck an, auf höchster Ebene die Hindernisse für die im Dezember 1972 in Paris beschlossene
»Europäische Union« aus dem Weg zu räumen und das
Projekt anzutreiben. Pompidou, Heath und Brandt griffen

Monnets Anregung auf, aber die Beneluxländer hatten den
Verdacht, sie sollten unter ein Direktorium der großen
Drei gestellt werden, ganz abgesehen davon, dass viele
Fragen noch nicht geklärt waren. Sollte sich das neue Gre-
mium etwa nur mit Angelegenheiten der staatlichen Zusammenarbeit befassen oder auch mit denen der Gemeinschaft? Wie sollte das Verhältnis des vorgeschlagenen
Gremiums zur Kommission sein? Würde ein Treffen der
Regierungschefs nicht die bestehenden Gemeinschaftsorgane empfindlich schwächen? In Kopenhagen kam keine
Entscheidung zustande. Die Angelegenheit sollte weiter
geprüft und auf einem weiteren Gipfel beraten werden.
Nach Kopenhagen, im Schatten der Ölkrise von 1973/74
änderten sich jedoch die wirtschaftlichen Koordinaten
und die politische Landschaft.

Pompidou starb, Willy Brandt musste zurücktreten,
und Edward Heath wurde abgewählt. Mit der neuen Labourregierung, wieder unter Harold Wilson, rückte Großbritannien, obwohl es Mitglied der EG blieb, erneut von
Europa ab. Andererseits sollte die Gemeinschaft, wie zu
Zeiten de Gaulles und Adenauers, wieder für einige Jahre
im Zeichen einer »besonderen Beziehung« zwischen dem
französischen Staatspräsidenten und dem deutschen Bundeskanzler stehen. Der am 19. Mai 1974 gewählte Valéry
Giscard d'Estaing und der Nachfolger Willy Brandts,
Helmut Schmidt, waren pragmatische »Macher«. Beide
waren kompetent in Fragen der Wirtschafts- und Finanzpolitik. Im Gegensatz zu Pompidou und Brandt, die ein
Nichtverhältnis hatten, verstanden sich Giscard d'Estaing
und Schmidt ausgezeichnet und schlossen Freundschaft.
Beide pflegten einen persönlichen Politikstil, Helmut
Schmidt machte keinen Hehl aus seiner Überzeugung,
einzelne Männer könnten die Welt zum Besseren bewegen
und würden dabei durch kollektive, auf einen mühseligen
Konsensfindungsprozess verpflichtete Gremienstrukturen
nur behindert. Seine Abneigung übertrug sich auf die

Brüsseler »Kommissionsbürokratie« und ihre verschachtelten Entscheidungsstrukturen und fand in ihr ständig neue Nahrung. Helmut Schmidts Neigung, in »Europa« ein Ärgernis und Verlustgeschäft zu sehen, wuchs angesichts der Schwierigkeiten, die enormen Folgekosten der Weltwirtschaftskrise aufzubringen. Manfred Lahnstein, der einige Zeit als Kabinettchef des deutschen Kommissars Haferkamp in Brüssel verbracht hatte, war nach seinem Wechsel in das Kanzleramt verblüfft, mit welcher Leidenschaft im intimen Kreis gegen »Europa« geredet werde. Deutlich zeigten Bonner Minister Brüssel die kalte Schulter. Sie beauftragten ihre zweite Garnitur mit dem missliebigen EG-Geschäft.

Ein »Feind Europas«, d. h. der Europäischen Gemeinschaften, war Helmut Schmidt trotz seiner Ausfälle gegen die Brüsseler Institutionen nicht. Ebenso wie Staatspräsident Giscard d'Estaing gehörte er Mitte der siebziger Jahre schon viele Jahre dem »Aktionskomitee für die Vereinigten Staaten von Europa« an, das 1955 von dem »Vater« der Montanunion, Jean Monnet, als europaweite Vereinigung von hochrangigen Politikern, Unternehmern und Gewerkschaftern zur Förderung der politischen und wirtschaftlichen Einigung Europas gegründet worden war. Aber Helmut Schmidt wollte das seiner Meinung nach unfähige, nur unnötige Dokumente produzierende Brüsseler Beschlusssystem durch ein neues ersetzen. Dabei traf er sich mit Giscard d'Estaing, der sich entschlossen zeigte, Europa einen neuen Schub zu geben.

Helmut Schmidt und Valéry Giscard d'Estaing kamen im September 1974 im Vorfeld des für Dezember geplanten Gipfeltreffens in Paris zusammen und verständigten sich über neue Vorgehensweisen, um, wie es hieß, Europa voranzubringen. Auf der Suche nach neuen Entscheidungsstrukturen tasteten sich die beiden an ein konkretes in der EG durchsetzungsfähiges Modell heran. Sie waren sich einig, dass neben der Kommission auch der Ministerrat seiner Aufgabe nicht gewachsen sei. Er sei mit mehr als 100 Teilnehmern völlig übersetzt. Die große Zahl von Zuhörern verleite Minister und Staatssekretäre dazu, unverbindliche Fensterreden zu halten. Deshalb dachten Giscard und Schmidt zuerst daran, den Ministerrat effizienter zu gestalten. Die Beamten sollten aus dem Konferenzsaal hinauskomplimentiert werden; nur noch die zuständigen Minister und Staatssekretäre sollten tagen. Im Fortgang der Gespräche verdichtete sich ihre Auffassung, dass die Führung der politischen Zusammenarbeit und der Politik der Gemeinschaften nur von den Staats- und Regierungschefs ausgeübt werden könne und dass diese zu diesem Zweck regelmäßig zusammenkommen müssten.

Trotz anfänglicher Opposition stimmten auch die Regierungschefs der kleinen Staaten auf dem Gipfeltreffen im Dezember 1974 in Paris einem jährlich dreimaligen Treffen aller Regierungschefs der EG zu, weil, so steht es in dem Kommuniqué, »die internen Probleme, die der Aufbau Europas mit sich bringt, und die Probleme, die sich Europa von außen stellen, als Ganzes gesehen« es erforderlich machten, »die Tätigkeiten der Gemeinschaften und die Arbeiten der politischen Zusammenarbeit weiterzuentwickeln und ihren Gesamtzusammenhang zu gewährleisten«. Die laufenden Geschäfte sollten weiterhin die Außenminister erledigen (*Europa-Archiv*, Folge 2, 1975, D 41).

Regelmäßige Gipfeltreffen zwischen den europäischen Regierungschefs oder gar ein »Europäischer Rat«, wie diese Treffen bald genannt wurden, waren in den Römischen Verträgen nicht vorgesehen. Aber Charles de Gaulle hatte in seinem, mit den Fouchetplänen vorlegten Modell einer zwischenstaatlichen Europaarchitektur einen solchen Rat bereits geplant. Insofern könnte man die Errichtung des Europäischen Rats, der nach dem vertraglich nicht abgesicherten »gentlemens agreement« vom Dezember 1974 zu einer regelmäßigen Einrichtung wurde, als einen späten Sieg der gaullistischen Vorstellung von einem zwischenstaatlich organisierten – intergouvernementalen – Europa sehen. So lauteten auch Interpretationen der Zeit. In Deutschland hieß es, Bonn kehre sich von seiner bisherigen Europapolitik und dem Dogma ab, Europa müsse mit Hilfe der übernationalen Brüsseler Behörden gebaut werden. Helmut Schmidt – die *Frankfurter Rundschau* nannte ihn »Charles de Schmidt« – wolle nicht mehr auf die politische Union und mithin auf eine europäische Regierung hinsteuern. Die EG-Mitglieder sollten sich damit begnügen, am Konferenztisch ihre politischen Ziele abzustimmen. Damit würde die unabhängige Kommission in der Brüsseler EG-Zentrale entmachtet und der EG-Ministerrat, in dem weisungsgebundene Vertreter der Regierung säßen, zum entscheidenden Gremium aufgewertet. Die EG-Kommission, die einstmals als Keimzelle einer europäischen Regierung gedacht gewesen sei, sei damit in die Rolle eines geduldeten Gastes verwiesen worden.

Mit dem Europäischen Rat wurde entgegen solchen Deutungen jedoch nicht der intergouvernementalen Steuerung der Europäischen Einigung und der Europäischen Gemeinschaften der unbedingte Vorrang eingeräumt, sondern ein dritter Weg eröffnet, um zu Europa zu gelangen. Er beruht auf der Verbindung der supranationalen und der intergouvernementalen Methode. Allerdings erlangte der Intergouvernementalismus ein immer größeres Gewicht, und damit rückte die Verwirklichung der supranationalen Konzeption der Gründungsväter, die »Vereinigten Staaten von Europa«, die Jean Monnet und seine Mitstreiter unermüdlich bis in die siebziger Jahre propagierten, in weite Ferne.

Der Europäische Rat wurde nicht in das Vertragswerk der Gemeinschaften eingebunden und auch selbst nicht vertraglich geregelt. Diese merkwürdige Institution, die rechtlich gesehen keine Institution war, wurde zum Leitstern der Europäischen Gemeinschaften und der politischen Zusammenarbeit der Sechs. Der Europäische Rat wurde oberste Entscheidungs- und letzte Einigungsinstanz; er gab Impulse für das weitere Fortschreiten der Einigung und für die Eröffnung neuer Tätigkeitsfelder der Zusammenarbeit; er sprach für die Gemeinschaft in der internationalen Politik. Aber erst neun Jahre nach seinem Bestehen, auf dem Stuttgarter Gipfel im Juni 1983, wurden seine Aufgaben näher beschrieben. Drei Jahre später fügte die Einheitliche Europäische Akte ihn formell in das Gesamtgefüge der Gemeinschaft ein.

Seine »Väter« hatten den Europäischen Rat als eine Instanz gedacht, die sich nur mit den großen politischen Fragen, mit Leitlinien und Impulsen grundsätzlicher Art befassen und alle Einzelheiten der Erledigung den zwischenstaatlichen und gemeinschaftlichen Institutionen überlassen sollte. Unaufhaltsam aber wurde der Rat mit immer mehr Aufgaben auch sehr detaillierter Art überhäuft, weil die Minister der Mitgliedsstaaten, wenn sie sich in den Räten nicht einigen konnten oder wollten, die unerledigten Angelegenheiten im Europäischen Rat abluden. Analog zum Wechsel im Vorsitz des Rats der Gemeinschaften wechselte auch der Vorsitz, die Präsidentschaft, im Europäischen Rat. Ob die Ratssitzungen Erfolg hatten oder nicht, hing wesentlich vom effizienten Management der Präsidentschaft ab. Sie hatte die Tagesordnung und den Zeitplan festzulegen. Sie konnte Initiativen lancieren, sie musste sich als Makler, als Vermittler zwischen den Regierungen der Mitgliedsstaaten bewähren und so geschickt Verhandlungspakete zusammenschnüren, dass alle Interessen berücksichtigt waren und eine Entscheidung in den strittigen Fragen getroffen werden konnte. Die Präsidentschaft musste die Verbindung zu den Gemeinschaftsinstitutionen aufrechterhalten, das Parlament informieren und die Gemeinschaft nach außen und in internationalen Organisationen repräsentieren.

Auf der Ebene unter dem Europäischen Rat war der Rat der Gemeinschaften angesiedelt. Die Gründungsver-

träge sprachen nur von dem aus den Vertretern der Mitgliedsstaaten bestehenden Rat. Dieser Rat als die Institution zur Vertretung der Interessen der Mitgliedsstaaten fä-
cherte sich im Laufe der Jahre in immer mehr technische
Räte auf, die praktisch auf allen Politikfeldern tätig wurden, die auch in den Aufgabenbereich der nationalen Regierungen gehörten. Neben dem Rat der Außenminister
wurde der Rat der Wirtschafts- und Finanzminister
(ECOFIN) der bedeutendste und prestigeträchtigste. Den
Räten wiederum arbeiteten Ausschüsse zu, entweder im
Wege der direkten Politikberatung, wie es zum Beispiel
dem Ausschuss der Präsidenten der Europäischen Zentralbanken zukam, oder im Wege der technischen und ad-
ministrativen Unterfütterung der Arbeit durch Experten
und hochrangige Beamte der Mitgliedsstaaten. In der
zweiten Hälfte der siebziger Jahre hatte sich aus prakti-
scher Notwendigkeit eine intergouvernementale Struktur
ausgebreitet und verdichtet, die aber eng mit dem Räderwerk der Gemeinschaftsinstitutionen verbunden war und
zusammen mit diesem zur Kohäsion der Gemeinschaft
und zur Formulierung eines europäischen Interesses bei-
trug. Im Rahmen der multilateralen und auch immer
häufigeren bilateralen Zusammenarbeit entstanden Netz-
werke von Beamten, Wissenschaftlern und sonstigen Experten, die das Vertrauen ihrer Regierungen besaßen, deren Kenntnisse, Loyalitäten und Interessen aber über die
nationalen Grenzen hinausreichten. Sie waren in der
Lage, die Zusammenarbeit auf einer kaum noch über-
schaubaren Vielzahl von Tätigkeitsfeldern zu gestalten. So
näherten sich Intergouvernementalismus und Supranationalität aneinander an, griffen ineinander und ebneten die
Gräben zwischen den beiden Methoden der europäischen
Einigung bis zu einem gewissen Grade ein, wenn sie sie
auch nicht ganz zuschütteten. Somit passte sich das Räderwerk der europäischen Integration an die Realität Europas als einer Gemeinschaft souveräner Staaten an, die

ihrerseits Hauptakteure in dem multinationalen politischen und wirtschaftlichen Beziehungsgeflecht Westeuropas blieben.

Die Kommission – eine abgewertete Institution?

Mit der Errichtung des Europäischen Rats und dem Ausbau der intergouvernementalen Entscheidungsverfahren verwandelte sich die Kommission in mancher Hinsicht in ein »Riesen-Generalsekretariat«, das unermüdlich große Papiermengen produzierte, den Rat mit Vorschlägen überhäufte, aber keine Auseinandersetzung mit den Staats- und Regierungschefs oder den Außenministern um das Prinzip der Supranationalität wagte. Die Kommission sah sich zur Gehilfin herabgestuft, und als 1977 mit Roy Jenkins ein erfahrener Politiker an ihre Spitze trat, musste er zunächst gegen das schlechte Image der Kommission ankämpfen, um dann die Initiative für die Kommission zurückzugewinnen und deutlich zu machen, dass sie nicht das Sekretariat oder der Diener von Treffen der Regierungschefs und des Rats sei. Diese Auffassung vertrat offensichtlich der französische Staatspräsident Giscard d'Estaing. In seinem Bericht über eine Sitzung des Europäischen Rats vor dem Europäischen Parlament in Straßburg im Jahre 1979 klang es so, als spräche er im Namen einer Europäischen Regierung und die Kommission sei nur noch ausführendes Organ. Da hieß es: »Der Europäische Rat hat beschlossen«, »er hat die Kommission gebeten«, »sie aufgefordert«, »er hat Minister angewiesen« (zit. nach: Schöndube, S. 104 f.). Der französische Staatspräsident hatte schon vorher deutlich gemacht, wie er sich die künftige Entwicklung der Gemeinschaft vorstelle: Er sah den Europäischen Rat der Regierungschefs als Exekutive der Gemeinschaft und die Kommission als seine Verwaltungsstelle.

Die *Frankfurter Allgemeine Zeitung* (5. September
1979, S. 11) kam in ihrer Analyse zu dem Schluss, die
Interpretation des französischen Staatspräsidenten entspreche ziemlich genau der Wirklichkeit, die sich in den
siebziger Jahren herausgebildet habe: »Vom Initiativrecht
der Kommission, Vorschläge zur Weiterentwicklung der
Gemeinschaft zu machen, ist nicht viel übrig geblieben.
Die Föderalisten unter den Europäern sahen in der Kommission immer die Keimzelle einer europäischen Regierung. In Brüssel sollten die gemeinsamen Interessen definiert und auf dieser Basis eine Politik der Integration
betrieben werden. Doch da wurde die Bereitschaft der
nationalen Regierungen zum Souveränitätsverzicht über-
schätzt. Alle Vorschläge der Kommission, die den Regierungen nicht paßten, verschwanden in den Aktenschrän-
ken des Ministerrats.«

Es wäre jedoch irreführend, die Rolle der Kommission
zu sehr herunterzuspielen, denn ein starker und politisch
geschickter Präsident an der Spitze einer qualifizierten
Kommission konnte auch unter den herrschenden Bedingungen zum Motor der Gemeinschaft werden, wie sich
zur Zeit der Präsidentschaft Jacques Delors' zeigen sollte.
Die Kommission behielt auch ihre ungeschmälerte Bedeutung auf den Gebieten, auf denen ihr die Römischen Verträge die alleinige Zuständigkeit zugesprochen hatten, und
sie behielt das alleinige Recht, dem Rat »Gesetzentwürfe«
vorzulegen. Darüber hinaus vergrößerte sich ihr Aktions-
radius in dem Maße, in dem sie von den Staats- und
Regierungschefs und dem Ministerrat gefordert wurde,
Aktivitäten zu entfalten. Das traf zum Beispiel auf die
Verwaltung ihrer ständig steigenden Eigenmittel und
deren Verteilung auf die verschiedenen Fonds und politischen Aufgaben zu, welche der EG in den siebziger und
achtziger Jahren zuwuchsen. Dennoch, die Kommission
wurde tendentiell immer stärker Verwaltungsgremium
und immer weniger politische Exekutive. Die wirklich

großen Themen europäischer Integration und Zusammenarbeit im Bereich von Wirtschaft und Währung lagen außerhalb ihrer Zuständigkeit. Sie wurden intergouvernemental bearbeitet.

Die Direktwahlen zum Europäischen Parlament 1979

Verlor die Kommission in den siebziger Jahren im institutionellen Gefüge der EG an Gewicht, so konnte das Parlament durch die Einführung der Direktwahl des Parlaments einen Zugewinn erzielen. Allerdings war es von den drei zentralen Organen der Gemeinschaft neben dem Rat und der Kommission bei weitem das machtloseste. Es konnte nur beraten, aber nicht beschließen. Es besaß nicht einmal jene Rechte, welche die nationalen Parlamente an die Gemeinschaft abgegeben hatten. Diese parlamentarischen Rechte wurden vom Rat ausgeübt. Er verabschiedete die Verordnungen, die für alle Mitgliedsstaaten unmittelbar bindend waren. Außerdem fehlte dem Europäischen Parlament die Legitimierung durch direkte Wahlen.

Vielfältige Bedenken hatten verhindert, dem Parlament mit den Römischen Verträgen echte Mitwirkungsrechte an der Rechtssetzung der Gemeinschaften zu übertragen und einen Termin für die Direktwahl der Abgeordneten festzulegen. Politisch taktische Gründe rieten, davon abzusehen. In einigen Ländern – Frankreich z. B. – waren so große Widerstände gegen die materiellen Vertragsbestimmungen zu überwinden, gegen den unverfälschten freien Wettbewerb und eine liberale Handelspolitik, dass eine Übertragung von Mitwirkungsbefugnissen an das Parlament zu einer Ablehnung der Verträge in einigen nationalen Parlamenten geführt hätte. Zudem gab es die Scheu, auf das völlig neuartige Gebilde, von dem überhaupt nicht klar war, in welche Richtung es sich entwickeln würde, das Demokratieverständnis zu übertragen, das für die nationalen politischen Systeme gilt. Da außerdem die Entscheidungsbefugnisse in Bezug auf den Gemeinsamen Markt und die Wettbewerbsordnung rechtlich eng begrenzt waren und es sich um Sachbereiche von sehr technischem Charakter handelte, drängte sich nicht zwingend die Notwendigkeit auf, ein Parlament an den Entscheidungen zu beteiligen und Verzögerungen oder sogar Blockaden zu riskieren. Hier spielte auch die Vorstellung eine Rolle, dass es sich um ein ökonomisches Projekt handele, das nach ökonomischen Effizienzkriterien organisiert werden müsse, für die demokratisch motivierte Kontrollen kontraproduktiv wirken würden. Diejenigen schließlich, die unter Integration nicht mehr als eine multilaterale zwischenstaatliche Zusammenarbeit auf klar definierten Gebieten verstanden, wollten dem Parlament allenfalls Beratungs- und begrenzte Kontrollbefugnisse zugestehen.

Für das Parlament aber war von Anfang an klar, dass seine Rolle, sein Status und seine Entscheidungsbefugnisse bei der Gesetzgebung, der Aufstellung des Haushalts und der Bestellung der »Exekutive« (Kommission) die gleichen zu sein hätten wie die der nationalen Parlamente, und dass es auf der europäischen Ebene in dem gleichen Umfang die Bevölkerung zu repräsentieren und die Herrschaftsausübung demokratisch zu legitimieren habe. Deshalb bemühte es sich seit der Aufnahme seiner Arbeit im Jahre 1958 um größere direkte Kompetenzen zum Beispiel auf dem Gebiet des Haushaltsrechts und um die Umwandlung seiner beratenden Stellungnahmen zu Beschlüssen, welche für die Exekutivorgane bindend wären. Bis in die siebziger Jahre konnte die Versammlung – sie nannte sich ab 1962 Europäisches Parlament – keinerlei Erfolge erzielen.

Am hartnäckigsten bemühte sich das Europäische Parlament um die Einführung von Direktwahlen und hatte dazu auch die Legitimation, weil die Römischen Verträge ein direkt gewähltes Parlament vorsahen. Die Verträge (Artikel 138 EWG bzw. 108 EURATOM) gaben der »Versammlung« die Aufgabe, dem Rat Entwürfe für allgemeine unmittelbare Wahlen nach einem einheitlichen Verfahren in allen Mitgliedsstaaten vorzulegen. Der Rat sollte dann einstimmig entsprechende Bestimmungen erlassen und sie den Mitgliedsstaaten zur Annahme gemäß ihren verfassungsrechtlichen Bestimmungen empfehlen. Die Versammlung legte dem Rat bereits 1960 einen Entwurf vor, hörte von ihm aber drei Jahre lang nichts und erst auf Nachfrage kam die Mitteilung, ein Entwurf könne nur einstimmig verabschiedet werden, diese Voraussetzung sei aber im Rat nicht gegeben gewesen. D. h., die französischen Minister blockierten auf Anweisung Charles de Gaulles die Direktwahl. De Gaulle sah darin eine unzumutbare Schmälerung der französischen Souveränität.

Nach dem Motto, »im Übrigen meinen wir, dass Direktwahlen abgehalten werden müssen«, legten im nächsten Jahrzehnt Parlamentarier und Fraktionen in den Parlamenten aller Mitgliedsstaaten Gesetzentwürfe zur einseitigen Direktwahl im jeweiligen Land vor. Kein Gesetzentwurf wurde angenommen. Auch war es juristisch nicht geklärt, ob dieser Weg überhaupt gangbar gewesen wäre. 1969 riss dem Europäischen Parlament erstmals der Geduldsfaden. Es drohte, gegebenenfalls eine Untätigkeitsklage gegen den Rat wegen der Verzögerung der Beschlussfassung über die Direktwahl beim Europäischen Gerichtshof einzubringen, eine rechtliche Möglichkeit, die zwei Jahre später in einem Gutachten ausdrücklich bestätigt wurde. Trotz der Drohung des Parlaments mit einer Klage kam die Angelegenheit nicht voran. Zwar beauftragten die Staats- und Regierungschefs auf ihrer Gipfelkonferenz in Den Haag im Dezember 1969 den Rat, die Frage der direkten Wahl zu prüfen, aber auch diese Initiative versandete. Im Juli 1971 setzte die Kommission daraufhin einen Ausschuss unter dem Vorsitz des französischen Juristen Georges Vedel ein, der die Frage der Erweiterung der Befugnisse der Versammlung untersuchen sollte. Der Vedelausschuss legte sehr moderate Empfehlungen vor, unterstrich die Wünschbarkeit allgemeiner Wahlen und trat für ein aufschiebendes Vetorecht der Versammlung ein.

Erst mit der Wahl von Valéry Giscard d'Estaing zum französischen Staatspräsidenten änderte sich die Haltung der französischen Regierung zu Direktwahlen. Helmut Schmidt hatte darauf gedrungen, und Giscard d'Estaing konnte sich auf dem Pariser Gipfel im Dezember 1974 die entgegenkommende Geste leisten, weil er die seit dem Beginn der sechziger Jahre nicht aus den Augen verlorene gaullistische Forderung nach einem höchsten Gremium der Staats- und Regierungschefs durchgesetzt hatte. Die Regierungschefs gaben grünes Licht für allgemeine Wahlen zum Europäischen Parlament, die »sobald wie möglich« verwirklicht werden sollten. Sie forderten das Parlament auf, Vorschläge vorzulegen, wünschten, dass der Rat darüber 1976 beschließe und dass Direktwahlen ab 1978 erfolgen könnten.

Das Parlament legte schon nach eineinhalb Monaten einen Vertragsentwurf vor. Aber die Mitgliedsstaaten zerstritten sich in den nächsten zwei Jahren über die Zahl der Sitze im Parlament und darüber, wie die Sitzanteile unter die neun Mitgliedsstaaten zu verteilen seien. Gegen das Prinzip »eine Person, eine Stimme« entschied man sich nach vielen Kompromissentwürfen für eine Gewichtung, die kleine Länder begünstigte und ihnen prozentual weitaus mehr Abgeordnete zubilligte, als es ihrem demographischen Gewicht entsprach. So repräsentierte nach dem im Juli 1976 verabschiedeten »Akt zur Einführung unmittelbarer Wahlen der Abgeordneten der Versammlung« ein Abgeordneter aus Luxemburg 60 000 Einwohner, ein deutscher dagegen mehr als 700 000.

Da sich bei der Ausarbeitung der Gesetze zum Wahlverfahren in den nationalen Parlamenten herausstellte, dass Großbritannien nicht in der Lage sein würde, den vorgesehenen Wahltermin im Jahre 1978 einzuhalten, verschob man die erste Wahl auf Juni 1979. Gewählt wurde nicht nach dem im Vertrag geforderten einheitlichen Verfahren, sondern jeweils nach den nationalen Traditionen, nach Listen- oder Mehrheitswahl, nach landesweiten oder regionalen Listen. Nach diesen sehr unterschiedlichen Wahlverfahren fand zwar eine Wahl zum Europäischen Parlament statt, aber es war im Wesentlichen keine europäische Wahl. Die nationalen Parteien führten den Wahlkampf; sie bestritten ihn in starkem Maße mit Themen der nationalen Politik. In Frankreich und Großbritannien war der Wahlkampf für ein Europäisches Parlament zu einem guten Teil auch ein antieuropäischer Wahlkampf, weil die Antipathien gegen ein europäisches Konkurrenzparlament zu dem eigenen Parlament groß waren und weil einige Parteien, wie die Gaullisten in Frankreich und die beiden großen Parteien in Großbritannien, äußerst kritische Töne gegenüber Europa anschlugen, von den kommunistischen und nationalistischen Parteien in den Mitgliedsstaaten ganz zu schweigen. Die Wahlen fanden am 7. und 10. Juni 1979 statt; die Wahlbeteiligung war mit europaweit 62 Prozent hoch, schwankte aber zwischen 91 Prozent in Belgien und 33 Prozent in Großbritannien. Nach den großen politischen Lagern sortiert, standen die demokratischen Sozialisten mit 112 Abgeordneten an der Spitze; ihnen folgten die Christdemokraten mit 108 Abgeordneten.

Die gewählten Abgeordneten hatten nur wenig mehr Zuständigkeiten als ihre delegierten Kollegen in den zwei Jahrzehnten zuvor. Immerhin war am 1. Juni 1977 der Vertrag über die Erweiterung der Haushaltsbefugnisse des Parlaments in Kraft getreten, auf dem einige Mitgliedsstaaten bestanden hatten, um dem EP größere Kontrollbefugnisse und Mitspracherechte bei der Verwendung der

Eigenmittel der Gemeinschaft zu geben. Das Gesetz von
1977 differenzierte das Dialogverfahren zur Aufstellung
des Haushalts zwischen Ministerrat und Parlament, wenn
auch der Ministerrat das letzte Wort behielt. Allerdings
galt das nicht für jeden Fall. Das nun auch im Vertrag so
bezeichnete »Europäische Parlament« (EP) hatte das
Recht erhalten, mit zwei Drittel der abgegebenen Stimmen aus wichtigen Gründen den Entwurf des Haushalts-
plans abzulehnen und die Vorlage eines neuen Entwurfs
zu verlangen. Mit diesem Recht ging das neue Parlament
schon sechs Monate nach seiner Wahl recht selbstbewusst
um; es lehnte den Haushaltsentwurf für 1980 ab, so dass
ein neuer Entwurf vorgelegt werden musste.

Auch wenn die Direktwahl die Machtverteilung zwischen den Organen der Gemeinschaft nicht veränderte –
erst die Einheitliche Europäische Akte und die nachfolgenden Vertragsrevisionen verstärkten das Gewicht des
Europäischen Parlaments im Entscheidungsgefüge –, so
zeigten die direkt gewählten Abgeordneten doch von Beginn an ein Selbstvertrauen und einen Aktivitätsdrang, wie
es vorher nicht zu beobachten gewesen war. Das Selbstbe-
wusstsein war auch deshalb gerechtfertigt, weil man dem
EP innerhalb und außerhalb der Gemeinschaft viel mehr
Aufmerksamkeit als vor der Direktwahl schenkte. Der
amtierende Kommissionspräsident Roy Jenkins bewertete
es als ein potentiell mächtiges Organ, dem die Kommission mit Respekt und Besorgnis zu begegnen habe.

Schon vor der Abhaltung der Direktwahlen zum Parlament hatte sich die europäische Parteienlandschaft verändert. Die großen politischen Parteien hatten begonnen, transnationale Parteienbündnisse aufzubauen. Als
Erstes hatten im April 1974 die Sozialdemokraten den
»Bund der sozialdemokratischen Parteien in der Europäischen Gemeinschaft« gegründet. 1976 waren ihnen die
Christlichen Demokraten mit ihrer »Europäischen Volks-
partei« (EVP) und die Liberalen mit der »Organisation

Europäischer Liberaler Demokraten« (ELD) gefolgt, die sich im Jahre 1985 den Namen »Europäische Liberale Demokraten und Reformer« (ELDR) gab. Diese Parteienverbindungen auf europäischer Ebene sollten die parteipolitische Grundlage für die entsprechenden transnationalen politischen Fraktionen im Europäischen Parlament bilden und lebendige und möglichst direkte Kommunikationsbeziehungen zwischen der nationalen Ebene und derjenigen der Europäischen Gemeinschaft gewährleisten. Vor allem sollten sie die Basis für europaweite Wahlplattformen bilden und helfen, die nationalen Parteiorganisationen stärker auf die Gemeinschaft und ihre Politik zu orientieren.

Die Streiter für die Direktwahl hatten gehofft, im Vorfeld und im Gefolge dieser Wahl werde eine europäische politische Öffentlichkeit und eine europäische politische Infrastruktur in Gestalt europaweiter Parteien hergestellt werden. Die Anläufe der Sozialisten, Christdemokraten, Liberalen u. a. m., organisatorisch leistungsfähige und politisch homogene Euro-Parteien und ein europäisches Parteiensystem zu entwickeln sind gescheitert. Zu lose sind die Bande, welche die nationalen Parteien auf europäischer Ebene zusammenbinden, und zu groß die Unterschiede in der Haltung gegenüber den großen politischen Fragen, als dass sie sich zu einer europäischen Einheit zusammenfinden könnten.

Mit den Versuchen, sich zu europäischen Verbänden zusammenzuschließen, folgten die Parteien dem Beispiel der großen wirtschaftlichen Interessenverbände, die wie Industrie- und Bauernverbände den Schritt schon früher, zum Teil im direkten Umfeld der Verabschiedung der Römischen Verträge getan hatten. Die Verbände wollten auf Gemeinschaftsebene präsent sein und dort über eigenständige Organisationen verfügen. In solchen Verbänden haben manche Beobachter einen Indikator für den Integrationsfortschritt gesehen. Man erwartete, dass sich die

Euro-Verbände zu politisch-programmatisch und organi-
satorisch-homogenen schlagkräftigen Akteuren mit eige-
nem Schwergewicht entwickeln würden. Doch haben sich
die Erwartungen nicht erfüllt. Brüssel als die faktische
EG-Hauptstadt beherbergt zwar eine große Zahl solcher
Verbände, die Mitspieler im gemeinschaftlichen Entschei-
dungsprozess sind. Sie sind allerdings weniger Repräsentanten eines gemeinsamen europäischen Interesses für ihr
Gebiet, sondern stellen eher ein Diskussionsforum zur
Verfügung, dass die Mitglieder nützen, um Interessen und
Prioritäten der Verbände aus den anderen Mitgliedsstaaten
kennen zu lernen und – falls keine gemeinsame Linie
erreicht werden kann – Orientierungspunkte für das
eigene Vorgehen zu gewinnen.

Die spezifischen Aufgaben der Europäischen Gemeinschaften brachten es mit sich, dass sich als Erstes die Bau-
ern- und Industrieverbände auf der europäische Ebene
organisierten, dazu eine große Zahl von Branchenverbän-
den. Die Gewerkschaften folgten erst 1973 mit der Gründung des Europäischen Gewerkschaftsbundes (EGB).

Wirtschafts- und Währungsunion – Ein erster Anlauf und sein Scheitern in der Weltwährungskrise

Unter den in Den Haag vereinbarten Vorhaben zum Ausbau und zur Vertiefung der EG war die Wirtschafts- und
Währungsunion (WWU) das ehrgeizigste. Die Währungsunion war in den Wunschkatalog europäischer Integrati-
onsprojekte gelangt, nachdem Ende der sechziger Jahre
die Weltwährungsordnung der Nachkriegszeit ins Wanken
geraten war. Zuvor war eine eigene europäische Geld- und
Währungspolitik überflüssig gewesen.

Mitte der sechziger Jahre handelten sich die USA mit
kostspieligen innenpolitischen Reformen und Milliarden-

summen für den Vietnamkrieg Staatsdefizite und Inflation ein. In immer größeren Mengen fluteten Dollars nach Europa und importierten die Inflation über den Mechanismus fester Wechselkurse. Die starke DM geriet unter Aufwertungs-, die schwachen Währungen unter Abwertungsdruck. Damit ging das Vertrauen in den Dollar als Anker des Weltwährungssystems verloren, und in der Finanzwelt wuchsen die Zweifel an der Garantie des jederzeitigen Umtauschs des Dollars in Gold zu dem seit 1934 festliegenden Preis. Nicht nur dem Preisgefüge des Gemeinsamen Agrarmarkts, sondern der gesamten währungspolitischen Basis der Europäischen Gemeinschaften drohte ein Zusammenbruch, nachdem es einen Sturm auf die amerikanischen Goldreserven gegeben hatte, der Franc abgewertet und die DM aufgewertet worden waren.

Trotz des Widerstands in der Bundesrepublik gegen das Ansinnen, die erfolgreiche Mark mit den schwachen Währungen zu verbinden, die Mark gewissermaßen zum Blutspender für schwächelnde Währungen zu machen, gab Willy Brandt aus politischen Gründen dem Drängen Frankreichs nach und schlug entsprechend einer Anregung Jean Monnets in Den Haag die Errichtung einer »Wirtschafts- und Währungsunion« (WWU) zur Eliminierung der Wechselkursschwankungen vor. Die Staats- und Regierungschefs akzeptierten den Vorschlag, zumal die Kommission bzw. der zuständige Kommissar, Raymond Barre, schon Vorarbeiten veröffentlicht hatte. Sie setzten eine Expertenkommission unter der Leitung des luxemburgischen Premiers und Finanzministers Pierre Werner ein, die im Oktober 1970 ihren »Wernerplan« vorlegte (Dok. 27).

Die Experten, beflügelt von dem Optimismus nach dem Gipfel von Den Haag, meinten, die WWU könne im Verlauf von zehn Jahren verwirklicht werden. Sie schlugen vor, in drei Etappen bis zum Jahr 1980 mit wirtschafts- und währungspolitischen Maßnahmen die ökonomischen monetären Ungleichgewichte zwischen den Partnerstaaten abzubauen und zum Abschluss eine einheitliche Währung, ein gemeinschaftliches Zentralbanksystem und ein dem Europäischen Parlament verantwortliches Europäisches Wirtschaftspolitisches Entscheidungszentrum zu schaffen, das von Brüssel aus in der Lage sei, die Haushalts-, Wirtschafts- und Sozialpolitik der sechs Länder zu steuern. Mit dem Vorschlag auf den beiden Feldern der Währungs- und Wirtschaftspolitik zur selben Zeit voranzuschreiten, hatten die Experten eine magische Formel gefunden, mit der sie den scheinbar unversöhnlichen Gegensatz zwischen »Ökonomisten« (Deutschland, Niederlande, Italien) und »Monetaristen« (Frankreich, Belgien), zwischen dem Vorrang der wirtschaftspolitischen vor der monetären bzw. der monetären vor der wirtschaftspolitischen Einigung aufzulösen hofften. Sie setzten das Ziel einer gemeinsamen Währung, und um dahin zu gelangen, bestimmten sie ein Maßnahmenpaket zur Zusammenführung der Wirtschafts-, Haushalts- und Geldpolitik der nationalen Regierungen und ihrer immer stärkeren Steuerung durch schrittweise aufzubauende Gemeinschaftsinstitutionen.

Nach Modifikationen setzte der Rat im Februar/März 1971 den Plan in Kraft. Doch kaum war die Errichtung einer Wirtschafts- und Währungsunion beschlossen, lösten Devisenspekulationen erneut eine Währungskrise aus und machten das Projekt hinfällig. Ab März 1971 wurde der Zufluss von Dollars in die Bundesrepublik so stark, dass diese sich entschloss, den DM-Kurs einseitig freizugeben. Die meisten anderen Währungen folgten dem Beispiel der Deutschen Mark. Das Ende des bestehenden Weltwährungssystems rückte nah, als die Vereinigten Staaten im August 1971 die Konvertabilität des Dollars ersatzlos aufhoben. Noch einmal aber gab es einen Rettungsversuch. Eine Währungskonferenz vereinbarte im Dezember 1971 in Washington eine Fortsetzung des alten Systems mit neuen Paritäten und größeren Schwankungsbreiten. Die sechs EG-Staaten sowie Großbritannien, Irland und die skandinavischen Länder verständigten sich darauf, eine Zone noch höherer Währungsstabilität zu schaffen und ihre Währungen enger zusammenzuhalten, als es das Washingtoner Abkommen vorsah. Sie schufen mit dem Baseler Abkommen vom April 1972 einen Europäischen Wechselkursverbund, die so genannte »Währungsschlange«. D. h., sie vereinbarten, ihre Währungen untereinander mit 2,25 Prozent nach oben und unten nur halb so stark schwanken zu lassen, wie es nach dem Washingtoner Abkommen möglich gewesen wäre. Sie verpflichteten die Zentralbanken, schwache Währungen mit Stützungskäufen zu stabilisieren, starke Währungen durch Verkäufe an der faktischen Aufwertung zu hindern. Die Tinte der Unterschriften unter dem Abkommen war noch nicht trocken, da rollten neue Spekulationswellen gegen den Dollar und das britische Pfund. Großbritannien stand vor besonderen wirtschaftlichen Schwierigkeiten, weil die Bergarbeiter mit einem Streik eine Lohnerhöhung um 25 Prozent erzwungen und damit die Stabilitätspolitik der Regierung Heath unterlaufen hatten. Großbritannien musste die »Schlange« wieder verlassen.

Wiederum ein knappes Jahr später stellte sich heraus, dass auch die letzte Neuordnung das Währungssystem der Nachkriegszeit nicht hatte retten können. Man hatte zwar die Währungen, nicht aber die übrige Wirtschaftspolitik aneinander gebunden. Die Märkte spielten mit der unvollkommenen Union, griffen die schwächsten Währungen an und spekulierten auf die Aufwertung der Mark. Im März 1973 warf die Bundesrepublik das Handtuch. Sie gab, wie andere Länder mit starken Währungen, ihre Wechselkurse frei und weigerte sich, undisziplinierte Währungen weiter zu stützen. Die USA hoben ihre Verpflichtung auf, den Dollar in Gold einzulösen. In der Regel bestimmten danach die Märkte die Wechselkurse. Auch ein nochmaliger

Versuch im Jahre 1975, in Europa eine Insel der Währungsstabilität zu schaffen, missglückte, und jedes Teilneh-
merland konzentrierte sich auf seine eigenen Probleme.

Für das Scheitern aller Bemühungen dieser Jahre, den
europäischen Devisenmarkt zu ordnen, lassen sich vier
Gründe anführen:
    Erstens waren viele Verantwortliche davon überzeugt,
dass es Unsinn sei, gänzlich disparate Währungen zu-
sammenzubinden. Zweitens weigerten sich die Länder, die
politischen und institutionellen Implikationen einer gemeinsamen Währungspolitik zu akzeptieren. Drittens gab
es den destabilisierenden Einfluss der internationalen
Währungskrisen. Und viertens wirbelten die weltweite Inflation und Rezession die europäische Wirtschaft völlig
durcheinander.
    Ad 1: Es bestand zwar über die Wünschbarkeit einer
Wirtschafts- und Währungsunion prinzipielle Überein-
stimmung, doch blieb wegen der gegensätzlichen Ordnungsvorstellungen der »Ökonomisten« und »Monetaristen« strittig, trotz des Versuchs des Wernerplans, eine Brü-
cke zu schlagen, auf welche Weise sie erreicht werden
solle. Die »Ökonomisten« (BRD, Niederlande, Italien) beharrten auf der »Krönungstheorie«, nach der sich eine
Währungsunion nur auf der Basis einer weitgehenden
Konvergenz der Wirtschafts- und Finanzpolitik, gewissermaßen als Krönung eines erfolgreichen Integrationsprozesses errichten ließe. Die »Monetaristen« (Frankreich, Belgien) blieben dabei, eine Wirtschaftsunion mit
der »Lokomotive« einer engen währungspolitischen Zusammenarbeit erreichen zu wollen, ohne vorab die
Wirtschafts- und Finanzpolitik der Nationalstaaten zu
harmonisieren.
    Ad 2: Frankreich – auch andere Länder zeigten Zurück-
haltung – dachte nicht daran, wirtschafts- und finanzpoli-
tische Zuständigkeiten an ein europäisches Entschei-

dungsgremium abzutreten – der französische Außenminister sagte dazu »verfrühter institutioneller Krimskrams« (zit. nach: *Le Monde*, 23. November 2001, S. XVIII) –, sondern wollte die entsprechenden Steuerungsinstrumente behalten und wenn möglich, den Spielraum für nationale Vorgehensweisen noch erweitern. Das kam den Bonner Wirtschafts- und Finanzministerien als auch der Bundesbank zupass. Sie wollten mit allen Mitteln die binnenwirtschaftliche Stabilität der Deutschen Mark erhalten und sich nicht von europäischen Institutionen die monetäre Autonomie beschneiden lassen. Sie hüteten sich, das Steuer bei der Kursbestimmung der Geld- und Währungspolitik aus der Hand zu geben.

Ad 3: Die Regierungen waren so sehr davon beansprucht, die Gefahren einzudämmen, die ihren eigenen Währungen drohten, dass eine langfristige Strategie zur Stabilisierung des Gesamtsystems nicht mehr als eine Utopie war. Außerdem waren in diesen Jahren der französische Franc, die Lira und das Pfund in solchem Umfang Opfer internationaler Währungsspekulationen, dass sich die Zentralbanken außerstande sahen, in dem Maße einzugreifen, wie es zur Stabilisierung notwendig gewesen wäre. Die Skepsis, ja die Hoffnungslosigkeit waren so stark, dass man überhaupt nicht mehr daran denken konnte, den Plan einer Wirtschafts- und Währungsunion weiter zu verfolgen.

Ad 4: Die Auswirkungen der weltweiten Inflation und Rezession überstiegen noch die Folgen des Währungschaos. Ausschlaggebend für die Weltwirtschaftskrise war der Schock, den nach dem Jom-Kippur-Krieg im Oktober 1973 die dramatische Preiserhöhung für Rohöl durch die Öl fördernden Staaten in allen Industriestaaten auslöste. Nach einer Vervierfachung stiegen die Preise 1979 noch einmal um das Dreifache. Die Steigerung der Ölpreise um ein Vielfaches traf alle Volkswirtschaften; und sogar die starken fielen im Vergleich zu ihrer Leistung in den sechziger Jahren dramatisch ab. Neue Kostenstrukturen, Inflation und Zahlungsprobleme waren die Folge. Wachstum und Investitionen sanken auf ein extrem niedriges Niveau, wenn sie nicht sogar ins Minus gerieten. Zu einer gemeinsamen Antwort auf die Herausforderungen konnten sich die EG-Länder nicht zusammenfinden. Alle reagierten mit unterschiedlichen Formen des Krisenmanagements in Eigenregie. Es zeigte sich, dass sie in ihrer Fähigkeit, die Krise zu bewältigen, weit auseinander fielen, und in der Folge verstärkten sich die sozioökonomischen Disparitäten. Die disparaten wirtschaftlichen, sozialen und politischen Verhältnisse in den EG-Staaten in Verbindung mit den hohen Ansprüchen an den Staat als steuernde und ausgleichende Instanz führten zu einem Wiederaufleben nationalstaatlichen Denkens und zu Strategien der nationalen Krisenbewältigung mit nationalen Prioritäten, Mitteln und Methoden.

Die Bundesrepublik betrieb vorrangig eine antiinflationäre Stabilitätspolitik und ergriff Maßnahmen, um den Preisanstieg zu dämpfen. Staaten, die mit einem hohen Sockel an Arbeitslosigkeit in die Krise gerieten, wie Großbritannien oder Italien, konnten sich zu einer Stabilitätspolitik, wie sie in der Bundesrepublik gefordert wurde, nicht entschließen, weil sie zu noch höherer unerträglicher Arbeitslosigkeit geführt hätte. Also schotteten sich die Volkswirtschaften der EG mit ihrer Krisenpolitik voneinander ab. Im Mai 1974 baute zum Beispiel Italien für fast alle Einfuhren, d. h. einschließlich derjenigen aus der EG, neue finanzielle Barrieren auf. Auch in den anderen Ländern der EG häuften sich die Maßnahmen gegen den freien Warenverkehr. Alle erschwerten die Importe, um die Zahlungsbilanzen zu entlasten.

Es gab aber noch weitere Probleme: In den siebziger Jahren stieg Japan endgültig zur Weltwirtschaftsmacht auf und steigerte seinen Export nach Europa unablässig. Dazu

kam die bis dahin nicht erahnte Konkurrenz der neu-
industrialisierten Länder Südasiens: Südkorea, Singapur,
Hongkong, Taiwan. Bis zum Jahre 1980 stieg das Defizit
der Europäischen Gemeinschaften gegenüber diesen
»Tigerstaaten« auf drei Milliarden ECU. Das Defizit ver-
doppelte sich noch einmal bis zum Jahre 1985. Unange-
nehme Szenarien zeigten den Zwerg Europa eingeklemmt
zwischen den Giganten USA und Japan. Wie sehr Westeuropa an Boden verlor, konnte man am schrumpfenden
Anteil der Europäischen Gemeinschaften am Welthandel
ablesen; er fiel von 45 Prozent im Jahre 1973 auf 37 Prozent im Jahre 1985. Die Gemeinschaft schleppte sich von
Krise zu Krise. Sie starb, so schien es, einen langsamen
Tod und drohte auseinander zu brechen. Grundsätzliche
Zweifel an der Sinnhaftigkeit der in den fünfziger Jahren
eingeleiteten europäischen Integration wurden immer lauter geäußert.

Das Europäische Währungssystem (EWS)

Trotz des Scheiterns der ersten Versuche der siebziger
Jahre blieb die Idee, in Europa eine Zone der Währungsstabilität zu schaffen, lebendig. Das Ziel einer Währungsunion wurde sogar drängender denn je, als offensichtlich
wurde, dass die nationalstaatlichen Eingriffe der Mitgliedsstaaten in den Außenhandel und ihre Versuche im
internationalen Zahlungsverkehr ihre Währungen autonom zu steuern, zu weiteren Behinderungen des Handels
und auf Dauer zum Ruin des Gemeinsamen Markts führen mussten. Deshalb machte im Sommer 1977 der neuge-
wählte Präsident der Kommission, Roy Jenkins, die Währungsunion zu seiner Angelegenheit, doch kam der Stein
nur deshalb ins Rollen, weil der französische Staatspräsident Giscard d'Estaing und Bundeskanzler Helmut

Schmidt sich des Themas 1978 bemächtigten, es zur Chef-
sache erhoben und gemeinsam im Europäischen Rat die
Schaffung einer »Europäischen Zone der Währungsstabilität« durchsetzten.

Als Roy Jenkins 1977 zum Kommissionspräsidenten
gewählt wurde, war er in Brüssel ein Außenseiter, da ihn
seine politische Laufbahn über die britische Innenpolitik
kaum hinausgeführt hatte. Er suchte nach einer Initiative, die ihm Profil, der Kommission Selbstvertrauen und
der Europäischen Gemeinschaft neues Leben einflößen
könne. Da er Finanzminister gewesen war, lag ihm die Währungspolitik nahe, und nach einigen kontroversen Diskussionen in der Kommission nutzte er im Herbst 1977 einen
Vortrag bei der Eröffnung des Europäischen Hochschul-
instituts in Florenz, um mit sieben Thesen die Diskussion
über die Währungsunion wieder in Gang zu setzen. Eine
Währungsunion sei notwendig, um die europäische Integration voranzubringen, das Binnenmarktpotential voll zu
entfalten, die Inflation zu drosseln, die Investitionen zu
verstärken und die Arbeitslosigkeit zu senken, sagte Jenkins. Richtig umgesetzt würde die Währungsunion weder,
wie ihr entgegengehalten werde, die wirtschaftlichen Disparitäten verstärken, noch zu intensiverer institutioneller
Zentralisierung in Brüssel führen.

Nachdem Jenkins die Währungsunion wieder zu einem
öffentlichen Thema gemacht hatte, versuchte er bei einer
Rundreise durch die Hauptstädte das Interesse der Mitgliedsstaaten zu wecken. Bedeutsam waren der Besuch im
November 1977 in Bonn und das Gespräch mit Bundeskanzler Helmut Schmidt; denn wegen des wirtschaftlichen
und politischen Gewichts der Bundesrepublik war das
Einverständnis der Bonner Regierung für einen Erfolg der
Initiative unabdingbar. Jenkins stieß auf Desinteresse.
Schmidt wollte zwar zu der monetären Stabilität zurück-
kommen, die von den USA nicht länger garantiert werden
konnte. Aber im November 1977 war er deprimiert und

vor allem von der Bekämpfung des Terrorismus der RAF voll in Anspruch genommen. Er war nicht bereit, sich im Sinne Jenkins' zu engagieren.

Trotz der nicht gerade ermutigenden Ergebnisse seiner Reise legte Jenkins auf dem Gipfeltreffen im Dezember 1977 in Brüssel einen Vorschlag vor, den er gegenüber seinem in Florenz propagierten »großen Sprung« schon deutlich zurückgenommen hatte. Er verspürte einen freundlichen, wenn auch nicht starken Rückenwind, aber das reichte nicht aus, um der Initiative den notwendigen Schub zu geben. Zu Jenkins Enttäuschung machte die Bundesrepublik einen besonders uninteressierten Eindruck.

Man kann sich seine Verblüffung vorstellen, als Helmut Schmidt nur zwei Monate später begeistert davon sprach, aus Europa eine Zone der Geldwertstabilität zu machen. Jenkins führte Helmut Schmidts Wende auf dessen Sprunghaftigkeit zurück. Aber der Bundeskanzler hatte sein Vorhaben reiflich überlegt, ehe er es mit Giscard d'Estaing in die Wege leitete, und er hatte gute Gründe dafür. Der ständige Wertverlust des Dollars und die damit einhergehende Verteuerung der DM führte in die »Dollarfalle«, schmälerte die deutsche Wettbewerbsfähigkeit und gefährdete die Stabilität. Dem Bundeskanzler ging es um die Abkoppelung vom Dollar und eine Lastenverteilung innerhalb der Europäischen Gemeinschaft. Er wollte dem schwachen Dollar nicht mehr allein mit einer ständig teurer werdenden DM Paroli bieten, sondern mit einem europäischen Währungsverbund. Dieser könnte dem Aufwertungsdruck und damit der Verteuerung der deutschen Exporte besser widerstehen.

Schmidt und Giscard entschlossen sich im privaten Gespräch, den Weg zu einer Wirtschafts- und Währungsunion wieder aufzunehmen, weil sie beide meinten, ein Europäisches Währungssystem im Interesse ihrer Volkswirtschaften zu benötigen, Giscard d'Estaing gegen die Inflation und Helmut Schmidt gegen den Aufwertungsdruck des Dollars auf die Mark. Die Grundzüge ihres Vorhabens arbeiteten die beiden unter vier Augen in Schmidts und Giscard d'Estaings Wohnzimmern aus. Um dem in Frankreich und Deutschland jeweils anders motivierten, heftig orchestrierten Widerstand so wenig Entfaltungsspielraum wie möglich zu geben, ließen sie die nationalen Bürokratien aber auch die Bürokratie in Brüssel lange in Unkenntnis über ihre Absichten und legten im April 1978 dem Europäischen Rat in Kopenhagen ihr Konzept mit einem sehr geringen Informationsvorlauf vor.

Der Rat gab grünes Licht für die weiteren Arbeiten. Nur der britische Premier, James Callaghan, opponierte gegen das im engsten Kreis abgesprochene deutsch-französische Zusammengehen. Er bezweifelte als Einziger Sinn und Zweck der Initiative, stellte sich aber der weiteren Ausarbeitung nicht in den Weg.

Der im Juli 1978 auf dem Gipfel in Bremen vorgelegte Entwurf eines europäischen Währungssystems trug eine deutliche französisch-deutsche Handschrift, weil es die britische Regierung nicht für nötig gehalten hatte, eigene Experten zu entsenden. Wie Roy Jenkins in seinen Memoiren schreibt, verheimlichte die britische Delegation in Bremen nicht ihren Widerwillen, betrat den Versammlungssaal wie einen feindlichen Dschungel und schloss sich danach selbst von den weiteren Vorgängen aus. Am Ende traten die Briten dem EWS auch nicht bei, weil sie es für unsinnig und für eine Fortentwicklung der Integration hielten, die ihren Vorstellungen völlig zuwiderlief. Schmidt gelang es aber in Bremen, die übrigen Partner zur beinahe unveränderten Annahme der Vorlage und zur Einberufung einer Kommission zur Festlegung der Modalitäten zu gewinnen.

In letzter Minute versuchten die ärmeren Mitgliedsstaaten für ihre Zustimmung noch Entschädigungen, Kompensationen oder, drastischer ausgedrückt, Zustimmungsprämien zu erhalten. Irland und Italien verlangten eine höhere Ausstattung des Regionalfonds und verbilligte Kredite für Infrastrukturmaßnahmen. Frankreich und Großbritannien dachten nicht daran, einer Schmälerung ihres Anteils am Regionalfonds zuzustimmen, und die Bundesrepublik verweigerte höhere Zahlungen in die Gemeinschaftskasse. Frankreich versagte Italien und Irland die erbetenen Kredite. So stand der Dezembergipfel 1978 in Brüssel, auf dem das EWS verabschiedet werden sollte, unter keinem guten Stern. Es gelang aber Schmidt mit einem Kompromissangebot, Irland und Italien zur Zustimmung zu bewegen, und so verkündeten die Staats- und Regierungschefs am 5. Dezember, am 1. Januar 1979 werde ein Europäisches Währungssystem (EWS) errichtet (Dok. 29).

Dass Großbritannien sich nicht beteiligen würde, war keine Überraschung. Aber als Frankreich plötzlich seine Zustimmung davon abhängig machte, dass die Grenzausgleichsabgaben für landwirtschaftliche Erzeugnisse abgeschafft würden, kam das EWS-Projekt noch einmal ernsthaft in Gefahr. Giscard d'Estaings plötzliche Forderung und seine Unbeugsamkeit nahmen die anderen Regierungen konsterniert zur Kenntnis, war er doch nicht nur einer der heftigsten Befürworter, sondern auch im übertragenen Sinne einer der Väter dieses Währungssystems. Er musste auch wissen, dass sein Verlangen für Deutschland nicht annehmbar war.

Für die Kehrtwendung Giscard d'Estaings gab es einen innenpolitischen Grund, nämlich den Machtkampf im konservativen Regierungslager zwischen den Gaullisten unter der Führung von Jacques Chirac und Giscard d'Estaings Partei, die bei den Wahlen im März die Gaullisten überflügelt hatte. Wie heftig die Angriffe der Gaullisten auf Giscard d'Estaing waren, zeigte ihr »Appell des 6. Dezember«, in dem sie ihn indirekt beschuldigten, die »Partei des Auslands« zu vertreten, die Frankreich

226 Die EG in den siebziger Jahren

»erniedrigen«, »unterwerfen« und »auslöschen« wolle (*Der Spiegel*, 18. Dezember 1978, S. 110). Giscard d'Estaing musste seine innenpolitischen Gegner ausmanövrieren. Dazu diente seine Forderung, die Grenzausgleichsabgaben, d. h. Subventionen für den Import deutscher landwirtschaftlicher Erzeugnisse nach Frankreich abzuschaffen. Sie waren eingeführt worden, um die Einkommensverluste der deutschen Bauern auszugleichen, die ihnen durch eine mehrmalige Aufwertung der DM entstanden waren. So plötzlich Giscard d'Estaings Kehrtwende im Dezember 1978 gewesen war, so plötzlich war auch im März 1979 seine erneute Wende, zurück zur bedingungslosen Unterstützung des EWS. Vorangegangen war eine unverbindliche Absichtserklärung der Landwirtschaftsminister, den Grenzausgleich abzuschaffen. Damit konnte das Europäische Währungssystem (EWS) rückwirkend zum 1. Januar 1979 in Kraft gesetzt werden.

Das Währungssystem hatte zum Ziel, feste, aber dennoch auch anpassungsfähige Schwankungsbreiten für Wechselkurse (+/– 2,25 Prozent) zu garantieren und eine Zone der Währungsstabilität zu schaffen, um Waren-, Dienstleistungs- und Kapitalverkehr in der Europäischen Gemeinschaft vor Wechselkursrisiken zu bewahren und den Unternehmen exakte Kalkulationen im Außenhandel zu ermöglichen. Die Schwankungen der Währungen untereinander sollten durch Interventionen auf dem Devisenmarkt flach gehalten werden, und die beteiligten Notenbanken verpflichteten sich, mit Stützungskäufen schwachen Währungen zu helfen. Zu diesem Zweck übertrugen sie dem Stützungsfonds, dem schon im April 1973 errichteten »Europäischen Fonds für Währungspolitische Zusammenarbeit« (EFWZ), je 20 Prozent ihrer Gold- und Devisenreserven. Bei erfolglosen Interventionen sollten neue Leitkurse festgelegt werden.

Zugleich entstand mit der »Europäischen Währungseinheit« ECU (European Currency Unit) ein gemeinsamer

Nenner zur Festlegung der Leitkurse und zur Berechnung der Abweichungen, eine Rechengröße im Zahlungsverkehr zwischen den EG-Notenbanken und für die Zahlungsbilanzhilfen der Gemeinschaft, ein Zahlungsmittel der Notenbanken bei Interventionen auf dem Devisenmarkt. Die ECU war ein Kunstgeld, eine rein rechnerische »Korbwährung«, die sich aus den entsprechend der Wirtschaftskraft der Mitgliedsstaaten (Höhe des Bruttosozialprodukts, Anteil am Außenhandel der EG u. s. w.) gewichteten Währungsanteilen zusammensetzte. Bis zur Einführung des Euro wurden der Haushalt und alle finanziellen Transaktionen (Außenzölle, Subventionen, Darlehen, Entwicklungshilfen) der Gemeinschaften in ECU abgewickelt und selbstverständlich auch die Agrarpreise im Gemeinsamen Agrarmarkt in ECU festgesetzt.

Trotz aller Schwierigkeiten, die sich bald auftürmten (zweite Ölkrise 1979), erwies sich das EWS als eine bedeutende Errungenschaft für die Gemeinschaft. Es half den teilnehmenden Regierungen, die Inflation zu bekämpfen und auf den Weg des wirtschaftlichen Wachstums zurückzukehren, den gemeinsamen Markt zu bewahren, vernünftige Wechselkurse aufrechtzuerhalten und die Grundlage für eine europäische monetäre Identität zu liefern. Mit diesen Leistungen schuf das EWS eine der Grundlagen für das große Programm des Binnenmarkts. Es war eine notwendige Voraussetzung für die Errichtung einer Währungsunion durch den Vertrag von Maastricht.

Die achtziger Jahre – Von der Eurosklerose zum Höhenflug

Im Jahre 1976 zeichnete der niederländische Außenminister van der Stoel ein düsteres Bild von der Gemeinschaft. Die Losung vom Beginn des Jahrzehnts »Vollendung, Vertiefung und Erweiterung« sei durch das Motto »Stillstand, Rückschritt und Flucht« (zit. nach: Schöndube, S. 73) ersetzt worden. Die Maschinerie der Gemeinschaft funktioniere zwar noch, aber die Arbeit sei steril und ergebnislos. Das Zusammenspiel der Mitgliedsstaaten in der Wirtschafts- und Währungspolitik löse sich auf. Die Regierungen suchten ihr Heil außerhalb der Gemeinschaft, um ihrer Ohnmacht zu entfliehen, wodurch die Gemeinschaft noch weiter geschwächt werde. Anfang der achtziger Jahre hatte sich das düstere Bild nicht aufgehellt. Die Gemeinschaft befand sich immer noch in einer schweren Krise. »Ihr Zustand war besorgniserregend. Zunehmend verzettelte sie sich in kleinliche Streitereien, es fehlte das große Konzept«, schreibt Hans-Dietrich Genscher in seinen Memoiren (Genscher, S. 360).

Externe Belastungen kamen hinzu. Im Dezember 1979 rückten sowjetische Truppen in Afghanistan ein. Mit der Ausrufung des Kriegsrechts in Polen durch General Jaruzelski im Dezember 1981 sowie der forcierten Raketenrüstung durch die sowjetischen SS 20 einerseits und die amerikanischen Pershings und Marschflugkörper andererseits brach ein »Neuer Kalter Krieg« über Europa herein. Die Friedensbewegung organisierte Massendemonstrationen gegen die Verschärfung der Spannungen und gegen die Nachrüstung.

Nur zwei Jahre nachdem die EG mit der Errichtung des EWS einen Erfolg hatte feiern können, befand sie sich schon wieder in einer schier ausweglosen Krise. Die Mitgliedsstaaten suchten bei der Bewältigung der wirtschaftlichen Probleme ihr Heil weiterhin in protektionistischen Maßnahmen und stürzten sich in egoistische Verteilungskämpfe um die Mittel der Gemeinschaft. Die britische Premierministerin vergiftete das Klima in der EG und legte den Europäischen Rat mit ihrer engstirnigen Fixierung auf ihr einziges Thema, das britische Finanzproblem, lahm. Der Kommissionspräsident dieser Jahre, Gaston Thorn, beklagte sich später bitter, Frau Thatcher habe ihm seine Präsidentschaft ruiniert. Frankreich und Griechenland blockierten die Süderweiterung der EG um Spanien und Portugal. Die Institutionen waren völlig überfordert und lähmten sich mit ihrem Kompetenzgerangel auch noch gegenseitig.

Aus der Lähmungskrise sollte sich die EG in der ersten Hälfte der achtziger Jahre befreien. 1984/85 zeigten die Reforminitiativen des Europäischen Parlaments und der Außenminister Deutschlands und Italiens, Hans Dietrich Genscher und Emilio Colombo, Wirkung. Helmut Kohl und François Mitterrand setzten mit ihrer engen und freundschaftlichen Zusammenarbeit die französisch-deutsche Achse in der Europapolitik erneut ein, um dem Einigungsprozess Schwung zu verleihen. Der Ost-West-Gegensatz entspannte sich nach der Wahl Gorbatschows in der Sowjetunion. Mit der Weltkonjunktur ging es wieder nach oben. Plötzlich hatte die Gemeinschaft, wie Anfang der siebziger Jahre, die Chance der »Vollendung, Vertiefung und Erweiterung«. Mit der Einheitlichen Europäischen Akte (1986/87) erhielt die Gemeinschaft mehr Zuständigkeiten und wurde durch vereinfachte Entscheidungsverfahren handlungsfähiger. Das große Binnenmarktprogramm vollendete den Auftrag der Römischen Verträge, und der Beitritt von Spanien und Portugal erweiterte die Gemeinschaft, bescherte ihr aber zugleich neue Belastungen.

»Ich habe meinen Scheck!« – Margaret Thatcher und der britische Finanzbeitrag

Einige der großen Probleme, welche die Gemeinschaften
ständig in Atem hielten, gingen auf das Bestreben einzelner
Mitglieder zurück, in der EG mit großer Härte nationale
Interessen zu verfechten. Fast ein Jahrzehnt lang beschäftigten die besonderen britischen Wünsche die Gemeinschaft. Nach Großbritanniens Beitritt im Jahre 1973 hatte
die Regierung unter dem Labourpremier Harold Wilson in
Nachverhandlungen eine Verminderung der hohen britischen Beitragszahlungen erzielt, und die Briten hatten in
einer Volksabstimmung dem Vertrag zum zweiten Mal
zugestimmt.

Damit war jedoch die Frage der britischen Beiträge zum
Haushalt der EG noch keineswegs gelöst worden. Die
Beitragsfrage wurde zum Hauptthema der britischen
Europapolitik von 1980 bis 1984, nachdem im Mai 1979
die konservative Partei unter der Führung Margaret Thatchers einen großen Wahlsieg errungen hatte. Die Europäische Gemeinschaft war schon früher ein Thema für
Margaret Thatcher gewesen. 1975 hatte sie vor dem Referendum entschieden für die Beibehaltung der britischen
Mitgliedschaft plädiert. Ihrer Meinung nach hätte Großbritannien auch dem EWS beitreten sollen. Die Entscheidung der Labourregierung, nicht beitreten zu wollen,
hatte sie ausdrücklich bedauert. Ihr Verhalten als Premierministerin, ihre obstinate Opposition gegen alle Versuche,
die EG auszubauen, legt aber den Schluss nahe, dass sie
ihr fremd war und sie ihr zutiefst misstraute.

In erster Linie führte sie einen Feldzug gegen die Höhe
des britischen Beitrags zur EG, den auch außenstehende
Beobachter als überhöht ansahen. Das Vereinigte Königreich musste wegen seiner vielen Importe aus Drittländern
hohe Zollabgaben an die EG-Kasse leisten, erhielt wegen
der untergeordneten Bedeutung seiner Landwirtschaft

aber viel geringere Leistungen als andere Mitglieder. In Großbritannien sah man nicht ein, dass man mit seinen Beiträgen die fragwürdige Agrarpolitik mitfinanzierte, ohne an anderer Stelle einen Ausgleich zu erhalten. Margaret Thatcher bezeichnete den Beitrag als ungerecht, wirtschaftlich widersinnig und den britischen nationalen Interessen zuwiderlaufend. Sie verstand einfach nicht, warum sich ihre EG-Kollegen gegen die »gerechten« britischen Forderungen nach einem Finanzausgleich zugunsten Großbritanniens sperrten. Diese mussten doch einsehen, wenn hier keine Änderung erfolgte, würde sich die Anti-EG-Stimmung verstärken bis hin zu erneuten massiven Austrittsbemühungen.

Margaret Thatcher bewegte sich als erste Frau in dem Herrenclub der Regierungschefs und der Kommission, aber ihr Verhalten entsprach in keiner Weise männlichen Vorurteilen und Erwartungen an eine Lady. Sie drängte in den Vordergrund, versuchte die Verhandlungen zu beherrschen, hielt unbeugsam über Jahre hinweg an ihren Forderungen fest und wurde damit zum unverbesserlichen Störenfried aller Treffen des Europäischen Rates. Sie war völlig von sich selbst und ihrer Sache überzeugt und wurde es noch mehr, da ihr unverblümtes Vorgehen gegen »Brüssel« ihr zu Hause ein hohes Ansehen als unbeugsame Anwältin britischer Interessen einbrachte, und das in einer Zeit, in der sie innenpolitisch höchst umstritten war und einen schweren Stand hatte. Frau Thatcher machte die konservative Partei von einer europäisch denkenden Partei zu einer Anti-Europa-Partei; und damit, ebenso wie mit ihrem Verhalten, beraubte sie England aller Chancen, die Führungsrolle in der EG zu übernehmen.

Bei ihrem ersten Auftreten auf der europäischen Bühne auf dem Gipfel in Straßburg im Juni 1979 zerstritt sie sich nicht nur mit Giscard d'Estaing, sondern auch mit ihren niederländischen und irischen Kollegen. Kurz, ihr gelang es, alle Kollegen gegen sich aufzubringen. Fatal für ihr

Anliegen war, dass sie mit Helmut Schmidt in Streit geriet, der für sie unverzichtbar war, wenn sie Erfolg haben wollte. Auf beinahe allen folgenden Gipfeltreffen bis zu dem in Fontainebleau im Juni 1984 mussten sich die Staats- und Regierungschefs mit der »British Budget Question« befassen, auch »British-Bloody-Question« genannt. Die Premierministerin wollte auf keinen Kompromissvorschlag eingehen. 1982 sorgte sie mit ihrem Nein gegen ein mühsam ausgehandeltes Paket zur Finanzierung der Agrarpolitik für besonderen Ärger. Ein Jahr später triumphierte sie nach einem Teilsieg auf dem Stuttgarter Gipfel: »Ich habe meinen Scheck!« (Genscher, S. 366.)

Erst 1984 bot sich auf dem Gipfel in Fontainebleau die Gelegenheit für eine dauerhafte Vereinbarung. Die Situation war eine andere als 1980. Damals war Margaret Thatcher neu im Kreis gewesen und hatte Veteranen wie Helmut Schmidt und Valéry Giscard d'Estaing gegenüber gesessen. Nun war sie eine Veteranin. Sowohl der französische Staatspräsident François Mitterrand wie der deutsche Bundeskanzler Helmut Kohl standen erst am Anfang ihrer glänzenden europäischen Laufbahn. Ihnen war die Überwindung des Stillstandes wichtiger als der Streit mit der britischen Premierministerin um einige hundert Millionen ECU. Außerdem stärkten zwei andere Dinge Margaret Thatchers Position. Erstens ihre Popularität nach dem gewonnenen Falklandkrieg und zweitens die erbärmliche finanzielle Lage der Europäischen Gemeinschaft. Die Kosten für den Agrarmarkt drohten völlig aus dem Ruder zu laufen. Eine Neuordnung der Finanzen war unabweisbar. Es gab die Alternative einer Reform entweder durch drastische Einsparungen in der gemeinsamen Agrarpolitik oder durch eine Erhöhung der EG-Eigenmittel. Die Agrarpolitik aber war für die Kontinentaleuropäer unantastbar. So konnte Frau Thatcher sich mit der Zustimmung zu der Erhöhung der Eigenmittel der EG die Erfüllung ihrer Forderungen einhandeln. François Mitterrand, der die Europapolitik für sich entdeckt hatte, bereitete das Abkommen mit zweiseitigen Gesprächen vor. Da alle Regierungschefs eine längerfristig wirksame Haushaltsreform wollten und da auch Margaret Thatcher sich flexibler zeigte, gelang auf dem Gipfel von Fontainebleau die Lösung. Großbritannien erhielt eine vierzigprozentige Reduzierung seiner EG-Zahlungen zugestanden und stimmte der Erhöhung der Eigenmittel der EG auf bis zu 1,4 Prozent der Mehrwertsteuer zu.

Ähnlich eigenwillig wie Frau Thatcher trat der griechische Premier Andreas Papandreou auf. Als der Sozialist wenige Monate nach dem griechischen Beitritt vom 1. Januar 1981 zum Regierungschef gewählt worden war, folgte er Englands Beispiel und forderte Neuverhandlungen über die Beitrittsbedingungen, die sein konservativer Vorgänger ausgehandelt hatte. Er legte einen Forderungskatalog von Finanzhilfen für Griechenland vor und trotzte in den folgenden Jahren den nördlichen Ländern zusätzliche Strukturhilfen für die Mittelmeerregionen ab. Nur mit der Verabschiedung der integrierten Mittelmeerprogramme war seine Zustimmung zu dem Beitritt Spaniens und Portugals zu erhalten.

Ein besonderes Verhältnis pflegte auch Dänemark zur EG. Das dänische Parlament bemühte sich eifersüchtig darum, die Kontrolle über die Europapolitik zu behalten, und so wenig Rechte wie möglich abzugeben. Die dänische Politik war besonders bürgernah, und deshalb erschien den Dänen das ferne Brüssel überaus verdächtig. Sie stemmten sich mit Macht dagegen, so viel Dänisches nach Brüssel abgeben zu müssen. Dänemark hatte zudem mit der Grönlandfrage ein Problem eigener Art in die Europäische Gemeinschaft eingebracht. Grönland war seit 1721 eine dänische Kolonie, aber 1953 als vollberechtigter Landesteil an das Mutterland angeschlossen und somit mit dem dänischen Beitritt automatisch Mitglied der EG geworden. In Grönland agitierte jedoch eine Unabhängigkeitsbewegung, die ihre Forderung unter anderem damit begründete, dass sie nach Brüssel fahren und dort darum bitten müsse, vor der eigenen Küste fischen zu dürfen. Das sei schmachvoll. 1979 stimmte die Bevölkerung Grönlands für eine neue Regelung der Beziehungen zwischen Grönland und Dänemark. Grönland wurde teilautonom und zuständig für die Wirtschaftspolitik. Nur drei Jahre später stimmten die Grönländer für einen Austritt aus der EG bis 1985, um das volle Verfügungsrecht über ihre Fischereigewässer zu erhalten. Umgekehrt wollten sich die EG-Länder nicht aus den grönländischen Gewässern ausschließen lassen. Am Ende einigten sich die EG und die autonome Regierung Grönlands auf eine zollfreie Einfuhr der grönländischen Fischereiprodukte in die EG, der im Gegenzug befriedigende Fangquoten zugestanden wurden. Grönland ist der einzige Partner geblieben, der aus der EG wieder ausgeschieden ist. Rechtlich gesehen, stellt dieser Akt allerdings nur eine Verkleinerung der Gemeinschaft durch Ausscheiden eines Teils eines Mitgliedsstaates dar.

Blockaden, der Wind der Veränderung und Reforminitiativen

Anfang der achtziger Jahre verlor sich die Gemeinschaft nicht nur immer stärker im Dickicht nationaler Interessen, sondern sie geriet auch in ihrer wirtschaftlichen Entwicklung, in ihren Wachstums- und Beschäftigungszahlen beunruhigend gegenüber Industrieländern außerhalb der EG ins Hintertreffen. Institutionelle Verkrustungen lähmten den Warenaustausch und hinderten die Wirtschaft daran, elastisch auf die veränderten weltwirtschaftlichen Bedingungen zu reagieren. Zugleich machte sich aber auch ein immer kräftigerer Wind der Veränderung bemerkbar, der Mitte der achtziger Jahre so sehr an Kraft gewonnen hatte, dass es der Gemeinschaft gelang, den erstickenden Druck, der auf ihr lastete, abzuschütteln und zu einem Höhenflug anzusetzen, den man durchaus mit dem vergleichen kann, der in den fünfziger Jahren von Messina zur Gründung der EWG führte.

In der Wirtschaft bahnte sich ein grundsätzlicher Paradigmenwechsel an. Als Heroldin des neoliberalen Paradigmenwechsels nach dem Wahlspruch »Freie Bahn dem freien Markt« trat Margaret Thatcher auf. Nach ihrem Wahlsieg baute sie mit einem Radikalprogramm der Deregulierung und Privatisierung die britische Wirtschaft grundlegend um. François Mitterrand dagegen steuerte nach seinem Wahlsieg 1981 in die entgegengesetzte Richtung. Nach Margaret Thachers Credo störte der Staat in der Wirtschaft nur und hatte in ihr nichts zu suchen. Mitterand aber setzte auf die Intervention des Staates, die Verstaatlichung von Industrie- und Dienstleistungsunternehmen, auf nationale Investitionsprogramme gegen Arbeitslosigkeit und für Wirtschaftswachstum. Mitterrand erlebte ein Fiasko; Inflation, Franc-Schwäche, Investitionsblockade und Geldflucht suchten die französische Wirtschaft heim. Nur zwei Jahre nach seinem Amtsantritt brach er unter dem Einfluss seines Finanzministers Jacques Delors und dessen technokratischer Equipe die Politik der ersten zwei Jahre ab und begann eine marktorientierte Stabilitätspolitik, die auch in Frankreich dem weiteren Ausbau des Interventionsstaates ein Ende setzte.

In diesen Jahren machte in Europa das Wort von der Technologielücke die Runde. Die Medien waren voll von Berichten über den technologischen Rückstand Europas gegenüber den USA und Japan. Vielstimmig wurde vorhergesagt, dass der alte Kontinent im Wirtschaftswettlauf bald als hoffnungsloser Verlierer dastehen werde. Die Idee von der Technologielücke trieb auch Etienne Davignon,

Mitglied der Kommission, um. Er rief ein Gremium mit Managern von europäischen Hochtechnologieunternehmen zusammen, um Strategien gegen den drohenden Verlust der europäischen Wettbewerbsfähigkeit zu entwickeln. Das Ergebnis dieser Gespräche war 1984 das erste große europäische Forschungsprogramm ESPRIT (European Strategic Program for Research and Development in Information Technologies). ESPRIT zielte auf große und mittlere Unternehmen, Forschungseinrichtungen sowie Universitäten und stellte ihnen Gelder der Gemeinschaft und der Teilnehmerländer für intensivierte Forschungen in der Informationstechnologie zur Verfügung. Die Initiative ESPRIT verband sich mit dem Drängen der großen Unternehmen in Europa auf einen Binnenmarkt ohne Grenzen. Die Kommission machte diesen Binnenmarkt nach dem so genannten »Cassis-de-Dijon-Urteil« zu ihrem Anliegen. Mit dem Cassis-de-Dijon-Urteil entsprach der Europäische Gerichtshof der Klage eines Importeurs in Deutschland. Es urteilte, dass jedes in einem Mitgliedsstaat rechtmäßig hergestellte und in den Verkehr gebrachte Erzeugnis grundsätzlich auf dem Markt der anderen Mitgliedsstaaten zuzulassen sei. Nach diesem Urteil war es zur Durchsetzung des freien Warenverkehrs im Prinzip nicht mehr notwendig, das gesamte Recht zu harmonisieren. Die Kommission begann nun, eine große Zahl von Vorschlägen zur Standardisierung auszuarbeiten, um die nach dem Cassis-de-Dijon-Urteil erleichterte Marktöffnung zur Regel werden zu lassen.

Zwischen 1980 und 1984, in der Zeit der Stagnation, häuften sich andererseits die Anstöße, die Gemeinschaft wieder in Bewegung zu bringen, die Organe handlungsfähiger und demokratischer zu machen, die Gemeinschaftspolitik und die der Zusammenarbeit zwischen den Regierungen zu intensivieren. Bereits 1981 legte der amtierende Kommissionspräsident, Gaston Thorn, im Auftrag des Rats einen Reformkatalog zur Agrarpolitik, zur Finanzausstattung und zu neuen Politikfeldern der Gemeinschaft vor. Er fand keinen Widerhall. Ebenfalls 1981 zündeten der deutsche und der italienische Außenminister, Hans-Dietrich Genscher und Emilio Colombo, ihre »Rakete«, wie es Genscher nannte, die auf die Errichtung einer Europäischen Union bzw. eines europäischen Bundesstaates zielte. Genscher und Colombo ging es um eine Führungsrolle des Europäischen Rats und um den Ausbau der Europäischen Politischen Zusammenarbeit. Sie wollten eine Aufwertung des Europäischen Parlaments, die Abschaffung des einzelstaatlichen Vetorechts im Ministerrat, eine engere Zusammenarbeit in der Kultur- und Rechtspolitik und die Weiterentwicklung des Europäischen Währungssystems. Experten der Außenministerien arbeiteten einen Vertragsentwurf aus, der jedoch keine Chance bekam, näher erörtert zu werden. Die Initiatoren mussten zurückstecken und erreichten auf dem Gipfel in Stuttgart im Juni 1983 lediglich eine »feierliche Deklaration zur europäischen Identität«. Die Deklaration war nicht mehr als ein rhetorisches Bekenntnis zur Weiterentwicklung der Integration.

Auch das erste direkt gewählte Parlament beteiligte sich mit Reforminitiativen daran, den Karren der EG wieder flottzumachen. Schon 1980 hatte sich eine Gruppe europäischer Abgeordneter unter der Führung des unermüdlichen Altiero Spinelli an die Ausarbeitung einer Verfassung für eine Europäische Union gesetzt. Ein institutioneller Ausschuss des Parlaments (Verfassungsausschuss) führte die Arbeiten weiter und legte 1983 einen Entwurf vor, der im Februar 1984 vom Europäischen Parlament mit großer Mehrheit verabschiedet wurde. Auch wenn die Regierungen den Verfassungsentwurf lediglich zur Kenntnis nahmen und ihn nicht zum Gegenstand ernsthafter Verhandlungen werden ließen, erhöhte der Verfassungsentwurf doch den Reformdruck und versorgte die kommenden Reforminitiativen mit Ideen. Der französische Staatspräsident François Mitterrand nahm den Ball auf und ver-

schaffte dem EP auf seiner letzten Sitzung vor der Neu-
wahl im Mai 1984 noch einmal ein Erfolgserlebnis. In
einer großen Rede sprach er sich für die Weiterentwicklung der EG zu einer Europäischen Union, für institutionelle Reformen, mehr Kompetenzen für die Gemeinschaft
in der Innen- und Außenpolitik, für eine Ausweitung der
Mehrheitsentscheidungen, die Verfestigung der Europäischen Politischen Zusammenarbeit und entsprechende
Verhandlungen zwischen den Mitgliedsstaaten aus.

»Wir setzen den Zug in Bewegung« – Die Einheitliche Europäische Akte

Da es den Staats- und Regierungschefs auf dem Gipfel in
Fontainebleau am 25./26. Juni 1984 gelang, die Angelegenheiten des britischen Finanzbeitrags, der Finanzierung der
Agrarpolitik und der Finanzausstattung der Gemeinschaft
mittelfristig zu erledigen, konnten sie dem Reformdruck
nachgeben und die Weichen für die Vorbereitungen von
Maßnahmen stellen, mit denen die schlimmsten Mängel
der Gemeinschaft behoben werden sollten. Sie setzten
zwei Ausschüsse ein, einen für institutionelle Fragen nach
dem Vorbild des »Spaak-Ausschusses« unter dem Vorsitz
des irischen Politikers James Dooge. Er erhielt den Auftrag, Vorschläge zum besseren Funktionieren der Gemeinschaft und der Politischen Zusammenarbeit zu unterbreiten. Ein zweiter Ausschuss unter dem Vorsitz des italienischen Politikers Pietro Adonnino sollte unter dem Motto
»Europa der Bürger« eine Bestandsaufnahme aller Möglichkeiten vornehmen, wie man den Bürgern die Gemeinschaft und ihre segensreichen Auswirkungen im Alltag
erfahrbar machen könne. Mit der Einsetzung des Adonnino-Ausschusses griffen die Staats- und Regierungschefs
auf Anregungen des Tindemansberichts von 1975 zurück.

Tindemans hatte nach Befragungen festgestellt, dass die Bürger der EG kein technokratisches Europa wünschten und dass die Gemeinschaft im täglichen Leben fühlbar werden und bürgernah sein müsse. Nur so könne die europäische Notwendigkeit von den Bürgern erkannt und empfunden werden und sie zu freiwilligen Anstrengungen und Opfern bewegen.

Die Berichte beider Ausschüsse lagen dem Europäischen Rat vor, als er im Juni 1985 in Mailand tagte. Auf den Tischen lag aber noch ein drittes Paket mit Reformvorschlägen, das von der Kommission ausgearbeitet worden war und zum Ziel hatte, alle Hindernisse aus dem Weg zu räumen, die dem in den Römischen Verträgen versprochenen gemeinsamen Markt noch im Wege standen. Das Reformpaket war Jacques Delors zu verdanken, der als Präsident sechs Monate vorher die Chefetage des Brüsseler Kommissionsgebäudes bezogen hatte. Vom ersten Augenblick an flößte er der demoralisierten, orientierungslosen Kommission neues Selbstvertrauen ein und brachte sie mit einer Hand voll brillanter Mitarbeiter und einem Feuerwerk von Ideen so in Bewegung, dass manchen Hören und Sehen verging. Vor seinem Amtsantritt hatte er sich intensiv auf seine Aufgabe vorbereitet und eine Rundreise durch die Hauptstädte der Mitgliedsstaaten unternommen, um zu prüfen, auf welchem Gebiet die besten Erfolgsaussichten für eine große Reforminitiative gegeben seien. Nicht bei dem Thema des institutionellen Ausbaus oder der Währungsunion, sondern beim Binnenmarkt war er fündig geworden. Daher erhielt Lord Cockfield, der Leiter der Generaldirektion Binnenmarkt, den Auftrag, nach dem Vorbild britischer Regierungsprogramme ein Weißbuch, eine Arbeitsanweisung für die Kommission zur Vollendung des Binnenmarktes, zusammenzustellen. Was die Gründungsväter schon in den Römischen Verträgen von 1957 vorgesehen hatten, ein schrankenloser gemeinsamer Markt, sollte in einer Gewaltaktion mit der Verabschiedung von fast dreihundert Rechtsakten und ihrer Umsetzung in den nächsten sieben Jahren verwirklicht werden. Das besondere an der »Binnenmarktbibel«, ansonsten ein abschreckendes Beispiel bürokratisch sprachlicher Verunstaltung, war, dass sie eine Liste exakt definierter Einzelmaßnahmen und einen detaillierten Zeitplan enthielt sowie ein konkretes Abschlussdatum nannte. Anfang März stellte Jacques Delors das Vorhaben als Arbeitsprogramm der Kommission dem Europäischen Parlament in Straßburg vor (Dok. 30).

Im Juni 1985 hatte der Europäische Rat in Mailand zu entscheiden, ob eine Regierungskonferenz mit dem Auftrag eingerichtet werden sollte, einen Zusatzvertrag zu den Römischen Verträgen zu erarbeiten und auch der Europäischen Politischen Zusammenarbeit eine vertragliche Grundlage zu geben. Drei Staaten, Großbritannien, Dänemark und Griechenland waren dagegen, aber der italienische Premier und Ratspräsident Bettino Craxi entschloss sich, mit der Tradition der Einstimmigkeit zu brechen und in einer dramatischen Kampfabstimmung einen Mehrheitsentscheid herbeizuführen. Hans-Dietrich Genscher berichtet: »Die Sitzung wurde unterbrochen, die Befürworter der Regierungskonferenz versammelten sich an der Stirnseite des Konferenzraums. Man zögerte. Sollte man eine Mehrheitsentscheidung für die Einsetzung herbeiführen? Ich riet dringend dazu. Jacques Poos, der luxemburgische Außenminister, fürchtete die möglichen Konsequenzen und als ich, nachdrücklich auf einen Beschluss dringend, François Mitterrand dafür gewann, rief er mir zu: ›Du spaltest damit die Gemeinschaft!‹ ›Im Gegenteil, wir setzen den Zug in Bewegung‹, entgegnete ich, überzeugt, dass London sich nicht versagen würde, wenn die Gemeinschaft sich zu einem Schritt nach vorn entschließen sollte.« (Genscher, S. 373.)

Mit dieser Abstimmung waren zum ersten Mal nach dem ·Luxemburger Kompromiss von 1966 Mitgliedsstaa-

ten in einer wichtigen Frage in die Minderheit gebracht
worden. Die Unterlegenen entschlossen sich aber nicht zu
einem Veto, sie sprachen von »Vergewaltigung« oder
»Staatsstreich«, aber stellten sich der Regierungskonferenz
nicht weiter in den Weg, sondern beteiligten sich daran.

Die Konferenz tagte in zwei Gruppen; eine beriet die
Vertragsreform, die andere die vertragliche Ausgestaltung
der politischen Zusammenarbeit. Die Arbeiten schritten
außergewöhnlich schnell voran, weil die Kommission
exzellent vorbereitet war und in kürzester Zeit zu allen
Verhandlungspunkten schriftliche Ausarbeitungen vorlegte. Um den Widerstand gegen die Vertragsreform zu
überwinden, brachte die Kommission das Projekt des Binnenmarktes ein. Mit diesem Schachzug setzte Delors seinen großen Widerpart, Margaret Thatcher, matt, denn die
Vollendung des Binnenmarkts mit dem freien Verkehr für
Waren und Dienstleistungen entsprach dem zentralen frei-
händlerischen Anliegen der Engländer, das sie in Europa
verwirklicht sehen wollten. Briten und Dänen akzeptierten die Einführung der Mehrheitsentscheidung in allen
Fragen des Binnenmarktes als notwendige Bedingung für
seine Realisierung. Die wirtschaftlich schwachen Länder
gewann die Kommission mit der Zusage, wirtschaftliche
und soziale Strukturprogramme vorzulegen, um mit ihrer
Hilfe die unterschiedlichen Entwicklungsniveaus aneinander anzugleichen und für eine größere Kohäsion der
Gemeinschaft zu sorgen.

Die Ergebnisse der Regierungskonferenz lagen dem
Europäischen Rat in Luxemburg am 2. und 3. Dezember
1985 vor. Beinahe dreißig Stunden musste er verhandeln,
ehe das Paket reif zur Verabschiedung war. Streit entzün-
dete sich an der vorgesehenen Änderung der Abstim-
mungsverfahren. Der Rat sollte über Verordnungen und
Richtlinien zur Angleichung der Rechts- und Verwaltungsvorschriften der Mitgliedsstaaten künftig mit qualifizierter Mehrheit entscheiden. Das schien unabdingbar,

weil der Rat allein für das Binnenmarktprogramm etwa zweihundertachtzig »Gesetze«, d. h. Verordnungen und Richtlinien nach dem neuen Verfahren der Zusammenarbeit mit dem Parlament zu beraten und zu verabschieden hatte.

Die Befürworter der Mehrheitsentscheidung hatten vor Augen, dass einzelne Mitgliedsstaaten bei allen sich bietenden Gelegenheiten mit einem Veto drohen würden. Die jeweils zuständigen Minister hatten es sich längst zur Angewohnheit gemacht, sich mit ihrer sturen Haltung zu Hause als aufrechte Streiter für die nationalen Interessen feiern zu lassen. Es gab auch andere Befürchtungen. Die Dänen bangten um ihre hohen Maßstäbe beim Umweltschutz, die Deutschen um ihre anspruchsvolle berufliche Ausbildung und ihre detaillierten Vorschriften im Lebensmittel- und Arbeitsrecht. Die Engländer wollten Quarantänebestimmungen gegen die Tollwut und die Maul- und Klauenseuche aufrechterhalten. Die vielfältigen Kompromisse durchlöcherten die Vorschriften für die Schaffung eines Raums ohne Grenzen mit vielen Ausnahmeregelungen. England behielt seine Ausnahmebestimmungen zum Schutz gegen die Tollwut, Irland seine zum Schutz vor der Einfuhr von Kondomen und Sexzeitschriften.

Von dem Plan des Kommissionspräsidenten, in dem Vertrag auch die Errichtung einer Währungsunion festzuschreiben, blieb nur eine Absichtserklärung übrig, weil Deutsche und Engländer sich gemeinsam gegen das Ansinnen François Mitterrands und Jacques Delors' gestemmt hatten. Erst ein Kompromissvorschlag Delors' zusammen mit Erwähnung der WWU im Vertrag, die Zuständigkeiten der nationalen Notenbanken ausdrücklich zu bestätigen, erlaubte es Deutschen und Engländern zuzustimmen. Jede weitere Entwicklung der europäischen Währungspolitik, darauf einigten sich die Regierungschefs, müsse einstimmig von den Finanzministern beschlossen und von den Parlamenten der Mitgliedsstaaten ratifiziert werden.

Am Ende verabschiedeten die Staats- und Regierungschefs acht Texte, die die Römischen Verträge modifizierten, und einen weiteren Text zur Politischen Zusammenarbeit. Die neun Dokumente wurden zu der »Einheitlichen Europäischen Akte« (EEA) zusammengefasst und nach letzten redaktionellen Arbeiten von den Außenministern am 17. bzw. 28. Februar 1986 unterzeichnet (Dok. 31). Angesichts der kräftigen Abstriche an dem ursprünglichen Vorhaben ist es verständlich, dass der niederländische Regierungschef Ruud Lubbers darin nur ein »Mini-Paket« sah. Andere sprachen von einem Berg, der eine Maus geboren habe, von dem fehlenden Mut zu wirklich tiefgreifenden Reformen. Auf der Gegenseite agitierten Konservative und Nationalisten gegen die Abgabe von Souveränitätsrechten und die Überformung des nationalen Rechts durch das Gemeinschaftsrecht. Kommunisten und andere linke Gruppierungen opponierten gegen den Binnenmarkt als Ausgeburt des Kapitalismus und Kampfansage an den europäischen Sozialstaat.

Das Europäische Parlament war enttäuscht; nur missmutig billigte es die Akte. Missmut herrschte auch in Italien, wo man mehr erwartet hatte, und in Dänemark, wo die Änderungen als zu weitgehend kritisiert wurden. Trotzdem stimmten die Dänen in einer Volksabstimmung dafür. In Frankreich erhielt die Regierung Jacques Chirac gegen die Opposition einiger Gaullisten eine große Mehrheit. In der Bundesrepublik setzten die Länder, die Zuständigkeiten an Brüssel abgeben mussten, eine Informationspflicht der Bundesregierung in allen Länderinteressen berührenden Fragen der europäischen Gesetzgebung durch. In Irland zog sich die Ratifizierung wegen eines gerichtlich angeordneten Referendums in die Länge, so dass der Vertrag erst im Juli 1987 in Kraft treten konnte.

Die Akte brach den engeren Rahmen der Römischen Verträge auf und gab den Weg für eine Fortentwicklung

der europäischen Integration frei. Im Einzelnen sah sie
vor: eine schrittweise Realisierung des Binnenmarkts bis
zum 31. Dezember 1992; Stärkung der Handlungsfähigkeit der Gemeinschaft mit Hilfe geänderter Entscheidungsverfahren; Ausdehnung der Zuständigkeiten auf
weitere Politikfelder; Orientierung der Gemeinschaft auf
das Ziel einer Europäischen Union.

Die EEA integrierte den Europäischen Rat, das Europäische Währungssystem und die Europäische Politische
Zusammenarbeit in das Gefüge der Institutionen, ließ sie
aber außerhalb der Römischen Verträge. Das Europäische
Parlament musste zukünftig Beitritte und Assoziationen
billigen und erhielt über ein spezifisches Verfahren der
Zusammenarbeit mit dem Rat einen deutlich größeren
Einfluss auf die Gesetzgebung der Gemeinschaft. Wenn
die Kommission die parlamentarischen Abänderungen der
Ratsvorlage übernahm, konnte sie der Rat künftig nur mit
qualifizierter Mehrheit ablehnen. Die Kompetenzen der
Kommission blieben von den Änderungen weitgehend
unberührt, jedoch erhielt sie größere Handlungsfreiheiten
bei der Durchführung der Gemeinschaftspolitiken, die um
Zuständigkeiten in der Forschungs-, Technologie- und
Umweltpolitik vermehrt wurden. Zu ihren Aufgaben
gehörte künftig auch, verstärkt für den wirtschaftlichen
und sozialen Zusammenhalt der Gemeinschaft zu sorgen
und dafür die Regionalpolitik und die Strukturfonds einzusetzen.

Die Süderweiterung

Bis in die siebziger Jahre blieben drei nichtkommunisti-
sche Länder an der Peripherie Europas. Spanien und Portugal sowie Griechenland in etwas geringerem Maße übernahmen nicht das Politikmodell der parlamentarischen
Demokratie, das nach 1945 für alle anderen westeuropäi-

schen Staaten galt. Ihre Aufnahme in internationale Organisationen, den Europarat oder die Nato, führte sie nicht aus der Isolation heraus. Spanien und Portugal blieben autoritäre Staaten. In Griechenland amtierte ein halbautoritäres Regime, das im Jahre 1967 nach einem Militärputsch durch eine brutale Militärdiktatur abgelöst wurde. In allen drei Ländern aber brachen die autoritären Regime Mitte der siebziger Jahre zusammen, und alle drei machten sich auf den Weg, Demokratien zu werden. Alle drei äußerten auch bald den Wunsch, in die Europäische Gemeinschaft aufgenommen zu werden, ein Wunsch, der 1981 für Griechenland und 1986 für Spanien und Portugal in Erfüllung ging. Diese Länder hatten einen weiten wirtschaftlichen Entwicklungsrückstand zu den anderen EG-Mitgliedern, aber ihr Wunsch auf Teilhabe an der Europäischen Integration ging in erster Linie darauf zurück, im Rahmen der EG politische Stabilität zu finden, während andererseits zwar der große Markt und die erhofften finanziellen Hilfen der EG als große Chance für einen nachhaltigen wirtschaftlichen Aufstieg lockten, aber doch auch Ängste vor der zerstörerischen Konkurrenz aus dem Norden die Begeisterung dämpften. Für die stolzen Spanier ging es in der Beitrittsfrage nicht nur um die Rückkehr nach Europa, nach jahrzehntelanger freiwilliger Selbstisolierung, sondern auch um die spanische Würde, die Anerkennung durch die Europäer und die Ebenbürtigkeit Spaniens.

Zwei Jahrzehnte hatten die Westeuropäer den Südeuropäern die Beteiligung am Integrationsprozess mit dem Hinweis verwehrt, sie entbehrten demokratischer Strukturen. Nach der Abschüttelung der autoritären Regime konnte ihnen die EG, ohne an Glaubwürdigkeit einzubüßen, die Aufnahme nicht mehr verwehren, und die Neun dachten auch weniger daran, den Neuankömmlingen wirtschaftlich den Anschluss an die fortgeschrittenen Nationalökonomien Westeuropas zu erleichtern, sondern sie

wollten primär die noch jungen Demokratien in ihren
Bemühungen um politische, wirtschaftliche und soziale
Stabilität unterstützen.

Als erstes Land stellte Griechenland im Juni 1975 den
Antrag auf Aufnahme in die EG. Wegen der extremen
wirtschaftlichen Rückständigkeit des Landes behandelte
die Kommission den Antrag zurückhaltend, befand sich
die EG doch in diesen Jahren selbst in wirtschaftlichen
Schwierigkeiten. Der griechische Premier Karamanlis
drängte zur Stabilisierung der noch jungen griechischen
Demokratie auf schnellen Beitritt. Er stellte maßvolle Forderungen, und es gelang ihm, die griechischen Verhandlungen von den Verhandlungen mit den beiden anderen
Ländern zu trennen und im Mai 1979 erfolgreich abzuschließen, als die Gespräche mit Spanien und Portugal
gerade erst aufgenommen worden waren. Die EG hätte
wohl anders entschieden, wenn sie gewusst hätte, welche
Schwierigkeiten Griechenland der EG und den anderen
beiden Beitrittskandidaten machen würde. Am ersten
Januar 1981 wurde der Beitritt Griechenlands formell
vollzogen.

Der Beitritt zur EG löste in Griechenland Zweifel und
Ängste vor dem Konkurrenzdruck der EG-Länder in der
Landwirtschaft und Industrie aus. Kurzfristig stieg die
Fremdenangst an und ebenso die Angst vor dem moralischen Verfall. Die griechisch-orthodoxe Kirche gründete
ein Büro, das sich mit den »geistigen Problemen« des Beitritts befassen sollte. Wenige Monate nach dem Beitritt
errang die sozialistische PASOK-Partei einen Wahlsieg.
Der neue Premier, Papandreou, verlangte ultimativ eine
Nachbesserung der Verträge. Im Wahlkampf hatte er vom
möglichen Austritt aus der EG und der Nato gesprochen.
Nach dem Wahlsieg im Oktober 1981 begann er auszuloten, wie weit die Partner einen Verbleib Griechenlands
in den beiden Organisationen honorieren würden. Papandreou erreichte eine Besserstellung in der Agrarpolitik

und einen höheren Anteil an dem Regionalfonds, hielt aber an seinem Fernziel fest, einen »Sonderstatus« für das Land zugebilligt zu bekommen.

Die griechischen Schwierigkeiten begannen erst nach dem Beitritt, die der beiden anderen Beitrittskandidaten schon vorher. Der Beitrittswunsch der iberischen Länder, insbesondere Spaniens mit seinen siebenunddreißig Millionen Einwohnern, stellte nämlich die EG am Anfang der achtziger Jahre vor Probleme, wie sie sich ähnlich für die EU im Vorfeld der Osterweiterung ergaben. Probleme bereitete das extreme Entwicklungs- und Wohlfahrtsgefälle, die Konkurrenz sowohl der spanischen Stahl- und Werftindustrien für die vier nördlichen Mitgliedsstaaten als auch der iberischen Südfrüchte für die Landwirtschaft der Mittelmeeranrainer Frankreich und Italien. Dazu kam die Herausforderung der gemeinsamen Fischereipolitik (Quotenregelung, Zugangsregelung, Schonung der Fischbestände) durch die extrem überbesetzte spanische Fischereiflotte, deren Fangkapazitäten so hoch waren wie die der Fischereiflotten aller neun EG-Mitglieder zusammengenommen.

Die Beitrittsverhandlungen zogen sich über fünf Jahre hin, nicht nur, weil Spanien und Portugal sich in ihren Forderungen an die EG nicht mäßigten, sondern auch wegen der finanziellen Engpässe der EG bis zur Mitte der achtziger Jahre, wegen der britischen Geldforderungen und der aberwitzig steigenden Kosten zur Finanzierung der gemeinsamen Agrarpolitik. Im Jahre 1980 wurden die Beitrittsverhandlungen praktisch ausgesetzt, ein Jahr vor den französischen Präsidentschaftswahlen konnte es sich Valéry Giscard d'Estaing nicht leisten, den beiden Ländern in Fragen ihres Agrarexports entgegenzukommen. Die französischen Bauern wären ihm als Wähler verloren gegangen. Die notwendigen Stimmen für einen Wahlsieg erhielt Giscard d'Estaing trotzdem nicht. François Mitterrand gewann die Wahlen im Mai 1981. Aber auch er hielt

die Blockade zunächst aufrecht. Angesichts der Finanzprobleme der gemeinsamen Agrarpolitik hätte ein Beitritt
der beiden südlichen Länder das System der Agrarmarktordnungen völlig überfordert.

Der Putschversuch von Militärs in Spanien im Februar
1981 führte noch einmal die politische Notwendigkeit des
Beitritts vor Augen, aber dennoch war an erfolgverspre-
chende Verhandlungen erst nach der Regelung der britischen Beitragszahlungen, nach der Einigung über die gemeinsame Agrarpolitik und über die Einnahmen der EG
1984 auf dem Gipfel in Fontainebleau zu denken. Ein hal-
bes Jahr vorher hatte schon ein Gipfeltreffen der sozialistischen Regierungschefs der Mittelmeerländer (Portugal,
Spanien, Frankreich, Italien, Griechenland) zu dem Problem des Handels von Obst, Gemüse und Olivenöl den
Weg geebnet. Die Probleme der Fischereipolitik aber waren noch aus dem Weg zu räumen. Spanische Fischer und
EG-Fischer setzten sich gewalttätig auseinander. Im Februar 1984 feuerten französische Patrouillenboote auf
einen spanischen Trawler, der in der 200-Meilen-Zone
fischte. Im selben Jahr wurden zweiunddreißig spanische
Fischereiboote vor der irischen Küste aufgebracht. In Spanien griffen daraufhin Fischer EG-Lastwagen an, und Last-
wagenfahrer aus der EG blockierten die spanische Grenze.

Pessimisten malten gewaltige wirtschaftliche Probleme
an die Wand. Das Wohlstandsgefälle würde sich vergrö-
ßern. Auf die EG kämen 4,5 Milliarden Nettokosten in
den ersten Jahren zu. Die landwirtschaftliche Nutzfläche
der EG würde bei dem Beitritt um ein Fünftel erweitert,
und neue Kostgänger würden die Agrarpolitik belasten.
Nach Spaniens Beitritt müssten große Überschüsse an
Olivenöl und eine noch viel grausigere Weinflut finanziert
werden. Weder Portugal noch Spanien seien wettbewerbs-
fähig. Sie müssten sich auf dramatische und ruinöse Folgen nach dem Beitritt einstellen.

Auf dem Gipfel in Dublin im Dezember 1984 sorgte die

Beitrittsfrage für einen Skandal. Der griechische Premier, Andreas Papandreou, verlangte vor seiner Zustimmung höhere Zuschüsse für sein Land aus der EG-Kasse, die ihm bereits in Aussicht gestellt worden waren. Südeuropäische Problemregionen, so hatte der Rat beschlossen, sollten noch vor der Aufnahme Spaniens und Portugals mit zusätzlichen Geldern unterstützt werden. Jetzt feilschte Papandreou um die Höhe. Als er sagte, er sei nicht bereit, sich von einem deutschen Kanzler Belehrungen erteilen zu lassen, stürmte Helmut Kohl aufgebracht aus dem Saal. Der Rat vertagte die Entscheidung über die EG-Hilfen für Griechenland. Ausgerechnet Margaret Thatcher, die mit ihren Geldforderungen die anderen Länder quasi erpresst hatte, schreibt in ihren Memoiren von dem »klassischen Theater«, das Papandreou gespielt habe, wenn es darum gegangen sei, Geld für Griechenland herauszuholen: »Ärgerlich war nicht nur, daß Griechenland uns auf diese schändliche Weise erpreßte. Vielmehr noch empörte uns, daß Griechenland, dessen wiederhergestellte Demokratie wir mit der Aufnahme in die Europäische Gemeinschaft gestärkt hatten, jetzt den früheren Diktaturen Spanien und Portugal nicht das gleiche Recht zugestehen wollte.« Den EG-Staaten sei die Rechnung unter dem Titel »Integrierte Mittelmeerprogramme« aufgetischt worden, und sie seien um ein »Schweigegeld« von Extrazuschüssen und Krediten für Investitionen in Handwerk, Verkehrswesen und Tourismus, in der Landwirtschaft und Fischerei nicht herumgekommen (Thatcher, S. 757).

Der Gipfel in Dublin aber machte den Weg für die feierliche Unterzeichnung der Beitrittsverträge im Juni 1985 in Madrid und Lissabon frei. Mit dem formellen Beitritt von Spanien und Portugal in die EG schien es, als seien alle Streitigkeiten ausgestanden und die vergrößerte europäische Familie könne frohgemut an die Zukunft denken.

Mit dem Beitritt Spaniens und Portugals kamen zu den

272 Millionen Einwohnern der Europäischen Gemeinschaft noch einmal 48 Millionen hinzu. Mengenmäßig entstand der größte Markt der westlichen Welt, und auf dem
Papier wurde die EG mit dem Beitritt der beiden Länder
die größte Handelsmacht. Aber beide Länder waren arm.
Wenn auch der portugiesische Premier sagte, in fünf Jahren
wird unser Land ein anderes sein, so gab es doch auch die
pessimistischen Rechnungen, die sich vor allem auf »Europas Dauerkrankheit«, die Überschüsse aus der Landwirtschaft, bezogen. Aber, so wurde anerkannt, für Spanien
und Portugal bedeutete der Beitritt die Rettung aus dem
Trauma der langjährigen Diktaturen, für Portugal noch aus
dem Trauma der Entkolonialisierung, und beide stünden
vor der größten Herausforderung des Jahrhunderts.

Alle drei Mittelmeerländer, Griechenland, Portugal und
Spanien, sahen sich nach dem Beitritt einem enormen
Anpassungsdruck ausgesetzt, haben aber aus der Mitgliedschaft Vorteile gezogen. Sie erlebten einen Investitions-
boom und erzielten überdurchschnittliche Zuwachsraten
des realen Bruttosozialprodukts und der Beschäftigung,
wozu die Strukturförderung der EG und Investitionen
von Unternehmen aus der EG erheblich beitrugen. Aber
nicht nur die wirtschaftlichen Fortschritte seit den achtziger Jahren sind erstaunlich, sondern auch die politischen.
In allen drei Ländern sind die Demokratien inzwischen so
stark verwurzelt, dass die Wiederkehr einer Diktatur oder
eines autoritären Regimes in jedem der drei Länder ausgeschlossen scheint. Dem langjährigen spanischen Regierungschef Felipe Gonzales gelang es außerdem, während
seiner Regierungszeit die Achse Bonn/Paris bis Madrid zu
verlängern und Spanien zu einem geachteten Mitgestalter
des engeren Zusammenhalts zu machen, während sein
Nachfolger Aznar eine robustere spanische Interessenpo-
litik in die Wege leitete und sich den Ruf eines Bremsers
in der EU erwarb.

Die Verwirklichung des Binnenmarkts

Der neue Artikel 8a des EWG-Vertrags und sein Auftrag, den Binnenmarkt bis zum 31. Dezember 1992 zu verwirklichen, machte den Abbau der zahlreichen materiellen, technischen und fiskalischen Hindernisse gegen den freien Verkehr von Personen, Waren, Dienstleistungen und Kapital unabdingbar. In Deutschland machten allein mehr als zwanzigtausend Industrienormen den Partnern das Verkaufen ihrer Produkte schwer. Philips musste für den europäischen Markt sieben verschiedene Rasierapparate desselben Typs produzieren, und Siemens fertigte fünfundzwanzig verschiedene Stecker.

Die Kommission entwickelte ein Ablauf- und Kontrollverfahren für die gesetzgeberische Herkulesarbeit von der Vorlage durch die Kommission bis zur Einfügung in das Recht jeden Mitgliedstaats. Die amtierende und die darauf folgende Präsidentschaft sowie der Kommissionspräsident sorgten als neues informelles Gremium (Troika) für Kontinuität, jährliche Berichte an das Parlament für Transparenz und als Ansporn für die Verantwortlichen. Jeder sollte klar sehen können, wie exakt der Zeitplan eingehalten wurde und wer – Kommission, Europäisches Parlament, Rat oder nationale Parlamente – für Stockungen verantwortlich war. Im November 1988 zog die Kommission ihre Zwischenbilanz: Zwar habe der Rat erst ein Drittel der notwendigen Gesetzestexte verabschiedet, aber der Prozess sei in vollem Gange und unumkehrbar geworden, vor allem, weil sich die Wirtschaft schon aktiv auf den Binnenmarkt eingestellt habe.

Es war die Zeit einer fast grenzenlosen Aufschwungstimmung. Die Stagnation und die Blockaden waren überwunden, und die Europapolitiker erwarteten, der Binnenmarkt werde zu Beginn der neunziger Jahre eine Schubkraft entwickeln, ähnlich der, die in der Gründungsphase der EG die Gemeinschaften nach vorn gebracht hatte. Sie bezogen sich auf die Ergebnisse der von der Kommission in Auftrag gegebenen gewaltigen Marktstudie, an der unter Leitung des italienischen Wirtschaftswissenschaftlers Paolo Cecchini Kommission, Forschungseinrichtungen, Universitäten und Unternehmungsleitungen mitgewirkt hatten. Der Cecchinibericht bezifferte den voraussichtlichen Gesamtnutzen des Binnenmarkts auf 260 Milliarden ECU (416 Milliarden Mark). Er erwartete ein zusätzliches Wachstum des Bruttoinlandsprodukts von etwa 4,5 Prozent und die Schaffung von 1,5 Millionen Arbeitsplätzen. Der umfassende europäische Wirtschaftsraum werde zu einer rascheren Modernisierung, einem wirksameren Wettbewerb, effektiverer Produktion, Einsparung von Kosten bei dem Wegfall von Grenzkontrollen führen, die Industriegüterproduktion heben und die Wirtschaft Europas auf den Weltmärkten stärken.

Mit der Einheitlichen Akte wurde aber nicht nur das Binnenmarktprogramm auf den Weg gebracht, sondern auch der Weg für viele jener Maßnahmen geöffnet, die der Bericht des Adonnino-Ausschusses zur Verwirklichung eines Europas der Bürger aufgelistet hatte. Die EG gab sich nach dem Muster von Nationalhymne und Nationalflagge eine europäische Hymne (Beethovens Ode *An die Freude*) und eine Flagge, die sie vom Europarat übernahm. Seit 1986 führt die EG bzw. die Europäische Union die blaue Flagge mit dem Kranz der zwölf goldenen Sterne, die als Symbol des Vereinigten Europa ein triumphaler Erfolg geworden ist. Mit der Verabschiedung der Einheitlichen Akte schlug die Stunde für die Vielzahl von Bildungs- und Jugendprogrammen, zum Beispiel das ERASMUS-Programm zum Austausch von Studenten und Dozenten, und zur Zusammenarbeit von Universitäten oder das PETRA-Programm, das die Aus- und Weiterbildung europaweit fördert.

Das Weißbuch von 1985 hatte die Alternative formuliert, mutig und entschlossen voranzugehen oder in die

Mittelmäßigkeit zurückzufallen, entweder die Wirtschaftsintegration zu vollenden oder in eine schlichte Freihandelszone abzugleiten. Das Weißbuch wurde angenommen, und war mit seinem Programm unter dem Zauberwort »Europa 2000« so außergewöhnlich erfolgreich, weil es in eine Zeit günstiger konjunktureller Entwicklungen weltweit fiel. Es wurde in einer ungeheuren Beschleunigung im Vergleich zu dem, was bis Mitte der achtziger Jahre geschehen war, umgesetzt und gab dem erlahmten Integrationsprozess die Dynamik, auf die man viele Jahre vergebens gehofft hatte. Wie weit das Weißbuch wirklich jene Effekte bewirkt hat, die ihm der Cecchinibericht zuschrieb, lässt sich nicht nachweisen, da sich während seiner Laufzeit durch den Zusammenbruch des Ostblocks die Rahmenbedingungen völlig änderten und Europa Anfang der neunziger Jahre erneut von einer tiefgehenden Rezession erfasst wurde.

Der Umbruch in Osteuropa, die deutsche Einheit und der Vertrag von Maastricht über die Europäische Union

Im Juni 1988 konnte der deutsche Außenminister Hans-Dietrich Genscher vor dem Europäischen Parlament von einer Stimmung des Aufschwungs und der Zuversicht berichten, von dem friedlichen Weiterbau einer konsolidierten, auf sich selbst bezogenen Gemeinschaft und ihren vorrangigen Zielen der Vollendung des Binnenmarkts und der Wirtschafts- und Währungsunion.

Ein Jahr später ging es mit der von Genscher in schönen Farben gemalten europäischen Idylle jäh zu Ende. Eine Serie von politischen Erdbeben brachte die europäische Nachkriegsordnung zum Einsturz. Das kommunistische Regime der Sowjetunion zerbröckelte, die osteuropäischen Staaten schüttelten die sowjetische Herrschaft und ihre eigenen kommunistischen Regime ab und begaben sich daran, ihre nun wieder unabhängigen Staaten zu Demokratien umzubauen und ihre Planwirtschaften auf eine marktwirtschaftliche Ordnung umzustellen. Die Spaltung Europas in zwei antagonistische Blöcke ging mit der Öffnung der ungarischen Grenze im Juni 1989 und dem Fall der Berliner Mauer im November 1989 zu Ende. Mit der Wiedervereinigung Deutschlands im Oktober 1990 wurden die fünf neuen Bundesländer in die Europäische Gemeinschaft integriert. Die sowjetischen Truppen zogen sich aus allen osteuropäischen Staaten zurück. Am 21. November 1990 beendete eine Gipfelkonferenz der Konferenz für Sicherheit und Zusammenarbeit in Europa offiziell den Kalten Krieg, beschloss ein großes Abrüstungsprogramm und legte Obergrenzen für Truppenkontingente und Waffensysteme fest, um sicherzustellen, dass keine der beiden Seiten künftig zu einem Überraschungsangriff auf die andere fähig sein würde. Die Sowjetunion löste sich auf. Eine ehemalige Sowjetrepublik nach der anderen erklärte ihre Unabhängigkeit, zuerst asiatische Republiken, dann die baltischen Länder, Weißrussland, die Ukraine und Moldawien. Die übrig gebliebene Russische Föderation schloss sich mit zehn anderen ehemaligen Sowjetrepubliken zu dem losen Verbund der »Gemeinschaft Unabhängiger Staaten« (GUS) zusammen. Nach der friedlichen Revolution in Osteuropa und nach der friedlichen Auflösung der Sowjetunion folgte die blutige Auflösung der Bundesrepublik Jugoslawien. Slowenien, Kroatien, Bosnien-Herzegowina und Mazedonien erklärten ihre Unabhängigkeit. Kroatien und Bosnien mussten sich in grausamen Kämpfen gegen serbische Truppen behaupten. Im Jugoslawienkonflikt handelte die Europäische Gemeinschaft unentschlossen und konfus und wurde durch die gegensätzlichen diplomatischen Traditionen und Einstellungen ihrer Mitgliedsstaaten gegenüber den Ländern des Balkan in ihrer Handlungsfähigkeit gefesselt. Sie musste einen schweren Ansehensverlust hinnehmen.

Wie sollte das große Europäische Haus aussehen, von dem Michael Gorbatschow, der letzte Generalsekretär der KPdSU, im Sommer 1989 kurz vor der epochalen Umwälzung sprach? Ließe sich der paneuropäische Traum einer Gemeinschaft des ganzen Europa verwirklichen? Oder würde sich mit dem Zusammenbruch des Sozialismus und dem neuen Völkerfrühling das Ziel der besonderen westeuropäischen Einigung erfüllen? Würde man sich mit der Errichtung einer gesamteuropäischen Freihandelszone begnügen können, im Übrigen zum »Normalzustand« des nationalen Wettbewerbsdenkens zurückkehren und das Europa der wechselnden Allianzen wiedererstehen lassen?

Daran dachte Margaret Thatcher, als sie, das vergrößerte Deutschland im Blick, François Mitterrand vorschlug, eine besondere Beziehung zwischen Großbritannien und Frankreich zu knüpfen. Wie man sich auch entscheiden mochte, mit der Auflösung des Ostblocks kamen kurz-, mittel- und langfristig bedeutende Aufgaben auf die westliche Staatengemeinschaft zu.

In einer Übergangszeit waren die Konferenz für Sicherheit und Zusammenarbeit in Europa und der Europarat die geeigneten Instanzen, um auf der einen Seite eine neue europäische Sicherheitsarchitektur zu entwerfen und auf der anderen Seite über den Europarat mit seinen weniger stringenten elastischen Strukturen die unabhängig gewordenen Staaten Osteuropas behutsam bei dem Übergang zur Demokratie zu unterstützen und in kleinen Schritten in eine gesamteuropäische Staatengemeinschaft hineinzuführen. Ein Beitritt zur Europäischen Gemeinschaft war für die Staaten Osteuropas illusorisch, solange sie nicht in der Lage waren, sich in das rigide System der Europäischen Gemeinschaft mit ihren hohen Ansprüchen an politische, wirtschaftliche und rechtliche Standards einzugliedern. Sowohl Europarat wie Europäische Gemeinschaft beschlossen aber Aktions-, Hilfs- und Kooperationsabkommen der unterschiedlichsten Art, mit denen sie materiell und personell die Staaten Osteuropas in der Übergangszeit unterstützten und ihnen die Perspektive eröffneten, in nicht allzu ferner Zukunft fest in das attraktive Gemeinschaftssystem, wie es im Westen Europas aufgebaut worden war, integriert zu werden.

Für die Europäischen Gemeinschaften war eine weitere politische, wirtschaftliche und institutionelle Vertiefung unabdingbar, nicht nur, um die voraussichtliche Erweiterung verkraften zu können, sondern auch um das größer gewordene Deutschland noch fester in der Gemeinschaft zu verankern und allen Eventualitäten nationaler Alleingänge oder Hegemonialgelüste entgegenzutreten. Das war die übereinstimmende Auffassung von François Mitterrand und Helmut Kohl, und so gingen die beiden daran, den Weg zu einer engeren wirtschaftlichen und politischen Union, den das »Jacques-Delors-Komitee« 1989 begehbar gemacht hatte, so schnell wie möglich zu beschreiten. Sie regten die beiden Regierungskonferenzen an, die ab Dezember 1990 parallel eine Wirtschafts- und Währungsunion und eine politische Union konzipieren sollten.

Während sich aber die Europäische Gemeinschaft darum bemühte, immer engere Formen der Zusammenarbeit zu finden, drohten ihr, unabhängig von den Entwicklungen in Osteuropa und auf dem Balkan, neue Gefahren. Nach dem Überfall des irakischen Präsidenten Saddam Hussein auf Kuwait im Sommer 1990 war die EG aufgefordert, sich an dem Krieg zur Befreiung Kuwaits zu beteiligen. Der Golfkrieg rief in der westlichen Welt panikartige Reaktionen hervor, die in keinem Verhältnis zu den wirklichen Ereignissen standen. Die Weltwirtschaft schlitterte in eine Rezession. Wirtschafts- und Währungskrisen erschütterten wieder, wie zu Beginn der siebziger und achtziger Jahre, die Mitgliedsstaaten der Gemeinschaft. In England, Italien und Frankreich klagten Wirtschaft und Medien den »Wirtschaftsimperialismus« der Bundesbank an, die aufgrund der besonderen Bedingungen nach der Deutschen Einheit rein binnenwirtschaftlich ausgerichtet, eine stabilitätsorientierte Hochzinspolitik betrieb. Dieser Politik konnten sich die anderen Mitgliedsstaaten nicht entziehen, obwohl sie damit die Rezession noch stärkten, ihre Arbeitslosenzahlen in die Höhe trieben und soziale Unruhen provozierten.

Es ist bemerkenswert, dass trotz dieser widrigen politischen und wirtschaftlichen Bedingungen, trotz der Belastungen der internationalen Beziehungen und Kampagnen in einzelnen Mitgliedsstaaten gegen die Europäische Gemeinschaft, der Vertrag über die Europäische Union erfolgreich ausgehandelt wurde und nach einer schweren

Ratifizierungskrise in Kraft gesetzt werden konnte. Von
dem schönen Selbstvertrauen, dem Hans-Dietrich Genscher 1988 Ausdruck gegeben hatte, aber war nach den
großen Bemühungen, den Unionsvertrag doch noch zu
retten, nicht mehr viel übrig geblieben.

»Ich habe einen Traum« – Delors und die Wirtschafts- und Währungsunion

Die Umwälzungen von 1989 und danach konnte 1987/88
niemand vorhersehen. So war das, was Jacques Delors in
dieser Zeit anpackte, eine zwar wichtige, aber doch im
Rahmen des Gewohnten bleibende Reform des »Unternehmens« Europäische Gemeinschaften. Eine Finanzreform war angesichts der exorbitant steigenden Agrarausgaben und nach der Aufgabenvermehrung der EG durch
die Einheitliche Akte unabweisbar geworden. Aber die
Finanzreform war für Jacques Delors nicht das Hauptanliegen, sondern sie sollte nur den sicheren Grund für die
Verwirklichung seines eigentlichen Ziels, die Wirtschafts-
und Währungsunion, schaffen.

Das seit 1970 geltende System der Eigeneinnahmen war
mit der Einheitlichen Europäischen Akte an seine Grenzen gestoßen. Zwar waren Anfang 1986 die Mehrwert-
steueranteile von 1 auf 1,4 Prozent erhöht worden, doch
zehrten die seit Beginn der achtziger Jahre jährlich um 15
Prozent steigenden Agrarausgaben die Mehreinnahmen
auf. Da zwei Drittel der Haushaltsmittel der Gemeinschaft zur Finanzierung der Agrarpolitik bereitgestellt
werden mussten, fehlten die Ressourcen für die Finanzierung der anderen Politiken und für die Ausstattung der
Strukturfonds. Ohne Mehreinnahmen war die in der Einheitlichen Akte verankerte Politik des wirtschaftlichen
und sozialen Zusammenhalts und die harmonische Ent-

wicklung der Gemeinschaft als Ganzes nicht durchzuführen.

Die Strukturpolitik begleitet die Gemeinschaft seit den Erweiterungen der siebziger Jahre als ständiger Prozess des Aushandelns von Fördermitteln für benachteiligte Regionen gegen die Bereitschaft der Länder mit geringem Entwicklungsniveau, Reformen oder der Erweiterung der Gemeinschaft zuzustimmen. Vielfach dient die Strukturpolitik als Verhandlungsmasse zur Verwirklichung anderer Ziele. 1973 brachten die Briten während ihrer Beitrittsverhandlungen zum ersten Mal einen regionalen Entwicklungsfonds ins Gespräch, der, nachdem er dreimal Gegenstand von Beratungen im Europäischen Rat gewesen war, im März 1975 aus der Taufe gehoben wurde. Griechenland hatte bei den Beitrittsverhandlungen mit Spanien und Portugal seine Zustimmung an die Schaffung der so genannten »Integrierten Mittelmeerprogramme« und die ausreichende finanzielle Ausstattung der Fonds geknüpft. Die Einheitliche Europäische Akte verankerte das Ziel des Zusammenhalts der Gemeinschaft, der Kohäsion, vertraglich und integrierte den Regionalfonds in die Verträge.

Die Kommission wollte die Fonds aufstocken und eine solide Basis für die Finanzierung all jener Aufgaben erhalten, die ihr im Laufe des vorhergehenden Jahrzehnts übertragen worden waren. Anfang 1987 legte sie deshalb unter dem Titel »Die Einheitliche Akte muß ein Erfolg werden – eine neue Perspektive für Europa« das so genannte Delors-Paket vor, d. h. einen Plan zur Reform der Gemeinschaftsfinanzen und der Erschließung neuer Einnahmequellen, zur Begrenzung der Agrarausgaben, Aufstockung der Strukturfonds und der Einführung neuer Regeln in der Haushaltsführung. Sie schlug vor, die Einnahmen auf Mehrwertsteuerbasis durch ein gemischtes System unter Einschluss des Bruttosozialproduktes der Mitgliedsstaaten als Wohlstandsindikator zu ersetzen.

Die Gemüter bewegte weniger die neue Finanzverfassung als vielmehr die vorgesehene Neuordnung der Agrarfinanzen. Frankreich und Deutschland standen unter dem Druck entgegengesetzter landwirtschaftlicher Interessen. Trotz enormer Widerstände gelang den Staats- und Regierungschefs auf dem Sondergipfel in Brüssel im Februar 1988 eine Reform, die der Gemeinschaft einen erweiterten Finanzierungsrahmen bis zu 1,2 Prozent des Bruttosozialprodukts aller EG-Länder einräumte und einen Mechanismus einführte, der die Steigerung der Agrarausgaben unter den Durchschnitt der Ausgabensteigerungen drücken sollte. Die Produzenten sollten künftig für die Überproduktion mit zur Kasse gebeten werden. Beschlossen wurden ebenso Vorruhestandsanreize und direkte Einkommensbeihilfen. Das Grundübel der Gemeinsamen Agrarpolitik, die Sicherung der Einkommen über garantierte Preise, blieb jedoch auch bei dieser Reform weitgehend unangetastet.

Die vereinbarten Regelungen ebneten den Weg für eine Aufstockung der Strukturfondsmittel in fünf Jahren auf das Doppelte. Leitlinien für eine tiefgreifende Reform der Strukturfonds bis in alle Einzelheiten machten es möglich, nach einheitlichen sozio-ökonomischen Kriterien und Maßstäben im ganzen Gemeinschaftsgebiet jene Regionen zu bestimmen, die Ansprüche auf Fördergelder aus den Strukturfonds erheben durften. Im Juni 1988 folgten die Verordnungen, die das gültige System der Konzentration auf wenige »Ziele« einrichteten.

Kaum war das Ringen um die neue Finanzverfassung beendet, nutzte Delors die Schubkraft des Binnenmarktprojekts, um sein drittes großes Projekt, die Wirtschafts- und Währungsunion, voranzutreiben. Diese lag einerseits in der Logik des Binnenmarkts, aber andererseits auch in der Logik der französischen Politik, die seit den späten sechziger Jahren an ihrem Ziel festhielt, die wirtschaftliche Macht der Bundesrepublik in einen europäischen Rahmen einzufügen und für die Mitgliedsstaaten nutzbar zu machen, die Herrschaft der Bundesbank in der europäischen Geld- und Währungspolitik zu brechen und die DM als europäische Leitwährung zu entmachten. Delors hatte jedoch auch die weiteren politischen Konsequenzen im Auge und sah in der Währungsunion einen entscheidenden Schritt zur politischen Union.

Das Schiff der Währungsunion lag bis in die zweite Hälfte der achtziger Jahre in den Stürmen der Rezession und der Währungskrisen auf Grund. Die Aussichten, es wieder flottzumachen, stiegen mit der Bekehrung der französischen Finanzpolitik zur Geldwertstabilität. Der 1983 von dem französischen Finanzminister Delors gehärtete Franc gab ihm nach seiner Wahl zum Kommissionspräsidenten die Gelegenheit, die Wirtschafts- und Währungsunion als logische Fortführung des Binnenmarkts wieder auf die Tagesordnung zu setzen. Denn, so lautete sein Argument, der Binnenmarkt kann jederzeit wieder in national abgetrennte Märkte aufgeteilt werden, wenn an die Stelle der verbotenen Manipulation mit Zöllen, Mengenregelungen und technischen Normen willkürliche Währungsabwertungen treten können.

Jacques Delors stand mit seinem Drängen, die Wirtschafts- und Währungsunion in Angriff zu nehmen, nicht allein. Im Februar 1988 begann Hans-Dietrich Genscher eine Kampagne für die WWU und konkretisierte seine Vorstellungen in einer Denkschrift. CDU und SPD sprachen sich ebenfalls dafür aus. Valéry Giscard d'Estaing und Helmut Schmidt veröffentlichten ein gemeinsames Strategiepapier. Helmut Kohl zögerte dagegen, dem Europäischen Rat in Hannover eine Beschlussvorlage zu unterbreiten. Er rechnete mit dem kräftigen Widerstand der Bundesbank, die ihre wirtschaftliche Steuerungsmacht und das Symbol der deutschen Demokratie und ihres wirtschaftlichen Erfolgs wie ihren Augapfel hüten würde. Der Kanzler gab aber am 2. Juli 1988, bei einem gemeinsamen Frühstück in Evian, dem Drängen François Mitterrands gegen dessen Zusage nach, die französischen Kontrollen über den Kapitalverkehr aufzuheben. Dagegen hatte sich Frankreich bis dahin hartnäckig gesträubt. Helmut Kohl schlug auch vor, Jacques Delors zum Vorsitzenden einer Kommission von »fünf Weisen« zu machen; doch band dieser seine Zusage an die Bedingung, dass die Präsidenten bzw. Gouverneure der Europäischen Zentralbanken in die Kommission aufgenommen würden.

Auf dem Hannoveraner Gipfel am 27. und 28. Juni beschloss der Europäische Rat, eine Kommission einzusetzen. Margaret Thatcher hatte ihren Widerstand aufgegeben, weil ihr das Argument eingeleuchtet hatte, dass die Chefs der Zentralbanken in keinem Fall einen realisierbaren Plan vorlegen würden. Sie war fest davon überzeugt, dass Karl Otto Pöhl, der Präsident der Bundesbank, ein überzeugter Gegner einer Europäischen Wirtschafts- und Währungsunion sei, dem britischen Vertreter in dem Ausschuss die Schmutzarbeit abnehmen und für ein Scheitern des Projekts sorgen würde. Sie war auch, wie viele andere und Karl Otto Pöhl selbst, davon überzeugt, dass dieser der geborene Vorsitzende der Kommission sei. Karl Otto Pöhl war deshalb zutiefst gekränkt und verärgert, als Helmut Kohl der überraschten Runde der Staats- und Regierungschefs beim Essen den Vorschlag machte, Jacques Delors zum Vorsitzenden zu machen. Außer den engsten Eingeweihten hatte niemand daran gedacht, dass der »Politiker« Jacques Delors, dessen gespanntes Verhältnis zu den Präsidenten der Zentralbanken bekannt war, den Vorsitz übernehmen sollte.

Es war ein genialer Schachzug Jacques Delors', Mitterrand und Kohl dazu zu bewegen, die Präsidenten der Zentralbanken in die Kommission zu berufen, sie zu beauftragen, den Plan für eine europäische Währung und eine europäische Zentralbank auszuarbeiten, und damit indirekt ihre eigene Entmachtung vorzubereiten. Jacques

Delors war von der Überlegung ausgegangen, dass die Präsidenten die entschiedensten Gegner einer Wirtschafts- und Währungsunion seien und zugleich die größte Macht besäßen, sie zu verhindern. Wenn irgendjemand in der Lage sein sollte, einen realistischen und realisierbaren Plan vorzulegen, dann die Präsidenten der Zentralbanken. Es war ein weiterer kluger Schachzug Delors', die Sitzungen der Kommission in der Höhle des Löwen, der Bank für Internationalen Zahlungsausgleich in Basel, abzuhalten. Schließlich gelang ihm sein politisches Meisterstück, indem er die Zentralbankchefs dahin brachte, den Staats- und Regierungschefs einen von allen unterzeichneten befürwortenden Bericht vorzulegen.

Obwohl Margaret Thatcher der Bundesbank in Frankfurt einen Besuch abstattete und versuchte, Pöhl in seinem Widerstand zu bestärken, gab dieser im Laufe der Beratungen nach, weil Jacques Delors nach Rücksprache mit François Mitterrand zugestehen konnte, die Europäische Zentralbank nach dem Modell der unabhängigen Bundesbank einzurichten, und weil sich alle teilnehmenden Staaten verbindlich verpflichteten, als unabdingbare Voraussetzung vor der Realisierung der Union Stabilitätskriterien zu erfüllen. Wenn Frau Thatcher von Pöhl erwartete, er werde kein Votum für eine Wirtschafts- und Währungsunion mitzeichnen, so galt das erst recht für den Präsidenten der Bank of England. Er setzte trotzdem seine Unterschrift unter das Dokument mit dem sicheren Bewusstsein, sich damit den unversöhnlichen Zorn seiner Premierministerin zuzuziehen.

Der am 17. April 1989 unterzeichnete Bericht (Dok. 32) orientierte sich an dem Wernerplan des Jahres 1970 und schlug wie dieser einen Dreistufenplan vor. In einer ersten Stufe sollten zeitgleich mit der Liberalisierung des Kapitalverkehrs das EWS einer stärkeren Disziplin unterworfen, die Befugnisse der Präsidenten der Zentralbanken gestärkt und die Wirtschaftspolitiken der Mitgliedsstaaten einander angenähert werden. In einer zweiten Stufe sollte eine unabhängige europäische Zentralbank geschaffen und in einer dritten Stufe das Werk mit einer gemeinsamen Währung und der Übertragung der Kompetenzen in der Wirtschafts- und Währungspolitik auf die Gemeinschaft abgeschlossen werden.

Der Europäische Rat nahm den Bericht im Juni des Jahres in Madrid an. Er bekräftigte den Beginn der ersten Stufe der Wirtschafts- und Währungsunion am 1. Juli 1990, konnte sich aber nicht auf eine zeitliche Fixierung der zweiten und dritten Stufe und die Einberufung einer Regierungskonferenz einigen.

Unabhängig davon, dass Margaret Thatcher mehr nicht abzuringen gewesen wäre, zögerte Helmut Kohl, sich vor den Bundestagswahlen im Herbst 1990 auf eine Regierungskonferenz festzulegen, die über die Abschaffung der Deutschen Mark beraten würde. Sein Einverständnis, die Mark auf dem Altar der Europäischen Einigung zu opfern, hätte seine Wahlchancen wohl erheblich vermindert. Damit war im Sommer 1989 überhaupt nicht klar, ob dem Projekt nicht ein ähnliches Schicksal beschieden sein würde wie dem Wernerplan und ob nicht die ordnungspolitisch motivierten Widerstände in Deutschland alle weiteren Schritte blockieren würden.

Der Fall der Mauer, François Mitterrand, Helmut Kohl und der Vertrag von Maastricht

Im Sommer 1989 standen für Helmut Kohl ganz andere Dinge im Vordergrund als die Wirtschafts- und Währungsunion. Es begann die friedliche Revolution, die zum Zusammenbruch des »Realen Sozialismus«, zur Neugestaltung der europäischen Landkarte durch die Renaissance der osteuropäischen Staatenwelt und zur deutschen Wiedervereinigung führen sollte. Im August öffnete Ungarn seine Grenzen nach Österreich. Nur wenige Monate später, am 9. November 1989, fiel die Mauer in Berlin, und am 28. November verkündete Bundeskanzler Helmut Kohl, ohne vorher die EG-Partner zu konsultieren, wie es nach den Regeln der Politischen Zusammenarbeit geboten gewesen wäre, sein »Zehn-Punkte-Programm zur Überwindung der Teilung Deutschlands und Europas«.

Das ungestüme, nicht abgestimmte und allein den nationalen Interessen gehorchende Vorgehen Kohls fachte in Westeuropa die Befürchtungen vor einer mächtigen Bundesrepublik mit achtzig Millionen Einwohnern an, die sich von ihrem europäischen Engagement abwenden und eine unabhängige Stellung zwischen Ost und West einnehmen könne. Der ehemalige britische Premier, Edward Heath, sprach wohl vielen seiner Zeitgenossen aus der Seele, als er sagte: »Wir haben natürlich gesagt, daß wir an die deutsche Wiedervereinigung glauben, weil wir wußten, daß sie nicht passieren würde.« (*Der Spiegel*, Nr. 39, 25. September 1989, S. 16 f.) Für Margaret Thatcher war ein wiedervereinigtes Deutschland »schlichtweg viel zu groß und zu mächtig, als daß es nur einer von vielen Mitstreitern auf dem europäischen Spielfeld wäre«. Deutschland sei »vom Wesen her eher eine destabilisierende als eine stabilisierende Kraft im europäischen Gefüge« (Thatcher, S. 1095). Vergeblich bemühte sie sich, Mitterrand für ein europäisches Bündnissystem nach dem Muster des 19. Jahrhunderts zu gewinnen, um Deutschlands neu gewonnene Macht in Schranken zu halten. Mitterrand versuchte zwar auch, die unerwünschte deutsche Einigung mit Winkelzügen zu verhindern, setzte aber, nachdem ihm klar geworden war, dass sie nicht zu verhindern sein würde, auf das zukunftsweisende Modell einer vertieften europäischen Integration zur Eindämmung Deutschlands und nicht eines, das in die unheilvolle Vergangenheit wechselnder rivalisierender Allianzen zurückwies.

Auch für den Bundeskanzler, den Bundesaußenminister und die SPD-Opposition im Bundestag gab es keinen Zweifel, dass die Annäherung der beiden deutschen Staaten und ihre eventuelle Vereinigung nur im Rahmen einer beschleunigten europäischen Integration gelingen und ein sicheres Fundament erhalten könne. Auf eine Beschleunigung der europäischen Integration als Kompensation für die Zustimmung zur deutschen Einigung drängte François Mitterrand mit Macht. Die deutsche Zustimmung zur Einberufung der Regierungskonferenz über die Wirtschafts- und Währungsunion noch vor Ende 1990 war für ihn, wie Genscher schreibt, der »Lackmustest« (Genscher, S. 390), ob Bonn auch weiterhin zur Europäischen Union entschlossen sei. In Gesprächen mit Hans-Dietrich Genscher und Helmut Kohl vor dem Straßburger Gipfel vom 9. Dezember 1989 gab Mitterrand den beiden in harten, wenn nicht sogar brutalen Worten zu verstehen, dass Frankreich den Prozess der deutschen Wiedervereinigung nur billigen könne, wenn sich die Bundesrepublik verbindlich auf ein Datum für die Einberufung einer Regierungskonferenz noch im Jahre 1990 festlege. Kohl erklärte sich dazu bereit, und am 9. Dezember konnte François Mitterrand als Präsident des Europäischen Rats feststellen, dieser habe mit Mehrheit für die Einberufung einer Regierungskonferenz in der zweiten Jahreshälfte 1990 votiert.

Mit dem Beschluss war keine Entscheidung darüber gefallen, parallel zur Wirtschafts- und Währungsunion auch Vorbereitungen für eine politische Union in Angriff zu nehmen. Diese Frage rückte aber in den folgenden Wochen und Monaten in das Zentrum der weiteren Erörterungen, die durch Vorschläge unterschiedlicher Art für eine Reform der Institutionen, die Verringerung des Demokratiedefizits und die Entwicklung einer gemeinsamen Außen- und Sicherheitspolitik belebt wurden. Am 4. Januar 1990 verabredeten Kohl und Mitterrand bei einem Besuch Kohls auf dem privaten Landsitz Mitterrands

noch einmal ein gemeinsames Vorgehen. Die deutsche und
Europäische Einigung hätten das gleiche Gewicht und
müssten gleichzeitig angepackt werden. Im Februar verständigten sich die beiden darüber, die Geschwindigkeit
des europäischen Zusammenwachsens zu erhöhen, und
Mitterrand schlug einen Sondergipfel der Regierungschefs
der Europäischen Gemeinschaft vor, auf dem die internationalen Konsequenzen der deutschen Einigung besprochen
werden müssten. Nach den Wahlen in der DDR, die
eine klare Mehrheit für eine schnelle Verwirklichung der
deutschen Einheit ergeben hatten, gab Mitterrand seine
Bedenken gegen eine deutsche Vereinigung ganz auf, verlangte aber wiederum, sie durch eine beschleunigte Vertiefung der Gemeinschaft für die Staaten Europas akzeptabel
zu machen. Kohl ging darauf ein, und beide zusammen
richteten eine Botschaft an den irischen Ratspräsidenten
Charles Haughey (Dok. 33). Es sei an der Zeit, den Auftrag der Einheitlichen Akte zu erfüllen, »die Gesamtheit
der Beziehungen zwischen den Mitgliedstaaten in eine
Europäische Union umzuwandeln und diese mit den notwendigen Aktionsmitteln auszustatten«. Sie baten den
Ratspräsidenten, die Vorbereitungen für die Regierungskonferenz über die Wirtschafts- und Währungsunion zu
intensivieren und Arbeiten für eine Regierungskonferenz
über die politische Union einzuleiten. Ihr Ziel sei es, diese
grundlegenden Reformen, nämlich Wirtschafts- und Währungsunion und politische Union, am 1. Januar 1993 in
Kraft treten zu lassen. Der Europäische Rat beriet daraufhin am 28. April 1990 die Initiative und legte Ende Juni
Verfahren und Zeitplan der beiden Konferenzen fest. Sie
sollten im Dezember 1990 ihre Arbeit aufnehmen: Eine
für die politische Union – das war Sache der Außenminister – und eine für die Wirtschafts- und Währungsunion –
das oblag den Finanzministern.

Während die Verhandlungsgegenstände für die Regierungskonferenz zur Wirtschafts- und Währungsunion

dank der Vorarbeiten des Delorskomitees von 1988 relativ klar definiert waren, stand die Konferenz zur Politischen Union vor einem Wirrwarr von Vorschlägen und Ideen, obwohl doch das Ziel einer politischen Union schon auf dem Gipfel von Paris im Dezember 1972 formuliert und mit der Einheitlichen Akte feierlich bekräftigt worden war. Nie war aber konkretisiert worden, wie denn eine politische Union aussehen könnte. Zu gegensätzlich waren die Vorstellungen und zu stark die Widerstände dagegen.

Welche Elemente eine Politische Union ihrer Meinung nach aufweisen sollte, führten Helmut Kohl und François Mitterrand in ihrer zweiten Botschaft des Jahres 1990 an einen amtierenden Ratspräsidenten auf. Am 6. Dezember, kurz vor dem Zusammentritt der beiden Konferenzen, legten sie dem italienischen Premier Giulio Andreotti ihre »gemeinsame Haltung zu den Zielen und wesentlichen Elementen der Politischen Union« dar und baten ihn, diese Haltung den anderen Mitgliedern des Europäischen Rats zu übermitteln.

Sie schlugen vor, die Kompetenzen der Union zu vertiefen und zu erweitern, insbesondere in der Umweltpolitik, der Gesundheit und in anderen Politikbereichen. Bestimmte Fragen, die noch im zwischenstaatlichen Rahmen behandelt wurden, sollten in den Rahmen der Union einbezogen werden, unter anderem Einwanderung, Asylrecht, Drogenbekämpfung. Zur Stärkung der demokratischen Legitimität empfahlen sie eine europäische Staatsbürgerschaft und die Verstärkung der Rechte des Parlaments. Die Effizienz der Union wollten sie mit einer Erweiterung der Aufgaben des Europäischen Rats steigern. Er sollte künftig in der Regel mit qualifizierter Mehrheit entscheiden. Schließlich regten sie an, alle Bereiche in die gemeinsame Außen- und Sicherheitspolitik einzubeziehen und den Europäischen Rat vorrangige Bereiche für ein gemeinsames Vorgehen festlegen zu lassen; die Politische Union sollte

»eine echte gemeinsame Sicherheitspolitik« und nach ihrem Ausbau auch eine gemeinsame Verteidigung umfassen.

Als die beiden Konferenzen zusammentraten, hatte sich die EG im Vergleich zum Dezember des Vorjahres sichtlich verändert. Zwei Monate zuvor, am 3. Oktober 1990, war der Staatsvertrag zur Deutschen Einheit zwischen der Bundesrepublik und der DDR in Kraft getreten, und damit wurden ohne Verhandlungen zwischen den Mitgliedsstaaten und ohne besonderen Vertrag die fünf neuen Bundesländer in die Gemeinschaft integriert. Allerdings hatte die Kommission in bewundernswerter Schnelligkeit im Laufe des Jahres ein Szenario von Übergangsregelungen zur Eingliederung der fünf neuen Länder in die Gemeinschaft erarbeitet, die vom Europäischen Parlament verabschiedet und vom Rat am 4. Dezember beschlossen worden waren. Die Regelungen betrafen den Außenhandel der ehemaligen DDR mit den osteuropäischen Staaten, Übergangsregelungen für die Landwirtschaft, die Eisen- und Metallindustrie, den Schiffsbau und andere Gebiete und strukturpolitische Maßnahmen, die mit einem Finanzvolumen von drei Milliarden ECU für drei Jahre ausgestattet waren.

Mit dem Zutritt von fünf Ländern hatte sich das demographische Gewicht Deutschlands in der Europäischen Gemeinschaft von 19 auf 23 Prozent und der Anteil am Bruttosozialprodukt von 26 auf 30 Prozent erhöht. In der Zahl der deutschen Repräsentanten in den Institutionen und der Stimmengewichtung hatte sich nichts geändert. Erst mit dem Beschluss des Europäischen Rats in Edinburgh am 11. Dezember 1992 zur Vergrößerung des Europäischen Parlaments erhöhte sich nicht nur die absolute Zahl der deutschen Abgeordneten um 18, sondern damit erhielt Deutschland auch relativ eine höhere Repräsentation.

Die beiden Konferenzen erarbeiteten ihre Vorschläge streng voneinander getrennt. Wie bei der Behandlung der Einheitlichen Europäischen Akte mussten gegensätzliche

Interessen ausgehandelt und in Kompromissen zusammengeführt werden. Obwohl François Mitterrand und Helmut Kohl den Verhandlungen gemeinsame Vorgaben gemacht hatten, verfolgten die Bundesrepublik und Frankreich unterschiedliche Interessen und setzten unterschiedliche Schwerpunkte. Die französische Regierung drängte mit aller Macht auf die Verwirklichung einer gemeinsamen europäischen Währung und zeigte an der politischen Union wenig Interesse, während es bei der Bundesrepublik umgekehrt war.

Die britische Regierung stand beiden Projekten skeptisch gegenüber und hatte in einem Sondervotum auf dem Gipfel in Rom im Oktober klar erklärt, dass Großbritannien sich nicht an der Einführung einer einheitlichen Währung und einer unabhängigen Europäischen Zentralbank beteiligen werde. Die übrigen Länder orientierten sich in wechselnden Koalitionen an den drei führenden Mitgliedsstaaten, und die ärmeren Länder dachten daran, sich ihre Zustimmung zu den großen Fragen mit möglichst hohen Summen für die Strukturfonds, d. h. für einen horizontalen Finanzausgleich, von den nördlichen zu den südlichen Staaten erkaufen zu lassen.

Der Luxemburger Präsidentschaft gelang es trotz ihrer effizienten Leitung der Verhandlungen nicht, im Sommer 1991 einen Abschluss zu erzielen. Sie legte aber das Modell einer Vertragskonstruktion vor, das so genannte Tempelmodell, auf das die Mitgliedsstaaten zurückgriffen, nachdem die niederländische Präsidentschaft mit einem gänzlich anderen Modell auf eine beinahe einhellige Ablehnung gestoßen war. Der niederländische Entwurf sah vor, alle Bereiche der Gemeinschaft supranational zu organisieren, während der luxemburgische Vorschlag das Prinzip der supranationalen Integration und der Zusammenarbeit zwischen den Regierungen unverbunden nebeneinander stellte und darüber nur den Europäischen Rat als verbindendes Dach setzte.

Wie bei früheren vergleichbaren Anlässen war eine Einigung auf den Vertragstext nur nach einer Marathonsitzung und nach Zugeständnissen an jene Partner möglich, die bis zur letzten Minute drohten, das Ganze scheitern zu lassen, wenn ihren besonderen Interessen nicht Rechnung getragen werde. Auf diese Weise setzte der britische Premier, John Major, die Streichung des »F...-word« »federalism« durch und erhielt zwei nationale Fluchtwege aus dem Vertrag, »opt-outs«, zugestanden. Der erste ersparte Großbritannien das Sozialkapitel mit seinen Arbeitsplatzregeln und Gewerkschaftsrechten; der zweite erlaubte dem Land, aus der letzten Stufe der Währungsunion auszuscheren. Das konnte John Major im kurz darauf folgenden Wahlkampf als triumphalen Sieg gegen den Marsch in einen europäischen Bundesstaat verkaufen.

Der Vertrag wurde in Maastricht am 10. Dezember 1992 von den Staats- und Regierungschefs beschlossen und am 7. Februar 1992 von den Außenministern unterzeichnet (Dok. 34). Der »Vertrag über die Europäische Union« (EUV) sah als wesentliche Neuerung die Einführung einer gemeinsamen Währung bis spätestens zum 1. Januar 1999, eine gemeinsame Außen- und Sicherheitspolitik (GASP), die Zusammenarbeit in der Justiz und Innenpolitik, die Übertragung von neuen Kompetenzen an die Gemeinschaft und die Stärkung der demokratischen Legitimität der europäischen Institutionen vor.

Deutlich wird am Ablauf der Ereignisse und den Berichten über die Hintergründe, dass den Initiatoren vor allem daran gelegen war, Deutschland und seine europäischen Nachbarn mit dem Vertrag über das bisherige Maß hinaus vor eventuellen nationalistischen Alleingängen zu schützen. Die Franzosen drängten am stärksten, und es gibt gute Gründe, den Vertrag von Maastricht in eine Reihe mit dem Schumanplan und dem Vorschlag zur Europäischen Verteidigungsgemeinschaft zu stellen. Mit allen drei Initiativen wollte Frankreich Dämme gegen die befürchtete Wiederauferstehung eines mächtigen deutschen Staates errichten und für alle Zeiten eine erneute deutsche Gefahr verhindern.

Die Ratifizierungskrise

Der Maastrichter Vertrag war ohne besondere Anteilnahme der Bevölkerung der Mitgliedsstaaten ausgehandelt und von der europäischen öffentlichen Meinung im Großen und Ganzen wohlwollend aufgenommen worden. Die Europapolitiker gingen deshalb von der stillschweigenden Zustimmung der Mehrheit in den Mitgliedsstaaten aus und erwarteten eine problemlose Ratifizierung durch die zuständigen Parlamente oder Volksabstimmungen. Als die dänische Bevölkerung in ihrer Volksabstimmung am 2. Juni 1992 den Vertrag ablehnte, traf es daher die Gemeinschaft wie ein Schock, und das dänische Nein öffnete in England, Frankreich und Deutschland die Schleusen für große nationale europapolitische Debatten und die Formierung von Anti-Maastricht-Lagern, die nicht nur den Vertrag zum Scheitern zu bringen drohten, sondern auch, wie Kommentatoren meinten, den Fortgang der europäischen Einigung insgesamt gefährdeten. Europäischer Rat und die Kommission standen im Kreuzfeuer bitterböser prinzipieller Kritik, die weit über die Inhalte des Maastrichter Vertrags hinausging und die beiden Institutionen aus ihrer Selbstzufriedenheit aufrüttelte. Der Feldzug gegen Maastricht stürzte die Gemeinschaft nach dem Integrationshöhepunkt in ihre tiefste Krise seit der Ablehnung der EVG durch die Französische Nationalversammlung im Sommer 1954. Sie musste alles daran setzen, den Schaden in Grenzen zu halten und den Vertrag zu retten.

François Mitterrand versuchte es auf seine Weise. Am Tag nach dem dänischen Nein kündigte er an, auch in Frankreich werde es einen Volksentscheid geben. Nach den vorliegenden Umfragen billigte eine große Mehrheit der Franzosen den Vertrag, und offensichtlich dachte Mitterrand, mit einem erfolgreichen Referendum, die drohenden Wolken über der Gemeinschaft zu zerstreuen. Die scheinbar sichere Mehrheit schmolz jedoch im Sommer dahin. Die Kampagne der Gegner gegen den angeblich drohenden Verlust der französischen Selbstbestimmung und das »undemokratische, technokratische Brüssel« zeigte Wirkung und verband sich mit der Absicht vieler Wähler, die glücklose sozialistische Regierung in der Volksabstimmung innenpolitisch abzustrafen. Nachdem die Regierung in den letzten Wochen noch eine gewaltige Kampagne unternommen hatte, um das Ja zu sichern, erhielt der Vertrag am 20. Dezember eine knappe Mehrheit von 51 Prozent der Stimmen. Die Gemeinschaft konnte ihre Krise damit nicht überwinden. Die knappe Zustimmung erschütterte das Vertrauen in sie weiter.

Neben Dänemark und Frankreich erlebte Großbritannien einen Ratifizierungskrimi besonderer Art. Mit den von ihm durchgesetzten Sonderregelungen im Vertrag von Maastricht hatte der britische Premier die Europaskeptiker zum Schweigen bringen können. Das dänische Nein gab ihnen erneut Auftrieb. Der Widerstand, unter anderem von Margaret Thatcher, wurde so stark, dass er die Konservative Partei zu spalten drohte und den Premier John Major nötigte, erst die Ratifizierung auszusetzen und bei der späteren parlamentarischen Behandlung zu den Verträgen zu allen Tricks zu greifen, um widerspenstige Abgeordnete zu zwingen, für die Regierungsvorlage zu stimmen. Dennoch stand die Ratifizierung im Dezember auf des Messers Schneide, und der Premier erhielt bei einer Zwischenabstimmung nur eine Mehrheit von drei Stimmen. Erst im Juli 1993 passierte der Vertrag das

Unterhaus, doch hinterließ der ätzende Streit tiefe Wunden.

Auch in Deutschland kam es erstmals seit den frühen fünfziger Jahren zu leidenschaftlichen Auseinandersetzungen über Ziele, Formen, Inhalte, Reichweite und Grenzen der europäischen Integration. Zwar geriet die Ratifizierung des Vertrags nicht in Gefahr, sie konnte aber erst gelingen, nachdem die Länder grundgesetzlich verankerte Beteiligungsrechte in EU-Angelegenheiten durchgesetzt hatten. Doch gab das dänische Nein einem hitzigen Streit in der deutschen Öffentlichkeit Schubkraft, in dem sich namhafte Wirtschaftswissenschaftler engagierten. Sie fochten noch einmal den Streit zwischen Ökonomisten und Monetaristen aus, der schon bei dem ersten Versuch Anfang der siebziger Jahre das Projekt der Wirtschafts- und Währungsunion gebremst hatte. Die Wirtschafts- und Währungsunion könne und dürfe nicht, wie es der Vertrag vorsehe, vor der Vereinheitlichung der Wirtschafts- und Geldpolitik der Mitgliedsstaaten verwirklicht werden. Dies war im Wesentlichen ein Streit zwischen Experten und Professoren ohne unmittelbare Relevanz für die Politik.

Entscheidende Bedeutung aber kam dem Verfahren vor dem Bundesverfassungsgericht zu, in dem es über die Vereinbarkeit des Unionsvertrags mit dem Grundgesetz zu entscheiden hatte. In seinem Urteilsspruch vom Oktober 1993 stellte das Gericht fest, der Vertrag sei mit dem Grundgesetz vereinbar. Es präzisierte aber die Kriterien, die eine Europäische Union nach Maßgabe des Grundgesetzes zu erfüllen habe und stellte Anforderungen an ihre demokratische Legitimität. Das Gericht band die Mitgliedschaft der Bundesrepublik in der Union an die Voraussetzung, dass eine vom Volk ausgehende Legitimation und Einflussnahme gesichert sei. Dem Deutschen Bundestag müssten Aufgaben und Befugnisse von substantiellem Gewicht und die Kontrolle über weitere Integrationsschritte verbleiben. Viele, die gegen den Vertrag gestritten hatten, konnten ihre Enttäuschung über das Urteil nicht verbergen, trösteten sich aber damit, dass eine Euro-Währung in den nächsten Jahrzehnten keine Chance haben werde.

Der Vertrag konnte am 1. November 1993 in Kraft treten, da zum Zeitpunkt des Urteils die dänischen Wähler den Vertrag schon in einer zweiten Abstimmung gebilligt hatten, nachdem dem Land weitgehende Ausnahmerechte zugestanden worden waren (u. a. Nichtbeteiligung bei der Währungsunion). Das »schreckliche Jahr« hinterließ aber in der »Europäischen Union«, wie die Gemeinschaft nun offiziell hieß, tiefe Zweifel und große Unsicherheiten über den weiteren Fortgang der Europäischen Einigung und ihr Endziel. Im April 1992 hatte Helmut Kohl noch die Schaffung der »Vereinigten Staaten von Europa« in Aussicht stellen können. Nach der Ratifizierungskrise war dieser Traum für eine nicht absehbare Zeit ausgeträumt.

Der Unionsvertrag von Maastricht und seine Regelungen

Der Vertrag von Maastricht führte zu einer bedeutenden qualitativen Veränderung des verschachtelten Systems der intergouvernementalen Zusammenarbeit und der drei Europäischen Gemeinschaften, aus denen die »Europäische Union« wurde. Es handelte sich bei der Europäischen Union nicht um eine eigentliche Neugründung, vielmehr wurden die bis dahin gültigen Verträge der Europäischen Gemeinschaften und der Europäischen Politischen Zusammenarbeit geändert und ergänzt. Die EPZ wurde neu gestaltet und erhielt den Titel »Gemeinsame Außen- und Sicherheitspolitik« (GASP). Außerdem fügten die Vertragschließenden einen neuen Komplex von Regelungen zur »Zusammenarbeit in den Bereichen Justiz und Inneres« hinzu.

Man hat sich angewöhnt, das unübersichtliche Vertragsgefüge mit dem Bild eines dreisäuligen griechischen Tempelportals zu beschreiben. Die umgearbeiteten drei Verträge des vergemeinschafteten (supranationalen) Bereichs wurden zur ersten Säule. Der zentrale EWG-Vertrag hieß nun »Vertrag zur Gründung der Europäischen Gemeinschaft«, weil die zusätzlichen Aufgabengebiete, die er der Gemeinschaft gab, weit über die Wirtschaft hinausreichten: Industriepolitik, allgemeine und berufliche Bildung, Jugend, Kultur, Gesundheitswesen, Verbraucherschutz, transnationale Verkehrswege (transeuropäische Netze), Entwicklungszusammenarbeit. Die wichtigste aller Neuerungen aber ist unzweifelhaft, dass der 1989 von der Delorskommission vorgelegte Stufenplan zur Errichtung einer Währungsunion, einer Europäischen Zentralbank und einer einheitlichen europäischen Währung in den Vertrag aufgenommen und in die erste Säule integriert wurde.

Im zweiten Pfeiler der Unionskonstruktion fasste man die Bestimmungen über die GASP zusammen. Zu den vertraglichen Zielen der Union gehört seitdem eine gemeinsame Außen- und Sicherheitspolitik, »wozu auf längere Zeit auch die Festlegung einer gemeinsamen Verteidigungspolitik gehört, die zu gegebener Zeit zu einer gemeinsamen Verteidigung führen könnte« (Präambel). Die gemeinsame Außen- und Sicherheitspolitik beruht praktisch ausschließlich auf der Zusammenarbeit der Regierungen der Mitgliedsstaaten.

Der dritte Pfeiler, die Zusammenarbeit zwischen den Regierungen in der Innen- und Rechtspolitik, ergab sich aus dem erklärten Ziel, in der Union den freien Personenverkehr zu garantieren. Die vorgesehene Aufhebung der Personenkontrollen erforderte zwingend eine Zusammenarbeit bei der Verbrechensbekämpfung und der Kontrolle der Außengrenzen mit den dazu gehörenden zahlreichen

Politik- und Aktionsfeldern, wie Asyl- und Einwanderungspolitik, Bekämpfung des Drogenhandels und der internationalen Kriminalität, Zollfahndung, Zusammenarbeit der Justiz in Zivil- und Strafsachen bis zur Errichtung eines europäischen Polizeiamts mit dem Namen »Europol«. Dies konnte erst nach langwierigen zähen Auseinandersetzungen um seine Aufgaben und Befugnisse, den Status der Mitarbeiter, die Kontrollrechte des Europäischen Gerichtshofs usw. im Juli 1999 innerhalb eng gefasster Zuständigkeiten seine Arbeit aufnehmen.

Strittig war bei den Verhandlungen die Frage von Mehrheitsentscheidungen in den Angelegenheiten der intergouvernementalen Zusammenarbeit. Letztlich behielt nach dem Vertrag jeder Mitgliedsstaat seine souveräne Entscheidungsgewalt und in allen wichtigen Fragen galt weiterhin das Prinzip der Einstimmigkeit.

Andere Vertragsänderungen betrafen das Entscheidungssystem und die Handlungsmöglichkeiten der Union. Das Europäische Parlament wurde in seinen Gesetzgebungsrechten durch ein neues »Verfahren der Mitentscheidung« (Kodezision) sowie gegenüber der Kommission gestärkt. Die Amtsdauer der Kommission wurde an die Legislaturperiode des Parlaments gebunden, das seit dem 1. Januar 1993 jede designierte Kommission als Kollegium bestätigen muss. Im Jahre 1995 unterwarf sie erstmals eine Kommission einem harten Anhörungsverfahren. Der Vertrag setzte der Kommission auch mit dem Prinzip der »Subsidiarität« als allgemein geltendem Grundsatz für die Verteilung der Zuständigkeiten zwischen der Gemeinschaft und den Mitgliedsstaaten Grenzen. Die Gemeinschaft ist gehalten, »in den Bereichen, die nicht in ihre ausschließliche Zuständigkeit fallen«, nur tätig zu werden, »sofern und soweit die Ziele der in Betracht gezogenen Maßnahmen auf Ebene der Mitgliedsstaaten nicht ausreichend erreicht werden können und daher wegen ihres Umfangs oder ihrer Wirkungen besser auf Gemeinschafts-

ebene erreicht werden können« (EG-Vertrag, Artikel 3b).
Nicht zuletzt die deutschen Bundesländer hatten auf eine
solche Regelung gedrängt, um die Ansprüche der Kommission in Brüssel zu dämpfen, auf Kosten von Ländern
und Kommunen immer mehr Zuständigkeiten an sich zu
ziehen. Der Vertrag kam den Ländern (Regionen) und
Kommunen noch auf andere Weise entgegen. Die Regionen, Städte und Gemeinden wurden über die neue Institution des Ausschusses der Regionen in den Prozess der
gemeinschaftlichen Willensbildung einbezogen.

Der Vertrag führte auch eine mehr symbolische als reale
»Unionsbürgerschaft« ein: aktives und passives Wahlrecht
bei Kommunalwahlen und den Wahlen zum Europäischen
Parlament am jeweiligen Wohnsitz, die Inanspruchnahme
diplomatischen und konsularischen Schutzes in Drittstaaten durch die Vertretungen aller Mitgliedsstaaten, Peti-
tionsrecht beim Europäischen Parlament und das Recht,
sich an den »Europäischen Bürgerbeauftragten« zu wenden (EG-Vertrag, Artikel 8).

Der Unionsvertrag stellt die drei Säulen nicht bezie-
hungslos nebeneinander. Er sichert den einheitlichen institutionellen Rahmen und gibt dem Rat und der Kommission, den jeweiligen Zuständigkeiten entsprechend, die
Verantwortung für die »Kohärenz und Kontinuität der
Maßnahmen zur Erreichung der Ziele«. Und er überwölbt
mit seinem allgemeinen Ziel eines »immer engeren Zusammenschlusses« der Mitgliedsstaaten die drei Säulen, d. h.
alle anderen Zielsetzungen des Vertragswerks. Er gibt
damit ein Endziel vor, doch bleibt dies so unbestimmt,
dass sich damit ganz gegensätzliche Vorstellungen von der
Gestalt jener Einheit verbinden lassen, die am Ende des
Integrationsprozesses entstehen soll.

Mit der spezifischen Konstruktion eines Nebeneinan-
ders von miteinander verbundenen gemeinschaftlichen
(erster Pfeiler) und intergouvernementalen (zweiter und
dritter Pfeiler) Elementen stellte das Vertragswerk einen

Kompromiss her, dem alle Beteiligten zustimmen konnten, Großbritannien und Dänemark allerdings nur deshalb, weil sie für sich die Freistellung von einigen Vertragsbestimmungen (Gemeinsame Währung) erstreiten
konnten. Den Unterhändlern war bereits vor der Vertragsunterzeichnung klar, dass sie kein Jahrhundertwerk
geschaffen hatten, und sie fügten deshalb eine Klausel ein,
die eine Vertragsrevision schon im Jahr 1996 vorsah.

Die Europäische Union auf dem Weg
in das 21. Jahrhundert

In den neunziger Jahren musste sich die Europäische Union in einer Welt, die sich in voller Bewegung befand und in der die USA auf allen Gebieten die unumstrittene Führungsrolle innehatten, behaupten. »Globalisierung« wurde zum Leitbegriff dieser Jahre, in der die weltweite Mobilität von Waren, Dienstleistungen, Kapital und Menschen sich unaufhörlich intensivierte. Mit der Globalisierung wuchs der Wettbewerbsdruck auf die europäische Wirtschaft und belastete zunehmend die europäischen sozialen Netze und den sozialen Frieden. Die Arbeitslosenzahlen wuchsen und blieben konstant hoch. Der Druck auf die Löhne nahm zu, begleitet von den Drohungen der Unternehmen, ihre Produktion in Billiglohnländer zu verlagern. Fast das ganze Jahrzehnt stand im Zeichen einer weltweiten Rezession mit eingelagerten heftigen Währungskrisen, die in Lateinamerika oder Südostasien ihren Ausgang nahmen.

Die Europäische Union befand sich in einem Stimmungstief. Sie wurde von der Bevölkerung hingenommen und geduldet, aber für eine gute Sache hielten sie immer weniger. In einigen Ländern und generell bei den ökonomisch und sozial benachteiligten Schichten war die Zustimmung zu »Europa« nur noch bei einer kleinen aufrechten Minderheit zu finden.

Neben den allgemeinen Krisen wurde die Union von politischen Instabilitäten einiger Mitgliedsstaaten in Mitleidenschaft gezogen, von dem Machtverlust und der extremen Europafeindlichkeit der britischen Konservativen, dem Machtkampf in Frankreich, den italienischen Regierungskrisen. Außerdem gingen in der Mitte des Jahrzehnts die schönen Tage des herzlichen Einvernehmens zwischen Frankreich und Deutschland, zwischen Mitterrand und Kohl zu Ende. Damit geriet auch der Antriebsmotor der weiteren europäischen Entwicklung ins Stottern. Die politische französische Klasse fühlte sich zunehmend unbehaglich gegenüber der Bundesrepublik, die, von Frankreich aus gesehen, riesenhaft geworden war, von der man nicht wusste, was sie mit ihrer Kraft anfangen und wie sie sie einsetzen würde. Ganz abgesehen davon wurde die politische Führungsrolle, die Frankreich nach dem Kriege gegenüber der wirtschaftlich mächtigen Bundesrepublik immer behauptet hatte, fragwürdig.

In dieser Welt des Wandels und der Zukunftsunsicherheiten musste sich die Union behaupten, den Unionsvertrag von Maastricht mit Leben füllen und seine Bestimmungen daraufhin testen, ob sie ausreichen würden, ein Funktionieren der Gemeinschaft auch noch nach der zu erwartenden Erweiterung auf beinahe dreißig Mitglieder zu sichern. Eine erneute Regierungskonferenz zur Vertragsreform war schon angedacht. Sie sollte 1997 zum Vertrag von Amsterdam führen, dem nur drei Jahre später in Nizza ein weiterer Reformvertrag folgte. Hatten die Römischen Verträge mit kleineren Retuschen von 1958 bis 1986 beinahe dreißig Jahre Bestand gehabt, so gab es in der Zeit von 1986 bis 2001, also in der Hälfte der Zeit, vier substantielle Vertragsreformen. Dies verdankte sich zwar einerseits dem Willen der Akteure zum Vorwärtstreiben und zur Vollendung des Auftrags von Rom, ging aber andererseits auf den Zwang zurück, die Gemeinschaft nach der Umwälzung Europas überlebens- und bewegungsfähig zu halten. In der Gemeinschaft von Rom war für sechs Mitgliedsstaaten ein überschaubarer Kreis von Aufgaben mit den erforderlichen Institutionen geschaffen worden.

Nun musste die EU in die Lage versetzt werden, mit der gewaltigen quantitativen und qualitativen Vermehrung ihrer Mitglieder, Zuständigkeiten und Politikfelder zurechtzukommen.

Neben dem inneren Reformdruck zur Vorbereitung auf die Erweiterung stellte sich der Union die Aufgabe, die potentiellen Beitrittsländer für einen Beitritt zu qualifizieren und andererseits den Bürgern der Union die Sicherheit zu geben, dass die Erweiterung nicht mit unübersehbaren Belastungen und wirtschaftlichen Risiken für sie einhergehen werde. Dies war schon eine schwierige Aufgabe, aber eine noch größere stellte sich mit der Verwirklichung der Währungsunion. Sie drohte an wirtschaftlichen und monetären Widrigkeiten zu scheitern, wie es bei den ersten Versuchen Anfang und Mitte der siebziger Jahre der Fall gewesen war. Alle anderen Herausforderungen wurden zweitrangig neben der Aufgabe, die Währungsunion gegen ein Meer von Widerständen und gegen anbrandende Wirtschafts- und Währungskrisen in den vorgesehenen Etappen voranzubringen und schließlich die Grenze zur Unumkehrbarkeit zu überschreiten.

Notwendige Reformen

Nach der Übertragung zusätzlicher Aufgaben auf die Gemeinschaft durch den Unionsvertrag von Maastricht musste der Finanzrahmen angepasst werden. Dazu legte die Kommission das so genannte »Delors-II-Paket« vor, das von 1993 bis 1999 die Anwendung des Maastrichter Vertrages ermöglichen sollte. Kern des von den Staats- und Regierungschefs 1992 in Edinburgh gebilligten Delors-II-Pakets war eine weitere Aufstockung der Gemeinschaftsmittel um etwa 12 Prozent durch eine Erhöhung des Anteils gemessen am Bruttosozialprodukt der Mitgliedsstaaten. Das begünstigtigte in erster Linie die Strukturfonds und den in Maastricht neu eingerichteten Kohäsionsfonds. Ihr Anteil am Gesamthaushalt der Europäischen Union stieg auf rund ein Drittel. Spanien, Portugal, Griechenland, Irland sowie die fünf neuen Bundesländer konnten in fünf Jahren auf mehr als 300 Milliarden Mark aus der EU-Kasse zurückgreifen, um ihre Bemühungen zur Anpassung des Entwicklungsniveaus an die reicheren Regionen der EU zu finanzieren.

Wenn es um die Ordnung der Finanzen ging, führte auch kein Weg um eine substantielle Reform der Agrarpolitik herum, um ein Umsteuern bei dem Prinzip der Sicherung der Einkommen über die Preise. Die Abkehr der gemeinsamen Agrarpolitik von der direkten Verknüpfung von Preisstützung und Einkommen der Bauern brachte die »McSharry-Reform« vom Juni 1992. Die Preise und die ländlichen Einkommen wurden teilweise entkoppelt. Die Preise für landwirtschaftliche Erzeugnisse wurden gesenkt. Für ihre Einkommensverluste erhielten die Landwirte Direktzahlungen von der EU. Kernpunkt der Reform des Jahres 1992 war eine Senkung der Getreidepreise um 29 Prozent und der Preise für Rindfleisch um 15 Prozent. Neue Beihilfen pro Hektar und verschiedene Prämien für die Milchkuh- und Rinderhaltung sowie Hilfen für Umweltmaßnahmen, Aufforstungen und Frührente kamen hinzu, ebenso erhöhte Prämien für die Stilllegung von Ackerflächen. Die Reform sorgte für eine kräftige Verminderung der gelagerten Überschüsse und bremste die Steigerungsraten bei den Ausgaben, die in der Zeit davor in der Regel jährlich mehr als 10 Prozent betragen hatten. Eine Radikalkur der Gemeinsamen Agrarpolitik aber brachte sie nicht.

Die Reform geschah vor dem Hintergrund einer neuen weltweiten Zollsenkungsrunde im Rahmen des GATT. Seit 1986 fanden Verhandlungen in Uruguay statt, bei denen erstmals die Liberalisierung des Handels mit Agrarprodukten und der Abbau von Subventionen für die Landwirtschaft eine zentrale Rolle spielten. Wegen des Widerstands der Europäischen Gemeinschaft, der die Amerikaner vorwarfen, mit ihrem Agrarprotektionismus Europa einen unüberwindlichen Schutzwall gegen die Produkte anderer Länder zu errichten, zogen sich die Verhandlungen drei Jahre länger als vorgesehen hin. Am Ende aber, 1993, stand doch ein Abkommen, das den Amerikanern einen höheren Export von landwirtschaftlichen Gütern in die Europäische Gemeinschaft erlaubte und die Gemeinschaft dazu verpflichtete, ihre Subventionspraxis zu mildern. Allerdings musste wegen der Weigerung der Pariser Regierung, die unter dem Druck ihrer wütenden Bauern stand, der Europäische Rat den französischen Bauern zusätzliche Hilfen zusagen

Raum ohne Grenzen – Das Schengener Abkommen

Als sich die Gemeinschaft 1985 daran begab, den europäischen Binnenmarkt endlich zu verwirklichen, unterzeichneten fünf EG-Staaten einen völkerrechtlichen Vertrag zum stufenweisen Abbau der Grenzkontrollen im Personenverkehr an ihren Binnengrenzen. Die Römischen Verträge hatten die Freizügigkeit des Personenverkehrs als eine der »vier Freiheiten« festgeschrieben, die auf dem Gebiet der Gemeinschaft verwirklicht werden sollten, aber dies war noch weniger als der freie Warenverkehr realisiert worden. Die stärksten Bedenken gegen die Abschaffung von Personenkontrollen kamen von der Polizei, von Sicherheitsexperten und den Politikern, welche die Fahne der inneren Sicherheit stets besonders hoch trugen. Sie befürchteten nach der Abschaffung der Grenzkontrollen einen Kriminalitätsschub, das Erstarken der internationalen Bandenkriminalität, den ungehinderten

Verkehr von Rauschgifthändlern, Terroristen und Wirtschaftskriminellen. Für die Abschaffung der Personenkontrollen in der gesamten Gemeinschaft war ein einstimmiger Beschluss des Rats erforderlich, für den sich Großbritannien und Dänemark nicht gewinnen ließen. Deshalb schritten fünf Staaten, die Beneluxländer, Frankreich und Deutschland, im Juni 1985 voran und vereinbarten in dem kleinen luxemburgischen Moselörtchen Schengen, die Personenkontrollen an ihren Grenzen sofort zu erleichtern und wenn möglich bis zum ersten Januar 1990 ganz abzuschaffen. Die beteiligten Staaten schlossen das Schengener Abkommen außerhalb des vertraglichen und institutionellen Rahmens der EG, und sie übernahmen damit eine Vorreiterrolle in einem sensiblen Bereich der zwischenstaatlichen Beziehungen. Schengen bereitete den Weg für die in den Maastrichter Vertrag aufgenommene dritte Säule der Zusammenarbeit in der Justiz und Innenpolitik und wurde 1997 in einem weiteren Schritt mit dem Vertrag von Amsterdam in die erste Säule des Unionsvertrags überführt. Das Schengener Abkommen ist das Musterbeispiel für eine erfolgreiche Integrationsstrategie, mit der eine Avantgarde durch die überzeugenden Ergebnisse ihres isolierten Vorgehens, die zögernde Gemeinschaft insgesamt für eine vertiefte Integration gewinnen kann.

In den Jahren nach 1985 zeigte sich, dass die Unterzeichnerstaaten die Schwierigkeiten bei der Umsetzung der Begleitmaßnahmen weit unterschätzt hatten, umfassten diese doch die Intensivierung der polizeilichen Zusammenarbeit, die Aufstellung einheitlicher Regelungen für die Einreise und die Kontrolle an den Außengrenzen, Angleichungen in der Visumspolitik, gemeinsame Maßnahmen zur Bekämpfung des illegalen Drogenhandels. Eine verbesserte Zusammenarbeit der Justizbehörden in Strafsachen, bei der Auslieferung von Strafverdächtigen und der illegalen Einreise war ebenso notwendig wie die Errichtung eines gemeinsamen EDV-gestützten Fahndungs- und Informationssystems (»Schengener Informationssystem«, SIS). So konnte 1990 das Abkommen noch nicht in Kraft gesetzt werden, sondern musste durch ein zweites Abkommen zur Durchführung des ersten ergänzt werden. Dieses Abkommen, »Schengen II«, legte die von den Vertragsstaaten zu erfüllenden Sicherheitsmaßnahmen fest. Technische Schwierigkeiten verzögerten die Einrichtung des Schengener Informationssystems, und erst am 26. März 1995, also beinahe zehn Jahre nach der Unterzeichnung des ersten Abkommens, standen die Grenzübergänge zwischen den Teilnehmerländern weit offen. Vielfach wurden die aufwändigen Grenzanlagen abgebaut oder kommerziellen Zwecken zugeführt, so dass Ende der neunziger Jahre den Autofahrern kaum noch bewusst sein konnte, dass sie durch eine sensible Zone fuhren, in der sich wenige Jahre vorher noch jedermann darauf einrichten musste, hochnotpeinliche Kontrollen über sich ergehen zu lassen. Wenn irgendwo das Vereinigte Europa real und symbolisch sichtbar geworden ist, so an den Grenzübergängen, die keine mehr sind. Der »Schengen-Raum ohne Binnengrenzen« wurde ein Erfolgsmodell. Zu den fünf Gründerstaaten kamen Österreich, die Mittelmeer- und nordischen Staaten hinzu, und 1997 wurde das Vertragswerk mit dem »Amsterdamer Vertrag« Teil der Gemeinschaftspolitik.

Die zweite Norderweiterung

Trotz ihrer internen Schwierigkeiten besaß die Gemeinschaft für außenstehende Länder weiterhin eine große Attraktivität, und von 1989 bis 1991 häuften sich die Beitrittsanträge. Nachdem Österreich schon 1989 einen Antrag gestellt hatte, folgten 1991 Malta und Zypern, Schweden, Finnland, Norwegen und die Schweiz, deren

Antrag allerdings nach einer Volksabstimmung gegen den Beitritt zum Europäischen Wirtschaftsraum im Dezember 1992 hinfällig wurde. Mit dem Abkommen zwischen der Europäischen Gemeinschaft und den EFTA-Staaten im Mai 1992 zur Schaffung eines »Europäischen Wirtschaftsraums« (EWR) hatten die nordischen Staaten und Österreich viele jener handelspolitischen Vorteile erreicht, um derentwillen sie in die Europäische Gemeinschaft hatten eintreten wollen. Aber die Gemeinschaft bot so viele zusätzliche Anreize, dass der Beitritt zu ihr weiterhin attraktiv schien. Umgekehrt galten die Staaten, die in dieser Runde um Beitritt nachsuchten, in der EU als »gute« Kandidaten. Österreich und die skandinavischen Staaten würden nicht so viele neue Bürger in die EU einbringen, waren aber hochentwickelt und würden als Mitglieder die Gemeinschaft finanziell stärken.

Eigentlich sollten die Beitrittsverhandlungen erst nach Inkrafttreten des Unionsvertrags beginnen, um die Beitrittsländer von Anfang an mit dem gesamten gemeinschaftlichen Besitzstand zu konfrontieren, den sie zu übernehmen hatten. Da sich aber das Inkrafttreten verzögerte, setzten sich die Delegationen schon im Frühjahr 1993 zusammen. Die EG/EU führte alle Verhandlungen zur gleichen Zeit, aber getrennt mit jedem einzelnen Land. Schwerwiegende Probleme traten nicht auf und auch die traditionelle Neutralität Österreichs, Schwedens und Finnlands stellte nach dem Zusammenbruch des Ostblocks kein Hindernis mehr dar. Aber es mussten, wie bei den beiden vorhergehenden Erweiterungen, Sonderregelungen bzw. lange Übergangsfristen eingeräumt werden. Österreich erhielt die Möglichkeit, für mehr als zehn Jahre den Transitverkehr zu begrenzen; es durfte den Bau von Ferienhäusern durch Ausländer einschränken und seinen Bergbauern weiterhin hohe Subventionen zahlen. Sogar in der Frage der Fischereirechte gelang mit Norwegen ein zufriedenstellender Kompromiss, und Frankreich und

Spanien steckten ihre überzogenen Ansprüche zurück. Nach einer Rekordzeit von wenig mehr als einem Jahr waren die Beitrittsverträge unterschriftsreif. Die feierliche Unterzeichnung fand am 24. Juni 1994 bei dem Treffen des Europäischen Rates in Korfu statt, nachdem schon im Mai das Europäische Parlament zugestimmt hatte.

In allen Beitrittsländern fanden Volksabstimmungen statt. Nicht alle gingen so aus, wie es sich die Beitrittsbefürworter wünschten. Zwar erzielten die Verträge in Österreich (66,4 Prozent), Finnland (57 Prozent) und Schweden (52,2 Prozent) bis zum November 1994 die notwendigen Mehrheiten, aber in Norwegen sagten die Wähler mit 52,2 Prozent wiederum Nein, wobei sich in der Haltung für oder gegen die Europäische Union eine Spaltung des Landes zwischen »reich« und »arm« zeigte. Die armen Regionen des Nordens und die Gruppen am unteren Ende der sozialen Leiter stimmten für Nein, ebenso die Jungen und häufig die Frauen.

Am 1. Januar 1995 nahmen die drei neuen Mitglieder ihre Plätze in Brüssel, Straßburg und Luxemburg ein. Die Union erreichte damit 370 Millionen Einwohner und dehnte sich 1500 Kilometer weiter nach Norden aus. Das Europäische Parlament vergrößerte sich um 59 Abgeordnete, und jedes Land erhielt einen Kommissar, womit die Kommission auf zwanzig Mitglieder anwuchs.

Am Euro hängt, zum Euro drängt doch alles

Das wichtigste materielle Vertragsziel des Unionsvertrags bestand zweifellos darin, bis zu einem festgelegten Datum, spätestens dem 1. Januar 1999, unwiderruflich eine Währungsunion, eine Europäische Zentralbank und eine Europäische Währung zu schaffen und zur Erreichung des Ziels den Teilnehmerländern harte, wenn nicht sogar dra-

konische Regeln und Grundsätze einer stabilitätsorientier-
ten Wirtschafts-, Geld- und Haushaltspolitik zu oktroyie-
ren. Mit der Rahmensetzung für die Währungsunion hatten die Bundesregierung und die Deutsche Bundesbank
ihre Vorstellungen durchgesetzt. Der deutschen Stabili-
tätskultur entsprach das projektierte europäische System
der von politischen Weisungen unabhängigen, allein der
Preisstabilität verpflichteten Zentralbanken. Auf deutschen Druck, aber im Dialog mit Frankreich war das Verfahren zur Haushaltsüberwachung verbunden mit der
Maßgabe eingeführt worden, den Teilnehmerstaaten mit
übermäßigen Defiziten der staatlichen Haushalte Sanktionen aufzuerlegen. Ohne den deutschen Druck wären auch
die stabilitätspolitischen »Konvergenzkriterien« (stabiles
Preisniveau, gesunde Staatsfinanzen, stabile Wechselkurse,
niedriges Zinsniveau) und die vertragliche Verpflichtung
der Mitgliedsstaaten, sie auch zu erfüllen, nicht vereinbart
worden. Der Vertrag gab somit einen festen Zeitplan für
die Einführung der Währung ebenso vor wie die Bedingungen, welche die teilnahmewilligen Staaten zu erfüllen
hatten. Eine Garantie aber, dass das Ziel erreicht werden
würde, war damit nicht gegeben, und mehrfach sah es in
den neunziger Jahren wegen der katastrophalen weltwirtschaftlichen Rahmenbedingungen und der internen Streitigkeiten nach einem kläglichen Scheitern der Währungsunion aus.

Schon sechs Monate nach Unterzeichnung des Vertrags-
pakets stellte eine Krise die WWU schon wieder in Frage.
Die Devisenmärkte stürzten in eine neue Krise, nachdem
die Deutsche Bundesbank am 16. Juli 1992 völlig überraschend die Zinsen erhöht hatte, um die durch die Wiedervereinigung angefachte Inflation zu bekämpfen. Kapital
floss in die Bundesrepublik ab. Das schwächte alle anderen europäischen Währungen, und alle anderen Regierungen standen in einer politischen Front gegen die rigorose
»egoistische« Bundesbank. Der allgemeine Kurssturz be-

gann am 8. September, als Finnland abwerten musste.
Schweden und Italien gerieten unter Druck, und die Bundesbank erklärte, sie werde keine Lira mehr kaufen, obwohl sie durch den EWS-Vertrag dazu verpflichtet war.
Nach der folgenden italienischen Abwertung fiel das
Pfund wie ein Stein und der Präsident der Bundesbank
fachte die Spekulation mit seiner Äußerung weiter an, die
Wechselkursanpassung hätte viel größer sein müssen. Am
17. September brach alles zusammen. John Major nahm
England, das sich erniedrigt fühlte, mit tiefem Groll gegen
die Bundesbank aus dem EWS heraus und wertete ab. Das
kam für Frankreich, dessen Franc unter vergleichbarem
Druck stand, prinzipiell und aktuell wegen des drei Tage
späteren Referendums nicht in Frage. Einige Tage gelang
es der Banque de France unter Aufbietung aller Reserven,
die Dämme zu halten, aber definitiv konnte nur, wie Mitterrand am 22. September Helmut Kohl in Paris beschwor, eine bestimmte Zusage der Bundesbank helfen, sie
werde den Franc verteidigen, koste es, was es wolle. Die
Währungsunion stand vor dem Aus. Sie wurde gerettet,
weil Helmut Kohl den widerwilligen Präsidenten der
Bundesbank in New York angerufen und zu der von Mitterrand geforderten öffentlichen Stellungnahme bewegte.

Am 1. Januar 1993 trat der gemeinsame Markt in Kraft,
aber er brachte nicht den vorhergesagten nachhaltigen
Wirtschaftsaufschwung – Wirtschaftswachstum, weit über
eine Million neuer Arbeitsplätze. Im Gegenteil, 1993
wurde wirtschaftlich gesehen ein rabenschwarzes Jahr. Die
Arbeitslosenquote stieg in der EG/EU im Schnitt auf über
11 Prozent. Noch einmal rollte eine Spekulationswelle
gegen den französischen Franc. Die Schwankungsbreite
des Europäischen Währungssystems musste auf ± 15 Prozent erweitert werden. Wiederum ließ sich die Bundesbank nur widerwillig dazu bewegen, die schwachen Währungen zu stützen. In Frankreich warf man den Bundesbankdirektoren provinzielles Management vor.

Die Vorbereitung der Währungsunion ging nach der Eindämmung der Krisen, äußerlich gesehen, regulär voran. Die zweite Phase wurde fristgerecht am 1. Januar 1994 eingeleitet, und das Europäische Währungsinstitut (EWI) nahm in Frankfurt seine Arbeit auf. Es sollte die Einführung des Europäischen Systems der Zentralbanken und der einheitlichen Währung in der dritten Stufe technisch vorbereiten. Dies geschah im Zeichen allgemeiner Skepsis gegenüber dem Projekt. In Deutschland gab es weniger besorgte als vielmehr jubelnde Reaktionen oder auch nur die klammheimliche Freude angesichts der Aussicht, die ungeliebte gemeinsame Währung könne wieder in der Versenkung verschwinden.

Das misstönende diplomatische Hickhack über das Schicksal Ex-Jugoslawiens bzw. der aus ihm hervorgegangenen neuen Staaten, und die Unfähigkeit der EU zu einem gemeinsamen entschlossenen Vorgehen verdunkelten ihr Bild. Im Juli 1994 stritten sich die Staats- und Regierungschefs auf dem Gipfel von Korfu über den Nachfolger für Jacques Delors an der Spitze der Kommission. François Mitterrand und Helmut Kohl favorisierten den belgischen Ministerpräsidenten Jean-Luc Dehaene. John Major, der britische Premier, fühlte sich übergangen und stimmte dem nicht zu. Erst nach wochenlangem Hin und Her verständigte sich der Rat auf den luxemburgischen Ministerpräsidenten Jacques Santer. Der harte Umgang des Europäischen Parlaments mit dem designierten Kommissionspräsidenten und seinen Kommissarinnen und Kommissaren, die sich gemäß den neuen Bestimmungen des Maastrichter Vertrages einem Hearing stellen mussten, vermittelte einen Vorgeschmack darauf, was die Kommission von diesem Parlament zu erwarten hatte. In allen Medien triumphierten die Europaskeptiker.

Anfang 1995 hatten sich die Aussichten für die europäische Währung nicht verbessert. Nur zwei Mitgliedsstaaten, Luxemburg und die Bundesrepublik, erfüllten die

Konvergenzkriterien. Mit dem Zerrbild der gemeinsamen Währung und vor allem der Stabilitätskriterien wurden im französischen Präsidentschaftswahlkampf Ängste geschürt. Die gemeinsame Währung sei ein Feind des Wirtschaftswachstums. Sie schaffe Arbeitslosigkeit. Es sollte noch viel schlimmer kommen. Im Februar ging von Mexiko eine neue Weltwährungskrise aus. Der mexikanische Peso geriet in eine existentielle Krise und riss den Dollar mit sich nach unten bis zu einem historischen Tiefpunkt, an dem 1 Dollar nur noch 1,40 DM wert war. Die Währungskrise schwappte nach Europa über. Die schwachen europäischen Währungen wurden in großen Mengen auf den Markt geworfen. Die italienische Lira sank in wenigen Tagen um 20 Prozent, ebenso geriet das englische Pfund in den Strudel, und die iberischen Währungen, die Pesete und der Escudo, mussten abgewertet werden. Die chaotischen Verhältnisse zeigten nachdrücklich, wozu eine Währungsunion gut sein würde. Eine Währungsunion bzw. eine gemeinsame Währung würden der Spekulation nicht länger erlauben, die vielen europäischen Währungen gegeneinander auszuspielen. Zwar trat 1996 eine wirtschaftliche Erholung ein, aber die Krise hatte schweren Schaden angerichtet. Die Kommission schätzte, dass 1,5 Millionen Arbeitsplätze verloren gegangen seien, so viel wie man mit dem Binnenmarktprogramm hatte schaffen wollen.

Trotz der Krisen arbeitete die Kommission unverdrossen weiter. In einem Grünbuch skizzierte sie das Szenario für die Einführung der Gemeinschaftswährung. Der Einführungstermin des 1. Januar 1997 würde sich nicht halten lassen. Also legten die Staats- und Regierungschefs den ersten Januar 1999 fest und beschlossen eine dreijährige Übergangszeit bis zur definitiven Einführung der Währung im allgemeinen Zahlungsverkehr. Im Dezember 1995 taufte der Europäische Rat bei seinem Treffen in Madrid die gemeinsame Währung auf den Namen »Euro«.

»Euro«, so hieß es aus Deutschland, klinge vertrauener-
weckender als »ECU«.

In Deutschland blieb der Blick fest auf die Einhaltung
der Konvergenzkriterien und eine strikte Haushaltsdisziplin gerichtet, obwohl auch die Bundesrepublik 1996 die
Stabilitätsvorgaben nicht erfüllen konnte. Aber immer
noch versuchten einige Teilnehmerländer diese aus der
Welt zu schaffen. Die unverhohlenen Absichten in Frankreich und anderswo, die Kriterien zugunsten staatlicher
Konjunktur- und Arbeitsmarktprogramme aufzuweichen,
alarmierten den deutschen Finanzminister, Theo Waigel,
und den Präsidenten der Bundesbank, Hans Tietmeyer.
Sie bestürmten Helmut Kohl, den Mitgliedsstaaten noch
einmal die vertragliche Zusicherung einer unbedingten
Stabilitätspolitik abzuringen. Nur für diesen Fall werde
die Bundesrepublik den Euro übernehmen können. Helmut Kohl setzte den »Stabilitätspakt« auf dem Gipfel in
Dublin gegen ein isoliertes Frankreich durch (Dok. 35).

Damit wussten nun alle Kandidaten für die Einführung
des Euro, woran sie waren und gingen zu einer konse-
quenten Stabilitätspolitik über. Alle Mitgliedsstaaten, auch
Italien und sogar Griechenland, denen es in den nördlichen Ländern nur ganz wenige zugetraut hatten, halbier-
ten ihre Neuverschuldung oder bauten sie noch stärker ab.
Was Anfang 1995 kaum jemand für möglich gehalten
hätte, trat im Mai 1998 ein. Der Europäische Rat stellte
fest, dass elf Länder, Griechenland kam noch hinzu, die
Kriterien für den Übergang zum Euro als gemeinsamer
Währung zum 1. Januar 1999 erfüllten. Das Statut der
Europäischen Zentralbank trat in Kraft. Nach einem hef-
tigen personalpolitischen Streit ernannten die Staats- und
Regierungschefs den Niederländer Wim Duisenberg zum
ersten Präsidenten, und nach der Anhörung durch das
Europäische Parlament konstituierte sich im Juli 1998 der
Zentralbankrat der Europäischen Zentralbank, die in der
Folge darangehen konnte, die Grundlagen für eine euro-

päische Geld- und Währungspolitik zu legen und den
definitiven Übergang zur Europäischen Währung, dem
Euro, in der ersten Hälfte des Jahres 2002 zu organisieren,
während die Mitgliedsstaaten die gesetzlichen Grundlagen
für die Einführung des Euro-Bargelds legten (Dok. 38).
Seit dem Neujahrstag 2002 erhalten in der Europäischen
Union dreihundert Millionen Bürger ihre Löhne und
Gehälter in Euro und benutzen ihn beim Einkaufen und
bei allen finanziellen Transaktionen als Zahlungsmittel.
Der Übergang von den nationalen Währungen zum Euro
bereitete in keinem Land, nicht einmal in Deutschland,
außergewöhnliche Probleme.

EU-Osterweiterung

In den ersten Jahren des osteuropäischen Umbruchs war
unklar, ob die in ihre Selbstständigkeit entlassenen Staaten
des ehemaligen Ostblocks die Möglichkeit erhalten würden, den Europäischen Gemeinschaften beizutreten oder
ob andere Kooperationsformen gefunden werden würden.
Die Mittel- und osteuropäischen (MOE) Staaten schauten
auf die EG wie auf das Gelobte Land. Es stand sogar zu
lesen, sie seien von der Geschichte um fünfzig Jahre be-
trogen worden und hätten deshalb ein Anrecht auf sofortige Aufnahme. Deutschland, Dänemark, Großbritannien
unterstützten einen so schnellen Beitritt wie möglich,
Großbritannien mit dem Hintergedanken, jede weitere
Vertiefung der EU anzuhalten, diese womöglich aufzuweichen und zu einer einfachen Freihandelszone zurück-
zubilden. Die hauptsächlichen Nutznießer der Agrarpolitik und der Strukturfonds unter den Mitgliedsstaaten
fürchteten finanzielle Einbußen. Für sie hatte deshalb die
Vertragsrevision (Maastricht), d. h. eine Festigung und der
Ausbau der Solidarstrukturen (Kohäsionsfonds), Vorrang.

Sie schlossen auch nicht aus, dass die schon im Dezember 1989 ins Auge gefassten Assoziationsverträge mit den MOE-Staaten eine Alternative für den Beitritt sein könnten. Das Auseinanderbrechen Jugoslawiens und die begleitenden Kriegshandlungen, die grausamen »ethnischen Säuberungen« belehrten auch die zögerlichen Mitgliedsstaaten, dass höchstwahrscheinlich nur über eine EU-Mitgliedschaft der MOE-Staaten der Osten Europas nachhaltig politisch, wirtschaftlich und sozial zu stabilisieren sein würde. Mit seinen Beschlüssen von Kopenhagen im Juni 1993 erhob der Europäische Rat die Osterweiterung der Europäischen Union zur offiziellen Politik (Dok. 36). Er legte auch die Kriterien fest, die ein Staat vor der Aufnahme in die EU zu erfüllen habe: »institutionelle Stabilität als Garantie für eine demokratische und rechtsstaatliche Ordnung, für die Wahrung der Menschenrechte sowie die Achtung und den Schutz von Minderheiten«; eine funktionsfähige Marktwirtschaft sowie die Fähigkeit, dem Wettbewerbsdruck und den Marktkräften innerhalb der Union standzuhalten und die aus einer Mitgliedschaft erwachsenden Verpflichtungen zu übernehmen.

Mit der Erklärung von Kopenhagen legte sich die Union auf ein außerordentlich ehrgeiziges Projekt fest. Die Probleme übersteigen die Größenordnung aller bis dahin geschehenen Erweiterungen um ein Vielfaches. Die Union würde auf einen Schlag oder in kurzer Reihenfolge zwölf neue Staaten zu integrieren haben, während die davor liegenden drei Erweiterungen die Zahl der Mitgliedsstaaten nur von ursprünglich sechs auf fünfzehn, also um neun insgesamt, angehoben hatten. Zudem lag das Pro-Kopf-Einkommen der Kandidaten zusammengenommen gerade einmal bei etwa 50 Prozent (2000) des EU-Durchschnitts. Würde nicht eine Flut von Arbeitsmigranten heranbranden, und wie sollte man damit angesichts von achtzehn Millionen Arbeitslosen in der EU umgehen? Die Union war, bildlich gesprochen, als ein Haus für sechs

Mietparteien gebaut worden. Die ursprünglichen sechs hatten sich bis 1995 auf fünfzehn vermehrt. Es war klar, um so viele weitere Bewohner aufnehmen zu können, würde die Union dringend umgebaut werden müssen, d. h., sie würde ihre Entscheidungsstrukturen den Erfordernissen eines Funktionierens mit siebenundzwanzig Mitgliedern anpassen müssen. Es darf auch nicht übersehen werden, dass sich für Frankreich die Gefahr auftat, zum Verlierer der Erweiterung zu werden. Mit der Verlagerung des Schwergewichts der Union nach Osten würde Deutschland in den Mittelpunkt und Frankreich an den Rand rücken.

Den Kandidaten legten die Vorbedingungen für den Beitritt die schwersten Lasten auf. Es wurde von ihnen verlangt, ihre Politik-, Wirtschafts- und Rechtssysteme in wenigen Jahren radikal umzubauen und den »gemeinschaftlichen Besitzstand« (acquis communautaire) zu übernehmen, jenen riesigen Bestand an Rechtsakten, den die EG/EU in mehr als vier Jahrzehnten angehäuft hat. Die wirtschaftlichen, politischen und sicherheitspolitischen Risiken aber liegen, realistisch gesehen, bei einem Nichtbeitritt zur EU um so viel höher, dass nach weit überwiegender Ansicht der Europapolitiker für die Kandidaten wie für die Mitgliedsstaaten der EU kein Weg um den Beitritt herumführt.

In den ersten Jahren des Jahrzehnts stellte ein mittel- und osteuropäischer Staat nach dem anderen seinen Beitrittsantrag, Ungarn, Polen, Rumänien, die Slowakei, die baltischen Republiken und Bulgarien, die Tschechische Republik und Slowenien. Andere Beitrittsanträge waren bereits vorher von der Türkei, von Zypern und Malta eingegangen. Beschlüsse auf den Gipfeln von Essen im Dezember 1994 und Cannes im Juni 1995 legten die Strategie zur Vorbereitung der Beitrittsverhandlungen und ein Hilfsprogramm für die Kandidaten fest. Im Dezember

1995 beauftragte der Europäische Rat die Kommission, einen Finanzierungsrahmen (Heranführungshilfen) für die Realisierung der Beitritte zu entwerfen. Das tat die Kommission mit ihrer Mitteilung »Agenda 2000« im Juli 1997.

Auf dieser Grundlage konnte im Frühjahr 1998 der Europäische Rat grünes Licht für bilaterale Verhandlungen – mit jedem Kandidatenland einzeln – mit Ungarn, Polen, Estland, Tschechien, Slowenien und Zypern geben. Im Februar 2000 kamen sechs weitere Länder hinzu – Lettland, Litauen, die Slowakei, Rumänien, Bulgarien und Malta. Der Europäische Rat akzeptierte auch die Bewerbung der Türkei zu den für alle anderen Bewerber geltenden Bedingungen. Die Türkei wartet aber noch auf den Beginn von Beitrittsverhandlungen, weil sie nach Ansicht der EU noch nicht den geforderten Ansprüchen auf Garantie der Menschenrechte und des Schutzes von Minderheiten genügt.

Frankreich schlug vor, eine »Europa-Konferenz« als multilaterales Gremium für politische Konsultationen einzurichten. Sie sollte den Erweiterungsprozess während der kommenden Jahre begleiten. Angesichts der enormen Schwierigkeiten der Beitrittskandidaten, ihre Staaten politisch, wirtschaftlich und rechtlich völlig umzustrukturieren und sich dem Entwicklungsniveau der Mitgliedsstaaten der EU anzunähern, ist die lange Dauer der Beitrittsverhandlungen nicht verwunderlich. Die EU stellte aber die Zielvorgabe auf, zumindest zehn Kandidaten so rechtzeitig aufzunehmen, dass sie an den Wahlen zum Europaparlament im Jahre 2004 teilnehmen könnten.

Der Vertrag von Amsterdam

In den Jahren des Ringens um die europäische Währung stand die EU zugleich vor der dringenden Aufgabe, die politischen und institutionellen Voraussetzungen zu schaffen, welche die EU befähigen würden, in der Weltpolitik eine Rolle zu spielen, die wirtschaftlichen Herausforderungen der Globalisierung zu bewältigen, den Terrorismus und die internationale Kriminalität zu bekämpfen sowie die Erweiterung nach Osteuropa zu meistern. Den Verhandlungen der Regierungskonferenz zur Vorbereitung der im Maastrichter Vertrag festgelegten Vertragsrevision gingen intensive europaweite Diskussionen voraus, an denen sich das Europäische Parlament an prominenter Stelle beteiligte. Die Diskussionen wurden nicht nur von der unabweisbaren Notwendigkeit einer Reform belebt, sondern auch dadurch, dass die Politiker und europäischen Führungszirkel, die sich für das Projekt »Europa« verantwortlich fühlten, das allgemeine Missbehagen wie die Kritik am demokratischen Defizit der Union auffangen und für eine Erneuerung nutzen wollten. Eine besonders interessante Diskussionslinie verfolgten Wissenschaft und Politik mit dem Modell eines Kerneuropa, das von den CDU-Politikern Karl Lammers und Wolfgang Schäuble vorgestellt worden war. Das Modell sah vor, es einem harten Kern von integrationsbereiten Staaten freizustellen, unabhängig von den anderen Mitgliedern unter sich konkrete Formen engerer Vergemeinschaftung zu vereinbaren. Das rief in einigen Staaten Befürchtungen hervor, sie sollten partiell aus der Gemeinschaft ausgegrenzt oder zu Mitgliedern zweiter Klasse gemacht werden. Englische Europakritiker favorisierten das Gegenmodell »Europa à la carte«, mit dem es den Mitgliedsstaaten erlaubt werden sollte, sich aus dem europäischen Angebot – Gemeinsame Währung, Verteidigung, Sozialabkommen, Raum ohne Grenzen usw. – frei das auszuwählen, was ihnen gefiele.

Die eigentlichen Vertragsverhandlungen bereitete eine »Reflexionsgruppe« vor, eine Kommission mit je einem persönlichen Vertreter jeden Außenministers, einem Kommissar und zwei Europaabgeordneten unter Leitung des spanischen Außenministers Carlos Westendorp. Ihr Bericht diente der im März 1996 eingesetzten Regierungskonferenz als Leitfaden. Die Verhandlungen standen im Schatten der BSE-Krise (Rinderwahn), dem Importverbot für britisches Rindfleisch und der Obstruktion der britischen Regierung. Sie schritten erst voran, nachdem ein zusätzliches Treffen der Staats- und Regierungschefs am 1. Oktober in Dublin noch einmal für Druck und eindeutige Aufträge an die Delegationen gesorgt hatte. Während einerseits tiefgreifende Interessengegensätze zwischen Frankreich und Deutschland die Verhandlungen belasteten, wurden sie andererseits durch den Wahlsieg der Labourpartei (New Labour) unter ihrem Vorsitzenden Tony Blair entlastet, der ebenso wie seine reformierte Partei »Europa« mit weniger dogmatischen Vorbehalten betrachteten als die konservativen Vorgänger.

Der am 17. Juni 1997 in Amsterdam unterzeichnete Vertrag (Dok. 37) – er trat am 1. Mai 1999 in Kraft – stellte, wie üblich, keinen der Partner ganz zufrieden, aber enttäuschte auch keinen vollständig. Die Medien maßen den Vertrag ernüchtert oder hämisch an den viel weiter reichenden vorher aufgestellten Reformzielen. Zurecht meinten aber die Fünfzehn, der Gipfelkompromiss habe den Weg zu den Beitrittsverhandlungen mit den Ostländern geebnet. Allerdings blieb die Reform der Entscheidungsprozeduren weit hinter den Erwartungen und Erfordernissen zurück. Die für die Handlungsfähigkeit bedeutsame Neugewichtung der Stimmen im Rat, dem Beschlussorgan der Regierungen, wurde als ein so genanntes »left over« auf eine weitere Vertragsrevision vertagt, die schon drei Jahre später stattfinden sollte. Der Amsterdamer Vertrag stärkte den Präsidenten der Kommission. Er erhielt eine

Art Richtlinienkompetenz gegenüber den anderen Kommissaren und durfte künftig nach seiner Ernennung bei der Auswahl seiner Mannschaft mitwirken. Der eigentliche Gewinner des Vertrags war das Europäische Parlament. Sein Recht, als ebenbürtiger Gesetzgeber neben dem Rat zu fungieren (Kodezision), wurde auf fünfundzwanzig Gebiete, etwa drei Viertel, der EU-Gesetzgebung ausgedehnt. In Bezug auf die Weiterentwicklung der Gemeinschaft sollte es in Zukunft unter sehr eng gefassten Bedingungen einer kleinen Anzahl von Mitgliedsstaaten gestattet sein, sich enger zusammenzuschließen und rascher als die anderen auf dem Pfad der Integration voranzuschreiten (flexible Integration).

Auf Initiative Frankreichs sollte ein neues Kapitel im Vertrag, Grundlagen für eine bessere Koordinierung der Beschäftigungsstrategien in Europa legen und dem Bemühen um mehr Beschäftigung in der Gemeinschaft Priorität geben. Die Zuständigkeit blieb freilich im Wesentlichen bei den Mitgliedsstaaten. Ein bemerkenswerter Erfolg war die Einfügung des Schengener Abkommens in den Rechtsrahmen der Gemeinschaft, d. h. in die Zuständigkeit der EU. Die europäische Polizeibehörde »Europol« sollte stufenweise mit operativen Befugnissen ausgestattet werden. Auch sollte es nach einer Übergangzeit von fünf Jahren möglich werden, in der Justiz- und Innenpolitik nicht mehr nur einstimmig, sondern mit qualifizierter Mehrheit zu entscheiden. Der Ausbau dieses Politikbereichs machte in den Jahren danach jedoch nur geringe Fortschritte, obwohl die Staats- und Regierungschefs bei ihrem Treffen im Oktober 1999 im finnischen Tampere vollmundig einen »Raum der Freiheit, der Sicherheit und des Rechts« in Aussicht stellten, in dem die internationale organisierte Kriminalität dank vermehrter Befugnisse und Ressourcen des Europäischen Polizeiamts und einer europäischen Koordinierungsinstanz der nationalen Staatsanwaltschaften, »Eurojust«, effektiv bekämpft werden würde. Der 11. September 2001 trieb die Zusammenarbeit, zumindest an der Hektik der Konferenzen gemessen, wieder voran. Ein sichtbares und greifbares Ergebnis war der im Dezember vereinbarte Europäische Haftbefehl als Ersatz für die bilateral festgelegten Auslieferungsverfahren. Europol aber musste weiter auf den Ausbau zu einer schlagkräftigen Polizeibehörde warten und blieb nicht viel mehr als eine europäische Zentrale zum Sammeln und zur Analyse von Daten sowie Tippgeber für die nationalen Behörden. Auch der Auftrag von Tampere, ein gemeinsames europäisches Asyl-, Einwanderungs- und Aufenthaltssystem zu entwickeln, wurde nicht zügig umgesetzt. Hier blockierte u. a. die Bundesrepublik. Helmut Kohl verhinderte beim Amsterdamer Vertrag den Übergang zur Abstimmung mit qualifizierter Mehrheit in Bezug auf Einwanderung und Freizügigkeit innerhalb der EU. In der Zeit danach verstärkte sich in Deutschland eher die Tendenz einer noch stärkeren Abschottung und einer Abwehr des Brüsseler »Hereinredens in unsere Angelegenheiten«. Der 11. September 2001 stärkte die Abwehrhaltung noch einmal.

Nach der Überzeugung der Mehrheit der Regierungschefs war die dritte Säule des Unionsvertrags von Maastricht viel zu schwach geblieben. In der Jugoslawienkrise und während des Balkankriegs war die Gemeinschaft ohne wirksame Außenpolitik gewesen. Sie hatte ein Bild der Uneinigkeit und Unentschlossenheit geboten. Das sollte sich ändern, und der Vertrag unternahm den Versuch, die Union sichtbarer und handlungsfähiger zu machen und Verfahrensregeln der GASP festzulegen. Ein »Hoher Repräsentant« (Mr. GASP), der Generalsekretär des Rats, sollte der Gemeinsamen Sicherheits- und Außenpolitik Gesicht und Stimme geben. Die Entscheidungsverfahren wurden gestrafft; die Staats- und Regierungschefs sollten künftig Leitlinien vorgeben, die der Rat mit qualifizierter Mehrheit in Aktionen umzusetzen hatte.

In mehreren Folgetreffen begann der Auftrag des Amsterdamer Vertrags für eine Gemeinsame Sicherheits- und Außenpolitik Gestalt anzunehmen. Auf dem Gipfel in Nizza im Dezember 2000 stellten die Staats- und Regierungschefs die letzten Weichen für den schrittweisen Aufbau einer gemeinsamen »Eingreiftruppe der Europäischen Union« in der Stärke von 50 000 bis 60 000 Soldaten bis zum Jahr 2003. Nach den Beschlüssen der Konferenz auf dem Petersberg bei Bonn von 1992 ist sie für humanitäre Einsätze, Rettungsmaßnahmen im Katastrophenfall, friedenserhaltende-, aber auch Kampfeinsätze zur Bewältigung von Krisen vorgesehen. Politische und militärische Institutionen sollen einen Einsatz der Truppen vorbereiten, steuern und überwachen. Mit den Beschlüssen, die auch die Bereitstellung von bis zu fünftausend Polizisten und eines Pools von Experten – Richter, Staatsanwälte, Beamte für den Strafvollzug oder kommunale Aufgaben – für den Fall einschließen, dass eigene Fachkräfte in den Krisengebieten noch nicht bereitstehen, überwand die Union eine hohe Hürde nationalstaatlicher Vorbehalte. Sie schlug gewissermaßen einen Bogen zurück bis in die fünfziger Jahre. Sie ging daran, in zeitgemäßer Form jenen Auftrag für gemeinsame europäische Streitkräfte zu erfüllen, der 1954 von der französischen Nationalversammlung zurückgewiesen worden war. Der Beschluss über die Eingreiftruppe erfasst den Kernbestand nationaler Souveränitätsrechte und verleiht dem Prozess der europäischen Gemeinschaftsbildung eine neue Qualität. Ungerechtfertigterweise geriet er bei der Bewertung des Reformgipfels von Nizza unter dem Eindruck des Feilschens um die Verteilung der Stimmen in den europäischen Institutionen beinahe in Vergessenheit.

Die Helden waren müde – Der Gipfel von Nizza
im Dezember 2000 und seine Ergebnisse

Der Vertrag von Amsterdam hatte wichtige Fragen der
Handlungs- und Entscheidungsfähigkeit der Union im
Angesicht der anstehenden Osterweiterung ungeregelt
gelassen, insbesondere die Verteilung und Gewichtung der
Stimmen im Rat zwischen den großen und kleinen Nationen sowie die Größe der Kommission und des Europäischen Parlaments nach der Erweiterung. Frankreich, Belgien und Italien drängten auf eine entsprechende Ergänzung der Verträge, die für das Jahr 2000 anvisiert wurde.
Einen Teil ihrer Hausaufgaben machte die Gemeinschaft
1999 auf einem Sondergipfel in Berlin, auf dem sie ihre
besonders ausgabeträchtigen Politikbereiche – Agrar- und
Strukturpolitik – sowie die Sanierung des EU-Haushalts
wenigstens ansatzweise in Angriff nahm.

Auf dem Weg zu der Ergänzung der Verträge, zur
Schließung der Lücken, die in Amsterdam geblieben
waren, erlebte die Europäische Union eine Krise von einer
Art, wie sie bis dahin noch nicht da gewesen war. Als das
Europäische Parlament der amtierenden Kommission mit
ihrem Präsidenten Jacques Santer einen Misstrauensantrag
androhte, trat diese zurück. Der Anlass, die nicht korrekte
Anstellung eines unqualifizierten befreundeten Mitarbei-
ters durch die Kommissarin Edith Cresson, war banal und
stand in keinem Verhältnis zu dem Sturm der Entrüstung,
der von den Medien kräftig angefacht wurde. Eine Kommission von drei Weisen listete angebliche weitere Verfeh-
lungen einzelner Kommissare auf, die aber ebenfalls
weder materiell noch moralisch ins Gewicht fielen, und
machte der Kommission pauschal den Vorwurf, die europäische Bürokratie nicht im Griff zu haben. Entscheidend
waren weniger die aufgebauschten Vorwürfe, die man,
soweit die Kommission als Kollegium betroffen war, wohl
jedem vergleichbaren Kollegium hätte machen können.

Vielmehr entluden sich über der Kommission der lang
aufgestaute Unmut, die angesammelten Ressentiments
gegen die Institution und ihren Apparat, die seit langem
für jede Fehlentwicklung der europäischen Politik verantwortlich gemacht wurden, während der Rat als verantwortlicher Gesetzgeber es geschafft hatte, sich der allgemeinen Kritik und dem pauschalen Unrechtsverdacht zu
entziehen.

Als die Regierungskonferenz im Februar 2000 einberufen wurde, amtierte auch eine personell fast völlig neu be-
setzte Kommission unter dem Präsidenten Romano Prodi,
der sich als Sanierer des italienischen Staatshaushalts einen
Namen gemacht hatte. Gegenstand der Verhandlungen
waren Größe und Zusammensetzung der EU-Kommission und des Europäischen Parlaments, die Gewichtung
der Stimmen und die Ausweitung der Abstimmung mit
qualifizierter Mehrheit im Rat. Zu den Prinzipien der Europäischen Gemeinschaften gehört die überproportionale
Vertretung der kleinen Mitgliedsstaaten in den Institutionen, um sie vor der Majorisierung durch die großen zu
schützen. In der erweiterten Union musste einerseits der
Schutz der kleinen Mitglieder gesichert bleiben. Andererseits mussten sich die großen Mitglieder davor sichern,
von Koalitionen der vielen kleinen Mitglieder, der »have-
nots«, mit ganz geringen Bevölkerungsanteilen überstimmt zu werden. Die Frage der Finanzverfassung spielte
auch eine Rolle. Die Solidarität der Geberländer geriet an
ihre Grenzen. Es galt für die finanzstarken großen Mitgliedsstaaten zu verhindern, immer öfter überstimmt zu
werden, und für Ausgaben aufzukommen, die sie gegenüber ihren Steuerzahlern nicht verantworten wollten und
vielleicht auch nicht konnten.

108 Stunden rangen in Nizza die fünfzehn Mitgliedsstaaten miteinander; danach war ihnen die vierte Vertragsrevision innerhalb von fünfzehn Jahren gelungen. Mit
dem Ergebnis der neuen komplizierten Stimmengewich-

tung im Rat, die der veränderten Mitgliederstruktur nach der Erweiterung Rechnung tragen sollte, wie mit der Festlegung der Größe und Zusammensetzung der Kommission und des Parlaments sowie der Erleichterung der verstärkten Zusammenarbeit, falls mindestens acht Staaten das wollen, meinten alle ihr Gesicht gewahrt zu haben, wenn auch die Ergebnisse weit hinter den für die anstehende Erweiterung gehaltenen Erfordernissen zurückblieben. Das Ergebnis von Nizza erleichtert es Mitgliedsstaaten, Entscheidungen zu blockieren, und macht die Mehrheitsfindung so kompliziert, dass besorgte Kritiker um die Handlungsfähigkeit der Union nach der Erweiterung fürchten. Nizza brachte mit dem Fortschritt einen Rückschritt. Als Fazit bleibt festzuhalten: Für keine andere Vertragsänderung war das Wort von dem Berg, der eine Maus geboren hat, so berechtigt wie für die von Nizza.

Die Staats- und Regierungschefs verabschiedeten mit feierlichen Worten eine »Grundrechtcharta«. Die Charta mit ihren 54 Grundrechten war von einem Konvent mit 62 Mitgliedern ausgearbeitet worden. Sie nahm eine Sammlung von Grundrechten (Würde des Menschen, Grundfreiheiten, soziale und bürgerliche Grundrechte) auf, die teils in der Konvention des Europarats zum Schutz der Menschenrechte, teils in Verträgen der Gemeinschaft, teils in den Verfassungen der Mitgliedsstaaten schon enthalten sind. Die Charta wurde vorerst nicht in die EU-Verträge übernommen; sie blieb ein »Dekorationsstück«. Die Rechte sind von den Bürgern nicht einklagbar. Aber sie gab dem Europäischen Gerichtshof Leitlinien für seine ständige Rechtsprechung, und legt man den bisherigen Integrationstrend zugrunde, wird sie mittelfristig bei einer der nächsten Vertragsrevisionen in die EU-Verträge aufgenommen werden.

Vielleicht waren alle Beteiligten von dem großen Zuwachs in den fünfzehn Jahren seit der Einheitlichen Europäischen Akte von 1986 überfordert worden. Diese Jahre hatten den Binnenmarkt, die Währungsunion und den Euro, eine erhebliche Vertiefung der Gemeinsamen Außen- und Sicherheitspolitik sowie den Schengener Raum ohne Grenzen gebracht. Die nicht enden wollenden kritischen Diskussionen zu »Europa«, die Ereignisse im Zusammenhang mit dem Sturz der Kommission im Jahre 1999 und andere Zeichen an der Wand waren Hinweise, dass das große Tempo der Vertiefung des Gemeinschaftsprojekts Ängste schürte und die Europäer zu überfordern drohte, zumal die häufig geradezu hektischen Aktivitäten ohne Angaben darüber geschahen, wie das Europäische Haus im Endausbau aussehen, d. h., welche politische Finalität das Projekt »Europa« letztlich haben soll.

Die Resultate von Nizza zur institutionellen Reform waren so mager, das die nächste Vertragsrevision nach Ablauf von vier Jahren gleich mit festgeschrieben wurde. Diese wird auf eine in der Geschichte der Gemeinschaften gänzlich neue Art vorbereitet. Auf seinem Gipfel in Laeken (Brüssel) im Dezember 2001 beschloss der Europäische Rat, einen Konvent einzurichten. Der Konvent, in den mehrheitlich nationale Parlamentarier und Mitglieder des Europaparlaments unter Einschluss von beratenden Vertretern der Beitrittskandidaten berufen wurden, soll nach der »Erklärung von Laeken« des Europäischen Rats, »die Union demokratischer, transparenter und effizienter« machen (*Frankfurter Allgemeine Zeitung*, 18. Dezember 2001, S. 9). Der Konvent erhielt den Auftrag, eine Vertragsrevision zu konzipieren, Lösungen für die institutionelle Gestalt einer Union mit siebenundzwanzig Mitgliedern zu finden, Leitlinien einer Verfassung – erstmals wurde der Begriff offiziell in den Zielkatalog der Schlussfolgerungen des Rats aufgenommen – auszuarbeiten. Am 1. März 2002 nahm der Konvent die Arbeit unter dem Vorsitz des ehemaligen französischen Staatspräsidenten Valéry Giscard d'Estaing für eine einjährige Bewährungsprobe auf, begleitet von Optimismus und skeptischen Erwartungen gleichermaßen.

Die Europäische Integration ist auch nach fünfzig Jahren Geschichte ein fortlaufendes Projekt ohne klare Zielbestimmung geblieben. Der wirtschaftliche Erfolg ist bei näherem Hinsehen zu differenzieren. Ein großer einheitlicher Binnenmarkt wurde geschaffen, in dem die Freizügigkeit von Menschen, Waren, Dienstleistungen und Kapital realisiert ist, und seit dem Januar 2002 sind auch die Währungsunion und die gemeinschaftliche Währung, der Euro, verwirklicht. Das große geschlossene Wirtschafts- und Währungsgebiet verleiht Schutz vor krisenhaften Entwicklungen in anderen Ländern oder Weltregionen. Aber der wirtschaftliche Ertrag, gemessen an der Inflation, Zahl der Beschäftigten, Arbeitslosigkeit, Staatsverschuldung und dem Wirtschaftswachstum, liegt im langjährigen Durchschnitt im Vergleich zu dem kleinerer Mitgliedsländer der OEEC, den USA oder Japan nicht über dem Durchschnitt. Diese relativ moderate wirtschaftliche Leistung legt es nahe, bei einer Bilanz in erster Linie die nachhaltige Friedensfähigkeit der entstandenen Europäischen Gemeinschaften hervorzuheben.

Die größte Errungenschaft des Europäischen Integrationsprozesses ist möglicherweise die damit entstandene Kultur des Konfliktmanagements. Sie stellt sicher, dass alle Konflikte zwischen den Mitgliedsstaaten der EU ohne Gewalt und Gewaltandrohung bearbeitet werden. Das macht die EU zu einer Friedensgemeinschaft, in der Krieg zwischen den Mitgliedern nicht nur undenkbar, sondern auch strukturell unmöglich geworden ist. Ihr Erfolgsgeheimnis besteht in dem permanenten institutionalisierten Verhandlungs- und Konsensfindungsprozess von Politikern, Beamten, Experten aus Wirtschaft und Wissenschaft, in dem nationale und gemeinschaftliche Interessen verhandelt und zusammengeführt werden.

Mit den ersten substantiellen Schritten zu einer gemeinsamen Sicherheits- und Außenpolitik und dem Aufbau

einer gemeinsamen schnellen Eingreiftruppe nähert sich
die EU den an sie herangetragenen Erwartungen, politische Krisen in ihrem näheren oder weiteren Umfeld auch
mit dem Einsatz von militärischen Machtmitteln zu stabilisieren. Die historischen Erfahrungen sprechen aber
gegen das Entstehen einer Supermacht Europa. Die Mitgliedsstaaten waren nicht bereit, der EU so viel echte Souveränitätsrechte zu übertragen, dass aus ihr ein Staat mit
seinen klassischen Merkmalen entstehen könnte, und die
zukünftigen Mitglieder haben nach der langen sowjetischen Fremdherrschaft eher einen Nachholbedarf an
nationaler Souveränität. Die besondere Attraktivität der
EU gerade auch für die Beitrittsländer liegt darin, dass sie,
im Gegensatz zu zentralisierten Staaten, nur eine
begrenzte Anzahl von Aufgaben an sich zieht, die im kleinen Rahmen der Nationalstaaten nicht mehr ausreichend
zu bearbeiten sind. Indem »Europa« die Nationalstaaten
von den Aufgaben entlastet, mit deren Lösung sie allein
überfordert wären, stärkt es die Leistungsfähigkeit bei der
Bewältigung der restlichen Aufgaben. Damit, so lautet
die bedenkenswerte These Alan Milwards, legitimiert
»Europa« die Nationalstaaten gegenüber ihren Bürgern
und »rettet« sie in ihrem Bestand.

Quellen

1

Das Europäische Manifest vom 1. Mai 1924

Europäer! Europäerinnen! Europas Schicksalsstunde schlägt!

In europäischen Fabriken werden täglich Waffen geschmiedet, um europäische Männer zu zerreißen – in europäischen Laboratorien werden täglich Gifte gebraut, um europäische Frauen und Kinder zu vertilgen.

Indessen spielt Europa in unbegreiflichem Leichtsinn mit seinem Schicksal; in unbegreiflicher Blindheit sieht es nicht, was ihm bevorsteht, in unbegreiflicher Untätigkeit läßt es sich willenlos der furchtbarsten Katastrophe entgegentreiben, die je einen Erdteil traf.

Europas Politik steuert einem neuen Kriege zu. Zwei Dutzend neuer Elsaß-Lothringen sind entstanden. Eine Krise löst die andere ab. Täglich kann durch einen Zufall – etwa durch ein Attentat oder durch eine Revolte – der europäische Vernichtungskrieg ausbrechen, der unseren Erdteil in einen Friedhof wandelt.

Dieser Vernichtungskrieg, den die europäische Politik vorbereitet, wird an Schrecklichkeit den Weltkrieg ebenso weit hinter sich lassen – wie dieser den deutsch-französischen. Sein Element wird die Luft sein – seine Waffe das Gift – sein Ziel die Ausrottung der feindlichen Nation. Der Hauptkampf wird sich gegen die Städte des Hinterlandes richten, gegen Frauen und Kinder. Die besiegten Nationen werden vernichtet – die siegreichen tödlich verwundet aus diesem Massenmorden hervorgehen.

Dieser drohende Krieg bedeutet den gründlichen Untergang Europas, seiner Kultur und Wirtschaft. Andere Erdteile werden an dessen Stelle treten.

Die zweite Gefahr, der ein zersplittertes Europa entgegengeht, ist: die Eroberung durch Rußland.

Rußland verhält sich zu Europa wie einst Mazedonien zu Griechenland.

Bei Philipps Regierungsantritt glaubte kein Grieche an eine mazedonische Gefahr; denn Mazedonien befand sich damals in Verwirrung und Anarchie.

Philipps Genie brachte aber Ordnung in dieses Chaos, und nach 20 Jahren war das einige Bauernvolk Mazedoniens stark genug, die zersplitterten Kulturvölker Griechenlands niederzuwerfen.

Unter Führung eines roten oder weißen Diktators könnte Rußland, durch gute Ernten, amerikanisches Kapital und deutsche Organisation, sich schneller wiederaufrichten, als Europa ahnt. Dann werden die zersplitterten und uneinigen Kleinstaaten Europas der einigen russischen Weltmacht gegenüberstehen, deren Gebiet fünfmal so groß ist wie das gesamte europäische.

Weder die Kleinstaaten Osteuropas, Skandinaviens und des Balkans noch das entwaffnete Deutschland wären dann fähig, den russischen Ansturm abzuwehren. Rhein, Alpen, Adria würden zur Grenze Europas: bis auch diese Grenze fällt und Europa Rußlands Westprovinz wird.

Vor dieser Gefahr gibt es nur eine Rettung: den europäischen Zusammenschluß. Für ein einiges Europa gibt es keine russische Gefahr. Denn es hat doppelt so viele Menschen wie Rußland und eine ungleich entwickeltere Industrie. So liegt die Entscheidung über die russische Gefahr nicht bei Rußland – sondern bei Europa.

Die beiden kommenden Jahrzehnte werden der Geschichte das Schauspiel eines Wettlaufs bieten zwischen Europas Einigung und Rußlands Wiederaufrichtung: erholt sich Rußland von seiner Wirtschaftskatastrophe, bevor Europa sich einigt – so muß Europa unrettbar der russischen Hegemonie verfallen; einigt sich Europa, bevor Rußland wiederhergestellt ist – so ist Europa vor der russischen Gefahr gerettet. So liegt die Freiheit Europas in der Hand der Europäer.

Die dritte Lebensgefahr für Europa ist: der wirtschaftliche Ruin.

Nie kann die zersplitterte Wirtschaft der uneinigen Staaten von Europa konkurrenzfähig bleiben gegen die geschlossene Wirtschaft der Vereinigten Staaten von Amerika. Denn die europäischen Zwischenzölle behindern und verteuern jede Produktion. Die europäischen Wirtschaftsparzellen sind also verurteilt, von den außereuropäischen Wirtschaftsimperien Amerikas, Britanniens, Rußlands und Ostasiens künftig ebenso erdrückt zu werden – wie Krämer von Trusts.

Chronische Krisen werden die europäische Wirtschaft untergraben, die Not, das Elend und die Teuerung steigern – bis schließlich das bankrotte Europa amerikanische Wirtschaftskolonie wird. Dieser Zustand wird zur Versklavung der europäischen Arbeiterschaft durch das amerikanische Kapital führen, das sich jeder Kontrolle durch seine europäischen Arbeitnehmer entziehen wird.

Vor dieser Gefahr gibt es nur eine Rettung: Zusammenschluß des europäischen Kontinentes zu einem Zollverband. Abbau der europäischen Zwischenzölle und Schaffung eines paneuropäischen Wirtschaftsgebietes.

Jeder andere Weg führt zum Ruin.

Das zersplitterte Europa geht somit einer dreifachen Katastrophe entgegen: dem Vernichtungskrieg; der Unterwerfung durch Rußland; dem wirtschaftlichen Ruin. Die einzige Rettung vor diesen drohenden Katastrophen ist: Paneuropa; der Zusammenschluß aller demokratischen Staaten Kontinentaleuropas zu einer internationalen Gruppe, zu einem politischen und wirtschaftlichen Zweckverband.

Die Gefahr des europäischen Vernichtungskrieges kann

nur gebannt werden durch einen paneuropäischen Schiedsvertrag;

die Gefahr der russischen Herrschaft kann nur gebannt
werden durch ein paneuropäisches Defensivbündnis;

die Gefahr des wirtschaftlichen Ruins kann nur gebannt
werden durch eine paneuropäische Zollunion.

Der Schiedsvertrag sichert den Frieden – das Bündnis
sichert die Freiheit – die Zollunion sichert die Wirtschaft.

Diese drei Punkte enthalten im wesentlichen das paneuropäische Programm.

Paneuropa umfasst die Halbinsel zwischen Rußland, dem
Atlantischen und dem Mittelländischen Meer; dazu Island
und die Kolonien der europäischen Staaten. Die große europäische Kolonie, die zwischen Tripolis und Kongo, Ma-
rokko und Angola halb Afrika umfaßt, könnte bei rationeller
Bewirtschaftung Europa mit Rohstoffen versorgen. [...]

Der Weg zur Verwirklichung Paneuropas ist folgender:

Erstens: Gruppierung der europäischen Staaten nach
dem Muster Panamerikas; dies wäre entweder innerhalb
des Völkerbundes (nach Deutschlands Beitritt) möglich
oder durch Einberufung einer paneuropäischen Konferenz nach dem Muster der panamerikanischen.

Zweitens: Abschluß obligatorischer Schiedsverträge
und gegenseitiger Grenzgarantien zwischen den Staaten
Europas.

Drittens: Defensivbündnis zum Schutze der gemeinsamen Ostgrenze.

Viertens: Anbahnung einer Zollunion durch periodische
Wirtschaftskonferenzen der europäischen Staaten.

Dieses Programm, das nichts Unmögliches enthält,
sollte unverzüglich von allen in Angriff genommen werden, die Europas Lage erkennen und ihren Erdteil retten
wollen. [...]

D: Richard N. Coudenhove-Kalergi: Paneuropa 1922–1966.
Wien/München: Herold 1966, S. 104–118.

2

Auszug aus der Rede des französischen Außenministers
Aristide Briand auf der 10. Versammlung des Völkerbun-
des am 5. September 1929

Mit einiger Sorge, ja, ich möchte fast sagen, mit einiger
Unruhe, die in mir eine gewisse Furcht erweckt, die ich zu
entschuldigen bitte, schneide ich hiermit ein anderes Problem an. Während der letzten Jahre habe ich mich an einer
aktiven Propaganda für eine Idee beteiligt, die man
freundlicherweise als großzügig bezeichnete, vielleicht,
um sie nicht als unvorsichtig bezeichnen zu müssen. Diese
vor langen Jahren geborene Idee, welche die Vorstellungs-
kraft der Philosophen und Dichter beschäftigte und ihnen
sozusagen einen Achtungserfolg einbrachte, hat durch den
ihr eigenen Wert im Geist der Menschen Fortschritte
gemacht. Es hatte schließlich den Anschein, als entspräche
sie einer Notwendigkeit. Die Verfechter dieser Idee haben
sich vereint, um sie zu verbreiten, um den Geist der
Nationen in stärkerem Maße von ihr zu erfüllen, und ich
bekenne, daß ich mich unter ihren Verfechtern befunden
habe.
    Ich habe mir jedoch nicht die Schwierigkeiten eines der-
artigen Unternehmens verhehlt und war mir der Tatsache
bewußt, daß es für einen Staatsmann von Nachteil sein
kann, wenn er sich auf ein derartiges Abenteuer einläßt,
wie man es wohl nennen könnte. Doch bin ich der
Ansicht, daß alle Handlungen des Menschen, und seien es
die bedeutendsten und die vernünftigsten, stets eine Spur
von Torheit oder Verwegenheit enthalten. Ich habe mir
daher im voraus Absolution erteilt und einen Schritt vor-
wärts getan. Ich tat dies mit Vorsicht. Ich bin mir bewußt,
daß eine Improvisation verheerend wäre und verhehle mir
nicht, daß das Problem vielleicht ein wenig außerhalb des
Völkerbundprogammes liegt; es ist jedoch damit verbunden, denn seit der Unterzeichnung des Paktes hat der

Bund niemals aufgehört, für die Annäherung der Völker
und der regionalen Unionen, und seien sie auch noch so
weit gespannt, einzutreten.

Ich bin der Auffassung, daß zwischen Völkern, deren
geographische Lage so ist wie die der Völker Europas,
eine Art föderatives Band bestehen muß; diese Völker
müssen jederzeit die Möglichkeit haben, miteinander in
Verbindung zu treten, über ihre Interessen zu beraten,
gemeinsame Entschließungen zu fassen, untereinander ein
Band der Solidarität zu schaffen, das ihnen erlaubt, zu
gegebener Zeit einer ernsten Lage, falls eine solche ent-
steht, gegenüberzutreten. Dies ist das Band, um dessen
Bildung ich mich bemühen möchte.

Es ist klar, daß sich die Verbindung vor allem auf wirtschaftlichem Gebiet betätigen wird: dies ist das dring-
lichste Problem. Ich glaube, daß sich hier Erfolge erzielen
lassen. Aber ich bin auch sicher, daß vom politischen, vom
sozialen Standpunkt gesehen, eine föderative Verbindung,
welche die Souveränität der an ihr teilnehmenden Nationen unangetastet läßt, von Nutzen sein kann, und ich
habe es mir für die Dauer dieser Sitzungsperiode zur Aufgabe gemacht, jene meiner Kollegen, die hier die europäischen Nationen vertreten, zu bitten, diesen Vorschlag offi-
ziös in Betracht zu ziehen und ihn ihren Regierungen zur
Prüfung vorzulegen, um später, vielleicht während der folgenden Sitzungsperiode der Versammlung, die Möglichkeiten einer Verwirklichung, die meiner Ansicht nach
darin liegen, auszuarbeiten.

D: Forschungsinstitut der Deutschen Gesellschaft für Auswärtige
   Politik (Hrsg.): Europa. Dokumente zur Frage der europäi-
   schen Einigung. Hrsg. im Auftrag des Auswärtigen Amtes.
   Bd. 1. München: Oldenbourg, 1962. S. 27. – © Oldenbourg
   Wissenschaftsverlag GmbH, München.

3

Auszug aus Winston Churchills »Rede an die akademische Jugend« vom 19. September 1946 in Zürich

Wir müssen etwas wie die Vereinigten Staaten von Europa schaffen. Nur so können Hunderte von Millionen schwer arbeitender Menschen wieder die einfachen Freuden und Hoffnungen zurückgewinnen, die das Leben lebenswert machen. Das Verfahren ist einfach. Was wir benötigen, ist der Entschluß von Hunderten von Millionen Männern und Frauen, Recht statt Unrecht zu tun und als Lohn Segen statt Fluch zu ernten.

Große Arbeit an dieser Aufgabe wurde bereits durch die Anstrengungen der Pan-Europa Union geleistet, die dem Grafen Coudenhove-Kalergi so viel schuldet und die sich der Unterstützung des berühmten französischen Patrioten und Staatsmannes Aristide Briand erfreute. Wir verfügen weiter über das unermeßliche Gedankengut und die Verfahrenstechnik, die nach dem ersten Weltkrieg inmitten großer Hoffnungen in Form des Völkerbundes ins Leben gerufen und entwickelt wurden. Der Völkerbund versagte nicht wegen seiner Grundsätze oder Ideen. Er versagte, weil diese Grundsätze von den Staaten aufgegeben wurden, die ihn begründet hatten. Er versagte, weil die Regierungen jener Tage sich fürchteten, den Tatsachen ins Auge zu sehen und zu handeln, solange noch Zeit dazu war. Dieses Unheil darf sich nicht wiederholen. Wir verfügen also über große Kenntnisse und das Material, mit dem wir bauen können; und außerdem über die teuer erkaufte Erfahrung.

Es war mir eine sehr große Freude, vor zwei Tagen in den Zeitungen zu lesen, daß mein Freund Präsident Truman sein Interesse und seine Sympathie mit diesem großen Plan ausgedrückt hat. Es gibt keinen Grund, warum eine regionale Organisation Europas in irgendeiner Weise im Gegensatz zu der Weltorganisation der Vereinten Nationen stehen sollte. Im Gegenteil, ich glaube, daß die größere Zusammenfassung nur dann überleben kann, wenn sie sich auf zusammenhängende natürliche Gruppen stützt. In der westlichen Hemisphäre gibt es bereits eine solche natürliche Gruppe. Wir Briten haben unser eigenes Commonwealth of Nations. Sie schwächen nicht, im Gegenteil, sie stärken die Weltorganisation. Sie sind sogar ihre Hauptstützen. Und warum sollte es keine europäische Gruppe geben, die den irregeleiteten Völkern dieses unruhigen und machtvollen Kontinents das Gefühl eines weitergespannten Patriotismus und einer gemeinsamen Staatszugehörigkeit einflößen könnte, und warum sollte sie nicht bei der Gestaltung des menschlichen Schicksals ihren rechtmäßigen Platz neben anderen großen Gruppen einnehmen? Um dies zu erreichen, bedarf es eines Glaubensaktes, an dem sich Millionen von Familien, die viele Sprachen sprechen, bewußt beteiligen müssen.

Ich spreche jetzt etwas aus, das Sie in Erstaunen setzen wird. Der erste Schritt bei der Neugründung der europäischen Familie muß eine Partnerschaft zwischen Frankreich und Deutschland sein. Nur auf diese Weise kann Frankreich die moralische Führung Europas wieder erlangen. Es gibt kein Wiederaufleben Europas ohne ein geistig großes Frankreich und ein geistig großes Deutschland. Die Struktur der Vereinigten Staaten von Europa, wenn sie gut und echt errichtet wird, muß so sein, daß die materielle Stärke eines einzelnen Staates von weniger großer Bedeutung ist. Kleine Nationen zählen ebenso viel wie große und erwerben sich ihre Ehre durch ihren Beitrag zu der gemeinsamen Sache. Die alten Staaten und Fürstentümer Deutschlands, frei vereint aus Gründen gegenseitiger Zweckmäßigkeit in einem Bundessystem, können alle ihren individuellen Platz in den Vereinigten Staaten von Europa einnehmen.

Ich versuche nicht, ein ausführliches Programm zu entwerfen für Hunderte von Millionen Menschen, die glücklich und frei sein wollen, zufrieden und sicher, die die vier Freiheiten, von denen der große Präsident Roosevelt sprach, genießen und nach den in der Atlantikcharta verankerten Grundsätzen leben wollen. Ist dies ihr Wunsch, so müssen sie es nur sagen und gewiß finden sich Mittel und Möglichkeiten, um diesen Wunsch Wirklichkeit werden zu lassen.

Ich muß Sie aber auch warnen. Die Zeit ist vielleicht knapp. Gegenwärtig haben wir eine Atempause. Die Geschütze schweigen. Der Kampf hat aufgehört, aber nicht die Gefahren. Wenn es uns gelingen soll, die Vereinigten Staaten von Europa oder welchen Namen auch immer sie tragen werden, zu errichten, müssen wir jetzt damit beginnen.

Ich möchte jetzt die Ihnen vorliegenden Vorschläge zusammenfassen. Es muß unser ständiges Ziel sein, die Stärke der UNO aufzubauen und zu festigen. Im Rahmen dieses die Welt umfassenden Plans müssen wir die europäische Familie in einer regionalen Struktur neu schaffen, die vielleicht die Vereinigten Staaten von Europa heißen wird. Der erste Schritt ist die Bildung eines Europarats. Wenn zu Anfang auch nicht alle Staaten Europas willens oder in der Lage sind, der Union beizutreten, müssen wir uns dennoch ans Werk machen, diejenigen Staaten, die es wollen und können, zusammenzufassen und zu vereinen. Die Rettung der Massen einer jeden Rasse und eines jeden Landes vor dem Krieg oder der Knechtschaft muß auf festen Grundlagen erfolgen und von der Bereitschaft aller Männer und Frauen geschützt werden, eher zu sterben, als sich der Tyrannei zu beugen. Bei dieser so dringenden Aufgabe müssen Frankreich und Deutschland die Führung zusammen übernehmen. Großbritannien, das Britische Commonwealth of Nations, das mächtige Amerika und, ich hoffe, Sowjetrußland – denn dann wäre in der Tat alles gut – müssen die Freunde und Förderer des neuen Europas sein und für sein Recht auf Leben und Glanz eintreten.

D: Forschungsinstitut der deutschen Gesellschaft für auswärtige
Politik (Hrsg.): Europa. Dokumente zur Frage der europäischen Einigung. Hrsg. im Auftrag des Auswärtigen Amtes. Bd.
1. München: Oldenbourg 1962. S. 113–115. – © Oldenbourg
Wissenschaftsverlag GmbH, München.

4

*Auszug aus der Rede des amerikanischen Außenministers
(Secretary of State) George Marshall vom 5. Juni 1947 an
der Harvard-Universität*

Ich brauche Ihnen, meine Herren, nicht zu erzählen, daß
die Weltlage sehr ernst ist. Das ist allen intelligenten Menschen offenbar.　[...]

Bei unseren Erwägungen über die Bedürfnisse Europas
für den Wiederaufbau wurden die Menschenverluste, die
sichtbare Zerstörung der Städte, Fabriken, Bergwerke und
Eisenbahnen richtig einkalkuliert, aber es hat sich in den
letzten Monaten herausgestellt, daß diese sichtbare Zerstörung wahrscheinlich weniger schwerwiegend ist als die
Tatsache, daß das gesamte europäische Wirtschaftssystem
aus den Angeln gehoben wurde [...].

In Wahrheit liegt die Sache so, daß Europas Bedarf an
ausländischen Nahrungsmitteln und anderen wichtigen
Gütern – hauptsächlich aus Amerika – während der
nächsten drei oder vier Jahre um so viel höher liegt als
seine gegenwärtige Zahlungsfähigkeit, daß beträchtliche
zusätzliche Hilfsleistungen notwendig sind, wenn es nicht
in einen wirtschaftlichen, sozialen und politischen Verfall
sehr ernster Art geraten soll.

Die Lösung liegt in einer Durchbrechung des *Circulus
vitiosus* und in der Wiederherstellung des Vertrauens bei
den europäischen Völkern auf die wirtschaftliche Zukunft
ihrer Länder und ganz Europas. Der Fabrikant und der
Landwirt in weiten Gebieten müssen gewillt und in der

Lage sein, ihre Produkte für eine Währung in Tausch zu geben, deren fester Wert außer Zweifel steht. Abgesehen von der demoralisierenden Wirkung auf die ganze Welt und von der Möglichkeit, daß aus der Verzweiflung der betroffenen Völker sich Unruheherde ergeben könnten, dürfte es auch offensichtlich sein, welche Folgen dieser Zustand auf die Wirtschaft der Vereinigten Staaten haben muß. Es ist nur logisch, daß die Vereinigten Staaten alles tun, was in ihrer Macht steht, um die Wiederherstellung gesunder wirtschaftlicher Verhältnisse in der Welt zu fördern, ohne die es keine politische Stabilität und keinen gesunden Frieden geben kann. Unsere Politik richtet sich nicht gegen irgendein Land oder irgendeine Doktrin, sondern gegen Hunger, Armut, Verzweiflung und Chaos. Ihr Zweck ist die Wiederbelebung einer funktionierenden Weltwirtschaft, damit die Entstehung politischer und sozialer Bedingungen ermöglicht wird, unter denen freie Institutionen existieren können. Ich bin überzeugt, daß eine solche Unterstützung nicht nach und nach entsprechend der jeweiligen Entwicklung von Krisen geleistet werden darf. Wenn die Regierung der Vereinigten Staaten in Zukunft Hilfsleitungen gewährt, so sollten diese eine Heilungskur und nicht nur ein Linderungsmittel darstellen. Jeder Regierung, die bereit ist, beim Wiederaufbau zu helfen, wird die volle Unterstützung der Vereinigten Staaten gewährt werden. Dessen bin ich sicher. [...]

Eines ist schon jetzt klar: bevor die Vereinigten Staaten ihre Bemühungen zur Besserung der Lage fortsetzen und zum Gesundungsprozeß der europäischen Welt beitragen können, müssen die Länder Europas untereinander zu einer Einigung darüber kommen, was die gegenwärtige Lage am dringendsten erfordert und inwieweit die Länder Europas selbst dazu beitragen können, eine volle Auswertung der Maßnahmen unserer Regierung zu erzielen.

Es wäre weder angebracht noch zweckmäßig, wenn die Regierung der Vereinigten Staaten von sich aus ein Pro-

gramm entwerfen würde, um die wirtschaftliche Wiederaufrichtung Europas durchzuführen. Das ist Sache der
Europäer selbst. Die Initiative muß von Europa ausgehen,
meine ich. Unsere Rolle sollte darin bestehen, den Entwurf eines europäischen Programms freundschaftlich zu
fördern und später dieses Programm zu unterstützen,
soweit das für uns praktisch ist. Es sollte ein gemeinsames
Programm entworfen werden, hinter dem, wenn nicht
alle, so doch eine Anzahl von europäischen Nationen stehen. [...]

D: Europa-Archiv (August 1947). S. 821. – © Verlag für Internationale Politik GmbH, Bonn.

5
*Auszug aus dem Abkommen über die Organisation für
Europäische Wirtschaftliche Zusammenarbeit (OEEC)
vom 16. April 1948*

Die Regierungen Österreichs, Belgiens, Dänemarks, Frankreichs, Griechenlands, Irlands, Islands, Italiens, Luxem-
burgs, Norwegens, der Niederlande, Portugals, des Vereinigten Königreichs, Schwedens, der Schweiz und der
Türkei und die Oberbefehlshaber der französischen, der
britischen und der amerikanischen Besatzungszone
Deutschlands haben
[...] in der Erkenntnis, daß ihre Wirtschaftssysteme miteinander verflochten sind und daß der Wohlstand jeder
einzelnen Nation vom Wohlstand aller abhängig ist, [...]
die unterzeichneten Bevollmächtigten ernannt, die nach
Vorlage ihrer in guter und gehöriger Form befundenen
Vollmachten über die folgenden Bestimmungen übereingekommen sind:

Artikel 1

Die vertragschließenden Parteien kommen überein, ihre wirtschaftlichen Beziehungen untereinander in enger Zusammenarbeit zu pflegen.

Sie werden sich unverzüglich der Aufgabe widmen, ein gemeinsames Wiederaufbauprogramm auszuarbeiten und durchzuführen. Es wird das Ziel dieses Programms sein, so bald wie möglich einen befriedigenden Stand der wirtschaftlichen Betätigung ohne außergewöhnliche Hilfe von außen zu erreichen und aufrechtzuerhalten, und zu diesem Zweck des Programms ist der Notwendigkeit einer Ausfuhrsteigerung der vertragschließenden Parteien gegenüber nichtbeteiligten Ländern in größtmöglichem Ausmaß Rechnung zu tragen.

Die vertragschließenden Parteien verpflichten sich dementsprechend, den folgenden allgemeinen Verpflichtungen durch angestrengte Selbsthilfe und im Geiste gegenseitiger Unterstützung nachzukommen, und errichten hiermit eine Organisation für europäische wirtschaftliche Zusammenarbeit [...].

Artikel 5

Die vertragschließenden Parteien kommen überein, ihre wirtschaftlichen Verbindungen auf jede Art und Weise zu stärken, die die Ziele dieses Abkommens nach ihrer Ansicht fördern würde. Sie werden weiterhin Zollunionen oder ähnliche Einrichtungen, wie zum Beispiel Freihandelsgebiete, in Erwägung ziehen, deren Bildung einen Weg zur Erreichung dieser Ziele darstellen könnte. Diejenigen vertragschließenden Mächte, die der Bildung von Zollunionen bereits grundsätzlich zugestimmt haben, werden die Errichtungen solcher Unionen nach Maßgabe der Verhältnisse so schnell wie möglich herbeiführen. [...]

Artikel 6

Die vertragschließenden Parteien werden untereinander und mit anderen gleichgesinnten Ländern in der Herabsetzung von Zöllen und anderen Hindernissen für die Ausdehnung des Handels zusammenwirken, um ein gesundes und ausgeglichenes multilaterales Handelssystem zu schaffen [...]

D: Europa-Archiv (Mai 1948). S. 1345–1348.

6

Hertensteiner Programm der »Aktion Europa-Union«, Vorläufer der »Union Europäischer Föderalisten«, vom September 1946

1. Eine auf föderativer Grundlage errichtete europäische Gemeinschaft ist ein notwendiger und wesentlicher Bestandteil jeder wirklichen Weltunion.
2. Entsprechend den föderalistischen Grundsätzen, die den demokratischen Aufbau von unten nach oben verlangen, soll die europäische Völkergemeinschaft die Streitigkeiten, die zwischen ihren Mitgliedern entstehen könnten, selbst schlichten.
3. Die Europäische Union fügt sich in die Organisation der Vereinten Nationen ein und bildet eine regionale Körperschaft im Sinne des Art. 52 der Charta.
4. Die Mitglieder der Europäischen Union übertragen einen Teil ihrer wirtschaftlichen, politischen und militärischen Souveränitätsrechte an die von ihnen gebildete Föderation.
5. Die Europäische Union steht allen Völkern europäischer Wesensart, die ihre Grundsätze anerkennen, zum Beitritt offen.
6. Die Europäische Union setzt die Rechte und Pflichten

ihrer Bürger in der Erklärung der Europäischen Bürgerrechte fest.

7. Diese Erklärung beruht auf der Achtung vor dem Menschen in seiner Verantwortung gegenüber den verschiedenen Gemeinschaften, denen er angehört.

8. Die Europäische Union sorgt für den planmäßigen Wiederaufbau und für die wirtschaftliche, soziale und kulturelle Zusammenarbeit sowie dafür, daß der technische Fortschritt nur im Dienste der Menschheit verwendet wird.
Die Europäische Union richtet sich gegen niemand und verzichtet auf jede Machtpolitik, lehnt es aber auch ab, Werkzeug irgendeiner fremden Macht zu sein.

9. Im Rahmen der Europäischen Union sind regionale Unterverbände, die auf freier Übereinkunft beruhen, zulässig und sogar wünschenswert.

10. Nur die Europäische Union wird in der Lage sein, die Unversehrtheit des Gebiets und die Bewahrung der Eigenheit aller ihrer Völker, großer wie kleiner, zu sichern.

11. Durch den Beweis, daß es seine Schicksalsfragen im Geiste des Föderalismus selbst lösen kann, soll Europa seinen Beitrag zum Wiederaufbau und zu einem Weltbund der Völker leisten.

D: Europa-Archiv (5. September 1951). S. 4246 f.

7

Der Europarat – Auszug aus der Mitteilung des Generalsekretariats des Ständigen Ausschusses der Brüsseler Vertragsorganisation vom 5. Februar 1949

Der ständige Ausschuß des Brüsseler Vertrages hat sich den Weisungen des Konsultativrates gemäß eingehend mit der Organisation eines Europarates befaßt. Es hat sich

herausgestellt, daß die Ansichten der fünf Ausschußmit-
glieder weitgehend übereinstimmen; gleichzeitig wurde
aber anerkannt, daß vor dem Zusammentreten einer Konferenz, für die man die Beteiligung anderer europäischer
Regierungen erhofft, zu keinem endgültigen Abschluß zu
kommen ist.

Unter diesem Vorbehalt stellt der Ständige Ausschuß
folgende Empfehlungen auf:

1. Der Rat müßte aus einem Ministerkomitee und einer
   Beratenden Versammlung bestehen.
2. Das Komitee müßte einen Minister je Teilnehmerstaat
   umfassen; es wäre befugt, alle Fragen von gemeinsamem Interesse für die Mitgliedstaaten mit Ausnahme
   der Verteidigungsfragen zu beraten. Das Komitee hätte
   ferner die Aufgabe, die Arbeiten der Versammlung vorzubereiten.
3. Die Versammlung wäre befugt, über die Empfehlungen
   des Ministerkomitees zu beraten und sie zu formulie-
   ren. Sie hätte keinerlei gesetz- oder verfassunggebende
   Gewalt. Jede Regierung hätte über das zur Ernennung
   der Vertreter ihres Landes anzuwendende Verfahren zu
   entscheiden.
4. Die Versammlung hätte über jede Frage zu beraten, zu
   der sie das Ministerkomitee um ihre Stellungnahme er-
   sucht. Unter dem Vorbehalt bestimmter, später auszu-
   arbeitender Vorschriften, die insbesondere zum Gegenstand hätten, alle Kompetenzstreitigkeiten mit anderen
   internationalen Organisationen zu vermeiden, wäre sie
   ferner befugt, die Initiative zur Beratung von Problemen vor allem wirtschaftlicher, sozialer, kultureller und
   rechtlicher Art zu ergreifen, die für die Mitgliedstaaten
   ein gemeinsames Interesse aufweisen, die praktischen
   Maßnahmen zu prüfen, die eine engere Einheit unter
   diesen Ländern zu fördern geeignet sind und die Möglichkeiten zu studieren, den Völkern Europas ein bes-

seres Verständnis der Prinzipien zu vermitteln, die die Grundlage ihrer gemeinsamen Kultur bilden. Die Beschlüsse der Versammlung wären mit der Mehrheit der anwesenden und abstimmenden Mitglieder zu fassen.
5. Die Versammlung würde normalerweise nur eine ordentliche Sitzung jährlich abhalten. Es stünde ihr frei, Ausschüsse mit dem Auftrag zu bilden, die ihr im Laufe der nächstfolgenden Sitzung vorzulegenden Fragen zu prüfen und vorzubereiten. Die Verhandlungen der Versammlung sollten öffentlich sein.

D: Forschungsinstitut der Deutschen Gesellschaft für Auswärtige Politik (Hrsg.): Europa. Dokumente zur Frage der europäischen Einigung. Hrsg. im Auftrag des Auswärtigen Amtes. Bd. 1. München: Oldenbourg, 1962. S. 366.

8

Auszug aus der Satzung des Europarats vom 5. Mai 1949

[... Die Unterzeichnerstaaten haben] in der Erwägung, daß [...] schon jetzt eine Organisation errichtet werden muß, in der die europäischen Staaten enger zusammengeschlossen werden, beschlossen, einen Europarat zu gründen, der aus einem Komitee von Vertretern der Regierungen und einer Beratenden Versammlung besteht, und zu diesem Zweck diese Satzung angenommen.

Artikel 1: a) Der Europarat hat zur Aufgabe, eine engere Verbindung zwischen seinen Mitgliedern zum Schutze und zur Förderung der Ideale und Grundsätze, die ihr gemeinsames Erbe bilden, herzustellen und ihren wirtschaftlichen und sozialen Fortschritt zu fördern. b) Diese Aufgabe wird von den Organen des Rates erfüllt durch Beratung von Fragen von gemeinsamem Interesse, durch den Abschluß von Abkommen und durch gemeinschaftliches Vorgehen auf wirtschaftlichem, sozialem, kul-

turellem und wissenschaftlichem Gebiet und auf den
Gebieten des Rechts und der Verwaltung sowie durch den
Schutz und die Fortentwicklung der Menschenrechte und
Grundfreiheiten. [...] d) Fragen der nationalen Verteidi-
gung gehören nicht zur Zuständigkeit des Europara-
tes. [...]

Artikel 3: Jedes Mitglied des Europarates erkennt den
Grundsatz der Vorherrschaft des Rechts und den Grundsatz an, daß jeder, der seiner Hoheitsgewalt unterliegt, der
Menschenrechte und Grundfreiheiten teilhaftig werden
soll. Es verpflichtet sich, bei der Erfüllung der in Kapitel 1
bestimmten Aufgaben aufrichtig und tatkräftig mitzuar-
beiten.

Artikel 4: Jeder europäische Staat, der für fähig und
gewillt befunden wird, die Bestimmungen des Artikels 3
zu erfüllen, kann vom Ministerkomitee eingeladen werden, Mitglied des Europarates zu werden. [...]

Artikel 11: Der Europarat hat seinen Sitz in Straßburg. [...]

Artikel 14: Jedes Mitglied hat im Ministerkomitee
einen Vertreter, jeder Vertreter hat eine Stimme. Vertreter
im Komitee sind die Außenminister. [...]

Artikel 15: a) Das Ministerkomitee prüft auf Empfehlung der Beratenden Versammlung oder von Amts wegen
die Maßnahmen, die zur Erfüllung der Aufgaben des
Europarates geeignet sind, einschließlich des Abschlusses
von Abkommen und Vereinbarungen und der Annahme
einer gemeinsamen Politik durch die Regierungen in
bestimmten Fragen. Seine Beschlüsse werden vom Generalsekretär den Mitgliedern mitgeteilt. b) Die Beschlüsse
des Ministerkomitees können gegebenenfalls die Form
von Empfehlungen an die Regierungen annehmen. [...]

Artikel 23: a) Die Beratende Versammlung kann über
alle Fragen, die nach Kapitel I der Aufgabe des Europarates entsprechen und in dessen Zuständigkeit fallen, beraten und Empfehlungen ausarbeiten; sie berät ferner über

jede Frage, die ihr vom Ministerkomitee zur Stellungnahme unterbreitet wird, und kann dazu Empfehlungen ausarbeiten. b) Die Versammlung setzt ihre Tagesordnung im Einklang mit den Bestimmungen des vorstehenden Absatzes (a) und unter Berücksichtigung der Tätigkeit der anderen europäischen zwischenstaatlichen Organisationen, denen einige oder alle Mitglieder des Rates angehören, fest. [...]

Artikel 25: a) Die Beratende Versammlung besteht aus den Vertretern aller Mitglieder, die von deren Parlament gewählt oder nach einem von diesen Parlamenten bestimmten Verfahren bezeichnet werden [...]

Artikel 32: Die Beratende Versammlung tritt alljährlich zu einer ordentlichen Sitzungsperiode zusammen [...]. Die Dauer der ordentlichen Sitzungsperioden darf einen Monat nicht überschreiten, es sei denn, daß die Versammlung und das Ministerkomitee in beiderseitigem Einvernehmen etwas anderes beschließen. [...]

D: Forschungsinstitut der Deutschen Gesellschaft für Auswärtige Politik (Hrsg.): Europa. Dokumente zur Frage der europäischen Einigung. Hrsg. im Auftrag des Auswärtigen Amtes. Bd. 1. München: Oldenbourg, 1962. S. 367–375.

9

Auszug aus dem Memorandum des britischen Außenministers Ernest Bevin vom 19. Oktober 1950

Der Europarat

[...]

Das Problem

3. Es hat immer zwei gegensätzliche Ansichten über die Natur und den Zweck des Europarats gegeben. Für die Mehrzahl der Regierungen, die den Europarat ins Leben

gerufen haben, war er kein Instrument für die sofortige Vereinigung Europas, sondern ein Teil der allgemeinen materiellen und moralischen Stärkung, die auch von der OEEC, dem Brüsseler Vertrag und dem Nordatlantikpakt angestrebt wird [...].

4. Von Anfang an war diese Vorstellung zum Scheitern verurteilt. Der Gedanke an eine Europäische Versammlung ist von der Europäischen Bewegung ins Leben gerufen worden, und die Versammlung wurde von Anfang an von jener Organisation dominiert [...,] die Beratende Versammlung setzte sich natürlich hauptsächlich aus begeisterten Befürwortern einer europäischen Föderation zusammen. Sie ist daher so voreingenommen für föderale Lösungen, dass sie ganz und gar nicht den Anspruch erheben kann, die europäische Meinung als Ganzes zu repräsentieren. [...]

Die allgemeine Politik der Regierung seiner Majestät

10. Meine Verhandlungsführung in Rom muss in klarem Einklang mit den Grundsätzen der Politik stehen, die von der Regierung Seiner Majestät bisher akzeptiert wurde und an denen wir festhalten müssen – nämlich Verpflichtungen in Europa zu vermeiden, die unsere Stellung als das führende Mitglied des Commonwealth, unsere besonderen Beziehungen zu den Vereinigten Staaten und unsere Verpflichtungen als das Zentrum des Sterling-Gebiets beeinträchtigen könnten. [...]

11. Andererseits wäre es angesichts der augenblicklichen Stimmung in Europa ein großer Fehler für die Regierung Seiner Majestät, eine Position einzunehmen, die die Bemühungen anderer europäischer Mächte in Richtung einer engeren Vereinigung blockiert. Es gab immer eine gewisse Gefahr, dass die Weigerung Großbritanniens, seinen vollen Anteil an der Bewegung in Richtung auf die Vereinigung Europas zu übernehmen, dazu beitragen könnte, einen unseren Interessen feindlichen »bloc« aus

europäischen Mächten entstehen zu lassen, insbesondere
für den Fall, dass Deutschland die Kontrolle über einen
solchen Block erlangen würde. Die traditionelle Haltung
der britischen Politik war immer, die Bildung eines solchen Zusammenschlusses auf dem Kontinent zu verhindern, aber die Entwicklung der Sowjetunion zu einer
überwältigenden Bedrohung für Europa hat die Basis verändert, auf die diese Politik gegründet war. Vorausgesetzt,
dass eine Wiederbelebung von Deutschlands Einfluss und
Macht sorgfältig beobachtet wird, glaube ich, dass es für
die Regierung Seiner Majestät nicht mehr nötig ist, gegen
die Schaffung solcher engen Gruppierungen von europäischen Ländern zu arbeiten, selbst wenn sie föderaler
Natur sind. Außerdem ist die materielle und moralische
Schwäche solcher Länder wie Frankreich und Italien zur
Zeit so evident, dass sie in Gefahr sind, den Willen zu
einem Fortbestand als unabhängige Nationen zu verlieren;
und es könnte für die Erhaltung der Demokratie in Westeuropa fatal sein, wenn wir uns offen gegen die Konzeption der europäischen Einigung, wie sie sich im Europarat
darstellt, aussprechen würden. [...]

D: Documents on British Policy Overseas 1 (1986). Ser. 2. Bd. 1.
S. 315–318. – Übers. von Ursula Grünewald.

10
*Auszug aus der Denkschrift Konrad Adenauers »Gründe
für und wider einen Beitritt zum Europarat« vom 7. Mai
1950*

Bonn, 7. Mai 1950

Es dürfte kaum einem Zweifel unterliegen, daß das deutsche Volk von allem Anfang an den Gedanken eines europäischen Zusammenschlusses aufrichtig und freudig be-

grüßte. Es sah in ihm das Zeichen einer neuen Zeit und eine große Hoffnung. In der Präambel des Grundgesetzes ist festgestellt, daß Deutschland als gleichberechtigtes Mitglied in einem vereinten Europa dem Frieden der Welt dienen will und nach Artikel 24 des Grundgesetzes kann der Bund durch einfaches Gesetz Hoheitsrechte auf zwischenstaatliche Einrichtungen übertragen. Der Bund kann sich nach dem Grundgesetz zur Wahrung des Friedens einem System kollektiver Sicherheit einordnen. Er wird hierbei in die Beschränkungen seiner Hoheitsrechte einwilligen, die eine friedliche und dauerhafte Ordnung in Europa und zwischen den Völkern der Welt herbeiführen und sichern. [...]

Einer der positiven Züge im Gesamtbild der Nachkriegszeit ist sicher der, daß in den meisten europäischen Ländern ein starkes Bewußtsein einer europäischen Schicksalsgemeinschaft lebendig geworden ist. Das bisherige Ergebnis der dadurch ausgelösten Bestrebungen ist in der Sphäre der offiziellen Politik der Straßburger Europarat. Es läßt sich einwenden, der Europarat sei als Institution ungenügend, und es sei zweifelhaft, ob er sich über den jetzigen Zustand hinaus in positivem Sinne weiterentwickeln werde. Ob diese Zweifel berechtigt sind, kann uns die Zukunft zeigen. Jedenfalls ist es eine Tatsache, daß die westeuropäischen Staaten den Weg nach Straßburg gegangen sind und die Bundesrepublik heute auffordern, ihnen zu folgen. Einen anderen Weg zum Anschluß an die westeuropäische Staatengemeinschaft gibt es praktisch nicht. [...]

Das deutsche Volk ist durch den Zustand, in dem es sich befindet, gezwungen, Anlehnung an andere Mächte zu suchen. Dies können nach Lage der Dinge nur die Völker sein, deren sittliche, wirtschaftliche und soziale Lebensformen den unseren wesenverwandt sind, also die demokratischen und freiheitlichen Völker Europas.

Über diesen Grundsatz dürfte keine Meinungsverschiedenheit im deutschen Volke bestehen. Es kann aber auch keinen Zweifel darüber geben, daß die Bundesrepublik durch eine Ablehnung der Einladung das Odium für ein Scheitern des europäischen Zusammenschlusses auf sich laden würde, nachdem so oft und so eindeutig von den verschiedensten Seiten versichert wurde, daß Europa »nicht um Deutschland herumgebaut werden kann«. [...]

Unter sorgfältiger Abwägung aller Gründe und Gegengründe komme ich zu folgendem Ergebnis: Der Zusammenschluß Europas auf föderativer Grundlage ist im Interesse aller europäischen Länder, insbesondere auch der Bundesrepublik Deutschland, notwendig. Der Europarat ist der Anfang eines solchen Zusammenschlusses. Die Bundesrepublik Deutschland muss die Einladung aus tiefer Überzeugung, daß nur auf diesem Wege Europa und der Friede gesichert werden können, annehmen.

D: Europa-Archiv. Folge 12 (1950). S. 3127–3129. – Mit Genehmigung der Familie Adenauer.

11

Auszug aus der Europäischen Konvention zum Schutz der Menschenrechte und Grundfreiheiten »Das Recht auf Leben und Freiheit« vom 4. November 1950

In Erwägung der universellen Erklärung der Menschenrechte, die von der Allgemeinen Versammlung der Vereinten Nationen am 10. Dezember 1948 verkündet wurde; [...]

Vereinbaren die unterzeichneten Regierungen und Mitglieder des Europarates folgendes:

Artikel 1

Die Hohen Vertragschließenden Teile sichern allen ihrer Herrschaftsgewalt unterstehenden Personen die in Ab-

schnitt I dieser Konvention niedergelegten Rechte und
Freiheiten zu.

Abschnitt I
Artikel 2

(1) Das Recht jedes Menschen auf das Leben wird gesetz-
lich geschützt. Abgesehen von der Vollstreckung eines
Todesurteils, das von einem Gericht im Falle eines mit der
Todesstrafe bedrohten Verbrechens ausgesprochen worden ist, darf eine absichtliche Tötung nicht vorgenommen
werden.
(2) Die Tötung wird nicht als Verletzung dieses Artikels
betrachtet, wenn sie sich aus einer unbedingt erforderlichen Gewaltanwendung ergibt:
a) um die Verteidigung eines Menschen gegenüber rechts-
widriger Gewaltanwendung sicherzustellen;
b) um eine ordnungsgemäße Festnahme durchzuführen
oder das Entkommen einer ordnungsgemäß festgehalte-
nen Person zu verhindern;
c) um im Rahmen der Gesetze einen Aufruhr oder einen
Aufstand zu unterdrücken.

Artikel 3

Niemand darf der Folter oder unmenschlicher oder
erniedrigender Strafe oder Behandlung unterworfen werden. [...]

Artikel 10

(1) Jeder hat Anspruch auf freie Meinungsäußerung. Dieses Recht schließt die Freiheit der Meinung und die Freiheit zum Empfang und zur Mitteilung von Nachrichten
oder Ideen ohne Eingriffe öffentlicher Behörden und ohne
Rücksicht auf Landesgrenzen ein. [...]

Artikel 11

(1) Alle Menschen haben das Recht, sich friedlich zu versammeln und sich frei mit anderen zusammenzuschließen, einschließlich des Rechts, zum Schutze ihrer Interessen Gewerkschaften zu bilden und diesen beizutreten.
(2) Die Ausübung dieser Rechte darf keinen anderen Einschränkungen unterworfen werden als den vom Gesetz vorgesehenen, die in einer demokratischen Gesellschaft im Interesse der äußeren und inneren Sicherheit, zur Aufrechterhaltung der Ordnung und zur Verbrechensverhütung, zum Schutze der Gesundheit und der Moral oder zum Schutze der Rechte und Freiheiten anderer notwendig sind. Dieser Artikel verbietet nicht, daß die Ausübung dieser Rechte für Mitglieder der Streitkräfte, der Polizei oder der Staatsverwaltung gesetzlichen Einschränkungen unterworfen wird. [...]

Abschnitt II
Artikel 19

Um die Einhaltung der Verpflichtungen, welche die Hohen Vertragschließenden Teile in dieser Konvention übernommen haben, sicherzustellen, werden errichtet:

a) eine Europäische Kommission für Menschenrechte, im folgenden »Kommission« genannt;
b) ein Europäischer Gerichtshof für Menschenrechte, im folgenden »Gerichtshof« genannt. [...]

D: Forschungsinstitut der Deutschen Gesellschaft für Auswärtige Politik (Hrsg.): Europa. Dokumente zur Frage der europäischen Einigung. Hrsg. im Auftrag des Auswärtigen Amtes. Bd. 1. München: Oldenbourg, 1962. S. 515–519.

12

Der Schumanplan – Jean Monnet, der Autor des Plans, zu
den Motiven im April 1950

In Europa hieß die Gefahr noch immer Deutschland, doch
diesmal nicht durch sein eigenes Zutun, sondern durch die
Schuld der anderen, der Mächte, die es wie ein Spielein-
satz behandelten. Die Amerikaner, so glaubte ich, versuchten, die neue Bundesrepublik in ein westliches politisches und militärisches System zu integrieren, und die
Russen würden sich dem mit allen Mitteln widersetzen.
Frankreichs Komplexe würden noch wachsen. Gerade im
Blick auf Deutschland mußte also ein positiver Schock
hervorgerufen werden:

»Die deutsche Lage wird rasch in der nächsten Zukunft
zu einem Krebsgeschwür für den Frieden werden, und für
Frankreich sogar sofort, wenn man die Entwicklung für
die Deutschen nicht auf Hoffnung und Mitarbeit mit den
freien Völkern hinlenkt. Man darf nicht versuchen, das
deutsche Problem mit den gegenwärtigen Gegebenheiten
zu regeln. Man muß die Gegebenheiten ändern, indem
man sie umbildet.« [...]

Jede Lösung verlangte zuvor, daß man die Bedingungen
änderte: etwa für die Deutschen die Demütigung durch
unsere Kontrollen, für die kein Ende abzusehen war, und
für die Franzosen die Angst vor einem letztlich unkon-
trollierten Deutschland. Diese beiden Elemente umfaßten
gewiß nicht die ganze damalige Weltgeschichte, aber sie
reichten aus, um eine konstruktive Entwicklung in Europa zu blockieren.

Die Dinge waren verwickelt. Man mußte einen Faden
herausziehen, der einige Knoten löste, und nach und nach
würde auch der Rest in Ordnung kommen. Doch was war
der Faden im Gewirr der französisch-deutschen Beziehungen? Es hatte den Anschein, als übertrage der Besiegte
seine Komplexe auf den Sieger: In Frankreich kehrte das

Gefühl der Unterlegenheit wieder und man begann zu verstehen, wie vergeblich die Versuche waren, die deutsche Dynamik einengen zu wollen. [...]

»Die Fortsetzung des französischen Aufbaus wird unterbrochen, wenn die Frage der deutschen Industrieproduktion und seiner Konkurrenzfähigkeit nicht rasch geregelt wird.

Die Basis für die Überlegenheit, die die französischen Industriellen traditionell Deutschland zugestehen, ist seine Stahlproduktion zu einem Preis, mit dem Frankreich nicht konkurrieren kann. Daraus schließen sie, daß die ganze französische Produktion benachteiligt ist.

Deutschland verlangt bereits eine Erhöhung seiner Produktion von elf auf vierzehn Millionen Tonnen. Wir werden uns dagegen sträuben, aber die Amerikaner werden darauf bestehen. Schließlich werden wir unsere Bedenken anmelden, aber nachgeben. Gleichzeitig wird die französische Produktion auf dem gleichen Stand stehenbleiben oder sogar sinken.

Es genügt, diese Fakten anzuführen, um kein Bedürfnis mehr zu verspüren, die Konsequenzen in allen Details auszumalen: Deutschland auf dem Weg der Expansion; deutsches Dumping beim Export; Forderung nach Protektion der französischen Industrien; verzögerter Ausbau des Warenaustauschs; Wiedereinführung der Vorkriegskartelle; vielleicht eine Orientierung der deutschen Expansion nach Osten als Vorspiel für politische Abkommen; Frankreich wieder auf den alten Wegen einer begrenzten und protektionistischen Produktion.«

An der Stelle, an der ich saß, sah ich deutlich die ersten Anzeichen für diesen französischen Rückzug. Die internationalen Termine rückten näher. Am 10. Mai sollte sich Robert Schuman in London mit seinen Kollegen Ernest Bevin und Dean Acheson treffen, um über die Zukunft Deutschlands und die Erhöhung der vorgegebenen Produktionsraten zu diskutieren. Der französische Minister hatte keinerlei konstruktiven Vorschlag vorzubringen, obgleich er sich viel den Kopf zerbrochen und viel bei anderen nachgefragt hatte. Ich für mein Teil begann klar zu sehen: Die Aktion mußte sich auf den Punkt beziehen, wo das Mißverständnis am greifbarsten war, wo sich bereits wieder die Fehler der Vergangenheit zu häufen begannen. Wenn man bei uns die Furcht vor einer deutschen industriellen Vorherrschaft beseitigen könnte, wäre das größte Hindernis für die Einigung Europas weggeräumt. Eine Lösung, die der französischen Industrie die gleiche Ausgangsbasis wie der deutschen einräumte, während man diese von den aus der Niederlage entstandenen Diskriminierungen befreite, würde die ökonomischen und politischen Bedingungen für eine Entente schaffen, die für Europa unerläßlich war. Darüber hinaus könnte sie sogar das Ferment zu einer europäischen Einheit werden. [...]

D: Jean Monnet: Erinnerungen eines Europäers. Vorw. von Bundeskanzler Helmut Schmidt. Aus dem Franz. von Werner Vetter. München: Deutscher Taschenbuch Verlag, 1980. S. 370–373. – © 1978 Carl Hanser Verlag, München/Wien.

13
Erklärung der französischen Regierung über eine gemeinsame deutsch-französische Schwerindustrie vom 9. Mai 1950 (Schumanplan)

Der Friede der Welt kann nicht gewahrt werden ohne schöpferische Anstrengungen, die der Größe der Bedrohung entsprechen.

Der Beitrag, den ein organisiertes und lebendiges Europa für die Zivilisation leisten kann, ist unerläßlich für die Aufrechterhaltung friedlicher Beziehungen. Frankreich, das sich seit mehr als zwanzig Jahren zum Vorkämpfer eines vereinten Europa macht, hat immer als wesentliches Ziel gehabt, dem Frieden zu dienen. Europa ist nicht zustande gekommen, wir haben den Krieg gehabt.

Europa läßt sich nicht mit einem Schlage herstellen und auch nicht durch eine einfache Zusammenfassung: es wird durch konkrete Tatsachen entstehen, die zunächst eine Solidarität der Tat schaffen. Die Vereinigung der europäischen Nationen erfordert, daß der Jahrhunderte alte Gegensatz zwischen Frankreich und Deutschland ausgelöscht wird. Das begonnene Werk muß in erster Linie Deutschland und Frankreich erfassen.

Zu diesem Zweck schlägt die französische Regierung vor, in einem begrenzten, doch entscheidenden Punkt sofort zur Tat zu schreiten.

Die französische Regierung schlägt vor, die Gesamtheit der französisch-deutschen Kohlen- und Stahlproduktion unter eine gemeinsame Oberste Aufsichtsbehörde (Haute Autorité) zu stellen, in einer Organisation, die den anderen europäischen Ländern zum Beitritt offen steht.

Die Zusammenlegung der Kohlen- und Stahlproduktion wird sofort die Schaffung gemeinsamer Grundlagen für die wirtschaftliche Entwicklung sichern – die erste Etappe der europäischen Föderation – und die Bestimmung jener Gebiete ändern, die lange Zeit der Herstellung von Waffen gewidmet waren, deren sicherste Opfer sie gewesen sind.

Die Solidarität der Produktion, die so geschaffen wird, wird bekunden, daß jeder Krieg zwischen Frankreich und Deutschland nicht nur undenkbar, sondern materiell unmöglich ist. Die Schaffung dieser mächtigen Produktionsgemeinschaft, die allen Ländern offensteht, die daran teilnehmen wollen, mit dem Zweck allen Ländern, die sie umfaßt, die notwendigen Grundstoffe für ihre industrielle Produktion zu gleichen Bedingungen zu liefern, wird die realen Fundamente zu ihrer wirtschaftlichen Vereinigung legen.

Diese Produktion wird der gesamten Welt ohne Unterschied und Ausnahme zur Verfügung gestellt werden, um zur Hebung des Lebensstandards und zur Förderung der Werke des Friedens beizutragen. Europa wird dann mit vermehrten Mitteln die Verwirklichung einer seiner wesentlichsten Aufgaben verfolgen können: die Entwicklung des afrikanischen Erdteils.

So wird einfach und rasch die Zusammenfassung der Interessen verwirklicht, die für die Schaffung einer Wirtschaftsgemeinschaft unerläßlich ist, und das Ferment einer weiteren und tieferen Gemeinschaft den Ländern eingeflößt, die lange Zeit durch blutige Fehden getrennt waren.

Durch die Zusammenlegung der Grundindustrien und die Errichtung einer neuen Obersten Behörde, deren Entscheidungen für Frankreich, Deutschland und die anderen teilnehmenden Länder bindend sein werden, wird dieser Vorschlag den ersten Grundstein einer europäischen Föderation bilden, die zur Bewahrung des Friedens unerläßlich ist.

Um die Verwirklichung der so umrissenen Ziele zu betreiben, ist die französische Regierung bereit, Verhandlungen auf den folgenden Grundlagen aufzunehmen:

Die der gemeinsamen Obersten Behörde übertragene Aufgabe wird sein, in kürzester Frist sicherzustellen:

[...]

die Modernisierung der Produktion und die Verbesserung der Qualität, die Lieferung von Stahl und Kohle auf dem französischen und deutschen Markt, sowie auf dem aller beteiligten Länder zu den gleichen Bedingungen,

die Entwicklung der gemeinsamen Ausfuhr nach den anderen Ländern, den Ausgleich im Fortschritt der Lebensbedingungen der Arbeiterschaft dieser Industrien.

Um diese Ziele zu erreichen, müssen in Anbetracht der sehr verschiedenen Produktionsbedingungen, in denen sich die beteiligten Länder tatsächlich befinden, vorübergehend gewisse Vorkehrungen getroffen werden, und

zwar: die Anwendung eines Produktions- und Investiti-
onsplanes, die Einrichtung von Preisausgleichsmechanis-
men und die Bildung eines Konvertierbarkeits-Fonds, der
die Rationalisierung der Produktion erleichtert. Die Ein-
und Ausfuhr von Kohle und Stahl zwischen den Teilnehmerländern wird sofort von aller Zollpflicht befreit und
darf nicht nach verschiedenen Frachttarifen behandelt werden. Nach und nach werden sich so die Bedingungen her-
ausbilden, die dann von selbst die rationellste Verteilung
der Produktion auf dem höchsten Leistungsniveau gewährleisten.

Im Gegensatz zu einem internationalen Kartell, das
nach einer Aufteilung und Ausbeutung der nationalen
Märkte durch einschränkende Praktiken und die Aufrechterhaltung hoher Profite strebt, wird die geplante
Organisation die Verschmelzung der Märkte und die Ausdehnung der Produktion gewährleisten.

Die Grundsätze und wesentlichen Vertragspunkte, die
hiermit umrissen sind, sollen Gegenstand eines Vertrages
werden, der von den Staaten unterzeichnet und durch die
Parlamente ratifiziert wird. Die Verhandlungen, die zur
Ausarbeitung der Ausführungsbestimmungen unerläßlich
sind, werden mit Hilfe eines Schiedsrichters geführt werden, der durch ein gemeinsames Abkommen ernannt
wird. Dieser Schiedsrichter wird darüber zu wachen
haben, daß die Abkommen den Grundsätzen entsprechen,
und hat im Falle eines unausgleichbaren Gegensatzes die
endgültige Lösung zu bestimmen, die dann angenommen
werden wird.

Die gemeinsame Oberste Behörde, die mit der Funktion
der ganzen Verwaltung betraut ist, wird sich aus unabhängigen Persönlichkeiten zusammensetzen, die auf paritäti-
scher Grundlage von den Regierungen ernannt werden.
Durch ein gemeinsames Abkommen wird von den Regierungen ein Präsident gewählt, dessen Entscheidungen in
Frankreich, in Deutschland und den anderen Teilnehmer-

ländern bindend sind. Geeignete Vorkehrungen werden Einspruchsmöglichkeiten gegen die Entscheidungen der Obersten Behörde gewährleisten. Ein Vertreter der Vereinten Nationen bei dieser Behörde wird damit beauftragt, zweimal jährlich einen öffentlichen Bericht an die Organisation der Vereinten Nationen zu machen, der über die Tätigkeit des neuen Organismus, besonders was die Wahrung seiner friedlichen Ziele betrifft, Rechenschaft gibt.

Die Einrichtung einer Obersten Behörde präjudiziert in keiner Weise die Frage des Eigentums an den Betrieben. In Erfüllung ihrer Aufgabe wird die gemeinsame Oberste Behörde die Vollmachten berücksichtigen, die der Internationalen Ruhrbehörde übertragen sind, ebenso wie die Verpflichtungen jeder Art, die Deutschland auferlegt sind, so lange diese bestehen.

D: Europa-Archiv. Folge 11 (1950). S. 3091 f.

14
Auszug aus dem Vertrag über die Gründung der Europäischen Gemeinschaft für Kohle und Stahl (EGKS) vom 18. April 1951

Der Präsident der Bundesrepublik Deutschland, seine Königliche Hoheit der Kronprinz von Belgien, der Präsident der Französischen Republik, der Präsident der Italienischen Republik, Ihre Königliche Hoheit die Großherzogin von Luxemburg, Ihre Majestät die Königin der Niederlande, [...]

entschlossen, an die Stelle der jahrhundertealten Rivalitäten einen Zusammenschluß ihrer wesentlichen Interessen zu setzen, durch die Errichtung einer wirtschaftlichen Gemeinschaft den ersten Grundstein für eine weitere und vertiefte Gemeinschaft unter Völkern zu legen, die lange Zeit durch blutige Auseinandersetzungen entzweit waren, und die institutionellen Grundlagen zu schaffen, die einem nunmehr allen gemeinsamen Schicksal die Richtung weisen können, haben beschlossen, eine Europäische Gemeinschaft für Kohle und Stahl zu gründen [...].

Artikel 1

Durch diesen Vertrag begründen die Hohen Vertragschließenden Teile unter sich eine Europäische Gemeinschaft für Kohle und Stahl; sie beruht auf einem gemeinsamen Markt, verfolgt gemeinsame Ziele und hat gemeinsame Organe.

Artikel 2

Die Europäische Gemeinschaft für Kohle und Stahl ist dazu berufen, im Einklang mit der Gesamtwirtschaft der Mitgliedstaaten und auf der Grundlage eines gemeinsamen Marktes, wie er in Artikel 4 näher bestimmt ist, zur Ausweitung der Wirtschaft, zur Steigerung der Beschäftigung und zur Hebung der Lebenshaltung in den Mitgliedstaaten beizutragen.

Die Gemeinschaft hat in fortschreitender Entwicklung die Voraussetzungen zu schaffen, die von sich aus die rationellste Verteilung der Erzeugung auf dem höchsten Leistungsstande sichern; sie hat hierbei dafür zu sorgen, daß keine Unterbrechung in der Beschäftigung eintritt, und zu vermeiden, daß im Wirtschaftsleben der Mitgliedstaaten tiefgreifende und anhaltende Störungen hervorgerufen werden.

Artikel 3

Die Organe der Gemeinschaft haben im Rahmen der jedem von ihnen zugewiesenen Befugnisse und im gemeinsamen Interesse

a) auf eine geordnete Versorgung des gemeinsamen Marktes unter Berücksichtigung des Bedarfs dritter Länder zu achten;

b) allen in vergleichbarer Lage befindlichen Verbrauchern des gemeinsamen Marktes gleichen Zugang zu der Produktion zu sichern;

c) auf die Bildung niedrigster Preise dergestalt zu achten, daß diese Preise nicht eine Erhöhung der von denselben Unternehmern bei anderen Geschäften angewandten Preise oder der Gesamtheit der Preise während eines anderen Zeitabschnittes zur Folge haben; hierbei sind die erforderlichen Abschreibungen zu ermöglichen und den hereingenommenen Kapitalien normale Verzinsungsmöglichkeiten zu bieten;

d) darauf zu achten, daß Voraussetzungen erhalten bleiben, die einen Anreiz für die Unternehmen bieten, ihr Produktionspotential auszubauen und zu verbessern und eine Politik rationeller Ausnutzung der natürlichen Hilfsquellen unter Vermeidung von Raubbau zu verfolgen;

e) auf eine Verbesserung der Lebens- und Arbeitsbedingungen der Arbeiter hinzuwirken, die es erlaubt, diese Bedingungen im Rahmen der Fortschritte in jeder der zu ihrem Aufgabenkreis gehörenden Industrie einander anzugleichen;

f) die Entwicklung des zwischenstaatlichen Austausches zu fördern und dafür zu sorgen, daß bei den Preisen auf den auswärtigen Märkten angemessene Grenzen eingehalten werden;

g) die geordnete Ausweitung und Modernisierung der Erzeugung sowie die Verbesserung der Qualität in einer Weise zu fördern, die jede Schutzmaßnahme gegen Konkurrenzindustrien ausschließt, es sei denn, daß sie durch eine von diesen Unternehmen oder zu ihren Gunsten vorgenommene unzulässige Handlung gerechtfertigt ist.

Artikel 4

Als unvereinbar mit dem gemeinsamen Markt für Kohle und Stahl werden innerhalb der Gemeinschaft gemäß den Bestimmungen dieses Vertrages aufgehoben und untersagt:

a) Ein- und Ausfuhrzölle oder Abgaben gleicher Wirkung sowie mengenmäßige Beschränkungen des Warenverkehrs;

b) Maßnahmen oder Praktiken, die eine Diskriminierung zwischen Erzeugern oder Käufern oder Verbrauchern herbeiführen, insbesondere hinsichtlich der Preis- und Lieferbedingungen und der Beförderungstarife, sowie Maßnahmen oder Praktiken, die den Käufer an der freien Wahl seiner Lieferanten hindern;

c) von den Staaten bewilligte Subventionen oder Beihilfen, oder von ihnen auferlegte Sonderlasten, in welcher Form dies auch immer geschieht;

d) einschränkende Praktiken, die auf eine Aufteilung oder Ausbeutung der Märkte abzielen. [...]

Artikel 6

Die Gemeinschaft hat Rechtspersönlichkeit.

Im zwischenstaatlichen Verkehr hat die Gemeinschaft die für die Durchführung ihrer Aufgaben und Erreichung ihrer Ziele erforderliche Rechts- und Geschäftsfähigkeit.

Die Gemeinschaft hat in jedem Mitgliedstaat die weitestgehende Rechts- und Geschäftsfähigkeit, die juristischen Personen dieses Staates zuerkannt ist; sie kann insbesondere bewegliches und unbewegliches Vermögen erwerben und veräußern sowie klagen und verklagt werden. [...]

D: Forschungsinstitut der Deutschen Gesellschaft für Auswärtige Politik (Hrsg.): Europa. Dokumente zur Frage der Europäischen Einigung. Hrsg. im Auftrag des Auswärtigen Amtes. Bd. 2. München: Oldenbourg, 1962. S. 702–711.

15

Auszug aus der Regierungserklärung des französischen Ministerpräsidenten René Pleven vom 24. Oktober 1950 (Plevenplan)

Das Ideal der kollektiven Sicherheit hat soeben in Korea einen Sieg davongetragen, der in den Bemühungen der freien Nationen, Voraussetzungen der Sicherheit in der Welt zu schaffen, die jeden Aggressionsplan entmutigen, einen historischen Fortschritt bezeichnet.

Die Nationen, die den Atlantikpakt geschlossen haben, wollten das Instrument dieser Sicherheit für das Gebiet schmieden, das der Pakt umfaßt. [...]

Die verbündeten Nationen haben die Notwendigkeit erkannt, die Atlantische Gemeinschaft gegen jede mögliche Aggression auf einer Linie zu verteidigen, die so weit östlich liegt wie möglich. Sie haben zu diesem Zweck beschlossen, die in Europa stationierten Streitkräfte zu verstärken. Sie sind übereingekommen, daß all diese Streitkräfte, gleich welcher Nationalität, unter das Kommando eines einzigen Oberbefehlshabers gestellt werden sollen. [...]

Deutschland, das dem Atlantikpakt nicht angehört, ist [...] aufgerufen, an dem sich daraus ergebenden Sicherheitssystem teilzunehmen. Es ist daher nur gerecht, daß es seinen Beitrag zur Aufstellung der Verteidigung Westeuropas leistet. Aus diesem Grunde hat sich die Regierung, um die Diskussion dieses wichtigen Problems in der Nationalversammlung zu eröffnen, entschlossen, die Initiative zu der folgenden Erklärung zu ergreifen:

Die Lösung des Problems eines deutschen Beitrages zu der gemeinsamen Verteidigung sollte ohne jeden Kompromiß und ohne verzögernde Ausflüchte, gleichermaßen im Rahmen der Möglichkeiten einer sofortigen Aktion wie im Hinblick auf die Zukunft eines geeinten Europas, gesucht werden. [...]

Die Unterzeichnung der Montanunion wird sehr bald, wie wir hoffen, die Einmütigkeit von sechs Teilnehmerländern besiegeln, die allen Völkern Europas die Garantie gibt, daß die Stahl- und Kohleindustrien Westeuropas nicht zu aggressiven Zielen benutzt werden können.

Sobald diese Unterschrift erreicht ist, fordert die französische Regierung, daß das Problem des deutschen Beitrags zur Aufstellung einer europäischen Streitkraft (force européenne) in einer Weise gelöst wird, die den grausamen Lehren der Vergangenheit und der Entwicklung, die viele Europäer in allen europäischen Ländern Europas geben wollen, Rechnung trägt.

Sie schlägt für eine gemeinsame Verteidigung die Schaffung einer europäischen Armee vor, die mit den politischen Institutionen des geeinten Europas verbunden ist.

Dieser Vorschlag leitet sich direkt aus der Empfehlung her, die am 11. August 1950 von der Konsultativversammlung des Europarates angenommen wurde und die sofortige Schaffung einer gemeinsamen europäischen Armee forderte, die zur Verteidigung des Friedens mit den amerikanischen und kanadischen Streitkräften zusammenarbeiten sollte. [...]

Die Aufstellung einer europäischen Armee könnte sich nicht einfach aus der Zusammenfassung nationaler Militäreinheiten ergeben, die in Wirklichkeit nur eine Koalition alten Typs verschleiern würde. Unzweifelhaft gemeinsamen Aufgaben können nur gemeinsame Organismen gerecht werden. Eine Armee des geeinten Europas, gebildet aus Männern der verschiedenen europäischen Nationen, soll, soweit dies irgend möglich ist, eine vollständige Verschmelzung der Mannschaften und der Ausrüstung herbeiführen, die unter einer einheitlichen politischen und militärischen europäischen Autorität zusammengefaßt werden.

Ein Verteidigungsminister würde von den Regierungen der angeschlossenen Staaten ernannt werden und unter

Bedingungen, die noch zu bestimmen sind, den Regierungen und einer europäischen Versammlung verantwortlich
sein. Diese Versammlung könnte entweder die Straßburger Versammlung sein, oder ein aus ihr hervorgehendes
Organ, oder eine Versammlung von hierfür besonders
gewählten Delegierten. Seine Vollmachten gegenüber der
europäischen Armee wären die eines nationalen Verteidi-
gungsministers gegenüber der nationalen Armee seines
Landes. Er wäre im besonderen damit beauftragt, die allgemeinen Direktiven auszuführen, die er von einem Rat
empfangen würde, der sich aus Ministern der teilnehmenden Länder zusammensetzt. Er wäre in allem, was die
Ausübung seiner Mission betrifft, der normale Mittels-
mann zwischen der europäischen Gemeinschaft und dritten Ländern oder internationalen Organisationen.

Die von den Mitgliedsstaaten gestellten Kontingente
würden der europäischen Armee eingegliedert werden,
und zwar auf der Basis der kleinstmöglichen Einheit.

Die Finanzierung der europäischen Armee würde durch
ein gemeinsames Budget gesichert werden. Der europäische
Verteidigungsminister wäre beauftragt, die bestehenden internationalen Verpflichtungen zu erfüllen und neue internationale Verpflichtungen auf der Basis von Direktiven, die er
vom Ministerrat empfängt, einzuleiten und zu erfüllen. Das
europäische Bewaffnungs- und Ausrüstungsprogramm
würde unter seiner Amtsgewalt festgelegt und ausgeführt.

Die Mitgliedsstaaten, die über eigene nationale Streitkräfte verfügen, würden ihre Befehlsgewalt über den Teil
ihrer Truppen, die der europäischen Armee nicht eingegliedert werden, behalten.

Umgekehrt kann der europäische Verteidigungsminister mit Ermächtigung des Ministerrates der Regierung
eines angeschlossenen Staates einen Teil der in der europäischen Armee enthaltenen nationalen Streitkräfte wieder
zur Verfügung stellen, um anderen Bedürfnissen als denen
der gemeinsamen Verteidigung Rechnung zu tragen.

Die europäischen Streitkräfte, die den vereinten atlantischen Streitkräften zur Verfügung stünden, würden, was die allgemeine Strategie der Organisation und Ausrüstung betrifft, gemäß den Verpflichtungen des Atlantikpaktes operieren. [...]

D: Europa-Archiv (20. November 1950). S. 3518–3520.

16

Auszug aus dem Schlusskommuniqué der Konferenz von Messina vom 3. Juni 1955

Sie [die sechs Regierungen] erachten es als notwendig, die Schaffung eines vereinigten Europa durch die Weiterentwicklung gemeinsamer Institutionen, durch die schrittweise Fusion der nationalen Wirtschaften, durch die Schaffung eines gemeinsamen Marktes und durch die schrittweise Harmonisierung ihrer Sozialpolitik fortzusetzen.

Eine derartige Politik erscheint ihnen unerläßlich, um Europa den Platz zu erhalten, den es in der Welt einnimmt, um ihm seinen Einfluß und seine Ausstrahlungskraft zurückzugeben und um den Lebensstandard seiner Bevölkerung stetig zu heben.

Zu diesen Zwecken haben sich die sechs Minister über die folgenden Ziele geeinigt:

1. Die Steigerung des Warenaustausches und der Freizügigkeit der Personen verlangen den gemeinsamen Ausbau großer Verkehrswege. Zu diesem Zweck soll eine gemeinsame Prüfung von Entwicklungsplänen vorgenommen werden, die ein europäisches Verkehrsnetz von Kanälen, Autostraßen und elektrifizierten Eisenbahnlinien und die Standardisierung der Ausrüstung

zum Ziele haben. Ebenso soll die bessere Koordinierung des Luftverkehrs geprüft werden.

2. Reichlichere und billigere Energie ist ein fundamentales
Element des wirtschaftlichen Fortschritts. Deshalb
muß alles getan werden, um den Austausch von Gas
und elektrischem Strom zu fördern, der geeignet ist, die
Rentabilität der Investierungen zu erhöhen und die
Preise für die Versorgung zu senken. Es soll untersucht
werden, mit welchen Methoden die Entwicklung der
Energieerzeugung und des Energieverbrauchs unter gemeinsamen Gesichtspunkten koordiniert und die allgemeinen Richtlinien einer gemeinsamen Politik festgelegt werden können. (Dabei wird die Entschließung berücksichtigt, die der Besondere Rat der Montanunion
am 12./13. Oktober 1953 gefaßt hat.)

3. Die Entwicklung der Atomenergie zu friedlichen Zwecken eröffnet binnen kurzem die Aussicht auf eine
neue industrielle Revolution von ungleich größerem
Ausmaß als jene der letzten hundert Jahre. Die sechs
Signatarstaaten erachten es als notwendig, die Frage einer gemeinsamen Organisation zu untersuchen, die mit
der Verantwortung und den Mitteln für die Gewährleistung der friedlichen Entwicklung der Atomenergie
auszustatten wäre, wobei die besonderen Vereinbarungen einzelner Regierungen mit dritten Staaten berücksichtigt werden müßten.   [...]

Die sechs Regierungen stellen fest, daß das Ziel ihres Vorgehens auf wirtschaftspolitischem Gebiet in der Bildung
eines von allen Zollschranken und mengenmäßigen
Beschränkungen freien gemeinsamen europäischen Marktes besteht. Sie sind der Ansicht, daß dieser Markt schrittweise geschaffen werden muß.   [...]

D: Europa-Archiv (5. Juli 1955). S. 7974 f.

17

Auszug aus der Rede des Staatssekretärs Walter Hallstein vor dem Deutschen Bundestag am 21. März 1957 zur Unterzeichnung der Verträge über eine europäische Wirtschaftsgemeinschaft (Römische Verträge)

Die Verträge über den Gemeinsamen Markt und Euratom, die am 25. März in Rom unterzeichnet werden sollen, sind das Ergebnis einer langen, beharrlichen Arbeit der sechs Partnerstaaten der europäischen Kohle- und Stahlgemeinschaft. Man kann die Verträge als die direkte Folge des Gemeinsamen Marktes für Kohle und Stahl bezeichnen. [...]

Lassen Sie mich Ihnen jetzt zunächst einen kurzen Überblick über den Inhalt des Vertrags über die Europäische Wirtschaftsgemeinschaft geben. [...]

Der Kern des Vertrages ist die Errichtung der Europäischen Wirtschaftsgemeinschaft als einer mit eigenständigen Befugnissen ausgestatteten Gemeinschaft von Staaten. Der Vertrag regelt nicht wie ein gewöhnliches Wirtschafts- und Handelsabkommen nur Rechte und Pflichten der beteiligten Staaten auf zwischenstaatlicher Grundlage. [...] Wichtige Befugnisse, die den Vertragsstaaten auf dem Gebiet der Wirtschaft vorbehalten waren, werden der Europäischen Wirtschaftsgemeinschaft übertragen.

Die tragenden Elemente dieser Gemeinschaft sind ein gemeinsamer Markt und gemeinsame Organe.

Hauptstück des Gemeinsamen Marktes ist die Zollunion, die schrittweise in drei Etappen von jeweils vier Jahren alle unter den sechs Mitgliedern vorhandenen Binnenzölle abbaut und im Endzeitpunkt, spätestens nach 15 Jahren, einen von allen Zollhindernissen freien, durchgehenden Wirtschaftsraum schafft. Dieses Stück allein ist von so umwälzender Tragweite, daß wohl keiner von uns bereits jetzt die volle Wirkung in allen Einzelheiten ermessen kann. Zum Abbau der Zölle tritt als Ergänzung

die Beseitigung der mengenmäßigen Beschränkungen im
Handel der Mitgliedstaaten untereinander. Außerdem
wird ein gemeinsamer Außentarif geschaffen, und es werden Regeln für eine gemeinsame Handelspolitik aufgestellt. [...]

Notwendig zum Funktionieren des Gemeinsamen
Marktes ist ferner der freie Personen-, Dienstleistungs-
und Kapitalverkehr, der bis zum Ende der Übergangszeit
hergestellt werden soll. [...]

Wichtig ist schließlich, daß der Vertrag Grundsätze der
Sozialpolitik formuliert und einen europäischen Sozialfonds vorsieht. Eine Verbesserung und Angleichung der
Lebens- und Arbeitsbedingungen der Arbeitnehmer wird
sowohl als eine natürliche Wirkung des Gemeinsamen
Marktes wie auch als Folge der Angleichung der Rechtsvorschriften erwartet. Die Europäische Kommission hat
die Aufgabe, eine enge Zusammenarbeit zwischen den
Mitgliedstaaten auch in sozialen Fragen zu fördern. Sie
berichtet daher der Versammlung jährlich besonders über
die Entwicklung der sozialen Lage. Der Sozialfonds dient
dazu, die Beschäftigungsmöglichkeiten der Arbeitnehmer
zu verbessern und auch damit zur Hebung der Lebenshaltung beizutragen. Er fördert die Arbeitsmöglichkeiten
und die örtliche und berufliche Beweglichkeit der Arbeitskräfte. [...]

Ich schließe diese Übersicht, meine Damen und Herren,
mit einer Skizze der Organisation der Europäischen Wirtschaftsgemeinschaft. Der Vertrag sieht, insoweit dem Vorbild der Kohle- und Stahlgemeinschaft folgend, vier gemeinsame Hauptorgane vor:

Der Ministerrat koordiniert die allgemeine Wirtschaftspolitik der Mitgliedstaaten und trifft die wesentlichen
Entscheidungen.

Die Europäische Kommission gewährleistet das ordnungsgemäße Arbeiten und die Entwicklung des Gemeinsamen Marktes. Sie sorgt für die Anwendung des Vertra-

ges und der von den Organen erlassenen Bestimmungen. Die Kommission besteht aus neun Mitgliedern, deren Status im Vertrag im einzelnen geregelt ist. Die Amtszeit beträgt vier Jahre.

Die Versammlung ist das parlamentarische Organ der Gemeinschaft mit Beratungs- und Kontrollbefugnissen. Sie tritt zugleich an die Stelle der Gemeinsamen Versammlung der Montangemeinschaft.

Der Gerichtshof schließlich sichert die Wahrung des Rechts bei der Auslegung und Anwendung des Vertrages und nimmt zugleich die Funktionen des Gerichtshofes der Montangemeinschaft wahr.

Zu diesen vier Hauptorganen kommt als Hilfsorgan ein Wirtschafts- und Sozialausschuß mit beratenden Funktionen, der in bestimmten Fällen von Rat und Kommission gehört wird. [...]

D: Verhandlungen des Deutschen Bundestages. Wahlperiode 2: 1953/57. Stenographische Berichte (1957). Bd. 35. S. 11327–11334.

18

Auszug aus der Rede Ludwig Erhards, Bundesminister für Wirtschaft, vor dem Deutschen Bundestag am 21. März 1957 zur Ratifizierung der Römischen Verträge

Das ist ganz sicher: Wenn ich den Vertrag zum Gemeinsamen Markt nur vom ökonomischen Standpunkt aus zu prüfen hätte, müßte ich vorher fragen, ob denn die bisherigen Anstrengungen zur Zusammenfügung der Länder Europas nicht schon so große Erfolge gezeigt hätten, daß man vielleicht auf eine besondere Konstruktion hätte verzichten können: Es ist unbestreitbar, daß im Rahmen der OEEC und der EZU überraschend große Erfolge erzielt worden sind, nicht nur was die Steigerung des Handelsvo-

lumens, sondern auch was die Methoden und die Qualität
der Zusammenarbeit anlangt.   [...]

Ich sagte und wiederhole es hier: In diesem Vertrag ist
ebenso viel von der Angst vor dem Wettbewerb oder von
der Furcht, in den Gemeinsamen Markt einzugehen, erkennbar, als er Bestimmungen enthält, die diesen Gemeinsamen Markt erreichen oder erzwingen wollen. Er atmet
auf der einen Seite die Sorge, was da alles passieren kann,
wenn der Gemeinsame Markt Wirklichkeit wird, und auf
der anderen Seite setzt er selbstverständlich die Verpflichtung, allerdings, recht behutsam, in den Gemeinsamen
Markt einzugehen. Nach dieser Richtung scheint er mir
etwas perfektionistisch zu sein, weil man natürlich nicht
alles voraussehen kann, was sich in 15 Jahren ereignen
mag. Ja, man hat eigentlich nur voraussehen wollen, was
sich nach der negativen Seite hin ereignen könnte. Es ist
nun in dem Vertrag zu wenig Dynamik und zu wenig
Überzeugung zu spüren, daß sich die Dinge, wenn wir
diesen Weg gehen, sehr viel positiver und fruchtbarer entfalten werden, als das aus dem zaghaften Geist, aus den
Buchstaben des Vertragswerkes ersichtlich wird. Aus diesem Grunde bedaure ich, daß so viele Ausweichklauseln
bzw. Ausweichmöglichkeiten in diesem Vertrag enthalten
sind, und daß er nicht auf mehr europäische Gläubigkeit
setzt.

Dann kommt natürlich hinzu, daß jede Zusammenfassung von einer Reihe von Ländern – hier also von jenen
sechs Ländern, die schon in der Montanunion eine erste
Verankerung gefunden haben – naturgemäß und ohne es
zu wollen, einen gewissen Kontrast nach außen setzt und
damit allzuleicht die Gefahr heraufbeschwört, daß sich
andere europäische Länder, die auch zu dem freien
Europa gehören, diskriminiert fühlen. Diese Sorge ist uns
ja allenthalben begegnet. Aus diesem Grund begrüße ich
es besonders, daß hier ausdrücklich erklärt wurde, wie
wichtig es ist, neben der Schaffung dieses Gemeinsamen

Marktes gleichzeitig möglichst schnell auch zu der Konstruktion einer Freihandelszone hinzufinden, weil damit
die Gefahr einer Diskriminierung, oder wäre es auch nur
das Gefühl einer Diskriminierung, von den übrigen europäischen Ländern genommen wird. [...]

Die Gefahr, daß eine Diskriminierung Platz greifen
könnte, wird natürlich umso größer, je mehr die Zölle
zwischen den sechs Ländern in der vorgesehenen Stufen-
folge abgebaut werden. Darum insbesondere sind wir alle
für die Schaffung einer Freihandelszone eingetreten. Aus
der Wirtschaftsgemeinschaft kann die Gefahr erwachsen –
und dem habe ich Ausdruck gegeben –, daß sich zwischen
den sechs Ländern ein besonderer, ein bedenklicher Geist
entwickelt, der zwar nach innen Freiheit setzt und setzen
muß, der aber bemüht ist, sich nach außen abzuschirmen.
Das habe ich unter der Gefahr einer möglichen europäischen Inzucht verstanden. Sie wird indessen wesentlich
gemindert und schließlich behoben, wenn es uns gelingt,
das System der Freihandelszone zu errichten.

Was die Assoziierung der Überseegebiete anlangt, so
möchte ich eine politische Betrachtung hier außer acht lassen. Selbstverständlich ist damit – wieder aus dem System
heraus – die Schaffung einer Art von Präferenzsystem
notwendig geworden, und es wird sehr darauf ankommen,
in welchem Geist man diese Ordnung handhabt. Daß es
nicht gerade ein Vorteil ist, wenn wir die freie Welt noch
einmal in Großräume aufteilen und ein Präferenzsystem
europäisch-afrikanischer Konvenienz schaffen, bedarf
wohl keiner besonderen Unterstreichung. [...]

Die mangelnde intervalutare Ordnung nicht nur zwischen den sechs Ländern, sondern leider auf weltweiter
Grundlage kann man selbstverständlich auch nicht durch
eine Vielzahl von Paragraphen ersetzen. Das ist ein Problem, das nicht insonderheit den Gemeinsamen Markt aus-
zeichnet, sondern die ganze freie Welt und ihre Ordnung
angeht. Dieses Problem ist also letzten Endes auch nicht

innerhalb des Gemeinsamen Marktes zu lösen, wenn durch ihn auch manches Übel geheilt werden könnte. [...]

Eine meiner kritischen Anmerkungen zum Vertrag war weiter, daß hierin von »Zahlungsbilanzkrisen« gesprochen wird und daß Zahlungsbilanzkrisen automatisch die Möglichkeit eröffnen, Schutzklauseln zur Anwendung zu bringen. Meine Damen und Herren, Zahlungsbilanzkrisen fallen nicht vom Himmel, sondern sie erwachsen aus dem Verhalten der nationalen Volkswirtschaften. Deshalb müßte in einem solchen Vertrag nach meiner Ansicht mehr Bestimmtheit, mehr Kraft auf die Einhaltung gesunder Prinzipien gelegt werden als auf die Möglichkeit, diesen gesunden Prinzipien entweichen zu können und Schutzklauseln dafür in Anspruch nehmen zu dürfen. [...]

Es wird meiner Ansicht nach darauf ankommen – und diese Frage wird die Regierung und dieses Hohe Haus noch zu beschäftigen haben –, daß dieser Vertrag im rechten Geiste, aus der gemeinsamen Verantwortung heraus gehandhabt wird. Wenn Sie nur die Paragraphen nehmen, dann liegen das Gute und das Böse nahe beieinander. Man kann aus einem solchen Vertragswerk dieses oder jenes machen. Aber wenn wir ein freiheitliches Europa bauen wollen – und dieser Wille steht am Anfang –, wird es darauf ankommen, daß die richtigen Menschen mit der richtigen Haltung an dieses Vertragswerk herangehen. [...]

D: Verhandlungen des Deutschen Bundestags. Wahlperiode 2: 1953/57. Stenographische Berichte (1957). Bd. 35. S. 11342–11345.

19

Auszug aus der Rede des ehemaligen Ministerpräsidenten Pierre Mendès-France in der französischen Nationalversammlung zur Ratifizierung der Römischen Verträge vom 18. Januar 1957

Um schließlich zum Kern zu kommen, das Projekt des Gemeinsamen Marktes, so wie es uns vorgestellt wird, oder wenigstens, so wie man es uns wissen lässt, ist auf den klassischen Liberalismus des 19. Jahrhunderts gegründet, nach dem die Konkurrenz ohne wenn und aber alle Probleme löst.

Zehn schwere Krisen, so viele anhaltende Leiden, Konkurse und die periodische Arbeitslosigkeit haben uns den Charakter der klassischen Theorie der Resignation vor Augen geführt. Die Konkurrenz, die im Rahmen des jetzigen Vertrags eingerichtet wird, der aber, wie ich annehmen will, noch verbesserbar ist, sichert nicht den glänzenden Erfolg desjenigen, der, im eigentlichen Sinne, über die bessere Produktivität verfügt, sondern derjenigen, die im Besitz der Rohstoffe sind, die andere benötigen, die über bedeutende finanzielle Mittel, eine konzentrierte und vertikal integrierte Produktion, ausgedehnte Handels- und Verkehrsverbindungen verfügen, auch derjenigen, welche die geringsten sozialen, militärischen und sonstigen Lasten zu tragen haben.

Wenn in wenigen Monaten, Anfang 1958, die neue Ordnung in Kraft tritt, werden wir uns wahrscheinlich in schweren Devisenschwierigkeiten befinden, jeder hier weiß es. Wir werden sofort einen Importüberschuss akzeptieren müssen, ohne die geringste Möglichkeit ihn zu bezahlen. Wir werden ebenso eine Wechselkursänderung hinnehmen müssen, die manche für unvermeidbar halten, die wir aber besser, wenn wir sie wirklich vornehmen müssen, frei nach unserer eigenen Entscheidung umsetzen sollten, und nicht unter Bedingungen, die uns von einer internationalen Technokratie auferlegt werden, bei der wir bis heute niemals viel Verständnis oder Unterstützung gefunden haben.

Viele weitere Fragen bleiben offen:

Welches ist die wirkliche Situation der Landwirtschaft in dem neuen System?

Welche Risiken ergeben sich für unsere Produzenten durch eine erhöhte Konkurrenz aus 5 Ländern oder aus Drittländern?

Welche schlechteren oder besseren Chancen haben unsere Exporteure? Ich bin durch die Erklärungen, die man uns in dieser Hinsicht gegeben hat, nicht überzeugt. [...]

Wie ist die Rechtsstellung unserer überseeischen Gebiete? Es handelt sich hier um einen wesentlichen Punkt, der von vielen Kollegen unterstrichen wurde, weil 1955 unser Export in die überseeischen Gebiete im Vergleich zum gesamten Export in die fünf Länder, mit denen wir diese Vereinigung suchen, einen Überschuss von 100 Milliarden FF zu verzeichnen hatte. [...]

Dies zu sagen, Herr Staatssekretär, bedeutet nicht gegen den Aufbau Europas zu sein, sondern es heißt, nicht zu wollen, dass das Vorhaben für unser Land, im Mutterland wie in Übersee, nach der großen und schönen Hoffnung zu einer schrecklichen Enttäuschung wird [...].

Frankreich sollte dies ständig im Kopf haben, wenn es an dem Aufbau Europas mitarbeiten kann und muss. Diese Mitarbeit sollte aber nicht auf einem Mangel an Selbstvertrauen, einem Gefühl der Unfähigkeit, sich aus eigener Kraft zu erneuern, beruhen, oder begleitet werden von der Vorstellung, dass uns Reformen, für deren Umsetzung wir selbst nicht genug Mut hatten, durch Zwänge von außen, durch eine supranationale Autorität aufgezwungen werden.

Wenn eine Demokratie abdankt, kann sie dies auf zweierlei Weise tun: entweder sucht man die Rettung in einer inneren Diktatur, indem man die Macht einem Mann der Vorsehung überantwortet, oder man überträgt sie einer auswärtigen Macht, die, im Namen der Technik, in Realität die politische Macht ausüben wird, weil man im Interesse einer gesunden Volkswirtschaft leicht dazu kommt, eine Geld-, Haushalts- und Sozialpolitik zu diktieren, und endlich »eine Politik« im weitesten Sinne des Wortes, national und international.

Wenn Frankreich sich dazu bereit erklärt, seinen Wiederaufbau im Rahmen einer brüderlichen Zusammenarbeit mit den anderen europäischen Ländern vorzunehmen, wird es nicht zulassen, dass die Wege und Mittel ihm von außen aufgezwungen werden, auch nicht unter dem Deckmantel von automatischen Mechanismen.

D: Pierre Mendès France: Œuvres complètes. Bd. 4: Pour une République moderne. 1955-1962. Paris: Gallimard, 1985. S. 273–274.

20
Auszug aus dem Vertrag über die Gründung der Europäischen Wirtschaftsgemeinschaft (EWG) vom 25. März 1957

Seine Majestät der König der Belgier, der Präsident der Bundesrepublik Deutschland, der Präsident der Französischen Republik, der Präsident der Italienischen Republik, Ihre Königliche Hoheit die Großherzogin von Luxemburg, Ihre Majestät die Königin der Niederlande [...] haben beschlossen, eine Europäische Wirtschaftsgemeinschaft zu gründen [...].

Artikel 2

Aufgabe der Gemeinschaft ist es, durch die Errichtung eines Gemeinsamen Marktes und die schrittweise Annäherung der Wirtschaftspolitik der Mitgliedstaaten eine har-

monische Entwicklung des Wirtschaftslebens innerhalb
der Gemeinschaft, eine beständige und ausgewogene Wirtschaftsausweitung, eine größere Stabilität, eine beschleunigte Hebung der Lebenshaltung und engere Beziehungen
zwischen den Staaten zu fördern, die in dieser Gemeinschaft zusammengeschlossen sind.

Artikel 3
Die Tätigkeit der Gemeinschaft im Sinne des Artikels 2
umfaßt nach Maßgabe dieses Vertrages und der darin vorgesehenen Zeitfolge

a) die Abschaffung der Zölle und mengenmäßigen Beschränkungen bei der Ein- und Ausfuhr von Waren sowie aller sonstigen Maßnahmen gleicher Wirkung zwischen den Mitgliedstaaten;

b) die Einführung eines Gemeinsamen Zolltarifs und einer
gemeinsamen Handelspolitik gegenüber dritten Ländern;

c) die Beseitigung der Hindernisse für den freien Perso-
nen-, Dienstleistungs- und Kapitalverkehr zwischen
den Mitgliedstaaten;

d) die Einführung einer gemeinsamen Politik auf dem Gebiet der Landwirtschaft;

e) die Einführung einer gemeinsamen Politik auf dem Gebiet des Verkehrs;

f) die Errichtung eines Systems, das den Wettbewerb innerhalb des Gemeinsamen Marktes vor Verfälschungen
schützt;

g) die Anwendung von Verfahren, welche die Koordinierung der Wirtschaftspolitik der Mitgliedstaaten und die
Behebung von Störungen im Gleichgewicht ihrer Zahlungsbilanzen ermöglichen;

h) die Angleichung der innerstaatlichen Rechtsvorschriften, soweit dies für das ordnungsmäßige Funktionieren
des Gemeinsamen Marktes erforderlich ist;

i) die Schaffung eines Europäischen Sozialfonds, um die Beschäftigungsmöglichkeiten der Arbeitnehmer zu verbessern und zur Hebung ihrer Lebenshaltung beizutragen;

j) die Errichtung einer Europäischen Investitionsbank, um durch Erschließung neuer Hilfsquellen die wirtschaftliche Ausweitung in der Gemeinschaft zu erleichtern;

k) die Assoziierung der überseeischen Länder und Hoheitsgebiete, um den Handelsverkehr zu steigern und die wirtschaftliche und soziale Entwicklung durch gemeinsame Bemühungen zu fördern.

Artikel 4

(1) Die der Gemeinschaft zugewiesenen Aufgaben werden durch folgende Organe wahrgenommen:
– eine Versammlung, – einen Rat, – eine Kommission, – einen Gerichtshof.
Jedes Organ handelt nach Maßgabe der ihm in diesem Vertrag zugewiesenen Befugnisse.
(2) Der Rat und die Kommission werden von einem Wirtschafts- und Sozialausschuß mit beratender Aufgabe unterstützt. [...]

Artikel 8

Der Gemeinsame Markt wird während einer Übergangszeit von zwölf Jahren schrittweise verwirklicht. [...]

D: Forschungsinstitut der Deutschen Gesellschaft für Auswärtige Politik (Hrsg.): Europa. Dokumente zur Frage der Europäischen Einigung. Hrsg. im Auftrag des Auswärtigen Amtes. Bd. 3: München: Oldenbourg, 1962. S. 1248–1254.

21

Auszug aus dem Vertrag über die Gründung der Europäischen Atomgemeinschaft (EURATOM) vom 25. März 1957

Seine Majestät der König der Belgier, der Präsident der Bundesrepublik Deutschland, der Präsident der Französischen Republik, der Präsident der Italienischen Republik, Ihre Königliche Hoheit die Großherzogin von Luxemburg, Ihre Majestät die Königin der Niederlande –

in dem Bewußtsein, daß die Kernenergie eine unentbehrliche Hilfsquelle für die Entwicklung und Belebung der Wirtschaft und für den friedlichen Fortschritt darstellt, [...]

entschlossen, die Voraussetzungen für die Entwicklung einer mächtigen Kernindustrie zu schaffen, welche die Energieerzeugung erweitert, die Technik modernisiert und auf zahlreichen anderen Gebieten zum Wohlstand ihrer Völker beiträgt, [...] –

haben beschlossen, eine Europäische Atomgemeinschaft (Euratom) zu gründen [...].

Artikel 1

[...] Aufgabe der Atomgemeinschaft ist es, durch die Schaffung der für die schnelle Bildung und Entwicklung von Kernindustrien erforderlichen Voraussetzungen zur Hebung der Lebenshaltung in den Mitgliedstaaten und zur Entwicklung der Beziehungen mit den anderen Ländern beizutragen.

Artikel 2

Zur Erfüllung ihrer Aufgabe hat die Gemeinschaft nach Maßgabe des Vertrags

a) die Forschung zu entwickeln und die Verbreitung der technischen Kenntnisse sicherzustellen;

b) einheitliche Sicherheitsnormen für den Gesundheitsschutz der Bevölkerung und der Arbeitskräfte aufzustellen und für ihre Anwendung zu sorgen; [...]

d) für regelmäßige und gerechte Versorgung aller Benutzer der Gemeinschaft mit Erzen und Kernbrennstoffen Sorge zu tragen;

e) durch geeignete Überwachung zu gewährleisten, daß die Kernstoffe nicht anderen als den vorgesehenen Zwecken zugeführt werden;

f) das ihr zuerkannte Eigentumsrecht an besonderen spaltbaren Stoffen auszuüben; [...]

Artikel 3

(1) Die der Gemeinschaft zugewiesenen Aufgaben werden durch folgende Organe wahrgenommen:
– eine Versammlung, – einen Rat, – eine Kommission, – einen Gerichtshof. [...]

D: Forschungsinstitut der Deutschen Gesellschaft für Auswärtige Politik (Hrsg.): Europa. Dokumente zur Frage der Europäischen Einigung. Hrsg. im Auftrag des Auswärtigen Amtes. Bd. 3. München: Oldenbourg, 1962. S. 1153–1158.

22

Auszug aus dem Übereinkommen zur Errichtung der Europäischen Freihandelsassoziation (EFTA) vom 4. Januar 1960

[Die vertragschließenden Parteien haben folgendes vereinbart]

Artikel 1

Die Assoziation

1. Durch dieses Übereinkommen wird eine internationale Organisation mit dem Namen »Europäische Freihandels-Assoziation«, im folgenden Assoziation genannt, errichtet. [...]

Artikel 2

Die Assoziation hat zum Ziele,

a) in der Zone und in jedem Mitgliedstaat die fortwährende Ausweitung der wirtschaftlichen Tätigkeit, die Vollbeschäftigung, die Steigerung der Produktivität sowie die rationelle Ausnützung der Hilfsquellen, die finanzielle Stabilität und die stetige Verbesserung des Lebensstandards zu fördern,
b) zu gewährleisten, daß der Handel zwischen den Mitgliedstaaten unter gerechten Wettbewerbsbedingungen erfolgt,
c) bedeutende Unterschiede zwischen den Mitgliedstaaten in den Bedingungen der Versorgung mit den innerhalb der Zone erzeugten Rohstoffen zu vermeiden, und
d) zur harmonischen Entwicklung und Ausweitung des Welthandels sowie zur fortschreitenden Beseitigung seiner Beschränkungen beizutragen. [...]

Artikel 3
Einfuhrzölle

1. Gemäß diesem Artikel senken die Mitgliedstaaten und beseitigen schließlich Zölle und sonstige Abgaben gleicher Wirkung, die auf der Einfuhr oder im Zusammenhang mit der Einfuhr von Waren erhoben werden [...].

Artikel 15
Wettbewerbsbeschränkende Praktiken

1. Die Mitgliedstaaten anerkennen, daß die folgenden
   Praktiken mit diesem Übereinkommen insoweit unvereinbar sind, als sie die vom Abbau oder Fehlen der Einfuhrzölle und mengenmäßigen Beschränkungen im
   Handel zwischen den Mitgliedstaaten erwarteten Vorteile vereiteln:
   (a) Vereinbarungen zwischen Unternehmungen [...]
       und zwischen Unternehmungen abgestimmte Ver-
       haltensweisen, die eine Verhinderung, Einschrän-
       kung oder Verfälschung des Wettbewerbs innerhalb
       der Zone bezwecken oder bewirken;
   (b) Handlungen, durch die eine oder mehrere Unter-
       nehmungen eine beherrschende Stellung in der
       Zone oder in einem wesentlichen Teil derselben in
       unlauterer Weise ausnützen.

D: Forschungsinstitut der Deutschen Gesellschaft für Auswärtige
   Politik (Hrsg.): Europa. Dokumente zur Frage der europäischen Einigung. Hrsg. im Auftrag des Auswärtigen Amtes. Bd.
   3. München: Oldenbourg, 1962. S. 1599–1607.

23
Europakonzeption des französischen Präsidenten Charles
de Gaulle in den sechziger Jahren

Für die geltende Schule jeder politischen Partei heißt die
laut verkündete, etablierte Doktrin, daß unser Land zurückzustehen hat. Während bei den Kommunisten die absolute Regel gilt, daß Moskau immer recht hat, verkünden
alle alten politischen Gruppen den »Supranationalismus«,
das heißt die Unterwerfung Frankreichs unter ein Gesetz,
das nicht das seine ist. Daher die Neigung für ein »Europa« als einer Konstruktion, bei der Technokraten, die

eine »Exekutive« bilden, und Parlamentarier, die sich
selbst mit der Legislative betrauen – wobei beide allemal
zum größten Teil aus Ausländern bestehen –, das Schicksal des französischen Volkes zu gestalten hätten. Daher
auch die Passion für die atlantische Organisation, die die
Sicherheit und damit die Politik unseres Landes dem Ermessen eines anderen überläßt. Und daher die hastige Be-
reitwilligkeit, unser staatliches Tun der Zustimmung internationaler Institutionen unterzuordnen, in denen hinter
dem Schleier kollektiver Beratungen in allen Fragen – politisch, militärisch, wirtschaftlich, technisch, währungs-
politisch – die oberste Autorität des Protektors wirksam
wird und wo unsere Vertreter, ohne auch nur ein einziges-
mal »Wir wollen!« zu sagen, nur »Frankreichs Dossier
plädieren«. Daher schließlich die ständige Gereiztheit der
Parteiler angesichts meines Vorgehens im Namen einer
unabhängigen Nation. [...]

Seit jeher, und heute mehr denn je, habe ich gespürt,
was doch die Nationen, die es bevölkern, gemeinsam
haben. Alle sind sie von derselben weißen Rasse, derselben christlichen Herkunft, derselben Lebensart; seit eh
und je einander verbunden durch ungezählte Bande des
Denkens, der Kunst, der Wissenschaft, der Politik, des
Handels; und so entspricht es ihrer Natur, daß sie ein
Ganzes werden, das in dieser Welt seinen Charakter und
seine Gestalt findet. Dank dieser Bestimmung Europas
regierten es die römischen Kaiser, versuchten Karl der
Große, Karl V. und Napoleon es zu sammeln, erhob Hitler den Anspruch, ihm seine erdrückende Herrschaft aufzuzwingen. Wie aber könnte man die Augen vor der
Erkenntnis verschließen, daß es keinem von diesen Eini-
gern gelang, die unterworfenen Länder zur Selbstaufgabe
zu bewegen? Im Gegenteil, stets erzeugte die willkürliche
Zentralisierung den Gegendruck virulenter Nationalitäten.
Darum glaube ich, daß heute wie in allen verflossenen
Epochen die Einigung Europas nicht im Verschmelzen der

Völker liegen, sondern nur das Ergebnis ihrer systematischen Annäherung sein kann, sein muß. Alles drängt sie dazu in unserer Zeit des Massenaustausches, der gemeinsamen Unternehmungen, der Wissenschaft und Technik, die keine Grenzen mehr kennen, in dieser Welt der schnellen Verbindungen und des vervielfachten Reisens. Meine Politik gilt daher der Einrichtung des Konzerts der europäischen Staaten, um so deren Solidarität wachsen zu lassen, indem sie untereinander die mannigfaltigsten Bande knüpfen und festigen. Nichts verwehrt uns den Gedanken, daß von da aus – vor allem wenn sich die Staaten eines Tages ein und derselben Bedrohung gegenübersehen – die Entwicklung zu ihrer Konföderation führen kann.

Praktisch bedeutet diese Überlegung: die Wirtschaftsgemeinschaft der Sechs in die Tat umzusetzen, deren regelmäßige Abstimmung im politischen Bereich herbeizuführen und dafür zu sorgen, daß gewisse andere, vor allem Großbritannien, das Abendland nicht in ein atlantisches System hineinziehen, das unvereinbar wäre mit jeder Möglichkeit eines europäischen Europa, sondern daß sich diese Zentrifugalen entschließen, durch eine Änderung ihrer Gesinnung, Gewohnheiten und Abnehmer mit dem Kontinent zusammenzugehen; und schließlich wollen wir das Beispiel der Entspannung und dann der Verständigung und Zusammenarbeit mit den Ländern des Ostens geben, aus der einfachen Überlegung, über alle Vorurteile der Regime und der Propaganda hinweg sei Frieden und Fortschritt das gemeinsame Bedürfnis und Sehnen der Menschen in jeder der beiden Hälften Europas, das ein Unglück zerriß.

D: Charles de Gaulle: Memoiren der Hoffnung. Die Wiedergeburt 1958–1962. Aus dem Franz. übertr. von Hermann Kusterer. Wien [u. a.]: Molden, 1971. S. 205–208. – Mit Genehmigung von Hermann Kusterer, Wachtberg.

24

*Auszug aus der Rede des britischen Premierministers
Harold Macmillan vom 2. August 1961 vor dem Unterhaus*

Wir alle müssen einsehen, daß das Problem unserer künftigen Beziehungen zu Europa zu den wichtigsten und
bedeutendsten gehört, denen sich die Nation je gegen-
übergestellt sah. Der Augenblick der Entscheidung ist
jedoch noch nicht gekommen. Das Parlament soll lediglich dem Vorschlag der Regierung zustimmen, daß Verhandlungen mit dem Gemeinsamen Markt im Rahmen der
Bedingungen des Regierungsantrags aufgenommen werden können. Sobald diese Verhandlungen beendet sind –
sei es im positiven oder negativen Sinne – wird das Hohe
Haus darüber abzustimmen haben.

Die grundlegenden Probleme – Europäische Einheit,
die Zukunft des Commonwealth, die Stärke der freien
Welt – sind von höchster Bedeutung, und weil wir davon
überzeugt sind, daß dem Vereinigten Königreich eine
wesentliche Rolle bei ihrer Lösung zukommt – denn diese
Probleme sind untrennbar miteinander verbunden – haben
wir das Hohe Haus um seine Zustimmung zu unserem
Vorgehen gebeten. Als praktische Auswirkung des Stre-
bens nach der Einheit Kontinental-Europas entstand die
Europäische Wirtschaftsgemeinschaft. Ich bitte das Wort
»Wirtschaft« zu beachten. Der Vertrag von Rom handelt
nicht von Verteidigung oder Außenpolitik; er bezieht sich
auf den Handel und auf einige der sozialen Aspekte
menschlichen Zusammenlebens, die mit Handel und Produktion zusammenhängen. [...]

Wir begegnen auch dem Argument, das sehr ernst zu
nehmen ist, daß durch eine engere Bindung an die EWG
die Stärke des Commonwealth gefährdet werden könnte.
Wäre ich der Meinung, so hätte ich diesen Vorschlag dem
Hause nicht unterbreitet.

Die Frage, die ich mir immer wieder vorlege, lautet: Wie können wir dem Commonwealth am besten dienen? Tun wir das, indem wir uns von der Entwicklung zur europäischen Einheit fernhalten? Dienen wir dem Commonwealth, indem wir unseren Einfluß in dieser neuen Welt behaupten oder dadurch, daß wir ihn immer mehr zurückgehen lassen, denn dies wäre zweifellos die Folgeerscheinung einer Einbuße politischer und wirtschaftlicher Macht.

In der Isolierung würde Großbritannien für seine Commonwealth-Partner von geringem Wert sein, und ich meine, das Commonwealth erkennt das. Es wäre deshalb nach meiner Auffassung falsch, unsere Interessen in Europa und im Commonwealth als miteinander unvereinbar zu betrachten. Letztlich müssen sie sich ergänzen. Wenn die Erhaltung der politischen Einheit des Commonwealth lebenswichtig für uns ist, dann ist es ebenso lebenswichtig, nichts zu unternehmen, was geeignet wäre seine wirtschaftliche Einheit zu zerstören. [...]

Ich befasse mich nun mit den im Regierungsantrag erwähnten Sonderinteressen unseres Landes. Wir denken dabei besonders an unsere Landwirtschaft. Wir haben keinen Zweifel darüber gelassen, daß die Entscheidung für unseren Beitritt zur EWG davon abhängt, ob eine befriedigende Vereinbarung, die eine gesunde Fortentwicklung unserer Landwirtschaft gewährleisten würde, getroffen werden kann. Unsere Maßnahmen zur Stützung der Landwirtschaft weichen stark von den auf dem Kontinent angewandten Methoden ab. Wir wissen, daß gewisse Änderungen im Laufe der Zeit notwendig sein werden, um die verschiedenen Systeme miteinander in Einklang zu bringen. Das mag letztlich bedeuten, daß wir von einem System der Unterstützung der Bauern aus der Staatskasse übergehen zu Maßnahmen, die dem Produzenten ein marktgerechtes und faires Entgelt für seine Erzeugnisse sichert. Das würde eine viel stärkere Anpassung unserer

Methoden erfordern, als wir das in den letzten Jahren
gewohnt waren. [...]

Ich komme nun zu den Interessen der britischen Industrie. Die Entwicklung der EWG, die Chancen des großen
Marktes, der damit für die europäischen Industriellen ver-
bundene Ansporn durch eine wirksame Konkurrenz,
bedeutet für die britische Wirtschaft eine starke Herausforderung. Ob wir in den Gemeinsamen Markt eintreten
oder nicht, wir werden dieser Konkurrenz einer konkur-
renzfähigen Industrie ins Auge sehen müssen. Diese Konkurrenz wird ein Prüfstein sein für die Intelligenz, die
Produktions-Kapazitäten, die technischen Fähigkeiten
und die Kostengestaltung unseres Landes. Die Kosten
werden entscheiden. Schutzzolltarife wurden vor dem
Kriege aufgestellt und gewähren uns für den heimischen
Markt einigen – manche meinen sogar zuviel – Schutz.
Wie immer man darüber denken mag, ein Inselvolk wie
wir braucht den Export notwendiger als andere Länder.
Wir können den hohen Lebensstandard, den wir für unser
Volk wünschen, nicht in einem isolierten protektionistischen System aufrechterhalten. Eine noch wichtigere
Frage ist die, was wir zu gewinnen bzw. zu verlieren hätten, wenn wir nicht nur in neue Märkte eindringen, sondern diese auch ausbauen könnten. Welche Möglichkeiten
bieten sich für die Produktion? Die automatisierte Produktion z. B. kann nur in Groß-Serien wirtschaftlich sein.

Ich denke, daß die Industriellen in Großbritannien in
ihrer Mehrzahl den Vorteil eines Marktes erkennen, der in
seiner Größe den Märkten der USA und der Sowjetunion
vergleichbar ist. [...]

Eine Reihe von Jahren ist vergangen, seit die Entwicklung, deren Höhepunkt der Vertrag von Rom darstellt,
begann, und ich muß sagen, daß ich keinerlei Anzeichen
dafür erkennen kann, daß die Mitglieder der Gemeinschaft ihre nationale Identität verlieren, weil sie einen Teil
ihrer Souveränität abgetreten haben. Dieses Problem der

Souveränität, dem wir die größte Bedeutung beimessen, ist letztlich eine Frage des »wieviel«. Ich gebe durchaus zu, daß es in Europa Kräfte gibt, die ein echt föderalistisches System wünschen. Viele meiner Kollegen auf beiden Seiten des Hauses haben dies in Straßburg und bei anderen Gelegenheiten festgestellt. Einige Leute möchten aus der Gemeinschaft ein Staatengebilde ähnlich den Vereinigten Staaten machen. Ich glaube jedoch, daß eine solche Analogie falsch ist. Die Vereinigten Staaten von Amerika entstanden ursprünglich aus einer Reihe von Kolonien, deren Geschichte nur einige Generationen alt war, sie sprachen die gleiche Sprache. Europa ist zu alt, zu unterschiedlich in den Traditionen und blickt auf eine zu lange geschichtliche Entwicklung zurück, als daß es seine Einheit auf solche Weise finden könnte.

Obgleich eine föderalistische Bewegung in Europa existiert, wird sie nicht von den führenden Köpfen unterstützt; ganz sicher nicht von den Regierungen der maßgebenden Mächte Europas und schon gar nicht von der französischen Regierung. Das Alternativ-Konzept, das einzig praktikable Konzept, wäre eine Konföderation, ein Commonwealth, wenn Sie so wollen, das General de Gaulle das Europa der Vaterländer nennt. Das wäre eine Staatengruppe, die die großen Traditionen der einzelnen Nationen beibehält, während sie gleichzeitig wirtschaftlich in klar festgelegten Bereichen zum allseitigen Nutzen zusammenarbeitet. Dies dürfte ein Konzept sein, das viel mehr mit den nationalen Traditionen der europäischen Länder, und auch mit unseren eigenen, in Einklang zu bringen ist. [...]

Ich glaube, daß die meisten von uns erkennen, daß wir uns auf eine neue Entwicklung vorbereiten und unsere Methoden der Zeit anpassen müssen, wenn wir nicht wollen, daß die Zeit über uns hinweggeht. Im Laufe unserer Geschichte sind diese Eigenschaften die Hauptquellen unserer Kraft gewesen. Ich bitte daher das Haus, die

Minister zu ermächtigen, daß sie zwar nicht einen Vertrag unterzeichnen, aber doch die Grundlagen für einen ehrenhaften Vertrag prüfen, der dem Hohen Hause zur Entscheidung vorgelegt werden könnte.

D: Forschungsinstitut der Deutschen Gesellschaft für Auswärtige Politik (Hrsg.): Europa. Dokumente zur Frage der europäischen Einigung. Hrsg. im Auftrag des Auswärtigen Amtes. Bd. 3. München: Oldenbourg, 1962. S. 1782–1788. – © Oldenbourg, Wissenschaftsverlag GmbH, München.

25
Auszug aus dem Beschluss des Ministerrats vom 28./29. Januar 1966 (Luxemburger Kompromiss)

In der Frage der Mehrheitsentscheidungen des Rates, die Frankreich in allen Fragen, die es als lebenswichtig erachtet, nicht akzeptieren will, wurde folgender Kompromiß geschlossen: »I. Wenn im Falle von Beschlüssen, die auf Vorschlag der Kommission mit Mehrheit gefaßt werden können, sehr bedeutsame Interessen eines oder mehrerer Partner auf dem Spiele stehen, werden sich die Mitglieder des Rates innerhalb einer vernünftigen Frist bemühen, zu Lösungen zu gelangen, die von allen Mitgliedern des Rates in Achtung ihrer gegenseitigen Interessen und der Interessen der Gemeinschaft gemäß Artikel 2 des Vertrages angenommen werden können. II. Was den vorausgehenden Paragraphen betrifft, so ist die französische Delegation der Auffassung, daß sich die Diskussion, wenn es sich um sehr bedeutsame Interessen handelt, fortsetzen müßte, bis man zu einem einstimmigen Einvernehmen gelangt ist. III. Die 6 Delegationen stellen fest, daß eine Meinungsdifferenz darüber weiterbesteht, was in dem Fall getan werden sollte, wenn die Verständigung nicht vollständig gelingt. IV. Die 6 Delegationen sind jedoch der Auffassung, daß diese Meinungsdifferenz die Wiederaufnahme der Arbeiten der Gemeinschaft gemäß der normalen Prozedur nicht hindert.«

In der Frage der Zusammenarbeit zwischen Rat und Kommission wurde folgender Kompromiß geschlossen: „Eine enge Zusammenarbeit zwischen dem Rat und der Kommission stellt ein wesentliches Element für die Funktion und Entwicklung der Gemeinschaft dar. Um diese Zusammenarbeit noch zu verbessern und auf allen Ebenen zu intensivieren, ist der Rat der Auffassung, daß es angemessen ist, die folgenden praktischen Modalitäten der Zusammenarbeit anzuwenden, die in einem gemeinsamen Einvernehmen auf Basis des Artikels 162 des EWG-Vertrages festzulegen sind, ohne daß sie die respektiven Kompetenzen und Befugnisse der beiden Institutionen beeinträchtigen: 1. Es ist wünschenswert, daß die Kommission, bevor sie sich einen Vorschlag von besonderer Bedeutung zu eigen macht, angemessene Kontakte mit den Regierungen der Mitgliedstaaten durch Vermittlung der Ständigen Vertreter pflegt, ohne daß dieses Verfahren das Initiativrecht beeinträchtigt, das die Kommission auf Grund des Vertrages besitzt. 2. Die Vorschläge und alle andern offiziellen Akten [!], welche die Kommission dem Rat und den Mitgliedstaaten übermittelt, dürfen erst veröffentlicht werden, nachdem diese damit formell befaßt worden sind und sich die Texte in ihrem Besitz befinden. [...] 3. Die Beglaubigungsschreiben der Missionschefs dritter Staaten, die bei der Gemeinschaft akkreditiert sind, werden dem Präsidenten des Rates und dem Präsidenten der Kommission, die sich bei solcher Gelegenheit zusammenfinden, überreicht werden. [...]

D: Archiv der Gegenwart 36 (29. Januar 1966). S. 12306.

26

Auszug aus der Rede des Präsidenten der EWG-Kommission Walter Hallstein vor dem Europäischen Parlament am 21. Juni 1967

[...] es ist das letzte Mal, daß ich die Einführung in einem Gesamtbericht wahrnehme, und zugleich das letzte Mal, daß eine Kommission der Europäischen Wirtschaftsgemeinschaft sich dieser Pflicht unterzieht. Möge es mir deshalb erlaubt sein, den Blick nicht nur auf das hinter uns liegende Jahr zu richten, sondern auf die neuneinhalb Jahre, während deren die Kommission der Europäischen Wirtschaftsgemeinschaft bestanden hat.　[...]

Was hat sie getan?

Die Kommission hat die Zollunion gemäß den Vertragsregeln auf den Weg gebracht. Sie hat durch zwei Vorschläge eine Beschleunigung um eineinhalb Jahre bewirkt. Sie hat den Gemeinsamen Außentarif aufgestellt und ihn durch Verhandlungen mit den GATT-Partnern international legalisiert.

Sie hat die Gemeinsame Agrarpolitik konzipiert. Sie hat dem Ministerrat geholfen, die notwendigen Beschlüsse zu fassen. Sie hat ihre eigenen agrarpolitischen Entscheidungsbefugnisse ausgeübt.

Sie hat den Mitgliedstaaten vorgeschlagen, eine mittelfristige Programmierung der Wirtschaftspolitik vorzunehmen, und sie hat, nach einem Grundsatzbeschluß des Rates, das erste Programm aufgestellt.

Sie hat eine faktische Zusammenarbeit der Mitgliedstaaten in der Konjunktur- und Wirtschaftspolitik und in den Währungsfragen organisiert.

Sie hat die Programme für die Verwirklichung der Niederlassungsfreiheit und des freien Dienstleistungsverkehrs entwickelt. Sie hat eine große Anzahl von Vorschlägen für die möglichst vollständige Verwirklichung dieser Programme vorgelegt.

Sie hat gemäß dem Vertrag die Freizügigkeit der Arbeitskräfte vorgeschlagen; ihr letzter Vorschlag wird, wenn er angenommen ist, dies wichtige Grundrecht der europäischen Arbeitnehmer vollständig verwirklichen.

Sie hat sich auch darüber hinaus, dem Vertrag gemäß bemüht, die europäische Sozialpolitik zu fördern; sie ist bisher durch die Ergebnisse jedoch nicht befriedigt.

Sie hat die Grundlagen für die Harmonisierung der Steuersysteme zwischen den Mitgliedstaaten gelegt und hat dem Rat bei einer ersten großen Verwirklichung, der Einführung einer europäischen Mehrwertsteuer, geholfen.

Sie hat die Grundlagen für eine Wettbewerbspolitik der Gemeinschaft gelegt: nach der repressiven Seite hin durch Grundsätze und durch eine Fallpraxis für die Kartell- und Monopolpolitik, nach der konstruktiven Seite hin durch Vorschläge zur Industriepolitik darüber, wie den europäischen Unternehmen die Umstrukturierung auf den künftigen großen Markt hin erleichtert werden kann.

Sie hat in vielen Anläufen versucht, eine gemeinsame Verkehrspolitik zu schaffen; ihre Erwartungen sind allerdings bisher nicht erfüllt worden.

Sie hat formuliert, wie diese Gemeinschaft – entsprechend den Forderungen des Römischen Vertrags – mit eigenen Einnahmequellen ausgestattet werden könnte und welche Konsequenzen dies hat.

Sie hat während der Krise der Jahre 1965 und 1966 das Ihre getan, um die Gemeinschaft der Sechs zu erhalten und Buchstaben und Substanz des Römischen Vertrags zu sichern.

Sie hat zahlreiche Vorschläge gemacht, um die gemeinsame Handelspolitik vollständig zu verwirklichen; es ist ihr bisher aber nur ein Teilerfolg beschieden gewesen.

Sie hat den ersten Fonds zugunsten der assoziierten Gebiete verwaltet. Sie hat den Mitgliedstaaten nach dem Unabhängigwerden der assoziierten Gebiete die Fortsetzung der Assoziation zwischen freien und gleichen Partnern vorgeschlagen. Sie hat, als dieser Vorschlag angenommen war, den zweiten Afrika-Fonds verwaltet und weitere Aufgaben im zweiten Assoziationsabkommen übernommen.

Sie hat aktiv an den Verhandlungen über den Beitritt von Drittstaaten teilgenommen und sich in einem konstruktiven Geist bemüht, die Bestimmungen des Vertrags und der in Durchführung des Vertrags gefaßten Beschlüsse zu wahren.

Sie hat die Assoziationsverträge mit der Türkei; mit Griechenland und mit Nigeria und die ersten Abkommen mit dem Iran und Israel verhandelt.

Sie führt Verhandlungen mit Österreich, den Maghreb-Staaten, Spanien und Israel.

Sie hat fünf Jahre lang die Gemeinschaft in der Kennedy-Runde vertreten; sie darf am Erfolg einen Anteil auch für sich buchen.

Sie hat sich an den Bemühungen um die Gründung einer europäischen Universität aktiv beteiligt.

Das ist – alles in allem – eine Bilanz, die uns mit Genugtuung erfüllt.

D: Europa-Archiv. Folge 16 (1967). D 373–380.

27
Auszug aus dem Bericht an Rat und Kommission über die stufenweise Verwirklichung der Wirtschafts- und Währungsunion in der Gemeinschaft vom 8. Oktober 1970 (Wernerbericht)

VII. Schlußfolgerungen

A. Die Wirtschafts- und Währungsunion kann im Laufe dieses Jahrzehnts erreicht werden, sofern der auf der Haager Konferenz feierlich verkündete politische

Wille der Mitgliedstaaten, dieses Ziel zu verwirklichen, vorhanden ist. Sie soll es ermöglichen, Wachstum und Stabilität in der Gemeinschaft zu sichern, den Beitrag der Gemeinschaft zum wirtschaftlichen und monetären Gleichgewicht der Welt zu verstärken und aus der Gemeinschaft einen Stabilitätsblock zu machen.

B. Die Wirtschafts- und Währungsunion bringt es mit sich, daß die wichtigsten wirtschaftspolitischen Entscheidungen auf Gemeinschaftsebene getroffen werden und infolgedessen die erforderlichen Befugnisse von nationaler Ebene auf die Ebene der Gemeinschaft übertragen werden müssen. Diese Übertragung von Befugnissen und der entsprechende Ausbau der Gemeinschaftsinstitutionen sind Vorgänge von grundlegender politischer Bedeutung, die eine progressive Entwicklung der politischen Zusammenarbeit voraussetzen. Die Wirtschafts- und Währungsunion erscheint somit als ein Ferment für die Entwicklung der politischen Union, ohne die sie auf die Dauer nicht bestehen kann.

C. Eine Währungsunion erfordert im Innern die vollständige und irreversible Konvertibilität der Währungen, die Beseitigung der Bandbreiten der Wechselkurse, die unwiderrufliche Festsetzung der Paritätsverhältnisse und die völlige Liberalisierung des Kapitalverkehrs. Sie kann mit der Beibehaltung nationaler Geldzeichen einhergehen, psychologische und politische Gründe sprechen aber für die Einführung einer einheitlichen Währung, welche die Unwiderruflichkeit des Prozesses demonstrieren würde.

D. Auf institutioneller Ebene erscheinen in der Endphase zwei Gemeinschaftsorgane erforderlich: ein wirtschaftspolitisches Entscheidungsgremium und ein gemeinschaftliches Zentralbanksystem. Diese Institutionen müssen ihre Aufgaben unter Wahrung der

jeweiligen Eigenverantwortlichkeit mit einer effekti-
ven Entscheidungsgewalt ausüben und zur Verwirklichung der gleichen Ziele beitragen. Das wirtschaftspolitische Entscheidungsgremium muß einem europäischen Parlament gegenüber politisch verantwortlich
sein. [...]

G. Die erste Stufe soll am 1. Januar 1971 beginnen und
drei Jahre dauern. Neben dem Aktionsprogramm, das
der Rat mit seinem Beschluß vom 8. und 9. Juni 1970
gebilligt hat, erfordert sie folgende Maßnahmen:

1. Die Konsultationen sollten zu zwingend vorge-
schriebenen vorherigen Konsultationen werden;
dies würde eine verstärkte Aktivität der Gemeinschaftsorgane, insbesondere des Rats und der
Kommission, sowie des Ausschusses der Zentralbankpräsidenten erfordern. Diese Konsultationen
würden sich vor allem auf die mittelfristige Wirtschaftspolitik, die Konjunkturpolitik, die Haushaltspolitik und die Währungspolitik erstrecken.

2. Der Rat sollte mindestens dreimal jährlich zusammentreten, um auf Vorschlag der Kommission die
großen Linien der Wirtschaftspolitik auf Gemeinschaftsebene zu erarbeiten und quantitative Orientierungen für die Eckwerte der öffentlichen Ge-
samthaushalte festzulegen. Einmal jährlich, im
Herbst, sollte die Wirtschaftspolitik in der Gemeinschaft Gegenstand von Empfehlungen sein,
die in einem »Jahresbericht zur Wirtschaftslage der
Gemeinschaft« enthalten sind, der dem Europäischen Parlament und dem Wirtschafts- und Sozialausschuß übermittelt würde und den die Regierungen den nationalen Parlamenten zur Kenntnis bringen würden. [...]

5. Die Haushaltspolitik der Mitgliedstaaten sollte
nach Maßgabe der gemeinschaftlichen Ziele geführt
werden. Zu diesem Zweck muß im Rahmen der

unter Ziffer 2 erwähnten Ratstagungen eine Ge-
meinschaftsuntersuchung durchgeführt werden,
bevor die Regierungen ihre Haushaltspläne endgültig verabschieden. Die nationalen Haushaltsverfah-
ren sollten synchronisiert werden; auf steuerlichem
Gebiet müßte die in diesem Bericht geforderte
Harmonisierung erreicht werden, und die Integration der Kapitalmärkte sollte verstärkt werden.

6. Der Ausschuß der Zentralbankpräsidenten wird
bei der Koordinierung der Geld- und Kreditpolitik
eine zunehmend wichtigere Rolle spielen; er wird
auf diesem Gebiet insbesondere die allgemeinen
Orientierungen für die Gemeinschaft festlegen
müssen. Er sollte befugt sein, an die Zentralbanken
der Mitgliedsländer Stellungnahmen oder Empfehlungen sowie an Rat und Kommission Stellungnahmen zu richten. [...]

H. In der zweiten Stufe sollten auf einer ganzen Reihe
von Gebieten und in zunehmend verbindlicheren Formen die in der ersten Stufe in Angriff genommenen
Aktionen fortgeführt werden: Festlegung gesamtwirt-
schaftlicher Orientierungsdaten, Koordinierung der
Konjunkturpolitik, der Geld- und Kreditpolitik, der
Haushaltspolitik und der Steuerpolitik; Übereinkünf-
te über eine gemeinschaftliche Strukturpolitik, Integration der Geld- und Kapitalmärkte und schrittweise
Beseitigung der Kursschwankungen zwischen Ge-
meinschaftswährungen.

D: Beate Kohler / Gert Schlaeger: Wirtschafts- und Währungsunion für Europa. 2. Aufl. Bonn: Europa-Union Verlag, 1971.
S. 159–164.

28

*Auszug aus dem Weißbuch der britischen Regierung über
den Beitritt zu den Europäischen Gemeinschaften von
1971*

Die Argumente für eine britische Mitgliedschaft in den
Europäischen Gemeinschaften

24. Die Europäischen Gemeinschaften sind gegründet
    worden, weil die Mitgliedsländer untereinander viel
    mehr gemeinsame Interessen als Interessenkonflikte
    haben. Westeuropa ist eines der großen Zentren des
    Weltgeschehens, aber keines seiner Länder ist für sich
    genommen mächtig genug, einen entscheidenden Ein-
    fluß auszuüben. Sie haben ein gemeinsames Interesse
    an der Sicherheit eines jeden von ihnen; sie sind ent-
    schlossen, nie wieder gegeneinander Krieg zu führen,
    und sie wissen, daß eine gegen eines von ihnen gerich-
    tete Bedrohung eine Bedrohung für sie alle bedeutet.
    Sie verfolgen ähnliche wirtschaftliche und soziale In-
    teressen, und sie haben etwa den gleichen Lebensstan-
    dard. Ihre Industrien können nicht mit voller Wirt-
    schaftlichkeit arbeiten, wenn sie nach unterschiedli-
    chen Richtlinien und Normen arbeiten. Keines der
    Mitgliedsländer kann es für sich allein leisten, sich
    mehr als einen begrenzten Teilbereich aus dem Ge-
    samtkomplex des modernen technologischen und in-
    dustriellen Fortschritts anzueignen, von dem Sicher-
    heit und Wohlstand in so starkem Maße abhängen. In
    all diesen Punkten befinden wir uns in ähnlicher Lage
    wie unsere Nachbarn.
25. Die sechs Länder haben diese Tatsachen erkannt. Sie
    haben bereits in den Jahren, in denen sie ihre Gemein-
    schaften aufbauten, gezeigt, daß sie durch die Harmo-
    nisierung ihrer Wirtschaftspolitik und durch die ge-
    meinschaftliche Entwicklung ihrer wirtschaftlichen

Ressourcen in der Lage waren, ihren Wohlstand zu verbessern, ihre Sicherheit auf eine festere Grundlage zu stellen und einen größeren Einfluß in Weltwirtschaftsfragen geltend zu machen. Der Kontrast zwischen den Erfahrungen, die sie in den letzten Jahren als Mitglieder der Gemeinschaft machten, und denen, die wir als Außenstehende gemacht haben und die darauf hinausliefen, daß das Wachstum unserer Mittel nicht ausreichte, um uns die Durchführung all unserer Vorhaben im In- und Ausland zu ermöglichen, läßt darauf schließen, daß sie den richtigen Weg gewählt haben. Die Sechs sind auf jeden Fall davon überzeugt, und sie beabsichtigen jetzt, gemeinschaftliche Politiken und gemeinschaftliche Verfahren nicht nur für wirtschaftliche Angelegenheiten, sondern auch für die Fragen der Außenpolitik zu entwickeln. Sie erkennen an, daß wir ähnliche Interessen haben, und sie wünschen unseren Beitritt.

Die politischen Argumente

26. Unsere geographischen, militärischen, politischen, wirtschaftlichen und sozialen Gegebenheiten sind denen der Sechs so ähnlich, und unsere Ziele stimmen soweit überein, daß es in unserem ureigensten Interesse liegt, mit ihnen zusammen an der Schaffung einer umfassenderen europäischen Gemeinschaft freier Nationen mitzuwirken, deren gemeinsame Stärke und Einfluß in der Welt so viel größer sein können als die ihrer einzelnen Mitglieder. Wenn wir außerhalb der Gemeinschaften bleiben, müßten wir auf einer engeren Basis unsere nationalen Interessen wahrnehmen und unsere nationalen Ressourcen entwickeln. Ohne Zweifel wären wir dazu in der Lage. Doch diese Aufgabe würde uns zunehmend schwerere Lasten aufbürden und würde in dem Maße immer schwieriger werden, wie die politische und wirtschaftliche Einheit

Europas ohne uns in einer Nachbargemeinschaft vor-
anschritte, die um ein Vielfaches größer ist als
wir. [...]
29. Wir werden die uneingeschränkte Möglichkeit haben,
in den Räten der Gemeinschaft unsere Ansichten zu
Gehör zu bringen und unseren Einfluß geltend zu
machen. Die Gemeinschaft ist keine Föderation von
Provinzen oder Grafschaften. Sie ist eine Gemeinschaft großer, etablierter Staaten, deren jeder seine eigene Persönlichkeit und seine eigenen Traditionen besitzt. In der Praxis der Gemeinschaften spiegelt sich
daher die Realität wider, daß um den Beratungstisch
die Vertreter souveräner Regierungen versammelt
sind. Für den Fall, daß eine Regierung der Ansicht ist,
daß bei einer Frage vitale nationale Interessen berührt
werden, ist es die eingeführte Praxis, daß die Entscheidung einstimmig getroffen werden sollte. Wie jeder
andere Vertrag, verpflichtet der Vertrag von Rom seine Unterzeichner, sich für vereinbarte Ziele einzusetzen, aber diese Verpflichtung stellt die freiwillige Zusage eines souveränen Staates dar, eine politische
Linie, die er selbst mit festgelegt hat, einzuhalten. Es
kann keine Rede von einer Erosion wesentlicher nationaler Souveränitätsrechte sein; beabsichtigt ist vielmehr, daß man sich im allgemeinen Interesse die Ausübung einzelstaatlicher Souveränität teilt und diese
ausweitet. [...]
59. Die Kosten des Beitritts zur Gemeinschaft – wie sie
im Weißbuch dargelegt sind – sind der Preis, den wir
für die wirtschaftlichen und politischen Vorteile zu
zahlen haben würden. Diese Vorteile werden die Kosten mehr als wettmachen, vorausgesetzt, wir nützen
die sich uns eröffnenden Möglichkeiten eines viel umfassenderen Binnenmarktes. Wenn wir das tun, werden wir ebenso wie die Sechs seit der Gründung der
Gemeinschaft eine erhebliche Zunahme des Handels,

einen Anreiz für Wachstum und Investitionen und einen größeren Zuwachs der Reallöhne und des Lebensstandards erzielen, als in den letzten Jahren oder als möglich wäre, wenn wir den Gemeinschaften fernblieben. [...]

D: Europa-Archiv. Folge 15 (1971). D 357–364.

29

Auszug aus der Entschließung des Europäischen Rates auf seiner Tagung in Brüssel über die Errichtung des Europäischen Währungssystems (EWS) und damit zusammenhängende Fragen am 5. Dezember 1978

1.2 Nach sorgfältiger Prüfung der Vorarbeiten des Rates und anderer Gemeinschaftsgremien sind wir heute wie folgt übereingekommen:

Am 1. Januar 1979 wird ein Europäisches Währungssystem (EWS) errichtet: [...]
Wir sind nach wie vor fest entschlossen, die hiermit eingeführten Bestimmungen und Verfahren spätestens zwei Jahre nach der Einführung dieses Systems in ein endgültiges System einzubringen. Das endgültige System bringt, wie in den Schlußfolgerungen der Tagung des Europäischen Rates vom 6./7. Juli 1978 in Bremen in Aussicht gestellt wurde, die Schaffung des Europäischen Währungsfonds sowie die uneingeschränkte Verwendung der ECU als Reserveaktivum und als Instrument für den Saldenausgleich mit sich. Es wird sowohl auf gemeinschaftlicher als auch auf einzelstaatlicher Ebene auf geeignete Rechtsvorschriften gegründet.

2. Die ECU und ihre Funktionen.

2.1 Zentraler Punkt des EWS ist eine Europäische Währungseinheit (ECU). Wert und Zusammensetzung der ECU sind zu Beginn des Systems identisch mit Wert und Zusammensetzung der ERE.

2.2 Die ECU wird verwendet:

a) als Bezugsgröße (*numéraire*) für den Wechselkursmechanismus,
b) als Grundlage für einen Abweichungsindikator,
c) als Rechengröße (*denominator*) für Operationen sowohl im Interventions- als auch im Kreditmechanismus,
d) als Instrument für den Saldenausgleich zwischen den Währungsbehörden der Europäischen Gemeinschaft. [...]

3. Wechselkurs- und Interventionsmechanismus

3.1 Jede Währung hat einen ECU-bezogenen Leitkurs. Diese Leitkurse dienen zur Festlegung eines Gitters bilateraler Wechselkurse.
Um diese Wechselkurse werden Bandbreiten von ± 2,25 Prozent festgelegt. EG-Länder mit gegenwärtig floatenden Währungen können zu Beginn des EWS größere Bandbreiten, und zwar bis zu ± 6 Prozent wählen, diese sollen stufenweise verringert werden, sobald es die wirtschaftlichen Gegebenheiten erlauben.
Ein Mitgliedstaat, der nicht von Anfang an dem Wechselkursmechanismus teilnimmt, kann sich zu einem späteren Zeitpunkt daran beteiligen.

D: Europa-Archiv. Folge 5 (1979). D 124–128.

30

Auszug aus dem Arbeitsprogramm der Kommission der Europäischen Gemeinschaften für 1985, dem Europäischen Parlament durch den Präsidenten der EG-Kommission, Jacques Delors, vorgelegt am 12. März 1985

I. Auf den wirtschaftlichen Aufschwung Europas hinarbeiten

Die Durchschnittlichkeit der europäischen Leistungen in bezug auf Wachstum und Beschäftigung in den vergangenen 15 Jahren läßt Zweifel daran entstehen, daß Europa in der Lage ist, seine Stellung unter den großen Industrieländern zu behaupten und den Anforderungen seiner Bürger gerecht zu werden. Diese geschwächte Dynamik der europäischen Wirtschaft bedeutet keineswegs, daß Europa an menschlichen Ressourcen, Kapital oder Kreativität global unterlegen wäre. Die Kommission ist überzeugt davon, daß ein Aufschwung möglich ist, sofern die Unternehmen in die Lage versetzt werden, die potentielle Dimension des großräumigen Marktes voll zu nutzen und sofern die Mitgliedstaaten ihre Wirtschaftspolitik in ihrem gemeinsamen Kampf für Wachstum und Beschäftigung kohärenter und dynamischer gestalten.

1. Die potentielle Dimension des großräumigen Marktes nutzen

Es gilt inzwischen als feststehende Tatsache, daß die Abschottung des Gemeinsamen Marktes eine der Hauptursachen der geschwächten Dynamik der europäischen Wirtschaft ist, weil sie zu unproduktiven Belastungen führt, die die internationale Wettbewerbsfähigkeit der europäischen Industrie verteuern (»Kosten des Nicht-Europas«) und weil sie die europäischen Unternehmen daran hindern, die Dimension des großräumigen Binnenmarktes von 320 Millionen Einwohnern, der nach der Erweiterung um Spanien und Portugal ein echter gemeinsamer Markt wäre, voll zu nutzen.

Die Vollendung dieses großen einheitlichen Marktes setzt voraus, daß die Mitgliedstaaten der Gemeinschaft alle Arten von Schranken abschaffen, ihre Regeln harmonisieren, ihre Rechtsvorschriften und ihre Steuerstrukturen angleichen, ihre Zusammenarbeit im Bereich der Währung ausbauen sowie die erforderlichen flankierenden Maßnahmen ergreifen, um zu erreichen, daß die europäischen Unternehmen zusammenarbeiten.

Dieses Ziel liegt in unserer Reichweite, wenn wir nur aus der Vergangenheit [...] insbesondere den Mißerfolgen und Verzögerungen, eine Lehre ziehen. Die Kommission wird den Europäischen Rat daher bitten, sich die vollständige Verwirklichung des Binnenmarktes spätestens für das Jahr 1992 zum Ziel zu machen und zu diesem Zweck ein mit einem realistischen und verbindlichen Zeitplan ausgestattetes Programm zu verabschieden.

An die Bemühungen der Verfasser des Vertrags von Rom um die Verwirklichung der Zollunion anknüpfend kann die Gemeinschaft dem Wachstum der europäischen Volkswirtschaften einen Impuls verleihen, der sich mit dem Impuls vergleichen läßt, der von der ersten Phase der Verwirklichung des gemeinsamen Marktes in den sechziger Jahren ausging.

1.1. Ein Wirtschaftsraum ohne Schranken

Hier konnten dank der Impulse, die vom Europäischen Rat in Kopenhagen 1982 ausgegangen sind, erhebliche Fortschritte erzielt werden, aber das von der Kommission vorgeschlagene Ziel ist noch lange nicht erreicht.

Die Grenzformalitäten, die Tatsache an sich, daß innerhalb der Gemeinschaft noch Zollschranken bestehen, sind in den Augen der Öffentlichkeit das schockierendste Zeichen für die Unvollständigkeit des Gemeinsamen Marktes. Die Kommission wird die Durchführung der Maßnahmen zur Vereinfachung der Formalitäten, die bereits beschlossen sind (einheitliches Zolldokument) oder noch geprüft werden (Reiseverkehr), aufmerksam verfolgen; sie wird noch weitere Maßnahmen vorschlagen (»Banalisierung« der Grenzübergänge), doch die vollständige Abschaffung dieser Binnengrenzen muß weiterhin angestrebt werden. Sie erfordert vor allem die Abschaffung der Steuerkontrollen an den Grenzen. Es muß erreicht werden, daß sich diese Kontrollen nach und nach erübrigen, und zwar durch Harmonisierung der Mehrwertsteuer-Grundlagen, der Struktur der Sonderverbrauchssteuern sowie der entsprechenden Steuersätze. Das Ziel ist ehrgeizig, auch wenn es erst bis 1992 erreicht werden soll, und erfordert große politische Anstrengungen der Regierungen. [...]

D: Europa-Archiv. Folge 7 (1985). D 187–204.

31

Auszug aus der Einheitlichen Europäischen Akte, unterzeichnet von den Außenministern der EG-Mitgliedsstaaten in Luxemburg am 17./28. Februar 1986

[...]

Titel 1
Gemeinsame Bestimmungen
Artikel 1

Die Europäischen Gemeinschaften und die Europäische Politische Zusammenarbeit verfolgen das Ziel, gemeinsam zu konkreten Fortschritten auf dem Wege zur Europäischen Union beizutragen.
   Die Europäischen Gemeinschaften beruhen auf den Verträgen zur Gründung der Europäischen Gemeinschaft für

Kohle und Stahl, der Europäischen Wirtschaftsgemeinschaft und der Europäischen Atomgemeinschaft sowie auf
den nachfolgenden Verträgen und Akten zur Änderung
oder Ergänzung dieser Verträge.

Die Europäische Politische Zusammenarbeit wird durch
Titel III geregelt. Die Bestimmungen dieses Titels bestätigen und ergänzen die in den Berichten von Luxemburg
(1970), Kopenhagen (1973) und London (1981) sowie in
der Feierlichen Deklaration zur Europäischen Union
(1983) vereinbarten Verfahren und die Praktiken, die sich
nach und nach zwischen den Mitgliedstaaten herausgebildet haben.

Artikel 2

Im Europäischen Rat kommen die Staats- und Regierungschefs der Mitgliedstaaten sowie der Präsident der
Kommission der Europäischen Gemeinschaften zusammen. Sie werden von den Ministern für auswärtige Angelegenheiten und einem Mitglied der Kommission unterstützt. Der Europäische Rat tritt mindestens zweimal
jährlich zusammen. [...]

Artikel 13

Der EWG-Vertrag wird durch folgende Bestimmungen
ergänzt:

»Artikel 8a

Die Gemeinschaft trifft die erforderlichen Maßnahmen,
um bis zum 31. Dezember 1992 gemäß dem vorliegenden
Artikel [...] den Binnenmarkt schrittweise zu verwirklichen.

Der Binnenmarkt umfaßt einen Raum ohne Binnengrenzen, in dem der freie Verkehr von Waren, Personen,

Dienstleistungen und Kapital gemäß den Bestimmungen dieses Vertrages gewährleistet ist.« [...]

Artikel 17

Artikel 99 des EWG-Vertrages erhält folgende Fassung:

»Artikel 99
Der Rat erläßt auf Vorschlag der Kommission und nach Anhörung des Europäischen Parlaments einstimmig die Bestimmungen zur Harmonisierung der Rechtsvorschriften über die Umsatzsteuern, die Verbrauchsabgaben und sonstige indirekte Steuern, soweit diese Harmonisierung für die Errichtung und das Funktionieren des Binnenmarktes innerhalb der in Artikel 8a vorgesehenen Frist notwendig ist.«

Artikel 18

Der EWG-Vertrag wird durch folgende Bestimmung ergänzt:

»Artikel 100a
1. Soweit in diesem Vertrag nichts anderes bestimmt ist, gilt in Abweichung von Artikel 100 für die Verwirklichung der Ziele des Artikels 8a die nachstehende Regelung. Der Rat erläßt auf Vorschlag der Kommission, in Zusammenarbeit mit dem Europäischen Parlament und nach Anhörung des Wirtschaft- und Sozialausschusses mit qualifizierter Mehrheit die Maßnahmen zur Angleichung der Rechts- und Verwaltungsvorschriften der Mitgliedstaaten, die die Schaffung und das Funktionieren des Binnenmarktes zum Gegenstand haben. [...]

Artikel 20

1. Im Dritten Teil Titel II des EWG-Vertrages wird das folgende neue Kapitel 1 eingefügt:

»Kapitel 1

Die Zusammenarbeit in der Wirtschafts- und Währungspolitik (Wirtschafts- und Währungsunion)

Artikel 102a

1. Um die für die Weiterentwicklung der Gemeinschaft erforderliche Konvergenz der Wirtschafts- und Währungspolitiken zu sichern, arbeiten die Mitgliedstaaten gemäß den Zielen des Artikels 104 zusammen. Sie berücksichtigen dabei die Erfahrungen, die bei der Zusammenarbeit im Rahmen des Europäischen Währungssystems (EWS) und bei der Entwicklung der ECU gesammelt worden sind, und respektieren die bestehenden Zuständigkeiten.

2. Sofern die weitere Entwicklung im Bereich der Wirtschafts- und Währungspolitik institutionelle Veränderungen erforderlich macht, findet Artikel 236 Anwendung. Bei institutionellen Veränderungen im Bereich der Währungspolitik werden auch der Währungsausschuß und der Ausschuß der Präsidenten der Zentralbanken gehört.« [...]

Titel III
Vertragsbestimmungen über die Europäische Zusammenarbeit in der Außenpolitik

Artikel 30

Für die Europäische Zusammenarbeit in der Außenpolitik gelten folgende Bestimmungen:

1.) Die Hohen Vertragsparteien, die Mitglieder der Europäischen Gemeinschaften sind, bemühen sich, gemeinsam eine europäische Außenpolitik auszuarbeiten und zu verwirklichen.

2.a) Die Hohen Vertragsparteien verpflichten sich, einander in allen außenpolitischen Fragen von allgemeinem Interesse zu unterrichten und zu konsultieren, damit sichergestellt ist, daß sie durch Abstimmung, Angleichung ihrer Standpunkte und Durchführung gemeinsamer Maßnahmen ihren gemeinsamen Einfluß so wirkungsvoll wie möglich ausüben.

 b) Die Konsultationen finden statt, ehe die Hohen Vertragsparteien ihre endgültige Haltung festlegen.

 c) Jede Hohe Vertragspartei trägt bei ihren Stellungnahmen und einzelstaatlichen Maßnahmen den Standpunkten der übrigen Partner in vollem Umfang Rechnung und berücksichtigt in gebührendem Maße die Wichtigkeit der Festlegung und Verwirklichung gemeinsamer europäischer Standpunkte.
 Um ihre Fähigkeit zum gemeinsamen Handeln im Bereich der Außenpolitik zu erweitern, stellen die Hohen Vertragsparteien die schrittweise Entwicklung und die Festlegung gemeinsamer Grundsätze und Ziele sicher.
 Die Festlegung gemeinsamer Standpunkte bildet einen Bezugspunkt für die Politiken der Hohen Vertragsparteien.

 d) Die Hohen Vertragsparteien bemühen sich, Maßnah-

men oder Stellungnahmen zu vermeiden, die ihrer
Wirksamkeit als kohärente Kraft in den internationalen Beziehungen oder in internationalen Organisationen schaden würden.   [...]

7.a) In den internationalen Institutionen und auf internationalen Konferenzen, bei denen die Hohen Vertragsparteien vertreten sind, arbeiten diese auf die Annahme gemeinsamer Standpunkte zu Themen, die von
diesem Titel erfaßt werden, hin.

b) In den internationalen Institutionen und auf internationalen Konferenzen, bei denen nicht alle Hohen
Vertragsparteien vertreten sind, berücksichtigen diejenigen, die dort vertreten sind, in vollem Umfang die
im Rahmen der Europäischen Politischen Zusammenarbeit vereinbarten Standpunkte.   [...]

D: Europa-Archiv. Folge 6 (1986). D 163–182.

32
Auszug aus dem Bericht zur Wirtschafts- und Währungs-
union in der EG, vorgelegt vom Ausschuss zur Prüfung
der Wirtschafts- und Währungsunion am 17. April 1989
(Delorsbericht)

15. Auf seinem Treffen am 27./28. Juni 1988 bestätigte der
Europäische Rat das Ziel der Wirtschafts- und Währungsunion für die Gemeinschaft. Entsprechend seinem Auftrag hat der Ausschuß sein Hauptaugenmerk
auf die Aufgabe gerichtet, konkrete Stufen zur schrittweisen Verwirklichung einer Wirtschafts- und Währungsunion zu untersuchen und vorzuschlagen. Dabei
hat der Ausschuß untersucht, unter welchen Bedingungen eine solche Union tragfähig und erfolgreich
sein könnte. Nach Ansicht des Ausschusses können
konkrete Vorschläge zur Erreichung dieses Ziels nur

dann unterbreitet werden, wenn man sich über die Folgen und Erfordernisse der Wirtschafts- und Währungsunion im klaren ist, und wenn die bisherigen Erfahrungen und Entwicklungen im Bereich der Wirtschafts- und Währungsintegration innerhalb der Gemeinschaft angemessen berücksichtigt werden. [...]

16. Eine Wirtschafts- und Währungsunion in Europa würde völlig freien Personen-, Waren-, Dienstleistungs- und Kapitalverkehr sowie unwiderruflich festgesetzte Wechselkurse zwischen den nationalen Währungen und letztlich eine einheitliche Währung bedeuten. Dies wiederum würde eine gemeinsame Geldpolitik voraussetzen und einen hohen Grad an Kompatibilität der Wirtschaftspolitiken sowie Konsistenz in mehreren anderen Feldern der Politik, insbesondere im fiskalischen Bereich. Diese Politiken sollten auf Preisstabilität, ein ausgewogenes Wachstum, konvergierende Lebensstandards, einen hohen Beschäftigungsstand und außenwirtschaftliches Gleichgewicht ausgerichtet sein. Eine Wirtschafts- und Währungsunion wäre das Endergebnis der fortschreitenden wirtschaftlichen Integration in Europa.

17. Auch nach Verwirklichung einer Wirtschafts- und Währungsunion würde die Gemeinschaft weiter aus einzelnen Nationen mit unterschiedlichen wirtschaftlichen, sozialen, kulturellen und politischen Merkmalen bestehen. Wegen dieser Pluralität – und um sie zu erhalten – müßte den einzelnen Mitgliedsländern ein gewisser Grad an Autonomie in ihren wirtschaftlichen Entscheidungen belassen und zwischen nationalen sowie gemeinschaftlichen Kompetenzen ein Ausgleich gefunden werden. Deshalb könnten nicht einfach die bestehenden Bundesstaaten als Modell dienen, sondern es müßte ein völlig neuer, gemeinschaftsspezifischer Ansatz entwickelt werden. [...]

Die Hauptmerkmale einer Währungsunion

22. Unter einer Währungsunion ist ein Währungsraum zu
    verstehen, in dem im Hinblick auf gemeinsame ma-
    kroökonomische Ziele die Politiken gemeinsam ge-
    staltet werden. Wie schon im Werner-Bericht von
    1970 festgestellt, müssen für eine Währungsunion drei
    Bedingungen erfüllt sein:

    – Uneingeschränkte, irreversible Konvertibilität der
      Währungen;
    – Vollständige Liberalisierung des Kapitalverkehrs
      und volle Integration der Banken- und sonstigen
      Finanzmärkte;
    – Beseitigung der Bandbreiten und unwiderrufliche
      Fixierung der Wechselkursparitäten. [...]

23. Die drei obengenannten Merkmale machen das Wesen
    eines einheitlichen Währungsraums aus, doch würde
    die Erfüllung dieser Bedingungen nicht notwendiger-
    weise das Ende des Prozesses der monetären Verein-
    heitlichung in der Gemeinschaft bedeuten. Die Ein-
    führung einer einheitlichen Währung könnte, obwohl
    sie für die Schaffung einer Währungsunion nicht un-
    bedingt notwendig wäre, sowohl aus psychologischen
    als auch aus politischen Gründen als eine natürliche
    und wünschenswerte Weiterentwicklung der Wäh-
    rungsunion angesehen werden. Eine einheitliche Wäh-
    rung wäre ein deutliches Zeichen für die Unumkehr-
    barkeit des Übergangs zur Währungsunion, würde die
    monetäre Steuerung der Gemeinschaft erheblich er-
    leichtern und die beim Währungsumtausch anfal-
    lenden Transaktionen vermeiden. Vorausgesetzt, ihre
    Stabilität ist gewährleistet, hätte eine einheitliche
    Währung ferner gegenüber anderen bedeutenden
    Währungen ein viel größeres Gewicht als irgendeine
    einzelne Währung der Gemeinschaft. Die nationalen

Währungen sollten daher so bald wie möglich nach endgültiger Festschreibung der Paritäten durch eine einheitliche Währung ersetzt werden.

24. Die Errichtung einer Währungsunion hätte weitreichende Implikationen für die Formulierung und Umsetzung der Geldpolitik in der Gemeinschaft. Wenn die Wechselkurse einmal fixiert wären, wäre eine gemeinsame Geldpolitik notwendig, die nach neuen Verfahren zu gestalten wäre. Die Koordinierung so vieler nationaler Geldpolitiken, wie Währungen an der Union teilnehmen, würde nicht ausreichen. Die Zuständigkeit für die einheitliche Geldpolitik müßte einer neuen Institution übertragen werden, in der zentralisierte und kollektive Entscheidungen über die Geldmenge und das Kreditvolumen wie auch über andere geldpolitische Instrumente, einschließlich der Zinssätze, getroffen würden. [...]

D: Europa-Archiv. Folge 10 (1989). D 283–304.

33

Botschaft des französischen Staatspräsidenten François Mitterrand und des Bundeskanzlers Helmut Kohl an den irischen Premier und amtierenden Präsidenten des Europäischen Rats, Charles Haughey, vom 18. April 1990

Sie haben die Initiative ergriffen und für den 28. April eine außerordentliche Sitzung des Europäischen Rates einberufen. Hierfür danken wir Ihnen aufrichtig. Sie haben zwei Themen für die Tagesordnung vorgesehen: Die deutsche Einigung und ihre Konsequenzen für die Gemeinschaft, die Beziehungen der Gemeinschaft zu den anderen europäischen Ländern, insbesondere der Staaten Mittel- und Osteuropas.

Angesichts der tiefgreifenden Umwälzungen in Europa, unter Berücksichtigung der Herstellung des Binnenmarktes und der Verwirklichung der Wirtschafts- und Währungsunion halten wir es für notwendig, den politischen Aufbau des Europas der Zwölf zu beschleunigen. Wir glauben, daß es an der Zeit ist, »die Gesamtheit der Beziehungen zwischen den Mitgliedstaaten in eine Europäische Union umzuwandeln und diese mit den notwendigen Aktionsmitteln auszustatten«, wie es die Einheitliche Akte vorgesehen hat.

In dieser Perspektive drücken wir den Wunsch aus, daß der Europäische Rat am 23. April folgendes beschließt:

1. Die zuständigen Gremien darum zu bitten, die vorbereitenden Arbeiten für die Regierungskonferenz über die Wirtschafts- und Währungsunion zu intensivieren, die vor Ende des Jahres 1990 auf Einladung der italienischen Präsidentschaft eröffnet werden wird, wie es der Europäische Rat von Straßburg entschieden hat.
2. Die vorbereitenden Arbeiten für eine Regierungskonferenz über die Politische Union einzuleiten. Es geht insbesondere darum,
   – die demokratische Legitimation der Union zu verstärken,
   – ihre Institutionen effizienter auszugestalten,
   – die Einheit und die Kohärenz der Aktion der Union in den Bereichen der Wirtschaft, der Währung und der Politik sicherzustellen,
   – eine gemeinsame Außen- und Sicherheitspolitik festzulegen und in die Tat umzusetzen.

Die Außenminister sollten beauftragt werden, einen ersten Bericht für den Europäischen Rat im Juni und einen Schlußbericht für den Europäischen Rat im Dezember zu erstellen. Wir wünschen, daß die Regierungskonferenz über die Politische Union parallel zu der Konferenz über die Wirtschafts- und Währungsunion zusammentritt.

3. Unser Ziel ist es, daß diese grundlegenden Reformen – die Wirtschafts- und Währungsunion wie die Politische Union – am 1. Januar 1993 nach Ratifizierung durch die nationalen Parlamente in Kraft treten.

Die Außenminister der Französischen Republik und der Bundesrepublik Deutschland, Roland Dumas und Hans-Dietrich Genscher, werden diese Überlegungen bei dem informellen Treffen des Allgemeinen Rates am kommenden 21. April zur Diskussion stellen. Wir wären Ihnen dankbar, diese Botschaft den anderen Mitgliedern des Europäischen Rates zu übermitteln. Wir bitten Sie, Herr Premierminister, die Versicherung unserer Hochachtung und unsere freundschaftlichen Grüße entgegenzunehmen.

D: Außenpolitik der Bundesrepublik Deutschland: Dokumente von 1949 bis 1994. Hrsg. aus Anlaß des 125. Jubiläums des Auswärtigen Amts. Köln: Verlag Wissenschaft und Politik, 1995. S. 669f.

34

Auszug aus dem Vertrag über die Schaffung der Europäischen Union, unterzeichnet von den Außen- und Finanzministern der Europäischen Gemeinschaft am 7. Februar 1992 in Maastricht

Vertrag über die Europäische Union

Titel 1

Gemeinsame Bestimmungen

Artikel A

Durch diesen Vertrag gründen die Hohen Vertragsparteien untereinander eine Europäische Union, im folgenden als »Union« bezeichnet.

Dieser Vertrag stellt eine neue Stufe bei der Verwirklichung einer immer engeren Union der Völker Europas dar, in der die Entscheidungen möglichst bürgernah getroffen werden.

Grundlage der Union sind die Europäischen Gemeinschaften, ergänzt durch die mit diesem Vertrag eingeführten Politiken und Formen der Zusammenarbeit. Aufgabe der Union ist es, die Beziehungen zwischen den Mitgliedstaaten sowie zwischen ihren Völkern kohärent und solidarisch zu gestalten.

Artikel B

Die Union setzt sich folgende Ziele:

- die Förderung eines ausgewogenen und dauerhaften wirtschaftlichen und sozialen Fortschritts, insbesondere durch Schaffung eines Raumes ohne Binnengrenzen, durch Stärkung des wirtschaftlichen und sozialen Zusammenhalts und durch Errichtung einer Wirtschafts- und Währungsunion, die auf längere Sicht auch eine einheitliche Währung nach Maßgabe dieses Vertrags umfaßt;
- die Behauptung ihrer Identität auf internationaler Ebene, insbesondere durch eine Gemeinsame Außen- und Sicherheitspolitik, wozu auf längere Sicht auch die Festlegung einer Gemeinsamen Verteidigungspolitik gehört, die zu gegebener Zeit zu einer gemeinsamen Verteidigung führen könnte;
- die Stärkung des Schutzes der Rechte und Interessen der Angehörigen ihrer Mitgliedstaaten durch Einführung einer Unionsbürgerschaft;
- die Entwicklung einer engen Zusammenarbeit in den Bereichen Justiz und Inneres;
- die volle Wahrung des gemeinschaftlichen Besitzstands und seine Weiterentwicklung, wobei nach dem Verfah-

ren des Artikels N Absatz 2 geprüft wird, inwieweit die durch diesen Vertrag eingeführten Politiken und Formen der Zusammenarbeit mit dem Ziel zu revidieren sind, die Wirksamkeit der Mechanismen und Organe der Gemeinschaft sicherzustellen.

Die Ziele der Union werden nach Maßgabe dieses Vertrags entsprechend den darin enthaltenen Bedingungen und der darin vorgesehenen Zeitfolge unter Beachtung des Subsidiaritätsprinzips, wie es in Artikel 3 b des Vertrags zur Gründung der Europäischen Gemeinschaft bestimmt ist, verwirklicht.

Artikel C

Die Union verfügt über einen einheitlichen institutionellen Rahmen, der die Kohärenz und Kontinuität der Maßnahmen zur Erreichung ihrer Ziele unter gleichzeitiger Wahrung und Weiterentwicklung des gemeinschaftlichen Besitzstands sicherstellt.

Die Union achtet insbesondere auf die Kohärenz aller von ihr ergriffenen außenpolitischen Maßnahmen im Rahmen ihrer Außen-, Sicherheits-, Wirtschafts- und Entwicklungspolitik. Der Rat und die Kommission sind für diese Kohärenz verantwortlich. Sie stellen jeweils in ihrem Zuständigkeitsbereich die Durchführung der betreffenden Politiken sicher.

Artikel D

[...] Im Europäischen Rat kommen die Staats- und Regierungschefs der Mitgliedstaaten sowie der Präsident der Kommission zusammen. Sie werden von den Ministern für auswärtige Angelegenheiten der Mitgliedstaaten und einem Mitglied der Kommission unterstützt. Der Europäische Rat tritt mindestens zweimal jährlich unter dem

Vorsitz des Staats- oder Regierungschefs des Mitgliedstaats zusammen, der im Rat den Vorsitz innehat.

Der Europäische Rat erstattet dem Europäischen Parlament nach jeder Tagung Bericht und legt ihm alljährlich einen schriftlichen Bericht über die Fortschritte der Union vor.

Artikel E

Das Europäische Parlament, der Rat, die Kommission und der Gerichtshof üben ihre Befugnisse nach Maßgabe und im Sinne der Verträge zur Gründung der Europäischen Gemeinschaften sowie der nachfolgenden Verträge und Akte zu deren Änderung oder Ergänzung einerseits und der übrigen Bestimmungen des vorliegenden Vertrags andererseits aus.

[...]

Vertrag zur Gründung der Europäischen Gemeinschaft (EG)

Artikel 2

Aufgabe der Gemeinschaft ist es, durch die Errichtung eines Gemeinsamen Marktes und einer Wirtschafts- und Währungsunion sowie durch die Durchführung der in den Artikeln 3 und 3a genannten gemeinsamen Politiken oder Maßnahmen eine harmonische und ausgewogene Entwicklung des Wirtschaftslebens innerhalb der Gemeinschaft, ein beständiges, nichtinflationäres und umweltverträgliches Wachstum, einen hohen Grad an Konvergenz der Wirtschaftsleistungen, ein hohes Beschäftigungsniveau, ein hohes Maß an sozialem Schutz, die Hebung der Lebenshaltung und der Lebensqualität, den wirtschaftlichen und sozialen Zusammenhalt und die Solidarität zwischen den Mitgliedstaaten zu fördern. [...]

Artikel 3a

(1) Die Tätigkeit der Mitgliedstaaten und der Gemeinschaft im Sinne des Artikels 2 umfaßt nach Maßgabe dieses Vertrags und der darin vorgesehenen Zeitfolge die Einführung einer Wirtschaftspolitik, die auf einer engen Koordinierung der Wirtschaftspolitik der Mitgliedstaaten, dem Binnenmarkt und der Festlegung gemeinsamer Ziele beruht und dem Grundsatz einer offenen Marktwirtschaft mit freiem Wettbewerb verpflichtet ist.

(2) Parallel dazu umfaßt diese Tätigkeit nach Maßgabe dieses Vertrags und der darin vorgesehenen Zeitfolge und Verfahren die unwiderrufliche Festlegung der Wechselkurse im Hinblick auf die Einführung einer einheitlichen Währung, der ECU, sowie die Festlegung und Durchführung einer einheitlichen Geld- sowie Wechselkurspolitik, die beide vorrangig das Ziel der Preisstabilität verfolgen und unbeschadet dieses Zieles die allgemeine Wirtschaftspolitik in der Gemeinschaft unter Beachtung des Grundsatzes einer offenen Marktwirtschaft mit freiem Wettbewerb unterstützen sollen.

(3) Diese Tätigkeit der Mitgliedstaaten und der Gemeinschaft setzt die Einhaltung der folgenden richtungweisenden Grundsätze voraus: stabile Preise, gesunde öffentliche Finanzen und monetäre Rahmenbedingungen sowie eine dauerhaft finanzierbare Zahlungsbilanz. [...]

7. Folgende Artikel werden eingefügt:

Artikel 4a

Nach den in diesem Vertrag vorgesehenen Verfahren werden ein Europäisches System der Zentralbanken (im folgenden als »ESZB« bezeichnet) und eine Europäische

Zentralbank (im folgenden als »EZB« bezeichnet) geschaffen, die nach Maßgabe der Befugnisse handeln, die ihnen in diesem Vertrag und der beigefügten Satzung des ESZB und der EZB (im folgenden als »Satzung des ESZB« bezeichnet) zugewiesen werden. [...]

Kapitel 2
Die Währungspolitik

Artikel 105

(1) Das vorrangige Ziel des ESZB ist es, die Preisstabilität zu gewährleisten. Soweit dies ohne Beeinträchtigung des Zieles der Preisstabilität möglich ist, unterstützt das ESZB die allgemeine Wirtschaftspolitik in der Gemeinschaft, um zur Verwirklichung der in Artikel 2 festgelegten Ziele der Gemeinschaft beizutragen. Das ESZB handelt im Einklang mit dem Grundsatz einer offenen Marktwirtschaft mit freiem Wettbewerb, wodurch ein effizienter Einsatz der Ressourcen gefördert wird, und hält sich dabei an die in Artikel 3a genannten Grundsätze.

(2) Die grundlegenden Aufgaben des ESZB bestehen darin,
   – die Geldpolitik der Gemeinschaft festzulegen und auszuführen,
   – Devisengeschäfte im Einklang mit Artikel 109 durchzuführen,
   – die offiziellen Währungsreserven der Mitgliedstaaten zu halten und zu verwalten,
   – das reibungslose Funktionieren der Zahlungssysteme zu fördern. [...]

Artikel 105a

(1) Die EZB hat das ausschließliche Recht, die Ausgabe von Banknoten innerhalb der Gemeinschaft zu genehmi-

gen. Die EZB und die nationalen Zentralbanken sind zur Ausgabe von Banknoten berechtigt. Die von der EZB und den nationalen Zentralbanken ausgegebenen Banknoten sind die einzigen Banknoten, die in der Gemeinschaft als gesetzliches Zahlungsmittel gelten. [...]

Artikel 106

(1) Das ESZB besteht aus der EZB und den nationalen Zentralbanken.
(2) Die EZB besitzt Rechtspersönlichkeit. [...]

Artikel 107

Bei der Wahrnehmung der ihnen durch diesen Vertrag und die Satzung des ESZE übertragenen Befugnisse, Aufgaben und Pflichten darf weder die EZB noch eine nationale Zentralbank noch ein Mitglied ihrer Beschlußorgane Weisungen von Organen oder Einrichtungen der Gemeinschaft, Regierungen der Mitgliedstaaten oder anderen Stellen einholen oder entgegennehmen. Die Organe und Einrichtungen der Gemeinschaft sowie die Regierungen der Mitgliedstaaten verpflichten sich, diesen Grundsatz zu beachten und nicht zu versuchen, die Mitglieder der Beschlußorgane der EZB oder der nationalen Zentralbanken bei der Wahrnehmung ihrer Aufgaben zu beeinflussen.

D: Europäische Union. Europäische Gemeinschaft. Die Vertragstexte von Maastricht mit den deutschen Begleittexten. Bearb. und eingel. von Thomas Läufer. Bonn: Europa Union Verlag, 1996. S. 19–21, 123–128, 182f.

35
Der Stabilitätspakt vom 14. Dezember 1996

Die Staats- und Regierungschefs der EU-Mitgliedsländer
trafen am 13. und 14. Dezember in Dublin zu ihren tur-
nusmäßigen halbjährlichen Konsultationen zusammen.

Im Mittelpunkt der Gespräche stand der Stabilitätspakt,
der die Europäische Wirtschafts- und Währungsunion
flankieren und zu einer dauerhaften Haushaltsdisziplin
der beteiligten Länder führen soll; über seine Einzelheiten
berieten die Finanzminister der EU-Mitglieder am 12.
Dezember in der irischen Hauptstadt. In den frühen Mor-
genstunden des 13. Dezember fanden die Fachminister
nach ausführlichen Diskussionen zu einem Kompromiß.
So ist die permanente Überwachung der Staatsbudgets der
Mitgliedsländer ebenso vorgesehen wie ein Frühwarnsys-
tem für das Auftreten von Fehlbeträgen in den Haushal-
ten.

Gegen eine anfängliche, hiervon abweichende Forderung Deutschlands und auf Antrag Frankreichs wurde
vereinbart, daß Geldbußen für »Haushaltssünder« vom
Europäischen Ministerrat mit Zweidrittelmehrheit zu
beschließen sind. Die Mitglieder akzeptierten ferner einen
Kompromißvorschlag des luxemburgischen Premier- und
Finanzministers Jean-Claude Junker, wonach man nur
bei einer gravierenden Rezession und dem Rückgang des
Bruttoinlandsprodukts um jährlich mehr als 2,0 Prozent
von der Ausnahmeregelung Gebrauch machen kann, daß
die Obergrenze der Neuverschuldung von 3,0 Prozent des
Bruttoinlandsprodukts überschritten werden darf.

Bei einem Rückgang der gesamtwirtschaftlichen Leistung in einer Größenordnung zwischen 0,75 und 2,0
Prozent sind Beratungen und ein kompliziertes Abstim-
mungsverfahren zwischen EU-Kommission und Ministerrat vorgesehen, wobei es im Kern um die Frage geht, ob die
Haushaltsverschuldung das Ergebnis »außergewöhnlicher

Umstände« ist, und im Fall der Einschätzung der Gemeinschaft, daß ein übermäßiges Defizit eines Mitglieds vorliegt,
»außergewöhnliche Umstände« jedoch nicht erkennbar
sind, ergeht an das entsprechende Land die Aufforderung
innerhalb von vier Monaten geeignete Schritte zur Reduzierung des Fehlbetrages vorzunehmen. Falls das Land der
Forderung nicht nachkommt, können von den EWWU-
Mitgliedern mit qualifizierter Mehrheit Maßnahmen ver-
hängt werden, wobei das Land ein Strafgeld innerhalb von
zehn Monaten zunächst als unverzinsliche Einlage in Brüssel hinterlegen muß; dieses beträgt – je nach dem Umfang
der Verschuldung – zwischen 0,2 und 0,5 Prozent des Bruttoinlandsprodukts und wird nach zwei Jahren automatisch
zu einer Geldbuße, wenn das Defizit übermäßig bleibt.

Geht die gesamtwirtschaftliche Leistung um weniger als
0,75 Prozent zurück, so verpflichten sich die Teilnehmer
der EWWU, in der Regel nicht das Limit der Neuverschuldung von 3,0 Prozent des Bruttoinlandsprodukts zu
überschreiten; sie verzichten dann darauf, für sich »außergewöhnliche Umstände« in Anspruch zu nehmen. Vor
den Beratungen in Dublin hatte der deutsche Finanzminister Theo WAIGEL auch für diesen Fall Sanktionen verlangt, wobei er von den nördlichen EU-Staaten in dieser
Haltung unterstützt wurde, während die südlichen Mitglieder eine tolerantere Position bezogen. Bei einem
Rückgang des Bruttoinlandsprodukts um mehr als 2,0
Prozent herrscht Rezession, wobei dann der Begriff des
übermäßigen Defizits keine Anwendung findet und keine
Sanktionsmöglichkeiten bestehen. Bei außergewöhnlichen
Situationen wie im Fall von schweren Naturkatastrophen
ist es den EWWU-Mitgliedern erlaubt, für eine kurze
Zeitspanne die Verschuldung auf mehr als 3,0 Prozent des
Bruttoinlandsprodukts anzuheben.

D: Archiv der Gegenwart 67 (14. Dezember 1996). S. 41649 f.

36

*Auszug aus dem Beschluss der Staats- und Regierungschefs
zur Osterweiterung auf dem EG-Gipfel in Kopenhagen
am 21./22. Juni 1993*

3. Die Zusammenarbeit der EG mit den Ländern Mittel-
   und Osteuropas

Im Hinblick auf die Beziehungen der EG zu den mittel-
und osteuropäischen Ländern, mit denen die Gemeinschaft Europa-Abkommen geschlossen hat oder zu schließen gedenkt (als »assoziierte Länder« Mittel- und Osteuropas bezeichnet, Abkürzung MOEL), erörterte der
Rat den von der Kommission vorgelegten Bericht. Er begrüßte die Anstrengungen der betreffenden Regierungen
zur Modernisierung ihrer durch eine 40jährige Planwirtschaft geschwächten Volkswirtschaften und zum Übergang zur Marktwirtschaft und versprach, diesen Prozeß
zu unterstützen, zumal davon Frieden und Sicherheit in
Europa abhingen. Er stellte fest, daß diejenigen assoziierten Länder, die dies wünschten, Mitglieder der Europäischen Union werden könnten. »Als Voraussetzung für die
Mitgliedschaft muß der Beitrittskandidat eine institutionelle Stabilität als Garantie für eine demokratische und
rechtsstaatliche Ordnung, für die Wahrung der Menschenrechte sowie die Achtung und den Schutz von Minderheiten verwirklicht haben. Sie [die Mitgliedschaft] erfordert
ferner eine funktionsfähige Marktwirtschaft sowie die Fähigkeit, dem Wettbewerbsdruck und den Marktkräften innerhalb der Union standzuhalten. Die Mitgliedschaft setzt
außerdem voraus, daß die einzelnen Beitrittskandidaten
die aus einer Mitgliedschaft erwachsenden Verpflichtungen übernehmen und sich auch die Ziele der politischen
Union sowie der Wirtschafts- und Währungsunion zu eigen machen können. Die Fähigkeit der Union, neue Mitglieder aufzunehmen, dabei jedoch die Stoßkraft der euro-

päischen Integration zu erhalten, stellt ebenfalls einen [...] wichtigen Gesichtspunkt dar.« Der ER kündigte an, die wirtschaftliche Entwicklung der MOEL genau zu verfolgen und daraus die entsprechenden Schlüsse zu ziehen. Er einigte sich darauf, die künftige Zusammenarbeit mit diesen Ländern »auf das nunmehr feststehende Ziel einer Mitgliedschaft abzustimmen«.

Im Zusammenhang damit schlug der ER vor, daß die assoziierten Länder bei Fragen von gemeinsamem Interesse »strukturierte Beziehungen« zu den Organen der EG aufnehmen und beide Seiten sich bei einer breiten Palette von Themen absprechen sollten. Angeregt wurden auch regelmäßige Treffen des ER- und des Kommissionspräsidenten mit ihren Amtskollegen aus den MOEL sowie zusätzliche Gipfeltreffen zu spezifischen Fragen. In der Erkenntnis, daß der Handel beim Übergang zur Marktwirtschaft von ausschlaggebender Bedeutung ist »erklärte sich der ER bereit, die Öffnung der Märkte für mittel- und osteuropäische Produkte zu beschleunigen, und forderte die Außenminister auf, noch vor der Sommerpause die entsprechenden Richtlinien zu verabschieden. Er versprach den assoziierten Ländern einen erheblichen Teil der für die Außenbeziehungen vorgesehenen Haushaltsmittel, vor allem über das PHARE-Programm, und setzte sich dafür ein, daß sie an Gemeinschaftsprogrammen teilnehmen können, die bereits den EFTA-Staaten offenstehen. Er wies die MOEL auf die Notwendigkeit hin, ihre Rechtsvorschriften an das Gemeinschaftsrecht anzugleichen, um Wettbewerbsverzerrungen zu vermeiden sowie den Schutz der Arbeitnehmer, der Umwelt und der Verbraucher im Fall eines Beitritts zu garantieren. Er beschloß, Beamten aus Mittel- und Osteuropa Kurse über Theorie und Praxis des EG-Rechts anzubieten, und vereinbarte die Einsetzung einer Task-Force zur Leitung und Koordinierung dieser Arbeiten.

D: Archiv der Gegenwart 63 (22. Juni 1993). S. 37973 f.

37
Der Vertrag von Amsterdam vom 2. Oktober 1997 – Auszug aus der Zusammenfassung des Inhalts durch das Auswärtige Amt

1. Justiz- und Innenpolitik

Die Ergebnisse im Bereich der Justiz- und Innenpolitik sind ein Kernelement des Amsterdamer Vertrags. Ziel ist die Schaffung eines Raums der Freiheit, der Sicherheit und des Rechts, in dem Freizügigkeit und Sicherheit der Bürger in gleichem Maß gewährleistet sind. Hierfür wurde ein Arbeitsprogramm vereinbart. Die Verwirklichung dieses Programms erfolgt innerhalb von fünf Jahren ab Inkrafttreten des Vertrags.

Vorgesehen sind

– die Abschaffung der Kontrollen an den Binnengrenzen und
– parallel dazu eine deutliche Stärkung der inneren Sicherheit,

z. B. durch effektivere gemeinsame Verbrechensbekämpfung oder Festlegung von gemeinsamen Standards bei den Kontrollen an den Außengrenzen.

Das erfolgreiche Schengen-Modell wird somit auf die EU übertragen. Die Schengen-Zusammenarbeit, die bisher außerhalb des institutionellen Rahmens der EU stattfand, wird durch ein Protokoll zum Vertrag in den EU-Rahmen überführt. Das institutionelle Nebeneinander EU/Schengen wird beseitigt. Der hohe Sicherheitsstandard von Schengen wird damit auch für neu beitretende Mitgliedstaaten verbindlicher EU-Besitzstand. Dies bringt einen deutlichen Sicherheitsgewinn für ganz Europa.

Ausnahmeregelungen wurden für Großbritannien und Irland vereinbart, die ihre nationalen Grenzkontrollen beibehalten können. Dadurch wird der besonderen Situation dieser Partner (z. B. Insellage) pragmatisch Rechnung getragen. Norwegen und Island, die Schengen assoziiert sind, werden ebenfalls einbezogen. Die Nordische Paß-union bleibt erhalten.

Der Amsterdamer Vertrag geht aber noch wesentlich weiter als Schengen. Er sieht eine umfassende Bekämp-fung der Kriminalität vor:

- Zusammenarbeit der Mitgliedstaaten bei der Bekämp-fung von allen Formen der Kriminalität, sei es organi-sierte oder nichtorganisierte Kriminalität.
- Hierzu erfolgt eine immer engere Kooperation der na-tionalen Polizei-, Zoll- und Justizbehörden.
- Aber auch die Rolle von Europol wird ausgebaut. Hierzu erfolgt die schrittweise Ausstattung von Euro-pol mit zusätzlichen – auch operativen – Befugnissen.
- So wurden z. B. die Grundlagen gelegt, daß künftig ge-meinsame Teams von Vertretern von Europol und den nationalen Polizeibehörden operative Aktionen durch-führen können.
- Europol kann zudem künftig ganz konkrete Ermitt-lungsmaßnahmen der nationalen Polizeibehörden initi-ieren und dann unterstützend begleiten.
- Europol erhält aber keine exekutiven Befugnisse.
- Außerdem ist künftig die Festlegung von Mindeststan-dards im Strafrecht möglich.

Zur Verwirklichung der Ziele werden die Verfahren der Zusammenarbeit verbessert. Die rein intergouvernemen-tale Zusammenarbeit hat sich als zu schwerfällig erwiesen. Eine Effizienzsteigerung wird durch die weitgehende Ein-führung gemeinschaftlicher Verfahren erreicht.

Es wurde zum einen die Vergemeinschaftung des Asylbe-reichs, der Flüchtlingspolitik, der gesamten Visapolitik, der Außengrenzkontrollen, der Einreise- und Aufenthaltsbe-dingungen für Drittstaatler und der justitiellen Zusammen-arbeit in Zivilsachen beschlossen. Die genannten Bereiche

werden in einem neuen Titel des EG-Vertrags zusammengefaßt. Die Beschlußfassung im Rat erfolgt zunächst einstimmig. Nach einer Erprobungsphase von fünf Jahren entscheidet der Rat im Licht der gemachten Erfahrungen, bei
welchen Materien zu Entscheidungen mit qualifizierter
Mehrheit und Mitentscheidung des EP übergegangen werden kann. Zusätzlich werden die Bekämpfung von Betrü-
gereien zu Lasten des EG-Haushalts sowie Teile der
Zollzusammenarbeit vergemeinschaftet. In diesen beiden
Bereichen gelten Mehrheitsentscheidungen sowie Mitentscheidung des EP sofort ab Inkrafttreten des neuen Vertrags.

Auch bei der polizeilichen Zusammenarbeit und bei der
justitiellen Zusammenarbeit in Strafsachen sind die Ver-
fahren deutlich verbessert worden. Von besonderer Be-
deutung für die Handlungsfähigkeit der EU in den beiden
Materien ist die Einführung des ›Rahmenbeschlusses‹, der
der Gemeinschaftsrichtlinie nachgebildet ist. Im gesamten
Bereich der Justiz- und Innenpolitik findet eine deutliche
Verbesserung der parlamentarischen und richterlichen
Kontrolle statt. Europäisches Parlament und Europäischer
Gerichtshof werden deutlich gestärkt.

D: Archiv der Gegenwart 68 (2. Oktober 1997). S. 42337 f.

38
Auszug aus dem Gesetz über die Änderung währungs-
rechtlicher Vorschriften infolge der Einführung des Euro-
Bargeldes (Drittes Euro-Einführungsgesetz – Drittes Eu-
roEG) vom 16. Dezember 1999

Der Bundestag hat das folgende Gesetz beschlossen:

Artikel 1
Gesetz über die Beendigung der Zahlungsmitteleigen-
schaft der auf Deutsche Mark lautenden Banknoten und

der auf Deutsche Mark oder Deutsche Pfennig lautenden-
Bundesmünzen
(DM-Beendigungsgesetz – DMBeEndG)

§1
Mit Ablauf des 31. Dezember 2001 verlieren die von der
Deutschen Bundesbank ausgegebenen, auf Deutsche Mark
lautenden Banknoten und die von der Bundesrepublik
Deutschland ausgegebenen, auf Deutsche Mark oder
Deutsche Pfennig lautenden Bundesmünzen ihre Eigen-
schaft als gesetzliches Zahlungsmittel. Die Deutsche Bundesbank tauscht im Rahmen von Artikel 16 der Verordnung (EG) Nr. 974/98 des Rates vom 3. Mai 1998 über
die Einführung des Euro (ABl. EG Nr. L 139 S. 1) die in
Satz 1 bezeichneten Banknoten und Bundesmünzen ab
1. Januar 2002 zum gemäß der Verordnung (EG) Nr.
2866/98 des Rates vom 31. Dezember 1998 über die
Umrechnungskurse zwischen dem Euro und der Währungen der Mitgliedstaaten, die den Euro einführen (ABl. EG
Nr. L 359 S. 1), unwiderruflich festgelegten Umrech-
nungskurs in Euro-Banknoten und Euro-Münzen um.

Artikel 2
Münzgesetz
(MünzG)

§1
Ausprägung von deutschen Euro-Münzen
Der Bund prägt Münzen (deutsche Euro-Münzen) gemäß der Verordnung (EG) Nr. 975/98 des Rates vom 3. Mai
1998 über die Stückelungen und die technischen Merkmale
der für den Umlauf bestimmten Euro-Münzen (ABl. EG
Nr. L 139 S. 6) in der jeweils geltenden Fassung aus.

§7
Inverkehrbringen von Münzen
(1) Die Deutsche Bundesbank bringt die deutschen Euro-
    Münzen und die deutschen Euro-Gedenkmünzen un-

beschadet des Artikels 106 Abs. 2 Satz 1 des Vertrages zur Gründung der Europäischen Gemeinschaft nach Maßgabe der Bedürfnisse in den Verkehr. Zu diesem Zweck ist sie verpflichtet, die nach den §§ 1 und 2 ausgeprägten Münzen mit Ausnahme der Münzen gemäß § 2 Abs. 3 vom Bund gegen Gutschrift des Nennbetrages zu übernehmen, soweit Artikel 101 Abs. 1 des Vertrages nicht entgegensteht.

Artikel 3
Änderung des Gesetzes über die Deutsche Bundesbank

§ 14 des Gesetzes über die Deutsche Bundesbank in der Fassung der Bekanntmachung vom 22. Oktober 1992 (BGBl. l S. 1782), das zuletzt durch Artikel 19 Abs. 7 des Gesetzes vom 29. Juni 1998 (BGBl. l S. 1666) geändert worden ist, wird wie folgt gefasst:

§ 14
Notenausgabe

(1) Die Deutsche Bundesbank hat unbeschadet des Artikels 106 Abs. 1 des Vertrages zur Gründung der Europäischen Gemeinschaft das ausschließliche Recht, Banknoten im Geltungsbereich dieses Gesetzes auszugeben. Auf Euro lautende Banknoten sind das einzige unbeschränkte gesetzliche Zahlungsmittel. Die Deutsche Bundesbank hat die Stückelung und die Unterscheidungsmerkmale der von ihr ausgegebenen Noten öffentlichbekannt zu machen.

Das vorstehende Gesetz wird hiermit ausgefertigt und wird im Bundesgesetzblatt verkündet.

Berlin, den 16. Dezember 1999

Der Bundespräsident
Der Bundeskanzler
Der Bundesminister der Finanzen

D: Bundesgesetzblatt. Tl. I. Nr. 55 (21. Dezember 1999). S. 2402–2406.

Literaturhinweise

Hilfsmittel

Brandstetter, Gerfried: Chronologisches Lexikon der europäischen Integration 1945–1995. Baden-Baden/Wien 1996.

Brückner, Michael [u. a.]: Der Europa-Ploetz. Basiswissen über das Europa von heute. Würzburg 1993.

Europa-Archiv 1 ff. (1947 ff.).

Jahrbuch der Europäischen Integration. Bonn 1981 ff.

Kohler-Koch, Beate / Woyke, Wichard (Hrsg.): Die Europäische Union. Frankfurt a. M. / München 1996.

Lützeler, Paul Michael (Hrsg.): Hoffnung Europa. Deutsche Essays von Novalis bis Enzensberger. Frankfurt 1994.

Mickel, Wolfgang W. (Hrsg.): Handlexikon der Europäischen Union. Köln 1994.

Schöndube, Claus: Europa-Taschenbuch. 7., neubearb. Aufl. Bonn 1980.

Weidenfeld, Werner / Wessels, Wolfgang (Hrsg.): Europa von A–Z. Taschenbuch der europäischen Integration. 7. Aufl. Bonn 2000.

Quellen

Acheson, Dean: Present at the Creation. My Years at the State Department. New York 1970.

Adenauer, Konrad: Erinnerungen. 4 Bde. Stuttgart 1965–68.

Archiv der Gegenwart 1 ff. (1931 ff.). [CD-Rom-Version: 1998 ff.]

Aussenpolitik der Bundesrepublik Deutschland. Dokumente von 1949 bis 1994. Hrsg. vom Auswärtigen Amt. Köln 1995.

Bullock, Alan: Ernest Bevin. Foreign Secretary. London 1983.

Carstens, Karl: Erinnerungen und Erfahrungen. Boppard a. R. 1993.

Churchill, Winston: The Collected Works. Centenary Limited Edition. Bd. 28: Post-War Speeches. Tl. 1: The Sinews of Peace Europe Unite. Neudr. London 1975.

Congress of Europe – Congrés de l'Europe. Brüssel 1990.

Coudenhove-Kalergi, Richard N.: Eine Idee erobert Europa. Meine Lebenserinnerungen. München 1958.

Foerster, Rolf H.: Die Idee Europa 1300–1946. Quellen zur Geschichte der politischen Einigung. München 1963.

– Europa. Geschichte einer politischen Idee. München 1967.

Forschungsinstitut der Deutschen Gesellschaft für Auswärtige Politik e. V. (Hrsg): Dokumente zur Frage der europäischen Einigung. 2., völlig neugest. Aufl. Bd. 17. Bonn/München 1962.

Gehler, Michael: Europa. Von der Utopie zum Euro. Frankfurt a. M. 2002.

Genscher, Hans-Dietrich: Erinnerungen. Berlin 1995.

Groeben, Hans von der: Deutschland und Europa in einem unruhigen Jahrhundert. Erlebnisse und Betrachtungen. Baden-Baden 1995.

Hallstein, Walter: Der unvollendete Bundesstaat. Europäische Erfahrungen und Erkenntnisse. Düsseldorf 1969.

– Die europäische Gemeinschaft. Düsseldorf 1973.

Heath, Edward: The Autobiography of Edward Heath. The Course of My Life. London 1998.

Lipgens, Walter (Hrsg.): Europa-Föderationspläne der Widerstandsbewegungen 1940–1945. Eine Dokumentation. München 1968.

– 45 Jahre Ringen um die europäische Verfassung: Dokumente 1939–1984. Von den Schriften der Widerstandsbewegung bis zum Vertragsentwurf des europäischen Parlaments. Bonn 1986.

– / Loth, Wilfried (Hrsg.): Documents on the History of European Integration. 4 Bde. Berlin 1984–91.

Marjolin, Robert: Meine Leidenschaft Europa. Baden-Baden 1988.

Moeller, Horst / Hildebrand, Klaus (Hrsg.): Die Bundesrepublik Deutschland und Frankreich: Dokumente 1949–1963. München 1997. Bd. 1: Außenpolitik und Diplomatie. Bearb. von Ulrich Lappenküper. – Bd. 2: Wirtschaft. Bearb. von Andreas Wilkens. – Bd. 3: Parteien, Öffentlichkeit, Kultur. Bearb. von Herbert Elzer.

Monnet, Jean: Erinnerungen eines Europäers. München [u. a.] 1978.

Picker, Henry: Hitlers Tischgespräche im Führerhauptquartier. Hitler, wie er wirklich war. Stuttgart 1976.

Rougemont, Denis de: Europa. Vom Mythos zur Wirklichkeit. München 1962.

Schmuck, Otto / Schröder, Maximilian: Der Weg zur Europäischen Union. Bonn 1995.

Schwarz, Hans-Peter (Hrsg.): Akten zur auswärtigen Politik der Bundesrepublik Deutschland. 1949–1970. 25 Bde. München 1989–2000.

Siegler, Heinrich von (Hrsg.): Europäische politische Einigung. Dokumentation von Vorschlägen und Stellungnahmen 1949–1976. 3 Bde. Bonn 1968–77.

Spaak, Paul-Henri: Memoiren eines Europäers. Hamburg 1969.

Sterken, Hans (Hrsg.): De Gaulle hat gesagt … Eine Dokumentation seiner Politik. Stuttgart 1967.

Stirk, Peter M. R. / Weigall, David: The Origins and Developments of European Integration. A Reader and Commentary. London / New York 1999.

Thatcher, Margaret: Downing Street No. 10. Die Erinnerungen. 3. Aufl. Düsseldorf [u. a.] 1993.

Volle, Angelika / Weidenfeld, Werner (Hrsg.): Europäische Sicherheitspolitik in der Bewährung. Beiträge und Dokumente aus *Europa-Archiv* und *Internationale Politik* (1999–2000). Bielefeld 2000.

Darstellungen

Ambrosius, Gerold: Wirtschaftsraum Europa: Vom Ende der Nationalökonomien. Frankfurt a. M. 1996.

Axt, Heinz J.: Griechenlands Außenpolitik und Europa. Verpaßte Chancen und neue Herausforderungen. Frankfurt a. M. 1988.

Bange, Oliver: The EEC Crisis of 1963: Kennedy, Macmillan, de Gaulle and Adenauer in Conflict. Basingstoke [u.a] 2000.

Berger, Helge / Ritschl, Albrecht: Die Rekonstruktion der Arbeitsteilung in Europa. Eine neue Sicht des Marshallplans in Deutschland. In: Vierteljahrshefte für Zeitgeschichte 43 (1995). S. 473–519.

Bitsch, Marie-Thérèse: Histoire de la construction européenne de 1945 à nos jours. Brüssel 1999.

Boldt, Hans: Die Europäische Union. Geschichte, Struktur, Politik. Mannheim [u. a.] 1995.

Bond, Martyn [u. a.] (Hrsg.): Eminent Europeans. Personalities who shaped contemporary Europe. London 1996.

Booz, Rüdiger Marco: »Hallsteinzeit«. Deutsche Außenpolitik 1955–1972. Bonn 1995.

Burgard, Oliver: Das gemeinsame Europa – von der politischen Utopie zum außenpolitischen Programm. Meinungsaustausch und Zusammenarbeit pro-europäischer Verbände in Deutschland und Frankreich 1924–1933. Frankfurt a. M. 2000.

Bosmans, Jac (Hrsg.): Europagedanke, Europabewegung und Europapolitik in den Niederlanden und Deutschland seit dem Ersten Weltkrieg. Münster/Hamburg 1996.

Bossuat, Gérard: L'Europe des Français 1943–1959. La IVᵉ République aux sources de l'Europe communautaire. Paris 1996.

Brunn, Gerhard (Hrsg.): Neoliberalismus, die Entstehung des Maastrichter Vertrags und die Auswirkungen der Währungsunion auf Nordrhein-Westfalen. Baden-Baden 1999.

Cabalo, Thorsten: Politische Union Europas. 1956–1963. Köln 1999.

Clemens, Gabriele: Die Integration der mittel- und osteuropäischen Staaten in die Europäische Union. Münster 1999.

Conze, Eckart: Die gaullistische Herausforderung. München 1995.

Couve de Murville: Außenpolitik 1958–1969. München 1973.

Deighton, Anne (Hrsg.): Building Postwar Europe. National Decision-Makers and European Institutions, 1948–63. [Houndmills u. a.] 1995.

– / Milward, Alan S. (Hrsg.): Widening, Deepening and Acceleration: The European Economic Community 1957–1963. Baden-Baden/Brüssel 1999.

Delgado, Mariano / Lutz-Bachmann, Matthias (Hrsg.): Herausforderung Europa. Wege zu einer europäischen Identität. München [u. a.] 1995.

Dell, Edmund: The Schuman Plan and the British Abdication of Leadership in Europe. Oxford 1995.

Di Nolfo, Ennio (Hrsg.): Power in Europe? Bd. 2: Great Britain, France, Germany, Italy and the Origins of the EEC, 1952–1957. Berlin 1992.

Diehl, E. (Hrsg.): Schritte zum Europäischen Binnenmarkt. München 1990.

Dinan, Desmond: Ever Closer Union? An Introduction to European Community. 2. Aufl. Basingstoke [u. a.] 1999.

Coudenhove-Kalergie, Richard N.: Pan-Europa. Wien 1923.

Duchêne, François: Jean Monnet. The First Statesman of Interdependence. New York / London 1994.

Dumoulin, Michel: La Belgique et les débuts de la construction européenne. De la guerre aux traités de Rome. Louvain-la-Neuve 1987.

Erdmenger, Katharina: Neue Ansätze zur Organisation Europas nach dem Ersten Weltkrieg (1917–1933). Ein neues Verständnis von Europa? Sinzheim 1995.

Förster, Roland Götz, Militärgeschichtliches Forschungsamt (Hrsg.): Anfänge deutscher Sicherheitspolitik 1945–1956. Bd. 2: Die EVG-Phase. München 1990.

Fröhlich, Stefan: »Auf den Kanzler kommt es an«: Helmut Kohl und die deutsche Außenpolitik. Persönliches Regiment und Regierungshandeln vom Amtsantritt bis zur Wiedervereinigung. Paderborn [u. a.] 2001.

Gaddum, Eckart: Die deutsche Europapolitik in den 80er Jahren. Interessen, Konflikte und Entscheidungen der Regierung Kohl. Paderborn [u. a.] 1994.

Geerth-Wellmann, Hella: Die Lomé-Politik der Europäischen Gemeinschaft. Entstehungsbedingungen, Ergebnisse und Perspektiven. München [u. a.] 1984.

Gehler, Michael / Steininger Rolf (Hrsg.): Österreich und die europäische Integration 1945–1993. Aspekte einer wechselvollen Entwicklung. Wien [u. a.] 1993.

George, Stephen: An Awkward Partner. Britain in the European Community. 3. Aufl. Oxford 1998.

Gerbet, Pierre: La construction de l'Europe. Nouvelle édition révisée et mise à jour. Paris 1994.

Gollwitzer, Heinz: Europabild und Europagedanke. Beiträge zur deutschen Geistesgeschichte des 18. und 19. Jahrhunderts. München 1964.

Gowland, David / Turner, Arthur (Hrsg.): Britain and European Integration 1945–1998. A Documentary History. London / New York 2000.

Greschat, Martin / Loth, Wilfried (Hrsg.): Die Christen und die Entstehung der Europäischen Gemeinschaft. Stuttgart 1994.

Griffiths, Richard (Hrsg.): The Netherlands and the Integration of Europe 1945–1957. Amsterdam 1990.

Groeben, Hans von der: Aufbaujahre der Europäischen Gemeinschaft. Das Ringen um den Gemeinsamen Markt und die Politische Union (1958–1966). Baden-Baden 1982.

Guérin-Sendelbach, Valérie: Ein Tandem für Europa? Die deutsch-französische Zusammenarbeit der achtziger Jahre. Bonn 1993.

Haftendorn, Helga: Sicherheit und Stabilität. Außenbeziehungen der Bundesrepublik zwischen Ölkrise und NATO-Doppelbeschluß. München 1986.

Hardach, Gerd: Der Marshall-Plan. Auslandshilfe und Wiederaufbau in Westdeutschland 1948–1952. München 1994.

Herbst, Ludolf: Option für den Westen. Vom Marshallplan bis zum deutsch-französischen Vertrag. München 1989.

– [u. a.] (Hrsg.): Vom Marshallplan zur EWG. Die Eingliederung der Bundesrepublik Deutschland in die westliche Welt. München 1990.

Hildebrandt, Klaus: Integration und Souveränität. Die Außenpolitik der Bundesrepublik Deutschland 1949–1982. Bonn 1991.

Hogan, Michael, J.: The Marshall Plan. America, Britain and the Reconstruction of Western Europe, 1947–1952. Cambridge 1987.

Holtz, Uwe (Hrsg.): 50 Jahre Europarat. Baden-Baden 2000.

Hommel, Klaus: Spanien und die Europäische Wirtschaftsgemeinschaft. Geschichte einer Integration. Baden-Baden 1992.

Hrbek, Rudolf (Hrsg.): Der Vertrag von Maastricht in der wissenschaftlichen Kontroverse. Baden-Baden 1993.

– / Schwarz, Volker (Hrsg.): 40 Jahre Römische Verträge: Der deutsche Beitrag. Dokumentation der Konferenz anläßlich des 90. Geburtstages von Dr. h. c. Hans von der Groeben. Baden-Baden 1998.

Hudemann, Rainer [u. a.] (Hrsg.): Europa im Blick der Historiker. München 1995.

Jansen, Thomas: Die Entstehung einer europäischen Partei. Vorgeschichte, Gründung und Entwicklung der EVP. Bonn 1996.

Kaelble, Hartmut: Auf dem Weg zu einer europäischen Gesellschaft. Eine Sozialgeschichte Westeuropas 1880–1980. München 1987.

– Europäer über Europa. Die Entstehung des europäischen Selbstverständnisses im 19. und 20. Jahrhundert. Frankfurt 2001.

Kaiser, Wolfram: Großbritannien und die Europäische Wirtschaftsgemeinschaft 1955–1961. Von Messina nach Canossa. Berlin 1996.

Kipping, Matthias: Zwischen Kartellen und Konkurrenz. Der Schuman-Plan und die Ursprünge der europäischen Einigung 1944–1952. Berlin 1996.

Krägenau, Henry: Europäische Wirtschafts- und Währungsunion: Vom Werner-Plan zum Vertrag von Maastricht. Analysen und Dokumentation. Baden-Baden 1993.

Küsters, Hanns Jürgen: Die Gründung der Europäischen Wirtschaftsgemeinschaft. Baden-Baden 1982.

Lappenküper, Ulrich: Die deutsch-französischen Beziehungen 1949–1963. Von der »Erbfeindschaft« zur »Entente élémentaire«. 2 Bde. München 2001.

Lemmens, Markus: Die Souveränität der Bundesrepublik Deutschland und die Integration der Europäischen Gemeinschaft: Konsequenzen der deutschen Vereinigung für eine künftige Europäische Union im Spiegel der EG-Entwicklung von 1957 bis 1992. Frankfurt [u. a.] 1994.

Leonhard, Holm A.: Europa konstitutionell. Politische Machtkämpfe in der EG 1950–1983. Hannover 1983.

Lewis, David W. P.: The Road to Europe. History, Institutions and Prospects of European Integration 1945–1993. New York [u. a.] 1993.

Lord Cockfield: The European Union. Creating the Single Market. London [u. a.] 1994.

Loth, Wilfried: Der Weg nach Europa. Geschichte der europäischen Integration 1939–1957. Göttingen 1990.

– (Hrsg.): Die Anfänge der europäischen Integration 1945–1950. Bonn 1990.

– (Hrsg.): Crises and Compromises: The European Project 1963–1969. Baden-Baden/Brüssel 2001.

– (Hrsg.): Das europäische Projekt zu Beginn des 21. Jahrhunderts. Opladen 2001.

– / Picht, Robert (Hrsg.): De Gaulle, Deutschland und Europa. Opladen 1991.

Loth, Wilfried [u. a.] (Hrsg.): Walter Hallstein – Der vergessene Europäer? Bonn 1995.

Loth, Wilfried / Wessels, Wolfgang (Hrsg.): Theorien europäischer Integration. Opladen 2001.

Lucas, Hans-Dieter: Europa vom Atlantik bis zum Ural? Europapolitik und Europadenken in Frankreich der Ära de Gaulle (1958–1969). Bonn/Berlin 1992.

Ludlow, Peter: The Making of the European Monetary System: A Case Study of the Politics of the European Community. London 1982.

Lundestad, Geir: »Empire« by Integration. The United States and European Integration. 1945–1997. Oxford 1998.

Magagnoli, Ralf: Italien und die Europäische Wirtschaftsgemeinschaft: Zwischen europäischem Credo und nationaler Machtpolitik. Frankfurt a. M. 1989.

Magnusson, Lars / Sträth, Bo: From the Werner Plan to the EMU. In Search of a Political Economy for Europe. Brüssel [u. a.] 2001.

Marcowitz, Reiner: Option für Paris? Unionsparteien, SPD und Charles de Gaulle 1958 bis 1969. München 1996.

Masala, Carlo: Italia und Germania. Die deutsch-italienischen Beziehungen 1963–1969. 2., durchges. Aufl. Köln 1997.

McAllister, Richard: From EC to EU. An Historical & Political Survey. London / New York 1997.

Ménudier, Henri (Hrsg): Couple franco-allemand en Europe. Asnière 1993.

Middlemas, Keith: Orchestrating Europe. The Informal Politics of the European Union 1973–95. London 1995.

Miljan, Tonio: The Reluctant Europeans. The Attitudes of Nordic Countries Toward European Integration. London 1977.

Milward, Alan S.: The Reconstruction of Western Europe 1945–51. London 1984.

– The European Rescue of the Nation-State. London 1992.

Moravcsik, Andrew: The Choice for Europe. Social Purpose & State Power from Messina to Maastricht. New York 1998.

Müller-Roschach, Herbert: Die deutsche Europapolitik. Wege und Umwege zur politischen Union Europas. Baden-Baden 1974.

Neulen, Hans-Werner: Europa und das 3. Reich. Einigungsbestrebungen im deutschen Machtbereich 1939–45. München 1987.

Neuss, Beate: Geburtshelfer Europas. Die Rolle der Vereinigten Staaten im europäischen Integrationsprozess 1945–1958. Baden-Baden 2000.

Niedermayer, Oskar: Europäische Parteien? Zur grenzüberschreitenden Interaktion politischer Parteien im Rahmen der Europäischen Gemeinschaft. Frankfurt a. M. [u. a.] 1983.

Niess, Frank: Die europäische Idee. Aus dem Geist des Widerstands. Frankfurt a. M. 2001.

Nuscheler, Franz / Schmuck, Otto (Hrsg.): Die Süd-Politik der EG. Europas entwicklungspolitische Verantwortung in einer veränderten Weltordnung. Bonn 1992.

Pagell, Saskia: Souveränität oder Integration? Die Europapolitik Dänemarks und Norwegens von 1945–1995. Frankfurt a. M. [u. a.] 2000.

Picht, Robert / Wessels, Wolfgang (Hrsg.): Motor für Europa. Deutsch-französischer Bilateralismus und europäische Integration. Bonn 1990.

Poidevin, Raymond: Robert Schuman. Homme d'État 1886–1963. Paris 1986.

Rhenisch, Thomas: Europäische Integration und industrielles Interesse. Die deutsche Industrie und die Gründung der Europäischen Wirtschaftsgemeinschaft. Stuttgart 1999.

– (Hrsg): Histoire des débuts de la construction européenne (mars 1948 – mai 1950). Actes du Colloque de Strasbourg 28–30 November 1984. Brüssel 1986.

Rohe, Karl (Hrsg.): Deutschland – Großbritannien – Europa. Politische Traditionen, Partnerschaft und Rivalität. Bochum 1992.

Rosengarten, Monika: Großbritannien und der Schuman-Plan. Politische und wirtschaftliche Faktoren in der britischen Haltung zum Schuman-Plan und zur Europäischen Gemeinschaft für Kohle und Stahl 1950–1954. Frankfurt a. M. [u. a.] 1997.

Roussel, Éric: Jean Monnet 1888–1979. Paris 1996.

Sauter von Schönenberg (Thurgau), Max: Churchills Schweizer Besuch 1946 und die Zürcher Rede. Abhandlung zur Erlangung der Doktorwürde der Phil. Fakultät der Universität Zürich. Herisau 1976.

Schaad, Martin P. C.: Bullying Bonn. Anglo-German diplomacy on European Integration, 1955–61. Basingstoke [u. a.] 2000.

Schmale, Wolfgang: Geschichte Europas. Wien [u. a.] 2000.

Schmidt, Gustav (Hrsg.): Großbritannien und Europa – Großbritannien in Europa. Sicherheitsbelange und Wirtschaftsfragen in der britischen Europapolitik nach dem Zweiten Weltkrieg. 2. Aufl. Bochum 1992.

Schmitt, Walter Ernst: Zwischenrufe von der Seine: Die Entwicklung der Europa-Politik und des deutschfranzösischen Verhältnisses. Stuttgart 1958.

Schmuck, Otto (Hrsg.): Vierzig Jahre Europarat. Renaissance in gesamteuropäischer Perspektive? Bonn 1990.

Schöllgen, Gregor: Die Außenpolitik der Bundesrepublik Deutschland. Von den Anfängen bis zur Gegenwart. München 1999.

Schröder, Holger: Jean Monnet und die amerikanische Unterstützung für die europäische Integration 1950–1957. Frankfurt a. M. [u. a.] 1994.

Schwabe, Klaus (Hrsg): Die Anfänge des Schuman-Plans 1950/51. Beiträge des Kolloquiums in Aachen 28.–30. Mai 1986. Baden-Baden 1988.

Schwarz, Hans-Peter: Adenauer. 2 Bde. Stuttgart 1986/91.

Schwarz, Jürgen (Hrsg): Der Aufbau Europas: Pläne und Dokumente: 1945–1980. Bonn 1980.

Serra, Enrico (Hrsg.): Il rilancio dell'Europa e i Trattati di Roma. Actes du Colloque de Rome, 25–28 mars 1987. Brüssel [u. a.] 1989.

Smith, M.L.: Making the new Europe. European unity and the Second World War. London / New York 1990.

Spierenburg, Dirk / Poidevin, Raymond: The History of the High Authority of the European Coal and Steel Community. Supranationality in Operation. London 1994.

Steininger, Rolf: Wiederbewaffnung. Die Entscheidung für den westdeutschen Verteidigungsbeitrag: Adenauer und die Westmächte 1950. Erlangen [u. a.] 1989.

Stirk, Peter M.R. (Hrsg.): European Unity in Context. The Interwar Period. London / New York 1989.

Thiemeyer, Guido: Vom »Pool vert« zur Europäischen Wirtschaftsgemeinschaft: europäische Integration, Kalter Krieg und die Anfänge der gemeinsamen europäischen Agrarpolitik 1950–1957. München 1999.

Tratt, Jacqueline: The Macmillan government and Europe. A study in the process of policy development. Houndmills 1996.

Trausch, Gilbert (Hrsg.): Die europäische Integration vom Schuman-Plan bis zu den Verträgen von Rom. Pläne und Initiativen, Enttäuschungen und Mißerfolge. Beiträge des Kolloquiums in Luxemburg 17.–19. Mai 1989. Baden-Baden 1993.

Urwin, Derek W.: The Community of Europe: A History of European Integration since 1945. London / New York 1991.

Vaisse, Maurice: La grandeur. Politique étrangère du général de Gaulle 1958–1969. Paris 1998.

Volkmann, Hans Erich / Schwengler, Walter (Hrsg.): Die Europäische Verteidigungsgemeinschaft. Stand und Probleme der Forschung. Boppard 1985.

Weidenfeld, Werner: Konrad Adenauer und Europa. Die geistigen

Grundlagen der westeuropäischen Integrationspolitik des ersten Bonner Bundeskanzlers. Bonn 1976.

– [u. a.]: Die doppelte Integration. Europa und das größere Deutschland. Gütersloh 1991.

Weilemann, Peter: Die Anfänge der Europäischen Atomgemeinschaft: Zur Gründungsgeschichte von EURATOM 1955–1957. Baden-Baden 1982.

Wilkens, Andreas (Hrsg.): Interessen verbinden. Jean Monnet und die europäische Integration der Bundesrepublik Deutschland. Bonn 1999.

Woyke, Wichard: Erfolg durch Integration. Die Europa-Politik der Beneluxstaaten von 1947 bis 1969. Bochum 1985.

Wurm, Clemens (Hrsg): Western Europe and Germany. The beginnings of European integration 1945–1960. Oxford/Washington 1995.

Young, Hugo: This Blessed Plot. Britain and Europe from Churchill to Blair. London 1998.

Young, John W.: Britain and European Unity, 1945–1999. Basingstoke 1993.

Ziebura, Gilbert: Die deutsch-französischen Beziehungen seit 1945. Mythen und Realitäten. Überarb. und aktual. Neuausg. Stuttgart 1997.

Zorgbibe, Charles: Histoire de la construction européenne. Paris 1993.

Verzeichnis der Abkürzungen

AKP	Afrika, karibischer Raum und Pazifischer Ozean
BIP	Bruttoinlandsprodukt
CDU	Christlich Demokratische Union Deutschlands
COREPER	Comité des Représentants Permanents (Ausschuss der ständigen Vertreter, AStV)
EAGFL	Europäischer Ausrichtungs- und Garantiefonds für die Landwirtschaft
ECOFIN	Economic and Financial Affairs (Rat der europäischen Wirtschafts- und Finanzminister)
ECU	European Currency Unit
EEA	Einheitliche Europäische Akte
EEF	Europäischer Entwicklungsfonds
EFTA	European Free Trade Association
EG	Europäische Gemeinschaft
EGB	Europäischer Gewerkschaftsbund
EGKS	Europäische Gemeinschaft für Kohle und Stahl
ELD	Organisation Europäischer Liberaler Demokraten
ELDR	Europäische Liberale Demokraten und Reformer
EP	Europäisches Parlament
EPG	Europäische Politische Gemeinschaft
EPU	Europäische Parlamentarier-Union
EPZ	Europäische Politische Zusammenarbeit
ERP	European Recovery Programme
ESPRIT	European Strategic Programme for Research and Development in Information Technologies
EU	Europäische Union
EURATOM	Europäische Atomgemeinschaft
EUV	Vertrag über die Europäische Union
EVG	Europäische Verteidigungsgemeinschaft
EVP	Europäische Volkspartei
EWG	Europäische Wirtschaftsgemeinschaft
EWI	Europäisches Währungsinstitut
EWR	Europäischer Wirtschaftsraum
EWS	Europäisches Währungssystem
EZB	Europäische Zentralbank
GAP	Gemeinsame Agrarpolitik

GASP	Gemeinsame Außen- und Sicherheitspolitik
GATT	General Agreement on Tariffs and Trade (Allgemeines Zoll- und Handelsabkommen)
GUS	Gemeinschaft Unabhängiger Staaten
IRG	Internationale Rohstahlgemeinschaft
Kominform	Informationsbüro der kommunistischen und Arbeiterparteien
Komintern	Kommunistische Internationale
KPdSU	Kommunistische Partei der Sowjetunion
KSZE	Konferenz für Sicherheit und Zusammenarbeit in Europa
LECE	Ligue Européenne de Coopération Economique
MOE	Mittel- und Osteuropa
MSEUE	Mouvement Socialiste pour les Etats-Unis d'Europe
NATO	North Atlantic Treaty Organization
NEI	Nouvelles Equipes Internationales
NRW	Nordrhein-Westfalen
NS	Nationalsozialismus
OEEC	Organization for European Economic Co-operation
SPD	Sozialdemokratische Partei Deutschlands
SU	Sowjetunion
UdSSR	Union der Sozialistischen Sowjetrepubliken
UEF	Union Européenne des Fédéralistes
UEM	United Europe Movement
UNO	United Nations Organization
USA	United States of America
WEU	Westeuropäische Union
WWU	Wirtschafts- und Währungsunion

Namenregister

Zum Autor

GERHARD BRUNN, geboren am 10. Juli 1939 in Reinhausen; Studium der Geschichte, Politologie und Soziologie in Göttingen, Rio de Janeiro und Köln; Dr. phil. 1967; langjähriger Mitarbeiter der Forschungsabteilung des Historischen Seminars der Universität zu Köln; Habilitation 1977; seit 1980 apl. Professor an der Universität zu Köln; Lehrstuhlvertretungen in Bielefeld, Saarbrücken, Düsseldorf und Köln; 1987 Forschungsprojekt »Berlin als preußische und deutsche Hauptstadt im Vergleich europäischer Hauptstädte« in Siegen; 1990 Jean-Monnet-Zeitprofessur für Europäische Regionalgeschichte und Geschichte der Europäischen Integration an der Universität-Gesamthochschule Siegen; seit 1993 Professor für Europäische Regionalgeschichte (Jean-Monnet-Professur) an der Universität-Gesamthochschule Siegen und Direktor des Instituts für Europäische Regionalforschungen.

Wichtigste Veröffentlichungen: (Mitverf.) Kleine Geschichte von Nordrhein-Westfalen 1946–1996. 1996. – Die Europäische Einigung im 20. Jahrhundert. Ziele und Wege. 1997. – (Hrsg.) Neoliberalismus, die Entstehung des Maastrichter Vertrages und die Auswirkungen der Währungsunion auf Nordrhein-Westfalen. 1999. – Zahlreiche Aufsätze zur Geschichte Europas als einer Geschichte kleinerer Räume, zu Fragen des regionalen Bewusstseins, der regionalen Identität im Zeitalter der Nationalstaaten und der Geschichte der europäischen Integration.

Geschichte

IN RECLAMS UNIVERSAL-BIBLIOTHEK

Arnold, John H.: Geschichte. Eine kurze Einführung. Übers.: K. Schuler. 168 S. 20 Abb. UB 17026

Baruch, Marc Olivier: Das Vichy-Regime. Frankreich 1940–1944. Übers.: B. Martens-Schöne. Für die deutsche Ausgabe bearb. von St. Martens. 224 S. 8 Abb. 1 Kt. UB 17021

Brown, Peter: Autorität und Heiligkeit. Aspekte der Christianisierung des Römischen Reiches. 128 S. UB 9709

Daten zur antiken Chronologie und Geschichte. Hrsg.: M. Deißmann. 213 S. UB 8628

Deutschtum und Judentum. Ein Disput unter Juden aus Deutschland. Hrsg.: Ch. Schulte. 208 S. UB 8899

Einhard: Vita Karoli Magni / Das Leben Karls des Großen. Lat./Dt. Hrsg.: E. Scherabon Firchow. 96 S. UB 1996

Finley, Moses I.: Antike und moderne Demokratie. Mit einem Essay von Arnaldo Momigliano. 146 S. UB 9966

Die Französische Revolution. Ein Lesebuch mit zeitgenössischen Berichten und Dokumenten. Hrsg.: Ch. E. Paschold u. A. Gier. 395 S. 22 Abb. 3 Kt. UB 8535

Friedrich der Große: Das Politische Testament von 1752. Übers.: F. von Oppeln-Bronikowski, Nachw.: E. Most. 195 S. UB 9723

Geschichte schreiben in der Postmoderne. Beiträge zur aktuellen Diskussion. Hrsg.: Ch. Conrad u. M. Kessel. 372 S. UB 9318

Goertz, Hans-Jürgen: Unsichere Geschichte. Zur Theorie historischer Referentialität. 131 S. UB 17035

Padberg, Lutz E. von: Die Christianisierung Europas im Mittelalter. 307 S. 19 Abb. 8 Kt. UB 17015

Die Peinliche Gerichtsordnung Kaiser Karls V. und des Heiligen Römischen Reichs von 1532 (Carolina). Hrsg. und erl.: F.-Ch. Schroeder. 215 S. UB 18064

Pufendorf, Samuel: Die Verfassung des deutschen Reiches. Übers. u. Hrsg.: H. Denzer. 224 S. UB 966

Quellen zur Geschichte der Frauen.
– Bd. 1: Antike. Hrsg.: B. Patzek. 344 S. 18 Abb. UB 17022
– Bd. 3: Neuzeit. Hrsg.: A. Conrad u. K. Michalik. 458 S. 19 Abb. UB 17024

Die Revolution von 1848/49. Eine Dokumentation. Hrsg.: W. Grab. 279 S. UB 9699

Der römische Festkalender der Republik. Feste, Organisation und Priesterschaften. Von Angelika u. Ingemar König. 152 S. UB 8693

Sachsenspiegel. Landrecht und Lehnrecht. Hrsg.: F. Ebel. 267 S. UB 3355

Schulze, Hagen: Gibt es überhaupt eine deutsche Geschichte? 77 S. 11 Abb. UB 17016

Stollberg-Rilinger, Barbara: Europa im Jahrhundert der Aufklärung. 408 S. UB 17025

Tocqueville, Alexis de: Über die Demokratie in Amerika. Ausw. u. hrsg.: J. P. Mayer. 391 S. UB 8077

Die Verfassung des Deutschen Reichs vom 11. August 1919. Hrsg.: H. Mosler. 80 S. UB 6051

Widukind von Corvey: Res gestae Saxonicae / Die Sachsengeschichte. Lat./Dt. Übers. u. Hrsg.: E. Rotter u. B. Schneidmüller. 262 S. UB 7699

Philipp Reclam jun. Stuttgart